全力保证粮食安全
确保中国人民的饭碗

袁隆平

二0二0.十一.

中国人的饭碗

——读懂中国粮食安全

杨建国 著

中国财经出版传媒集团
中国财政经济出版社

图书在版编目（CIP）数据

中国人的饭碗：读懂中国粮食安全／杨建国著. -- 北京：中国财政经济出版社，2020.11

ISBN 978 - 7 - 5223 - 0109 - 9

Ⅰ. ①中… Ⅱ. ①杨… Ⅲ. ①粮食安全－研究－中国 Ⅳ. ①F326.11

中国版本图书馆 CIP 数据核字（2020）第 192561 号

策划编辑：王 飚 蔡丽兰　　　　　责任编辑：王 飚 罗亚洪 潘 飞
责任校对：张 凡　　　　　　　　　责任印制：张 健

中国人的饭碗
ZHONGGUOREN DE FANWAN

中国财政经济出版社 出版

URL: http://www.cfeph.cn
E - mail: cfeph@cfeph.cn

（版权所有　翻印必究）

社址：北京市海淀区阜成路甲 28 号　邮政编码：100142
营销中心电话：010 - 88191522
天猫网店：中国财政经济出版社旗舰店
网址：https://zgczjjcbs.tmall.com
北京鑫海金澳胶印有限公司印刷　各地新华书店经销
成品尺寸：185mm×260mm　16 开　28 印张　400 000 字
2021 年 1 月第 1 版　2021 年 2 月北京第 2 次印刷
定价：78.00 元
ISBN 978 - 7 - 5223 - 0109 - 9
（图书出现印装问题，本社负责调换，电话：010 - 88190548）
本社质量投诉电话：010 - 88190744
打击盗版举报热线：010 - 88191661　　QQ：2242791300

序

党的十八大以来，习近平总书记多次强调指出，中国人的饭碗任何时候都要牢牢端在自己手上，我们的饭碗应该主要装中国粮。以习近平同志为核心的党中央坚持把粮食安全作为治国理政的头等大事，始终把粮食和农业作为改革发展稳定工作的重中之重，确立了新时期"以我为主、立足国内、确保产能、适度进口、科技支撑"的国家粮食安全战略和"确保谷物基本自给、口粮绝对安全"的新粮食安全观，不断完善创新粮食安全政策、健全粮食安全体制机制，走出了一条具有中国特色的粮食安全保障之路。

当前我国正处在粮食安全形势最好的时期。"十三五"期间，我国粮食综合生产能力连续五年稳定在1.3万亿斤以上，人均粮食占有量稳定在470公斤以上，远高于国际公认的400公斤粮食安全线。在水稻、小麦自给率保持在100%、玉米自给率超过95%的同时，我国的肉类、禽蛋、水产、蔬菜、水果、茶叶等产量也长期位居世界第一。随着脱贫攻坚战的即将胜利和小康社会的即将全面建成，我国不仅成功解决了近14亿人口的吃饭问题，而且居民生活质量和营养水平显著提升，粮食安全取得了举世瞩目的巨大成就。

当今世界正处于百年未有之大变局。2020年新冠肺炎疫情全球暴发并蔓延，全球粮食安全面临多重威胁与挑战。据联合国粮农组织预测，当前全球有6.9亿人正处于饥饿状态，共有25个国家面临严重饥饿风险，世界濒临至少50年来最严重的粮食危机。尽管面对突如其来的新冠肺炎疫情以及长江流域的严重洪涝灾害，中国仍始终保持社会稳定，粮食和重要农副产品的稳定供给功不可没。同时，我们也要看到，我国粮食安全正面临多重挑战：耕地保护形势严峻、水资源短缺和水土污染等各类资源与环境约束；人口基数大、城镇化率提高等造成的需求刚性增长；粮食能源化和金融化趋势加剧粮价波动，影响我国粮食安全的外部不确定性明显增多。从长期趋势看，我国粮食供需仍将处于紧平衡状态，任何时候都不能轻言粮食安全已过关了，要始终紧绷粮食安全这根弦。

那么，中国人是如何牢牢端稳自己的饭碗的？又该如何应对未来粮食安全危机带来的风险与挑战？建国同志所著《中国人的饭碗——读懂中国粮食安全》一书，在方法论和理论创新上，可谓开粮食安全领域研究之先河。作者30余年在政府研究部门和大型粮食央企亲力亲为，且坚持深入一线、笔耕不辍，基于对中国粮食安全从古至今的大回顾、从农田到餐桌的大写照、从国内到国际的大观察、从战略到路径的大梳理、从理论到实践的大总结，用战略思维、历史思维、系统思维、辩证思维、底线思维，将粮食安全置于国民经济发展全局和全球粮食安全视野之中，以独特的研究视角和风格，对中国粮食安全进行系统性的新思考，从中梳理出制约中国未来粮食安全的五对特殊矛盾，并进一步提炼出中国粮食安全"五力"模型。这"五力"分别是：资源支撑力——粮食安全与土地资源优化配置统筹推进；农业生产力——粮食安全与工业化、城镇化相互驱动；改革创新力——粮食安全与市场改革协调一致；国家调控力——粮食安全与宏观调控相互支撑；国际竞争力——粮食安全与国际话语权共同提升。"五力"是经济社会发展的五种关键变量，"五力"相互作用、相互影响，并产生协同效应，实现保障粮食安全与促进国家经济社会的发展和共赢。

本书提出的颇具建设性的理论观点和政策主张，堪称该领域具有引领性、普适性的研究成果，对国家粮食安全理论和政策研究、国家"十四五"规划编制无疑具有重要参考价值，同时对粮食经济持续发展和涉粮企业改革创新有着广阔的应用前景。

《中共中央关于制定国民经济和社会发展第十四个五年规划和二〇三五年远景目标的建议》强调统筹发展与安全，明确提出"以保障国家粮食安全为底线""加强粮食生产功能区、重要农产品生产保护区和特色农产品优势区建设，推进优质粮食工程""完善粮食主产区利益补偿机制""开展粮食节约行动"。这就要求我们必须在习近平新时代中国特色社会主义思想指引下，深化粮食安全理论与政策研究，坚定不移地走具有中国特色的粮食安全保障之路。我相信在未来的实践中，建国同志提出的粮食安全"五力"模型将不断丰富和发展，逐步形成更为科学的粮食安全理论体系，为构建更高层次、更高质量、更有效率、更可持续的国家粮食安全保障体系贡献智慧和力量。

是为序。

刘伟

2020 年 11 月 11 日

目　　录

第一篇　"五力"保障中国粮食安全

第一章　人们眼中的粮食安全 ………………………………………… 3

第一节　粮食的前世今生 …………………………………………… 3
第二节　古今中外粮安天下 ………………………………………… 10
第三节　国际十大粮食安全参考指标 ……………………………… 16

第二章　数字视角下的粮食安全 ……………………………………… 21

第一节　中国粮食供给分析 ………………………………………… 21
第二节　中国粮食需求分析 ………………………………………… 31

第三章　战略视角下的粮食安全 ……………………………………… 38

第一节　"五力"支撑新粮食安全战略 …………………………… 38
第二节　运用"五力"科学应对粮食新消费的"四个转变" …… 51

第二篇　资源支撑力：粮食安全与土地资源优化配置统筹推进

第四章　土地集约利用与粮食集约化经营 …………………………… 59

第一节　"土地报酬递减规律"的简要分析 ……………………… 59

第二节　中国土地资源的食物生产潜力和人口承载力 ·············· 65
第三节　中国农业投入的基本情况 ························ 71

第五章　土地规模利用与粮食产业化经营 ·················· 79

第一节　土地规模利用原理 ···························· 79
第二节　农业土地规模利用 ···························· 82
第三节　长期坚持家庭联产承包制 ······················· 88
第四节　积极推进农业产业化 ·························· 94
第五节　加快土地流转制度改革 ························ 100

第六章　土地分区利用与粮食区域化经营 ·················· 111

第一节　土地分区利用原理 ··························· 111
第二节　中国粮食区域布局的演变及现状 ··················· 116
第三节　中国粮食区域化生产的基本思路 ··················· 135

第七章　土地可持续利用与粮食可持续发展 ················· 139

第一节　可持续发展理论 ···························· 139
第二节　土地可持续利用理论及应用 ····················· 148

第三篇　农业生产力：粮食安全与工业化、城镇化相互驱动

第八章　工业化、城镇化过程中的粮食安全 ················· 159

第一节　工业化、城镇化过程中的工农城乡关系 ··············· 159
第二节　中国工农、城乡关系的演变 ····················· 164
第三节　中国工业化、城镇化进程中的粮食安全 ··············· 175

第九章　农业发展战略转换与粮食安全 ··················· 180

第一节　中国农业进入新的发展阶段 ····················· 180

第二节	农业发展新阶段面临的主要问题	183
第三节	结构调整是农业发展战略转换的主要内容	187
第四节	从适应性调整向战略性调整转变	196
第五节	战略转换中保障粮食安全的思路	200

第十章 农民增收与粮食安全 209

第一节	粮食生产与农民收入关系的实证分析	209
第二节	粮食安全与农民增收双向协同推进的思路	224

第四篇 改革创新力：粮食安全与市场改革协调一致

第十一章 市场是粮食安全的基础 233

第一节	市场价格信号是粮食安全的"调节器"	233
第二节	市场价格信号调节粮食供需均衡的原理	237

第十二章 粮食流通体制改革 242

第一节	中国粮食流通体制发展历程	242
第二节	深化粮食流通体制改革	246

第十三章 粮食补贴方式改革 253

第一节	中国粮食补贴方式的演变过程	253
第二节	国外农业补贴的主要做法及比较分析	258

第十四章 粮食科技创新 262

第一节	科技自主集成创新	262
第二节	粮食科技创新的应用领域	267

第十五章　高度重视节约粮食 ·············· 286

第一节　世界粮食日的由来 ·············· 286
第二节　我国粮食日的行动 ·············· 291

第五篇　国家调控力：粮食安全与宏观调控相互支撑

第十六章　政府调控粮食安全 ·············· 297

第一节　公共物品理论：政府调控粮食安全的出发点 ·············· 297
第二节　市场缺陷：政府调控粮食安全的必然要求 ·············· 300
第三节　政府调控粮食安全的目标和手段 ·············· 302
第四节　建立粮食安全预警系统 ·············· 305

第十七章　粮食安全储备 ·············· 312

第一节　粮食储备的一般概念及作用 ·············· 312
第二节　中国粮食储备体系的建立和发展 ·············· 316

第六篇　国际竞争力：粮食安全与国际话语权共同提升

第十八章　世界粮食安全形势 ·············· 335

第一节　全球农业资源和粮食生产及贸易概况 ·············· 335
第二节　世界粮食安全形势不容乐观 ·············· 339
第三节　如何保障发展中国家的粮食安全 ·············· 352

第十九章　建立全球粮食及大宗商品期货市场 ·············· 356

第一节　粮食期货市场的形成和功能 ·············· 356
第二节　粮食期货市场价格构成 ·············· 360

目录

  第三节 中国粮食期货市场的问题与对策 …………………… 370

  第四节 从国内单一粮食期货市场到全球大宗商品期货市场 …… 378

第二十章 "一带一路"助力粮食安全 …………………………… 390

  第一节 "一带一路"倡议的内涵 ………………………………… 390

  第二节 "一带一路"背景下粮食安全战略的实现路径 ………… 397

第二十一章 培育中国粮食全球竞争力 ………………………… 403

  第一节 中国粮食国际竞争力评估 ………………………………… 403

  第二节 增强中国粮食全球竞争力的策略 ………………………… 414

结语 …………………………………………………………………… 420

参考文献 ……………………………………………………………… 424

第一篇

"五力"保障中国粮食安全

　　"五力"既是制约中国粮食安全的五对特殊矛盾,也是保障中国粮食安全的重要支柱。

　　"五力"模型是基于对中国粮食安全从古至今的大回顾、从农田到餐桌的大写照、从国内到国际的大观察、从战略到路径的大梳理、从理论到实践的大总结,是用战略思维、历史思维、系统思维、辩证思维、底线思维,将粮食安全置于国民经济发展全局和全球粮食安全视野之中,对中国粮食安全的系统性新思考。其核心是处理好五对矛盾关系,即资源支撑力——粮食安全与土地资源优化配置统筹推进;农业生产力——粮食安全与工业化、城镇化相互驱动;改革创新力——粮食安全与市场改革协调一致;国家调控力——粮食安全与宏观调控相互支撑;国际竞争力——粮食安全与国际话语权共同提升。"五力"相互作用、相互影响,并产生协同效应,保障粮食安全与促进国家经济社会发展共赢。

　　本篇主要从人们眼中的粮食安全、数字视角下的粮食安全、战略视角下的粮食安全三个维度,系统梳理了粮食文明、粮食安全内涵、粮食安全指标,科学分析了中国粮食供需现状及前景,首次提出并阐释保障中国粮食安全、支撑新粮食安全战略的"五力"模型理论体系。

第一章 人们眼中的粮食安全

第一节 粮食的前世今生

从人类文明诞生之时开始，粮食就注定是人类文明和社会发展的根基。农耕文明是人类史上的第一种文明形态，随着农耕文明形态的形成，中华民族的粮食文化在新石器时代萌发，粮食的种类与文化内涵亦渐丰富起来。从此，人类不再只依靠天然的食物，而是通过自己种植粮食，自给自足。粮食品类逐渐越来越多，粮食作物的栽培与发展得到迅速传播。

在历史的长河中，饱受饥荒蹂躏的中国人民必然对粮食安全有着极为深刻的认识和体会。《礼记·王制》就记载："耕三馀一。""富国必以本业""夫积贮者，天下之大命也"……诸如此类论述，在我国古典文籍中还有很多，例如《尚书》《管子》《商君书》《诗经》《孟子》《吕氏春秋》《史记》《资治通鉴》等经典对农业和粮食经济都作出了重要的论述。荀子的"开源节流，民富国强"，商鞅的"民务农战，国强民富"，贾谊的"论积贮疏"，晁错的"论贵粟疏"，曹操的"屯田积谷，强兵足食"，诸葛亮的"军队以粮食为本"，朱元璋的"寓兵于农，因时制宜"等论述强调了粮食安全对国家政治、经济和军事的重要性。

古今中外，人们与粮食的关系最密切。然而，人们对粮食的理解判别差异很大，可以说，还没有形成统一的、被广泛接受的粮食概念。

一、粮食家族

（一）中国古代粮食概念

"粮"与"食"在中国古代不是同义字，而是意义有区别的两个字。东汉许慎《说文解字》解释为："行道曰粮，谓糒也；止居曰食，谓米也。"显然，这里的"粮"是指行人携带的干粮，"食"是指长居家中所吃的米饭。而后逐渐复合成的"粮食"一词，在先秦史籍中就有出现，《左传·襄公八年》就记有"楚师辽远，粮食将尽"。清康熙五十五年，张玉书等编撰的《康熙字典》对粮食的解释是"谷食"，即谷物类。在中国历史上，人们一直把粮食解释为谷物，因而粮食的代称是"谷""五谷""八谷""九谷""百谷"等，但以"五谷"为最多。"五谷"这个词，初见于《论语·微子》："四体不勤，五谷不分。"《周礼》中则是"九谷""六谷""五谷"杂称。到了战国时代，"五谷"的称呼便普遍起来。五谷的种类古代说法不一，《周礼·夏官·职方氏》中"其谷宜五种"注指黍、稷、菽、麦、稻，这是很普遍的一种说法。后统称谷物为"五谷"，但不一定限于五种谷物。"五谷"一词的出现，标志着人类对粮食有了比较清楚的分类，说明粮食已成为当时人类最基本的生活资料。

根据考古发掘的研究，中国是世界上农业生产发展最早的国家之一，也是世界上最大的农作物起源中心之一，许多粮食作物都是中国古代劳动人民最早从野生植物中选育而成的。我国粮食生产的历史源远流长，早在7000多年以前，最早的粮食作物，南方以水田作物稻为代表，北方以旱地作物粟为代表。糜子起源于中国，有粳、糯两种类型，粳性的称稷，糯性的称黍，距今至少有5000年的历史。麦是古代小麦和大麦的通称，起源于中国，距今至少有7000年的历史。大豆又称菽，起源于中国，距今至少有5000年的历史。高粱起源于非洲中部、印度和中国西部的干旱地区，在中国至少有6000年的历史。玉米起源于墨西哥和秘鲁，明代中叶传入中国，距今至少有800年的历史。甘薯起源于中美洲，是古印第安人培育出来的，明万历年间自菲律宾传入中国，距今已有400多年的历史。其他粮种有的起源于中国，有的从国外传入，距今历史不一。

按照中国传统解释，粮食有广义和狭义之分。狭义的粮食是指谷物类，即禾本科作物，包括稻谷、小麦、玉米、糜（黍和稷）、大麦、高粱、燕麦、黑麦等，习惯上还包括蓼科作物中的荞麦。广义的粮食是指谷物、豆类、薯类的集合。豆类主要包括大豆、绿豆、蚕豆、豌豆、小豆、豇豆等。需要指出的是，大豆既是粮食又是油料。薯类主要包括甘薯、木薯、马铃薯等。这是目前通行的解释。

（二）国有粮食部门的粮食概念

中国国有粮食部门一直按所经营管理的粮食商品品类来解释粮食。1950年，粮食是指小麦、大米、大豆、小米、玉米、高粱和杂粮七大品类。1952年，粮食减为四大品类——小麦、大米、大豆和杂粮。1957年，粮食增为五大品类——小麦、大米、大豆、杂粮和薯类。1971年，又把杂粮类改为"玉米等"，粮食为新五大品类——小麦、大米、大豆、玉米、薯类，一直沿用到现在。1990年，国家粮食定购的品类——小麦、稻谷、玉米和主产区（辽宁省、吉林省、黑龙江省、内蒙古自治区和河南省、安徽省的一部分地区）的大豆。这些品类的粮食只是谷类、豆类和薯类的主要部分，其余一小部分的粮食品类由于种植面积小和产量少，国有粮食部门一般不参与购销，所以没有被纳入粮食部门的粮食概念。

（三）不同品类粮食的粮食概念

不同品类的粮食，在其生产、交换、流通和消费中有着不同的特点和规律。有些粮食品类在不同地区名称不一，为了能在不同地区之间进行统计资料的搜集、整理、汇总和比较，正确反映和研究粮食商品经营活动中的全部情况,需要统一进行分类、统一规定名称、统一计量单位、统一排列顺序。

对粮食商品品类,根据其领域和作用对象的不同可分为四类。

1. 原粮,又称"自然粮",是指收割、打场和脱粒后,没有加工和不需要加工就能食用的粮食,如小麦、稻谷、大豆、高粱、玉米、绿豆、大麦、蚕豆、薯类等。在计算原粮总数时,对已加工为成品粮的粮食,要按规定的折合率折算为原粮。我国在计算全社会粮食生产和农村粮食分配时,都用原粮计算。

2. 成品粮,是指原粮经过加工后的产品,如面粉、大米、小米、玉米面等。但是,有些原粮不经过加工也可直接制作食物,既是原粮也算成品粮,如豆类、薯干等。在使用成品粮概念时,对不是成品粮的品种,要按规定的折合率折算为成品粮。我国供应给城镇居民的口粮,供应给饮食、食品业的粮食都是成品粮。

3. 混合粮,又称"实际粮",是原粮和成品粮的统称,即按照经营活动发生的实际粮食品类进行排列的方法,如小麦、面粉、稻谷、大米、大豆、高粱、玉米面等。基层粮食部门为了便于直接观察业务活动的实际情况,都使用混合粮概念,如年业务经营量等。

4. 贸易粮,是指粮食部门在计算粮食收购、销售、调拨、库存数量时使用的粮食品类的统称,包括小麦、大米、大豆、玉米、薯类这五大品类。在计算时要将原粮(稻谷、谷子)或成品粮(面粉、玉米面)按规定的折合率,折合成相应粮种的贸易粮(大米、小米、小麦和玉米)。如100公斤稻谷的原粮,按规定的70%折合率折合成贸易粮就是70公斤大米。有一些粮食品类既是原粮也是贸易粮,如小麦、玉米、豆类。

(四) 统计部门的粮食概念

根据国家统计局公布的数据,我国各种粮食作物的播种面积和产量的排列是:稻谷、小麦、玉米、薯类、大豆、谷子、高粱和其他杂粮。这一排列大体上包括了农业生产的各种粮食作物和粮食部门经营的全部品种。

(五) 大粮食概念

所谓"大粮食"概念，就是要广义地理解粮食，把凡是能吃并能为人体提供所需营养的物质都看作粮食。因此，粮食概念的外延不仅包括谷物、豆类和薯类，而且还包括其他一切能维持人体生命、保证肌体发育、补充营养消耗的各种动植物产品、养料和滋补品。这与国际上通用的粮食（Food）概念大体一致，而我国传统粮食概念相对大粮食概念来说是小粮食概念。对于大粮食概念这个问题，仁者见仁、智者见智。我国最早提出这个问题的是中国科学院植物研究所的侯学煜教授，他在1981年3月6日的《人民日报》上发表了《如何看待粮食增产问题》一文，认为单纯抓谷物类粮食，不仅解决不了粮食问题，而且还导致了生态平衡的破坏，主张在经营好现有耕地的同时，充分利用山林、水面、草原的丰富资源，广辟食物来源，从而提出了"大粮食"的概念。

(六) 国际通用的粮食概念

新中国成立前人们把 Food 译成粮食，而后沿用这一译法至今。而国际上通用的粮食概念与中国传统的粮食概念大不一样。

在英语中，Food 是指可吃的干物质，即食物，它和供饮用的含营养成分的液体"饮料"（Drink）是一个相对的名词。1982年，英国新出版的《简明牛津字典》对 Food 的解释是：由肌体吸收、用来维持生命和促进生长的营养物质，它是固体形态的食物。1984年，美国出版的《韦氏大字典》第九版对 Food 的解释是：维持肌体生长、代谢和生命过程以及供给能量所必需的物质，它基本上由蛋白质、碳水化合物和脂肪构成。此外，还含有一些肌体所必不可少的矿物质、维生素和辅助物质，它是固体形态的营养物质。

1965年，联合国粮农组织（The Food and Agriculture Organization of The United Nations，FAO）出版的《生产年鉴》所列的Food产品目录有八大类106种。

（1）谷物类8种；

（2）块根和块茎作物类5种；

（3）豆类5种；

（4）油籽、油果和油仁作物13种；

（5）蔬菜和瓜类20种；

（6）糖料作物3种；

（7）水果、浆果24种；

（8）家畜、家禽、畜产品28种。

二、科学认识和把握粮食概念的多样性

粮食概念的多变性和差异性，必然影响统计口径的客观性和可比性，而粮食统计口径上的差别，则影响人们对粮食安全形势的观察，对我国粮食安全形势的判断和决策影响更大。

由于我国的粮食统计口径与国际上大不相同，所以不能简单地按照我国承诺的粮食进口关税配额，天真地认为加入世界贸易组织（WTO）之后有可能进口的粮食就是承诺的进口数量。首先，在我国的统计资料中，粮食项下没有大米这项指标，我国历来使用的是稻谷指标。但我国承诺的粮食进口关税配额是按国际惯例用的大米指标。其次，我国是把大豆和薯类算作粮食的，而国际惯例的统计指标没有粮食这个概念，只有谷物。我国承诺的进口关税配额实际上都是谷物，不包括大豆。我国从1996年开始就已经对大豆进口实行了单一关税管理的制度，即只对进口大豆征收3%的关税和13%的增值税，此外并没有数量限制。截至目前，我国已经成为世界上最大的大豆进口国，最高年进口量达到9553万吨（2017年），按世界贸易组织的统计口径，这不是粮食，但按照我国

的统计口径,这就是粮食。基于此,按我国的粮食统计口径计算,最近几年来每年粮食的进口总量都超过10000万吨,2019年总进口11144万吨,占当年我国粮食总产量的16.8%,其中,大豆进口总量为8851万吨。剔除大豆所占份额后,我国粮食进口总量占比仅为3%。

粮食概念的不同,也会引发不同的粮食安全思路。就大粮食概念而言,这一概念的提出和确立具有重要意义。首先,这是解决中国粮食供求矛盾的新思维。我国是一个发展中国家,截至2019年年底,总人口14亿人,乡村常住人口55162万人,占比为39.4%。同时,我国农业生产力水平较低,耕地资源十分有限,农业基础薄弱。我们应树立大粮食的观念,立足现有耕地,搞好国土资源的综合利用,向山区、草原、森林、江河、湖海的深度和广度进军,广开食物来源;充分利用现有条件、因地制宜,在抓紧传统粮食生产的同时,狠抓畜牧业、渔业、养殖业、果类和木本粮油林等的生产,以替代部分小粮食。只有这样,才能从根本上解决中国的粮食供需问题。其次,大粮食概念有利于科学改善人们的食物结构。人们需要的食物营养素,就是碳水化合物、脂肪、蛋白质、维生素和矿物质五大类。其中,以蛋白质为最重要,它是生命的基础,一切细胞的组成都离不开它,人体脑力劳动强度的大小,通常与蛋白质消耗的多少成正比。蛋白质的基本组成单位是氨基酸,大约有20多种。但是,其中成人有8种(赖氨酸、色氨酸、苯丙氨酸、蛋氨酸、苏氨酸、亮氨酸、异亮氨酸和缬氨酸)、儿童有10种(另加组氨酸和精氨酸)是人体所需而体内不能合成的,需要由食物供给,为必需的氨基酸。碳水化合物虽可为人体提供能量,但不能转化为蛋白质。因此,法国医学博士富斯提出:"以碳水化合物为主的食物结构是粮食的旧概念,以蛋白质为主的食物结构是现代粮食的新概念。"显然,大粮食概念的确立,对于提高人们的生活水平、提供满足人体所需的各种营养素具有十分重要的意义。

对大粮食概念也有持反对意见者。他们认为,大粮食这个概念并不能取代我国传统粮食的概念。因为中国传统概念的粮食是我国居民传统食物中的主要品种,深入研究小粮食问题,有利于正确处理农业内部的种植业同畜牧业、养殖业、渔业和林业等各业的关系。如以木本粮油为例，据有关资料记载，我国传统的木本粮食有200多种，木本油料有150多种。像板栗、锥栗、茅栗和柿等都是优良的食物，橡子、沙枣和木豆等经加工后也可食用。然而，这些属于林业生产的范畴。丁声俊指出，提出大粮食观点的主观愿望是从多种经营途径解决人民的食物问题，但是大粮食作为一个科学概念尚欠周密。第一，它容易引起粮食与多种经营概念的混淆；第二，它打乱了国内外基本一致的农业分类体系；第三，它脱离了中国当前的国情；第四，它低估了禾本科粮食的营养价值。

粮食概念的采用，总的来说要坚持一致性原则，做到统计口径可比。但一致性不是一律性，多数学者主张只使用一个口径，即采用中国传统的粮食概念，但传统粮食概念本身就有狭义和广义之分，而且其外延不断变化。本书分析国内粮食供需时采用统计部门的粮食概念，进行国际对比时采用联合国粮农组织的粮食概念。

第二节 古今中外粮安天下

一、粮食安全概念的由来及演变

对粮食安全的研究早在古代就开始了，只不过那时的研究体系、研究范畴、研究方法及语言特点与现代不同，没有使用"粮食安全"这个词语。中国古代的先哲，如孔子、管子、墨子、商鞅就对农业（主要是粮食）的意义作出过很深的研究。孔子有"足食足兵，民信之矣"[①] 的治国思想，把"足食"，即满足国家的粮食需要作为国家最重要的基础之一。而管子的"国多财则远者来，地辟举则民留处，仓廪实则知礼节，

---

① 《论语·颜渊》。

衣食足则知荣辱"的思想则阐明了粮食与文明的关系。墨子认为："国无三年之食者，国非其国也"，"食者，国之宝也"，"民无食，则不可事"①，其思想说明了粮食对国家与人民的重要性。商鞅是在自然经济条件下将传统的"农为邦本"的思想发挥到极致的思想家和改革家，他的"重农"②的思想成功地实现了秦国的富国强兵。

毛泽东提出的"深挖洞，广积粮，不称霸"，既是对中国传统粮食安全观的继承和概括，也是对新中国粮食安全理论的发展。"以粮为纲，全面发展"则是这一理论的生动体现。

在西方，以法国经济学家魁奈为代表的重农学派的观点与中国古代的传统农业思想相似。重农学派主张农业是唯一创造财富的部门，因此也把农业（主要是粮食）视为国家最重要的基础。18世纪英国人口学家、经济学家马尔萨斯把人口与食物增长联系起来，提出了他的人口理论。他认为人口是以几何级数增长的，而同时食物是以算术级数增长的，因此，人口的增长必然快于食物的增长，其后果就是通过战争、饥荒、瘟疫来减少人口以恢复人口与食物的平衡。当然，马尔萨斯的理论并没有把技术进步因素考虑在内，因而是错误的。但是直到今天，人口与粮食的关系仍然是粮食安全研究的最主要问题之一。

粮食安全是一个永恒的主题，随着时代的发展，它的含义一直处在不断演变和丰富之中。工业革命以来人类文明飞速发展的成果之一，是在道义上推动了粮食安全理论的建立。饥荒的发生已被公认为是一种反文明、反人类的现象。1972—1974年，世界上发生了第二次世界大战结束以来最严重的粮食危机，极大地震动了世界，也推动了关于粮食安全的讨论。

联合国于1974年11月在罗马召开世界粮食大会，第一次提出"粮食安全"的概念，大会通过了《消灭饥饿和营养不良世界宣言》。该宣言

---

① 《墨子·七患》。
② 《商君书·农战》。

声明："消灭饥饿是国际社会大家庭中每个国家，特别是发达国家和有援助能力的其他国家共同的目标。"同时，联合国粮农组织也通过了《世界粮食安全国际约定》。该约定认为，保证世界粮食安全是一项国际性的责任。粮食安全的概念就是在这种背景下提出来的，它既标志着世界文明的进步，同时又对人类的未来提出了更高的要求。1983年4月，联合国粮农组织总干事爱德华·萨乌马提出了粮食安全新概念：粮食安全的最终目标是确保所有的人在任何时候既能买得到又能买得起他们所需要的基本食品。

1996年11月，第二次世界粮食首脑会议通过的《罗马宣言》又对"粮食安全"作出第三次表述："只有当所有人在任何时候都能够在物质上和经济上获得足够、安全和富有营养的粮食，来满足其积极和健康生活的膳食需要及食物喜好时，才实现了粮食安全。"这个概念包含三个要点：首先，总量是最基本的，就是保障所有人都吃饱的总需求是否能满足；其次是价格，能不能保证大家都买得起；最后则是食品的营养和安全性。

二、怎样理解粮食安全概念

准确理解和把握粮食安全概念，是研究粮食安全问题的一个前提。粮食安全理论虽然备受国际社会重视，但人们对粮食安全概念的理解并不统一。主要有三种不同的观点：一是总量论，认为粮食安全的主要内容是"量"的问题，研究的视角主要是生产者，而较少考虑市场因素；二是公平论，认为粮食安全的核心是能力的平等，研究的重点是消费者，而对生产领域关注不多；三是质量论，认为粮食安全关键是"质"，"量"不是主要问题。

我们认为，粮食安全是一个包含着制度因素、发展因素、社会因素在内的广泛概念，对它的理解，要坚持客观、全面、发展的观点，切忌主观、片面，具体要把握以下几个特性。

第一章 人们眼中的粮食安全

(一) 公益性

公益性是理解粮食安全概念的关键点。严格地说，粮食安全是公共物品，而不是私人物品，保障粮食安全是各国政府的职责和国际性义务，享受粮食安全是每个公民的权益。这一点在1974年联合国粮农组织通过的《消灭饥饿和营养不良世界宣言》中讲得很明白，强调消灭饥饿是每个国家特别是发达国家的共同目标，保障世界粮食安全是一项国际性的责任。1996年世界粮食首脑会议通过的《罗马宣言》表达得更加明确。《罗马宣言》认为，"全世界，尤其是在发展中国家有8亿多人得不到足够的食物来满足其基本的营养需要，这种状况是不能容忍的"。《罗马宣言》保证，"我们有实现人人享有粮食安全的政治意愿，并作出共同承诺和各国承诺，实现所有人的粮食安全"，并明确指出"粮食不应用作施加政治和经济压力的手段"。根据最新报告，2018年全球的饥饿人口已达到8.21亿，比2017年增加了约1000万。世界粮食计划署执行干事比斯利表示："2030年我们将无法实现'零饥饿'的可持续发展目标……这是一个糟糕的趋势，食物供应没有保障，世界就没有和平与稳定可言。"2020年7月14日，联合国粮农组织发布的报告《世界粮食安全和营养状况》估计，2019年有近6.9亿人遭受饥饿，与2018年相比又增加1000万人，与5年前相比增加近6000万人。高成本和低经济可负担性，意味着有几亿人无法吃上安全、有营养的食物。亚洲的饥饿人数最多，而非洲的饥饿人数增长最快。据报告预测，在全球范围内，新型冠状病毒（COVID-19）疫情到2020年年底可能使长期饥饿人数新增超过1.3亿（疫情下突发严重饥饿事件可能使这一数字进一步上升）。报告发出预警，2019年共有25个国家面临严重饥饿风险，全球濒临至少50年来最严重的粮食危机。

(二) 动态性

粮食安全概念自从1974年被提出，一直处在发展、丰富和完善之中。从内涵上讲，1974年联合国粮农组织的粮食安全概念主要强调的是"吃饱"，即消灭饥饿；1983年联合国粮农组织的粮食安全概念强调的是"买得起"，即确保所有需要粮食的人都有能力自己购买粮食；1996年联合国粮农组织的粮食安全概念强调的是要"吃得好，即要获得足够、安全和富有营养的粮食，来满足其积极和健康生活的膳食需要及食物喜好"。可见，粮食安全的要求在不断提高、内涵在不断丰富。

(三) 系统性

完整的粮食安全概念包括目标、内涵和手段，是一个有机的整体。总的来说，目标是要实现人人享有粮食安全；内涵是"吃饱""吃好""吃得起"；手段往往容易被忽视，而没有手段实际上只是空谈。1996年，联合国粮农组织为了使其宣言得以实施，还通过谈判达成了七项承诺，即：确保一个有利的经济和社会环境；实施旨在消除贫困和不平等的政策；推行参与性和可持续的发展方法；促进公平和面向市场的世界贸易体制；预防自然灾害和危机；鼓励公共和私人投资的最佳分配和利用；实施、监测和落实行动计划。这些承诺实际上就是手段。

(四) 层次性

粮食安全包括从宏观到微观的多个层次。宏观层次的粮食安全是指全球及整个国家的食物获取能力，微观层次的粮食安全是指家庭和个人的粮食获取能力，最微观层次的粮食安全直接涉及个人的营养安全状况。粮食安全的最基本要求就是营养安全，只有实现营养安全，才能确保每个人都能过上有活力的、健康的生活。有一种观点认为，当一个人能够安全地获得营养充足的食物消费以满足其正常的生理需要，即维持生存、生长或保证从疾病、生产及哺乳、体力劳动引起的疲乏中恢复正常的能力，那么这个人就被认为是营养安全的。

实际上，粮食安全的不同层次是互相联系的。一般地说，宏观层次的粮食安全在某种程度上决定着微观层次的粮食安全，只有国家粮食获取能力充足时，该国家的居民家庭才能实现粮食安全。但是，宏观粮食安全并不能保证全部居民家庭的粮食安全，如在整体上有实现粮食安全能力的情况下，分配不均导致的收入差距过大或需要赡养的人口过多等问题，使不同家庭之间的粮食获取能力存在差异，从而会使某些贫困家庭或个人不能实现粮食安全。不过，总的来说，消除宏观粮食不安全风险是消除家庭和个人粮食不安全风险的基础和前提。国家整体获取粮食能力不充足时，保障多数家庭和个人的粮食安全是不可能的。因而，提高国家整体粮食获取能力，对实现宏观粮食安全显然是至关重要的。

（五）相对性

一方面，世界上没有绝对的粮食安全，直接对粮食安全构成威胁的主要是风险，它由自然风险、市场风险和政策风险构成。

1. 自然风险。这是对粮食安全构成威胁的几乎永远也改变不了的因素。人类文明的进步可以减少发生自然风险的概率，但是不可能根除。相反，令人忧虑的是，生产力的进步同时也带来了新的风险，它通过"自然报复"的方式，威胁人类的生存和粮食安全。目前，自然风险有加重的趋势，这引起了世界很多学者的担忧。

2. 市场风险。市场供给的不可控制的波动因素会对粮食生产、流通产生消极影响。

3. 政策风险。市场机制虽然比计划机制安全得多，但是粮食生产和粮食消费的特殊性，错误的粮食政策，特别是在粮食支持与保护政策上的失误仍可能造成粮食危机。

另一方面，粮食安全的要求在不断提高。"数量"的问题解决了，还有"能力"问题，"能力"问题解决了还有"质量"问题。如美国和西欧的发达国家，"数量"和"能力"问题可以说基本解决了，"质量"问题也有很大改善，但"质量"问题面临的困扰仍非常大，"疯牛病""口蹄疫"、转基因产品令人不安。同时，质和量总是联系在一起的。因此，粮食安全对全世界、对每一个国家甚至每一个家庭和个人而言，都是一个永恒的问题。

第三节　国际十大粮食安全参考指标

粮食安全运行系统的效率如何？用什么指标衡量粮食安全状况？目前，联合国粮农组织、世界银行以及各国学者所采用的指标并不一致，归纳起来有以下几种。

一、粮食供求状况指标

（一）粮食总供给与总需求缺口

粮食总供给与总需求缺口可反映一国粮食生产量满足粮食消费需求的程度，是反映食物安全的主要方面。粮食总供给量是通过将期初库存、预测的本期生产量、估计的可能净进口量之和减去必要的期末库存得到的。粮食总需求量包括了口粮、饲料用粮、工业用粮、种子用粮及收获后的各种损耗等。

供求缺口 = 总供给 - 总需求；供求缺口程度 = （供求缺口/总需求量）×100%。

（二）粮食国际贸易依存度

国内粮食生产、库存及国内需求的缺口通常可通过国际粮食贸易解决。国内供需出现缺口（供不应求）则需要依赖于净进口弥补，国内粮食过剩则可以向国际市场净出口。净进口（进口总量减去出口总量所得的净额）反映了一个国家对国际粮食市场的依赖程度。净进口需求与国内总需求的比率即粮食国际贸易依存度，它是衡量一个国家粮食安全对国际粮食市场依存程度的指标。粮食国际贸易依存度系数的绝对值越大，表明该国粮食安全受国际粮食市场风险的影响越大，如来自全球粮食生产与供给波动、主要贸易伙伴的生产供应或需求波动、国际粮食市场价格波动等的影响。

（三）粮食产量波动系数

粮食生产受气候、投入、价格、政策等不确定因素的影响，年际产量往往有波动（或称变异），波动幅度大小在一定程度上反映了一个国家的粮食安全水平。粮食产量的年际变化可以用波动系数或不稳定系数来表示，波动系数越大，表示粮食安全水平越低。

（四）人均粮食占有量

在一国粮食总产量 Q 一定的情况下，每个国民的粮食平均占有量 q，在一定程度上反映了该国粮食安全水平。显然 q 值越大，表示粮食安全水平越高；反之，q 值越小，表示粮食安全水平越低。我们还可以假设 D^* 为社会所能够允许的最低人均粮食占有量，当 $q < D^*$ 时，该国陷入严重的粮食不安全状况，可能会出现的情况有：严重的通货膨胀、饿死人、发生社会骚乱、贫民涌入城镇等。我们称 D^* 为人均粮食占有量警戒线。

二、食物消费质量指标

食物消费质量指标主要反映食物安全消费和质量变化的情况，具体指标包括人均日热量摄入量、人均日蛋白质摄入量、人均日脂肪摄入量。2000年9月召开的第26届世界粮食安全会议制定了7项营养不良监测指标：营养不良人口发生率、人均膳食热能供应、谷物和根茎类食物人均膳食热能供应的比例、出生时预期寿命、5岁以下儿童死亡率、5岁以下体重不足的儿童所占比例，体重小于18.5公斤的成年人所占比例。

三、保障类指标

保障类指标主要用低收入阶层的粮食保障水平来衡量。饥饿和贫困在世界各国都不同程度地存在，即使在最富裕的西方发达国家也不例外。在粮食供给量一定的情况下，一国粮食安全水平的高低主要取决于低收入阶层粮食需求的满足程度。当一个国家总体上粮食供给有余而仍有一部分低收入者可能吃不饱饭或者营养不足时，增加低收入阶层的粮食供给，可以显著地提高该国的粮食安全水平。

四、消费结构类指标

消费结构类指标一般用间接粮食消费占粮食总消费量的比重来衡量。当人们的温饱问题解决以后，用于维持生存的口粮的收入弹性开始下降，而用于改善生活的动物性食品的收入弹性开始上升，反映在粮食消费结构上，就是直接性消费（即口粮）比重下降，而间接性消费（包括饲料、工业用粮等）比重上升。粮食消费结构的这一变化的发生需要两个基本条件，一是人们的收入水平有稳定的提高，二是粮食总供给量显著大于直接消费量。

第一章　人们眼中的粮食安全

五、粮食生产投入指标

粮食生产投入指标主要反映粮食生产条件和综合生产能力状况，具体包括单位耕地面积化肥投入、单位耕地面积农药投入、单位耕地面积农机动力投入、单位耕地面积农用地膜投入和单位耕地面积用电量。

六、粮食生产结构的竞争力指标

粮食生产结构的竞争力指标用来反映粮食市场竞争能力、创收能力和收入安全情况。主要用国内粮食资源成本系数（DRCC）来反映，具体指标包括：水稻 DRCC、小麦 DRCC、玉米 DRCC、大豆 DRCC。

七、科技水平指标

科技水平指标用来反映粮食抗风险能力和竞争能力。从农业现代化的角度讲，科学技术的推广和应用在促进农业发展和保障粮食安全方面将发挥越来越重要的作用。但科学技术的应用，由于体现在生产各个环节而很难直接测量，只能通过最终成果特别是生产效率的提高来间接反映。可以选用的指标有单位面积产量、粮食成本净收益率、良种推广率。

八、资源与环境类指标

自然资源和环境是农业生产可持续发展的重要因素，也是粮食安全能否长期保持的基础，因此越来越受到社会各界的重视。由于直接测量的难度和资料不易取得，资源与环境类指标可选择人均耕地面积、旱涝保收面积、有效灌溉面积等指标。

九、粮食安全储备状况指标

联合国粮农组织一向重视粮食储备在粮食安全体系中的作用，通常直接用粮食储备水平来衡量全球或一国的粮食安全水平，从狭义上来说，粮食安全是指粮食的库存和有关建立及动用库存的种种安排，粮食安全储备的目的是成为粮食歉收和粮食进口供应时的一种保护手段。

十、国家粮食分销能力指标

一个国家具有良好的粮食分销机制和能力，在宏观粮食安全的情况下可以很容易地将粮食输送到每一个粮食需求地区，减少或消除区域性粮食不安全问题。粮食分销机制和能力与许多因素有关，如粮食流通制度、地方粮食干预政策、仓储、交通运输、物流能力等，而地区间的粮食价格差异在一定程度上可以总体反映粮食分销能力。因而可以把粮食价格地区间差异水平作为衡量粮食是否安全的一个代表性指标，通过区域粮食价格之间的差异性（非整合性、分割性），从一个侧面来衡量不同地区间的粮食分销能力的差距。

通常情况下，上述十大粮食安全指标是国际上通用的衡量一国粮食安全的指标。本书用"五力"模型构建粮食安全新体系，十大安全指标在"五力"模型中有所应用。因而，"五力"模型更加适合中国国情、体现中国特点、读懂中国粮食安全。

第二章 数字视角下的粮食安全

中国粮食供需的现状如何？制约中国粮食供需的因素有哪些？中国未来粮食供需的前景怎样？对这些问题的分析和判断，是研究中国粮食安全问题的逻辑起点。

第一节 中国粮食供给分析

粮食总供给包括当年生产粮食、粮食储备、进口粮和外援粮，其中当年生产粮食是粮食供给的主体。关于粮食储备和国际贸易对粮食供给的影响，将在以后有关章节中做专题讨论，这里主要分析中国粮食的生产情况。

一、中国粮食供给与生产的简要回顾

新中国成立以来，中国政府和人民为发展粮食生产、解决吃饭问题作出了艰苦卓绝的努力。中国粮食生产发展取得了巨大成就。粮食总产量由 1949 年的 11318 万吨到 2019 年创纪录的 66384 万吨，年均递增 2.7%，高于同期人口增长率 1.3 个百分点，在人口增长 1 倍多的情况下，人均粮食占有量由 208.9 公斤增加到 474 公斤，增长 127%，超过了世界平均水平。

中国是世界上人均农业资源最少的国家之一，人均耕地只有世界平均水平的三分之一左右，人均水资源不到世界平均水平的四分之一。然而，中国用占世界 7% 的耕地，养育了占世界 20% 的人口，这不能不说

是一个奇迹。在过去的几十年里,尽管中国耕地面积不断减少,但中国粮食总产量占世界粮食总产量的比重仍由1949年的17%上升到2019年的24.4%,已居世界第一位,在国际上占有举足轻重的地位。

1949—1978年,我国粮食总产量由1949年的11318万吨,增加到1978年的30476.5万吨,年均增产约661万吨,年均递增3.4%;1949—1958年是粮食生产迅速恢复和发展的阶段,粮食总产量由11318万吨增加到20000万吨,粮食总产量增加主要得益于播种面积扩大和单产水平的提高。1958—1978年是粮食生产长期徘徊阶段,粮食总产量由20000万吨增加到30476.5万吨。粮食播种面积由19.14亿亩减少到18.09亿亩,亩产增加到337公斤,年均增加6.4公斤,单产提高主要是靠扩大灌溉面积和增加化肥投入。

1978—2001年,我国粮食总产量由1978年的30476.5万吨,增加到1999年的50838.58万吨、2001年的45263.67万吨,年均增产643万吨,年均递增1.7%。其间经历了多次波动。1984年,粮食总产量达到40730.50万吨,从1985年开始陷入四年的徘徊状态;1989年粮食生产恢复增长,1990年达到44624.30万吨,1991年开始又陷入徘徊状态,与1990年相比,1994年粮食总产量下降0.2%。1995年恢复增长,1996年粮食总产量达到50453.50万吨,1997年减产为49417.10万吨;1998年再度增产,总产量创历史高峰,达到51229.53万吨,此后进入多年的减产和徘徊时期,1999年为50838.58万吨,2000年为46217.52万吨,2001年为45263.67万吨。其中2000年是减产最多的一年,比上年减产9%。近十几年来,粮食总产量稳步增长,"十三五"期间,连续5年稳定在65000万吨以上,2019年粮食总产量达到历史新高度,部分粮食品种存量出现了阶段性过剩。

从上述分析不难看出,中国粮食生产呈现出一定的波动。对影响粮食波动的原因是什么以及如何预测粮食供需关系的变化,不少学者进行了定性研究与定量分析,提出了许多有益的观点和预测模型。本书将对中国粮食供需波动及前景进行简要分析。

二、影响中国粮食供给的因素分析

(一) 粮食播种面积的影响因素

1. 耕地资源。耕地面积的变化，直接影响到粮食播种面积的变化。20世纪50年代后期以来，由于工业化过程中建设用地增加的速度超过了新增耕地增加的速度，我国耕地面积逐年减少。1949—1959年，我国粮食作物的播种面积增加了6064万公顷；1959—1964年，粮食作物播种面积持续增加，由11602.2万公顷增加到12210.3万公顷；1964年粮食作物播种面积达到峰值，此后不断减少；2009—2018年，粮食作物播种面积有所增加，同1949年相比，增加了6102万公顷，预计此后仍会减少。玉米播种面积增加最多，其他主要粮食作物播种面积呈先增加、后减少的趋势。新中国成立70年来，在中国主要粮食作物中，玉米的播种面积一直在显著增加，由1949年的1291.5万公顷增加到2019年的4128.0万公顷，增加了2.2倍，而小麦、稻谷和大豆的播种面积呈先增加、后减少的趋势。

2. 粮食作物播种面积占总播种面积的比重。由于经济作物和其他作物播种面积的增加，我国粮食作物占播种面积的比重呈下降趋势，尤其是20世纪80年代以来，下降速度明显加快。1995年，这一比重为73.43%，2019年下降到69.95%。对新中国成立以来粮食播种面积与粮食总产量关系的实证研究表明，两者之间存在显著的正相关，也就是说，播种面积增加，总产量也会相应增加。

3. 复种指数。在耕地资源和粮食播种面积一定的情况下，提高复种指数是扩大粮食播种面积的有效途径。20世纪50年代以来，我国粮食复种指数增长了约28个百分点，1995年提高到157.8%。复种指数的提高是我国粮食生产技术进步的主要表现之一。但该指数在1996年后又有所下降，2001年仅为122.53%。

4. 价格政策。国家粮食收购价格、市场粮价以及粮食与其他作物之间比价关系的变动等都可能对粮食播种面积的变化产生影响。在市场经济条件下,随着粮食收购价格以及粮食与其他农作物比价关系的变化,农民会相应地调整土地资源在各种作物之间的分配,因此价格变动首先可能影响农业结构和粮食播种面积的变化。

受以上因素的综合作用,几十年来,我国粮食播种面积的年际变化不大,除20世纪70年代曾经达到1.2亿公顷外,其他年份始终保持在1.1亿公顷左右。不少专家认为,1.1亿公顷是我国粮食播种面积的警戒线。低于这个警戒线,粮食供给就可能会出问题。历史上粮食播种面积低于1.1亿公顷的年份只有1985年和1994年,而这两年粮食生产都出现了较大的滑坡。

(二) 粮食单产的影响因素

在过去的几十年间,我国粮食总产量的增长主要归结于单位面积产量的大幅度提高。中国粮食作物的平均产量由1949年的1029公斤/公顷提高到2019年的5770公斤/公顷,增长了461%。在主要作物中,小麦单产由1950年的636公斤/公顷增加到2018年的5417公斤/公顷,增长了752%;玉米单产由1950年的1073公斤/公顷增加到2018年的6104公斤/公顷,增长了469%;稻谷单产由1950年的2017公斤/公顷增加到2018年的7072公斤/公顷,增长了232%;大豆单产由1950年的775公斤/公顷增加到2018年的1898公斤/公顷,增长了145%。粮食单产的变化是自然因素、要素投入、技术进步和政策因素综合作用的结果。对粮食单产与部分可以度量的影响因素进行相关分析,得到如下结果(见表2-1)。

表2-1 粮食单产与其主要影响因素之间的相关关系(R)

	每公顷化肥施用量(公斤)	每公顷农机使用量(W)	灌溉面积占耕地面积比重(%)	人均经营土地面积(公顷)	粮食收购价格指数(滞后1年)
R	0.991	0.993	0.896	0.911	0.919

注:由于资料取得以及计量上的困难,表中没有包括技术进步与粮食单产之间的R值。

1. 物质投入。现代生产需要有相应的物质投入做保证，投入水平的高低直接决定着产品产出的多少。我国粮食单产提高是以现代生产要素使用量的成倍增长为前提的。

（1）化肥。我国真正大规模施用化肥始于20世纪70年代。从1978年到2001年，我国每公顷播种面积化肥施用量由117.78公斤增加到546.38公斤，增长了3倍多，2018年比2001年又增长了25%。

（2）灌溉。20世纪50年代以来，中国政府和广大农民投入了大量的资本和劳力用于发展农田水利和灌溉事业，这种不遗余力的努力即使从1966年到1976年也从未间断过。从1949年到2018年，全国有效灌溉面积由44965千公顷增加到68271.64千公顷，占播种面积的比重由36.2%增长到41.2%。灌溉面积不断扩大是我国粮食单产保持长期稳定增长的主要原因之一。

（3）农业机械。我国农业动力已经由20世纪50年代以人力、畜力为主的结构发展为现在的人、畜、机并存的结构，机电动力的比重日益增大。农业机械总动力，1978年为11749.9万千瓦，2001年提高到55172.1万千瓦，2018年增长至100371.7万千瓦。

（4）其他物质投入。20世纪70年代后期以来，农药、农用薄膜在我国大量使用。实践证明，合理使用农药仍然是防治病、虫、草、鼠害的主要手段之一，而农用薄膜在增加产量、改善品质方面有着重要的作用。

2. 劳动力投入。由于人口的过快增长以及长期实行城乡二元的户籍政策，农业劳动力在1949—2001年由1.6亿人增加到3.2亿人，增长了1倍。随着城镇化的推进，农村劳动力不断流入城市。2019年我国城市化已达到60.6%，农村劳动力为7.8亿人。我国农业素有"精耕细作"的传统，长期以来，依靠大量的劳动积累，我们在极其有限的资源空间里获得了维持生存所必需的粮食产量。

3. 自然灾害。我国是一个自然灾害频发的国家，尽管多年来在水利建设上投入了大量的资金，但农业至今尚未摆脱靠天吃饭的局面，水旱灾害仍然是制约粮食生产的一个重要因素，如2018年受灾面积达到2081.4万公顷，成灾面积1057万公顷。

4. 土地经营规模。人多地少的基本国情决定了我国农业的小规模经营格局。改革开放以来，随着农村工业化进程的加快，我国农业经营规模有所扩大。根据国家统计局农村住户抽样调查资料，农村居民家庭人均经营耕地面积，由实行家庭联产承包责任制初期的0.16亩/人提高到2012年的2.34亩/人左右。从表2-1可以看出，粮食单产与经营规模之间呈高度正相关，因此经营规模的扩大有利于粮食生产效率的提高。

5. 农业技术进步。《中国农业农村科技发展报告（2012—2017）》显示：我国农业科技进步贡献率由2012年的53.5%提高到2017年的57.5%，取得了超级稻、转基因抗虫棉、禽流感疫苗等一批突破性成果。主要农作物良种基本实现全覆盖，自主选育品种面积占比达95%，畜禽水产供种能力不断提升。

6. 政策及制度因素。大量的实证研究证明，制度和政策因素的变化是造成粮食生产波动的因素之一。这种影响主要是通过农业投入（包括土地、资本和劳动力）的变化来实现的。研究表明，家庭联产承包责任制的实行对改革初期我国粮食生产的贡献率高达30%—35%（黄季焜，1995）。价格政策在改革初期曾对粮食生产有过相当大的作用，它对水稻生产的贡献率达到22%，对其他粮食的贡献率达到27%（黄季焜，1995）。但在改革过程中，也出现过粮食价格的提高幅度远远小于同期农用生产资料价格的上涨幅度的现象，这挫伤了农民的种粮积极性，这种情形下价格政策对粮食生产的贡献率大幅度下降，甚至为负值。

三、中国粮食供给的中长期预测

（一）粮食总产量序列

表2-2根据历年粮食总产量的统计数字编制而成。

表 2-2　　播种面积和粮食产量序列

年份	农作物总面积（千公顷）	粮食作物播种面积（千公顷）	粮食播种面积占比（%）	粮食总产量（万吨）	粮食单产（公斤/公顷）
1978	150104.10	120587.20	80.34	30476.50	2527.30
1979	148476.90	119262.70	80.32	33211.50	2784.74
1980	146379.50	117234.30	80.09	32055.50	2734.31
1981	145157.10	114957.70	79.20	32502.00	2827.30
1982	144754.60	113462.40	78.38	35450.00	3124.38
1983	143993.50	114047.20	79.20	38727.50	3395.74
1984	144221.30	112883.90	78.27	40730.50	3608.18
1985	143625.90	108845.10	75.78	37910.80	3483.00
1986	144204.00	110932.60	76.93	39151.20	3529.28
1987	144956.50	111267.80	76.76	40297.70	3621.69
1988	144868.90	110122.60	76.02	39408.10	3578.57
1989	146553.90	112204.70	76.56	40754.90	3632.19
1990	148362.30	113465.90	76.48	44624.30	3932.84
1991	149585.80	112313.60	75.08	43529.30	3875.69
1992	149007.10	110559.70	74.20	44265.80	4003.79
1993	147740.70	110508.70	74.80	45648.80	4130.79
1994	148240.60	109543.70	73.90	44510.10	4063.23
1995	149879.30	110060.40	73.43	46661.80	4239.70
1996	152380.60	112547.90	73.86	50453.50	4482.85
1997	153969.20	112912.10	73.33	49417.10	4376.60
1998	155705.70	113787.40	73.08	51229.53	4502.21
1999	156372.80	113161.00	72.37	50838.58	4492.59
2000	156299.90	108462.50	69.39	46217.52	4261.15
2001	155707.90	106080.00	68.13	45263.67	4266.94
2002	154635.50	103890.80	67.18	45705.75	4399.40
2003	152415.00	99410.37	65.22	43069.53	4332.50
2004	153552.60	101606.00	66.17	46946.95	4620.49
2005	155487.70	104278.40	67.07	48402.19	4641.63
2006	152149.00	104958.00	68.98	49804.23	4745.17
2007	151068.20	105998.60	70.17	50413.85	4756.09
2008	154245.10	107544.50	69.72	53434.29	4968.57

续表

年份	农作物总面积 （千公顷）	粮食作物播种 面积（千公顷）	粮食播种面积 占比（%）	粮食总产量 （万吨）	粮食单产 （公斤/公顷）
2009	156094.80	110255.10	70.63	53940.86	4892.37
2010	157349.70	111695.40	70.99	55911.31	5005.69
2011	160360.40	112980.40	70.45	58849.33	5208.81
2012	162071.30	114368.00	70.57	61222.62	5353.12
2013	163702.30	115907.50	70.80	63048.20	5439.52
2014	165183.30	117455.20	71.11	63964.83	5445.89
2015	166829.30	118962.80	71.31	66060.27	5553.02
2016	166939.00	119230.10	71.42	66043.51	5539.17
2017	166331.90	117989.10	70.94	66160.72	5607.36
2018	165902.40	117038.20	70.55	65789.22	5621.17
2019		116060.00		66384.00	

数据来源：国家统计局。

粮食生产投入序列中，单位面积化肥施用量序列是指用播种面积计算的每公顷化肥施用量，农田受灾率是受灾面积与农作物播种面积的比率（见表2-3）。

表2-3　　　　　　　　粮食生产投入序列

年份	有效灌溉面积 （千公顷）	化肥施用量 （公斤/公顷）	农业机械总动力 （万千瓦）	农田受灾率 （%）	农村居民家庭经营 耕地面积（亩/人）
1978	44965.00	117.78	11749.90	33.85	0.16
1979	45003.13	146.33	13379.50	26.51	0.18
1980	44888.07	173.44	14745.75	34.17	0.19
1981	44573.80	183.92	15680.10	27.41	0.23
1982	44176.87	209.10	16614.21	22.89	0.23
1983	44644.07	230.54	18021.90	24.11	1.93
1984	44453.00	241.27	19497.22	22.11	2.05
1985	44035.90	247.28	20912.50	30.89	2.07
1986	44225.80	267.76	22950.00	32.69	2.07
1987	44403.00	275.85	24836.00	29.03	2.07
1988	44375.91	295.65	26575.00	35.12	2.06

续表

年份	有效灌溉面积（千公顷）	化肥施用量（公斤/公顷）	农业机械总动力（万千瓦）	农田受灾率（%）	农村居民家庭经营耕地面积（亩/人）
1989	44917.20	321.67	28067.00	32.06	2.11
1990	47403.10	349.19	28707.70	25.93	2.10
1991	47822.07	375.05	29388.60	37.08	2.18
1992	48590.10	393.30	30308.40	34.45	2.06
1993	48727.90	426.67	31816.60	33.05	2.17
1994	48759.10	447.64	33802.50	37.13	2.18
1995	49281.20	479.55	36118.10	30.57	2.17
1996	50381.00	502.41	38546.90	30.84	2.30
1997	51239.00	517.08	42015.60	34.70	2.07
1998	52296.00	524.58	45207.70	32.20	2.06
1999	53158.00	527.50	48996.12	31.96	2.07
2000	53820.33	530.57	52573.61	34.99	1.98
2001	54249.39	546.38	55172.10	33.53	1.99
2002	54355.00	561.24	57929.85	30.36	2.00
2003	54014.00	578.89	60386.54	35.76	1.96
2004	54478.00	603.91	64027.91	24.17	2.00
2005	55029.34	613.07	68397.85	24.97	2.08
2006	55750.50	647.75	72522.12	27.01	2.11
2007	56518.34	676.23	76589.56	32.43	2.16
2008	58471.68	679.31	82190.41	25.93	2.18
2009	59261.45	692.44	87496.10	30.25	2.26
2010	60347.70	706.92	92780.48	23.79	2.28
2011	61681.56	711.43	97734.66	20.25	2.30
2012	63036.43	720.53	102559.00	15.40	2.34
2013	63473.30	722.27	103906.80	19.15	
2014	64539.53	725.97	108056.60	15.07	
2015	65872.64	722.01	111728.10	13.05	
2016	67140.62	716.96	97245.59	15.71	
2017	67815.57	704.54	98783.35	11.11	
2018	68271.64	681.54	100371.70	12.55	

数据来源：国家统计局。

（二）粮食总产量预测

下面，我们将根据上述数据预测2030年的粮食总产量。首先，需要对相关变量在预测年度可能达到的水平作出判断。

1. 耕地面积。耕地面积可以因为城乡建设用地的增加而减少，也可以因为垦荒和复垦而增加。假定今后耕地面积以1985年以来的速度减少，则到2030年我国耕地面积为1.10亿公顷。

2. 粮食播种面积比重。假定中国粮食播种面积的比重2001年已下降到69%，则到2030年，粮食播种面积的比重将下降为62%。

3. 复种指数。1980年中国耕地复种指数为109.4%，2006年达到128.9%，27年里总计增加了19.5%，年均增加约0.72%，总体呈现稳步增长态势，年际变化偶有微小波动。但复种指数的提高不可能是没有限制的，有关研究表明，根据我国光热资源条件以及经济可行性，全国平均复种指数最高只能达到165%。

4. 农田受灾率。我国农业受自然因素影响很大，农田受灾率的年际变化较大，但总的来看有逐渐加大的趋势。1971—1995年，我国年均受灾率为29.26%，其中20世纪70年代、80年代和90年代分别为27.71%、28.22%和34.46%。考虑到国家将加强大江大河治理以及中低产田改造，从中长期看农业抗灾能力会有所增强。我们以1971年以来的平均受灾率作为预测年度的受灾率。

5. 农田灌溉率。1957年以来，我国农田灌溉率提高了1.1倍，年均提高2%。20世纪80年代后，灌溉率提高速度明显趋缓，1980—1995年，灌溉率年均提高0.97%，其中1990—1995年年均提高0.93%。我国灌溉率最高时已达到52%（在全球仅次于日本），1996年后有所降低，实施南水北调后有所增加，但其难度将越来越大。到2030年，灌溉率预计为58%。

6. 农村住户人均经营耕地面积。随着农村工业化进程的加快和农村剩余劳动力的转移，土地经营规模会逐步扩大。我们假定到 2030 年人均经营耕地面积将仅有 0.2 公顷。

7. 每公顷化肥施用量。我国大面积施用化肥是从 20 世纪 70 年代中期开始的。1975—1995 年，每公顷化肥用量增加了 5.7 倍，年均增长 10%。1985 年以来年均增长 6.8%，1990 年以来年均增长 6.55%。考虑到化肥投入有明显的边际效率递减现象，我们假定到 2030 年，每公顷化肥施用量为 535.20 公斤。

将以上取值代入设定模型，得到如下预测结果：在未来的十几年内，中国粮食总产量将以年均 1.25% 左右的速度增长，但增长速度呈缓慢递减趋势，到 2030 年达到 68542 万吨。

第二节　中国粮食需求分析

一、中国粮食需求变化的简要回顾

新中国成立以来，我国粮食消费水平和消费方式发生了深刻的变化。造成这种变化的原因是多方面的，人口、收入、粮食供给以及体制和市场结构的变化都会对粮食需求产生影响。客观地分析这些因素的发展变化趋势，是对未来粮食需求作出正确预测和判断的前提。根据 20 世纪 50 年代以来粮食消费的变化以及造成这种变化的原因，可以将中国粮食需求划分为四个阶段。

第一阶段（1949—1978 年），是粮食消费不得温饱的时期。这一阶段中国经济经历了曲折的发展过程。1958 年以前，经济得到较快的恢复和增长（按可比价格计算的国民收入年均增长 8.9%），居民消费和生活有较大改善。1958 年之后，经济增长时快时慢，波动较大，从全过程看，经济增长速度明显放慢（国民收入年均增长 5.3%），再加上积累偏高、人口增长过快，居民消费水平长期处于停滞不前的状态。在这一阶段，

中国人的饭碗

中国粮食需求和消费呈现出如下特点：（1）居民收入和消费水平低、增长缓慢，并且由于长期实行计划经济体制，收入增长没有对粮食消费的增长产生显著影响。1952—1978年，我国人均消费水平由76元增加到175元（当年价），扣除物价因素，增长了77%，年均增长2.2%，而恩格尔系数长期保持在60%—68%。（2）粮食总需求量的增长快于总供给量的增长，粮食长期供不应求。人口的过快增长以及粮食生产的波动和缓慢增长是造成供给不足的主要原因。（3）人均粮食消费水平低，热量供给不足。新中国成立初期，由于工农业协调发展，粮食供给增长较快，粮食消费状况逐步得到改善。但1958年以后政策上的失误和十年"文化大革命"，导致人均粮食消费水平长期徘徊不前，甚至退到1952年以前的水平。尤其是20世纪60年代初期，贫困和营养不良到处可见，人民生活十分艰难。到1978年，粮食人均生活直接消费量为195公斤，比1952年还低2.5公斤。由于粮食消费水平低，这一时期人均每日膳食所供给的热量始终未超过1900大卡，不能满足人体的生理需要。（4）食物消费结构单一、营养水平低。这一时期主要食物人均消费均无明显变化，除粮食外，其他食物消费量很少，人均肉类年消费量低于10公斤。1978年与1952年相比，人均肉类消费量仅增加了1.6公斤，人均食糖消费量增加了2.5公斤，而人均植物油消费量减少了0.5公斤。单一的食物结构必然带来低水平的营养结构。在这一时期的热量来源中，碳水化合物所占比例高达80%—90%，来自蛋白质和脂肪的比重偏低，营养结构极不合理。（5）实行粮食及副食品平均分配，限量供给。这一时期，在农村由生产队统一分配粮食等食物，在城市则采取凭票限量供应的办法。在粮食十分短缺的情况下，采用配给制的办法对于保证居民的生存性食物需求和免受饥馑起到重要作用。但这种分配方式对生产发展和消费结构的改善具有消极的抑制作用。

第二阶段（1979—1985年），是粮食消费基本上实现温饱的阶段。从1979年开始，中国进行了经济改革，国民经济进入高速增长的阶段（按可比价格计算的GDP总量年均增长9.9%），国民经济内部积累与消费、农业与工业间的比例关系比较合理,农业尤其是粮食生产获得了大幅度的增长,再加上对人口采取了有效的控制措施,因而粮食供应有了明显改善,人民生活和粮食消费有了显著提高。具体表现在:(1)居民收入和消费水平提高较快,恩格尔系数逐年下降。1985年与1978年相比,人均GDP由379元增加到853元,扣除物价因素,增长了76%,年均增长8.4%;居民人均消费水平由184元增加到437元,扣除物价因素,增长了76%,年均增长8.4%;恩格尔系数由67%下降到57%。(2)粮食消费总量和人均消费量都有大幅度提高。1985年我国粮食消费总量达到3.7亿吨,比1978年增长了24.4%,人均粮食消费量为252公斤,增长了近30%,人均热量供给超过了2600大卡。可以说,这一时期是新中国成立以来粮食消费增长最快的时期。(3)居民口粮消费量中,细粮所占的比重大幅度上升,粗粮的比重大幅度下降。粗细粮比从1979年的1:1下降到1986年的1:1.4。(4)食物结构虽仍以粮食为主,但开始向多样化发展,尤其是动物性食品的消费量增长较快。1985年与1978年相比,人均肉类、禽蛋和水产品消费量分别增长了80%、150%和38%,食物消费的营养水平明显提高。

第三阶段(1986—2009年),是粮食消费由温饱向小康水平过渡的时期。这一阶段国民经济继续保持较快增长势头(按可比价格计算的GDP总量年均增长9.8%),粮食消费由数量扩张开始向质量提高方向演变,粮食消费结构和消费方式发生显著的变化,人民生活水平继续得到改善,具体表现在:(1)居民收入和消费水平进一步提高。1995年,我国人均GDP为4854元,居民人均消费水平为2311元,扣除物价因素,分别比1985年增长120%和87%,恩格尔系数降到50%左右。(2)人均口粮消费量在经过一个时期的快速增长后,于1986年达到253公斤的峰值;此后开始缓慢下降,到1995年已下降到217公斤。1986年是我国粮食消费结构演化过程中的关键性的一年,因此特别需要引起重视。(3)居民食物结构开始发生根本性变化,除人均口粮消费呈减少趋势外,蔬菜、食糖的人均消费量也呈现负增长,动物性食品的消费量仍然保持较快增长的势头。2009年与2000年相比，城镇居民人均消费的猪牛羊肉增长了5%，家禽增长了25%，禽蛋增长了42%，水产品增长了30%；农村居民人均消费的猪牛羊肉增长了3%，家禽增长了78%，禽蛋增长了57%，水产品增长了86%。食品消费结构的这一显著变化，说明我国人民生活水平进入了一个新阶段。

第四阶段（2010年至今），粮食消费水平进入小康时期。受刚性需求增加、饮食习惯逐步改变、饲料消费波动明显、加工消费不断升级等因素综合影响，近十年来我国粮食消费总量呈现大幅增加后小幅回落态势，消费结构不断优化升级。其中，食用消费在刚性需求支撑下，占粮食需求的比重超过50%，占据粮食消费的主要位置；饲用消费量波动较大，受畜禽业扩大养殖带动，2011—2012年饲料消费量大幅增长，占粮食消费总量的比重达到30.3%，首次突破30%关口；工业消费增幅最大，但受总量有限影响，占比不超过20%。目前，我国食用、饲料、工业消费结构比例约为5∶3∶2。在粮食供给充裕的情况下，粮食人均食用消费逐年下降，一是因为人民饮食习惯的改变，2019年城镇、农村居民家庭人均消费猪牛羊肉分别为28.7公斤和24.7公斤，比2000年分别增长43.5%和71.5%；二是因为谷物加工转化能力不断提高，居民从对原粮的消费逐渐部分转移到对面包、米粉、速冻/方便食品等加工制品的消费。

二、中国粮食需求预测

（一）相关指标说明

1. 人口增长率。考虑到控制人口增长率是我国的一项长期的基本国策，我们假定今后人口增长率为10‰。

2. 城市化水平。我国2019年城市化水平已达60.6%，目前仍处在城市化过程中，假定2020—2030年每年增长约一个百分点，到2030年我国城市化水平将突破70%。

3. 城乡居民人均收入增长速度。我们假定，保护农业以及增加农民收入将成为工业化进程中的一项政策选择，2020—2030年农民人均纯收入将保持在年均增长5%左右的水平。

4. 城乡居民口粮和动物性食品的收入需求弹性。我国城乡居民食品消费均已进入主副食品替代时期，即随着收入水平的提高，人均口粮消费量在逐步下降，而动物性食品消费量在逐步上升。相比较而言，农村居民口粮消费的收入需求弹性较小（接近于0），而动物性食品弹性值较高，这表明农村居民食品结构刚刚跨越转型时期，今后对口粮的需求将较为稳定或者以缓慢的速度下降，对动物性食品的需求将以较快的速度增长。城镇居民口粮消费呈现较高的负弹性值，动物性食品的收入弹性值则远远低于农村居民，尤其是猪牛羊肉的弹性值较低，这表明今后城镇居民口粮消费还将以较快的速度下降，对肉类的需求将趋缓（对猪肉的人均需求量将趋于饱和），对禽蛋和家禽的需求仍将较为强烈，对水产品的需求将会以适度的速度增长。考虑到口粮消费不可能无止境地持续下降以及城乡居民消费习惯上的差异，我们假定城镇居民口粮消费的最低点为90公斤（贸易粮），而农村居民口粮消费的最低点为200公斤（原粮），在此之后口粮消费量将不再下降。

5. 动物性食品的粮食消耗系数。我们假定，2020—2030年动物性食品粮食消耗系数：猪牛羊肉为4.3，禽肉为2.5，禽蛋为2.5，水产品为0.8。

6. 其他粮食需求。除城乡居民消费的口粮和饲料粮外，其他用粮主要有：奶牛消耗饲料、役畜饲料、种子、酿酒、其他非食品工业用粮、粮食损耗等，我们预测2030年其他粮食需求总量为14483万吨。

综合以上6项因素预测，中国粮食总需求量将在2030年达到72687万吨。

三、中国粮食供需预测

结合上述对我国粮食供给与需求的预测,我们绘制了 2013—2030 年我国粮食供需变动趋势图(见图 2-1)。从供需演变来看,现阶段的粮食缺口是短暂的,2015—2027 年我国都会处于供需基本平衡、供给略有盈余的状态,但盈余额均不超过当年产量的 1.5%。2028—2030 年,粮食需求增长速度会超过供给增速,盈余逐渐消失,我国将进入粮食供给缺口持续扩大的阶段[①]。

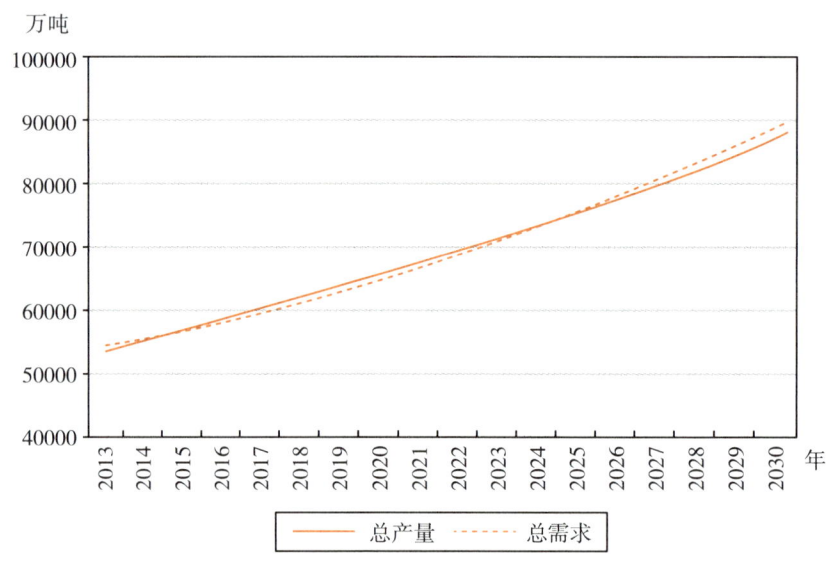

图 2-1 2013—2030 年我国粮食供需变动趋势图

以上分析表明,到 2030 年我国粮食总供给量为 68542 万吨,粮食总需求量为 72687 万吨,粮食缺口达 4145 万吨,粮食自给率为 94%,其中稻谷、小麦自给率在 98% 左右。可见,未来我国粮食安全将受资源约束、

---

① 金鹏辉:《我国粮食安全问题研究——兼论耕地保护、农业现代化和对外开放》,中国金融出版社,2016 年版。

人口增长、城市化推进、居民消费需求变化等诸多因素影响，且面临诸多不确定性因素的挑战，我国粮食安全水平将长期处于紧平衡状态。我们必须时刻绷紧粮食安全这根弦，实现粮食安全战略性调整，切实落实粮食安全新战略。

第三章 战略视角下的粮食安全

前文对中国粮食安全风险因素的分析表明,在决胜全面建成小康社会的新时期,中国传统的粮食安全战略难以成功应对经济体制转换和经济结构战略性调整对未来粮食安全的挑战,迫切要求中国粮食安全战略作出必要的调整。

第一节 "五力"支撑新粮食安全战略

党的十八大以来,以习近平同志为核心的党中央把粮食安全作为治国理政的头等大事,提出了"确保谷物基本自给、口粮绝对安全"的新粮食安全观,确立了"以我为主、立足国内、确保产能、适度进口、科技支撑"的国家粮食安全新战略,走出了一条中国特色粮食安全之路。

粮食安全在不同社会经济发展阶段具有不同的内涵。我国进入新时期以来,粮食安全的国内外环境发生了根本变化,粮食安全已被赋予新内涵、新目标。基于粮食安全问题历史经验的总结,以习近平新时代中国特色社会主义思想为指引,结合国内外粮食发展的规律,融合经济理论,尊重客观规律,立足现实发展的需要,本书特提出"五力":资源支撑力、农业生产力、改革创新力、国家调控力、国际竞争力,来分析与解决粮食安全问题。我们认为,构建科学、系统、合理的分析体系有助于全面地对粮食安全进行分析和评价,支撑我国粮食安全新战略。

解决粮食安全问题,必须树立辩证思想和系统思维。过去,人们考虑粮食安全政策时，往往容易陷入就农业论农业、就粮食安全论粮食安全的单向思维。在经济发展的新阶段，中国粮食安全面临着经济体制的全面转轨和经济结构战略调整的双重任务和复杂局面，粮食安全战略调整的积极意义绝不仅限于粮食安全本身，而将惠及国民经济发展的全局。与此同时，粮食安全系统是人与粮食相互作用的复杂系统，是以粮食为载体，由粮食资源、社会、经济等子系统构成的复合系统。粮食安全战略目标的实现也有赖于整个国民经济的良性循环，因而粮食安全战略的调整是一个系统工程，必须跳出就粮食论粮食的圈子，拓展思路、开阔思维，应着眼于经济发展战略及宏观经济政策和经济管理体制的全局，应注重与国民经济发展中关键要素的协同发展。这也是我国经济高质量发展的内生特点。

我们应重点构建"五力"模型并处理好五对关系：资源支撑力——粮食安全与土地资源优化配置统筹推进；农业生产力——粮食安全与工业化、城镇化问题相互驱动；改革创新力——粮食安全与市场改革协调一致；国家调控力——粮食安全与宏观调控相互支撑；国际竞争力——粮食安全与国际话语权共同提升。"五力"相互作用并产生协同效应，进而实现粮食安全与经济发展共赢（见图3-1）。

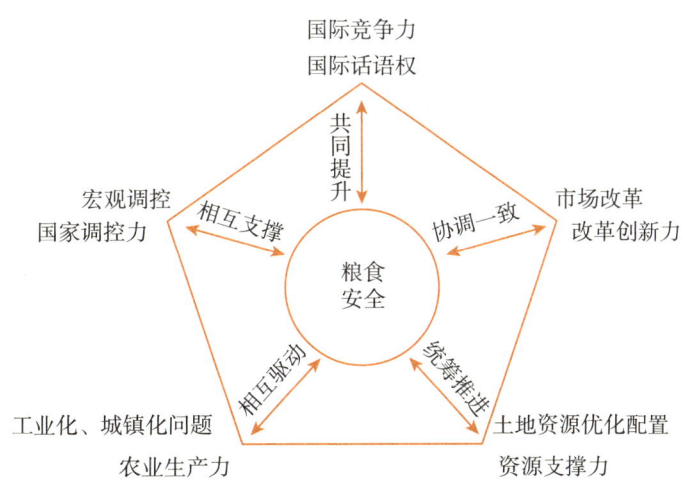

图3-1 中国粮食安全"五力"模型

中国粮食安全"五力"模型中的资源支撑力、农业生产力、改革创新力、国家调控力、国际竞争力,是中国粮食安全战略调整必备的五种关键力量,其本质就是把握好国民经济发展中与粮食安全相关的五个关键要素,并协调好五对矛盾关系。特别是土地资源优化配置和工业化、城镇化与粮食安全的关系,是与"三农"问题联系在一起的。在某种意义上,粮食安全与"三农"问题的解决是一个问题的两个方面,既相互对立又相互统一,因此,解决粮食安全问题应与"三农"问题统筹考虑,相互协调。

一、基本内涵

(一)资源支撑力:粮食安全与土地资源优化配置统筹推进

资源支撑力是指人类赖以生存和发展的特定或全部自然条件的支撑和支持能力,这里的自然条件主要是指土地、矿藏、生物、空气、阳光和水等自然资源,又分为可再生资源(如木材、太阳能等)和不可再生资源(如煤炭、石油等),本书特指农业用地;支撑和支持能力是指在一定范围和时间内,组织、调配、应用和掌握各种物力、财力、人力等自然资源和社会资源的综合能力。

土地是粮食生产的载体。经济结构调整的加速推进,必然加快土地资源的配置和重组。一方面,土地资源的总量将呈现稳中有降的趋势,1.2亿公顷耕地的红线很可能被突破。另一方面,耕地资源在各产业之间的配置将更多地受比较利益的调节,必要的粮食耕地面积如何保障,种粮收益和农民收入如何保护,都是关系粮食安全的大问题。可见,中国粮食安全战略的调整,必须打造资源支撑力,注重与土地资源优化配置统筹推进。

(二)农业生产力:粮食安全与工业化、城镇化相互驱动

农业生产力是指利用动植物的生长发育规律,以人工培育方式来获

得产品的产业创造财富、实现增值的能力。广义的农业包括农业、林业、畜牧业、渔业和农林牧渔服务业；狭义的农业仅指一般意义的农业，本书特指粮食生产。广义的生产是指人类从事创造社会财富的活动和过程，包括物质财富、精神财富的创造和人自身的生育，亦称社会生产；狭义的生产仅指创造物质财富的活动和过程，也包括动植物的繁衍。农业生产力的组成要素是劳动者、生产对象、生产工具、生产技术与方法。

工业化、城镇化对粮食安全既是机遇也是挑战。我国传统粮食安全战略的城市偏向极为严重。粮食统派购制度、城市居民定量供应制度，曾是中国传统经济发展战略的基础，通过压低粮食等农产品价格，保证城市居民生活的低工资、低物价和工业品的低成本，为城市和工业的发展积累资金。据测算，1952—1980年，仅从工业农产品价格"剪刀差"一项中，国家获得农业剩余达5000多亿元，恰好与1953—1980年全民所有制各行业基本建设新增固定资产总额5129亿元相当，再加上农业税收，则远大于这一时期国家的"原始积累"。可以肯定地讲，这一时期国家工业化的资金绝大多数来自农业。另外，农产品及其加工品出口，为国家提供了大量外汇。这一时期，国家从国外进口的商品及其他生产资料所需外汇的60%以上，来自农产品及其加工品出口。改革开放后，国家通过多次调整粮食价格，使工农产品比价逐步趋于合理，但当前市场形成价格的机制尚不成熟，粮价形成机制还不完善，工农产品之间的比价关系仍未理顺，一度缩小的工农产品价格"剪刀差"又有所扩大。例如，2000年与1996年相比，全国农产品收购价格指数和粮食收购价格指数分别下降了25.6%和31.5%。虽然同期农业生产资料价格也有所下降，但下降幅度只有10.7%，远小于农产品价格下降幅度。城乡利益关系失调、城乡二元经济结构的矛盾难以缓解，必然加大工业化、城镇化进程的难度。当前，中国已进入工业化的中期阶段，与工业化起步阶段不同，现阶段的工业化不能建立在榨取农业剩余的基础上，必须走城乡经济协调发展的路子，因此必须转变以城市偏向为主的经济发展战略和宏观政策环境。可以说，这一转变对粮食安全的挑战是前所未有的。

"三农"问题是全球性的问题,是工业化、城镇化进程的必然产物,也是中国粮食安全战略调整必然要面对的客观现实。保障粮食安全与增加农民收入,客观上存在着对立与矛盾,如何在实现粮食安全的同时增加农民收入,在两者的矛盾对立中寻求统一,在统一中化解对立与矛盾,从而实现粮食安全与农民增收双赢,是农业发展新阶段迫切需要解决的问题。

总之,面对工业化、城镇化带来的机遇与挑战,中国粮食安全战略的调整,应该不断夯实农业生产力,并与工业化、城镇化进程形成相互促进、良性互动的关系。

(三)改革创新力:粮食安全与市场改革协调一致

改革创新力是指通过新思维、新发明和新创造对旧有的生产关系、上层建筑做局部或根本性的调整,从而有助于发展并取得效益和效果的能力。改革一般包括对政治、社会、文化、经济、组织等作出的改良革新,更具有稳定性和调适性;创新是内在思想理念的外化、物化、形式化,创新还具有更新、创造和改变三层含义,又分为原始创新和集成创新两种方式。

市场是粮食安全的基础。建立社会主义市场经济体制,就是要发挥市场在资源配置中的决定性作用。以市场为基础来保障国家粮食安全,是在经济全球化条件下明智的选择。然而,中国粮食市场化改革面临一系列的挑战,无论是价格与市场体系的培育还是国有粮食企业的改革,补贴制度的改革面临的风险和压力都是难以避免的,都将对粮食安全体系产生直接影响。与此同时,科技创新的作用将日益突出。因此,中国粮食安全战略的调整应注重提升改革创新力,并与市场化改革协调一致,既是保障国家粮食安全的内在要求,也是社会主义市场经济体制优势的具体体现。

(四)国家调控力:粮食安全与宏观调控相互支撑

国家调控力是政府对某一领域或方面进行的调节与控制,保证经济或社会再生产协调发展、相互平衡的能力。按照对经济的调控手段划分,可分为以计划经济为主的国家和以市场经济为主的国家。我国实行中国特色的社会主义市场经济,以计划作为宏观调控的有力手段,市场在资源配置中发挥着决定性的作用。近些年来我国经历了宏观调控方式从直接向间接、调控对象从企业向市场、调控活动从条块分割集中到中央的转变。

市场是粮食安全的基础,而宏观调控则是市场机制配置粮食资源的前提条件。受计划经济的影响,人们容易把宏观调控等同于行政手段,特别是粮食领域是计划经济影响较深的部门之一,怎样搞好宏观调控更是没有经验可循。中国虽然建立了粮食储备制度和进出口调节制度,并取得了显著成效,但仍有较大的改善空间,进一步加强国家调控力、保障粮食安全变得十分紧迫。与此同时,粮食生产的稳定发展,将为国家宏观调控、保证粮食市场供应提供坚实的物质基础。

(五)国际竞争力:粮食安全与国际话语权共同提升

国际竞争力是指一国或一个地区的产品或服务在国际市场上的生产、交换、分配、流通的能力。国际竞争力体现在生产端、消费端、国际比较优势等方面,包含生产链、价值链、服务链等环节。国际竞争力虽然有大小或强弱之分,却是一个相对的指标,有绝对性和相对性的标准,有现在和未来的不同衡量。世界经济论坛提出的全球竞争力指数包括制度、基础设施、宏观经济稳定性、健康与初等教育、高等教育与培训、商品市场效率、劳动市场效率、金融市场成熟性、技术设备、市场规模、商务成熟性、创新12个竞争力支柱。

加入世界贸易组织的新环境使中国的粮食安全再也无法回避国际竞争的挑战,而且随着新冠肺炎疫情在全球蔓延,包括俄罗斯、埃及、越南、印度、哈萨克斯坦、塞尔维亚等在内的多个国家宣布或启动了部分粮食出口限制的举措。在世界贸易组织新要求、发达国家高补贴、部分国家限制粮食出口的国际环境下,如何提高中国粮食的国际竞争力,不仅关系到中国的粮食安全,而且关系到中国的国际地位。因此,中国粮食安全战略的调整,必然要站在提升国际竞争力的高度来统筹兼顾各类矛盾、各种关系,以强大的"协同力"提升中国粮食安全的保障能力,并不断提高中国的国际地位。

其实,打造五个关键力的本质是把握好五个"协同力"。构建"五力"模型并非仅仅单向把握五个关键要素、统筹协调好五对矛盾关系,更重要的是要驱使五个"协同力"产生"1+1>2"的叠加效应。因为五个"协同力"之间本身也是相互影响、相互作用的,且能够形成强大的协同效应。如图3-2及公式中所示,S代表协同力,S1、S2、S3、S4、S5分别代表5个协同力,λ代表倍数(通常大于1),F(S1,S2,S3,S4,S5)代表五个协同力相互作用、产生多倍叠加效应所形成的巨大合

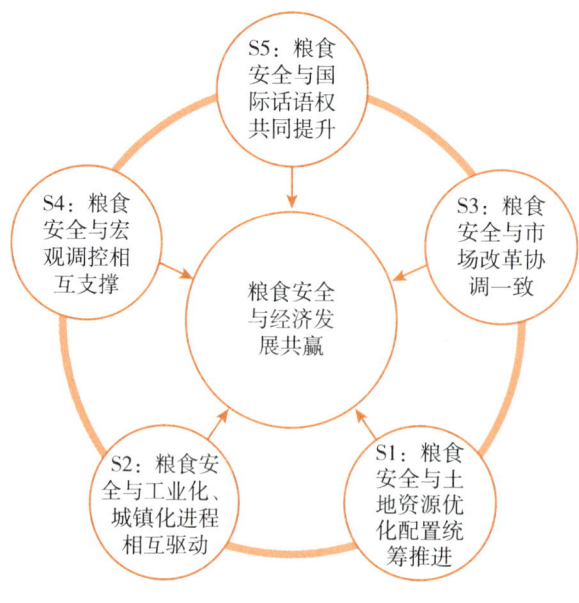

图3-2 五个"协同力"的叠加效应示意图

力。也正因为这五个"协同力"的叠加效应,才能实现在确保粮食安全的同时,推动国民经济发展良性循环,促进我国经济高质量发展。

五个"协同力"的叠加效应公式如下:

$$F(S1,S2,S3,S4,S5) = \lambda\{F(S1) + F(S2) + F(S3) + F(S4) + F(S5)\}$$

本书基于以上五个"协同力"(关键力)及其具体的相互矛盾、相互影响、相互作用关系,并以此为主线,以土地资源优化配置和"三农"问题的解决为重点,找到端好中国人自己饭碗的办法,逐章阐述了用"五力"落实粮食安全新战略,解决保障我国粮食安全的问题。

二、基本原则

从系统论的观点看,"五力"模型运行系统必须符合四个原则,即整体性原则、相关性原则、有序性原则和动态性原则。

(一)整体性原则

"五力"统一于一个有机的总体和共同的目标之中,既有所区别、重点各异,又相互联系、分工合作,集中表现为基础保障支撑能力,共同服务于国家粮食安全目标。粮食安全系统是粮食系统与社会、经济系统相互联系、相互作用、相互交织构成的具有一定结构和功能的复合系统。它是一切社会经济活动的载体,任何社会经济活动都是在一定的粮食安全系统中进行的。"五力"既是粮食安全系统的组成部分,也是其安全运行的保障力。

(二)相关性原则

粮食安全中的粮食数量、粮食质量、粮食流通及其与社会、经济之间关系的耦合,构成一个更为复杂的大系统。它不仅是粮食系统和人造系统结合的复合系统,而且包括人的意识及活动,涉及经济、政治、人口、科教等。发挥"五力"的协同作用和互补作用,通过串联、并联,产生耦合效应和合力效应，达到互惠互利、共生共存的效果。

（三）有序性原则

有序性是任何系统都普遍存在的现象和特征。系统的秩序，简言之就是系统的一种有规则的状态。由序度关系到系统的动态变化和系统进化或退化的发展，这是粮食安全系统的重要特征之一。根据中国粮食安全的不同维度、不同层面、不同环节、不同对象、不同时期，"五力"所发挥作用的先后、大小、尺度存在一定的优先次序排列。

（四）动态性原则

"五力"模型运行系统是一个动态平衡系统，运用运动和发展的眼光与思维看待事物的变化，在运用"五力"模型进行预测和决策时，加入权变和动态的方法，及时调适和纠偏，进行有效的计划、组织、领导和控制。在这个系统中，平衡是相对的，而不平衡则是绝对的。系统不断地由不平衡走向平衡，再由平衡走向不平衡，从而形成系统的发展变化规律。我们只有掌握了系统的发展规律，才能预见其将来的发展趋势，进而找到解决问题的途径。

三、指导思想

（一）坚持国家总体安全观

坚持国家总体安全观，是习近平新时代中国特色社会主义思想的重要内容。党的十九大报告强调，统筹发展和安全，增强忧患意识，做到居安思危，是我们党治国理政的一项重大原则。国家总体安全观，谋求的正是集政治安全、国土安全、军事安全、经济安全、文化安全、社会安全、科技安全、信息安全、生态安全、资源安全、核安全等于一体的国家安全体系，回应的正是当下错综复杂的各类安全挑战。粮食安全是国家总体安全的重要内容，如果没有粮食安全做基础保障，国家总体安全必然缺乏有力支撑。

国以民为本，民以食为天。粮食安全问题是关系国家安全、社会稳定的头等大事。粮食安全是国家总体安全观的基础，通过稳步提升粮食生产能力、调动农民种粮积极性、创新完善粮食市场体系、健全完善国家宏观调控、大力发展粮食产业经济、全面建立粮食科技创新体系，来确保粮食安全，进而保障国家总体安全。

（二）坚持以人民为中心

坚持以人民为中心，就是坚持全心全意为人民服务的宗旨，谨记"民以食为天"的训诫，把人民对美好生活的向往作为奋斗目标，依靠人民创造历史伟业。坚持以人民为中心，贯穿于习近平新时代中国特色社会主义思想的各个方面。坚持以人民为中心，既是理论命题，又是基本方略；既是政治立场，又是根本要求。坚持以人民为中心，就是让改革和发展成果更多、更公平地惠及全体人民，不断促进人的全面发展，让实现全体人民共同富裕的目标更加充分地展示和体现出来。

坚持以人民为中心，要把握三个要点：一是随着社会主要矛盾的变化，人们对粮食的要求越来越高，要适应消费升级的转变；二是要保障低收入阶层的购买能力，在全面建设小康社会、脱贫攻坚过程中，从根本上解决低收入阶层的吃饭问题；三是保障种粮农民的收益，调动种粮农民的积极性，促进农民增产增收。

（三）坚持新发展理念

坚持新发展理念，就是要与时俱进、推陈出新，用全新的思维看待和解决中国粮食安全问题，要坚持创新、协调、绿色、开放、共享的发展理念。这是我国在深刻总结国内外发展经验教训、深刻分析国内外发展大势的基础上形成的，也是针对我国发展中的突出矛盾和问题提出的。在新时代，必须坚定不移地贯彻新发展理念，创新是引领发展的内在动力和不竭源泉，协调是持续健康发展的内在要求和当前不平衡不充分发展的应对之策，绿色是永续发展的必要条件和人民对美好生活向往的重要体现，开放是国家繁荣发展的必由之路，共享是社会主义的本质要求。

创新、协调、绿色、开放、共享的发展理念是高质量发展的必然要求，也是确保粮食安全的根本指针。为此，我们应以创新作为中国粮食安全高质量发展的第一动力，以协调作为建立全方位粮食安全保障机制的内在要求，以绿色作为建立粮食安全保障体系的基本形态，以开放助推中国特色粮食安全道路行稳致远，以共享作为惠及粮食安全福祉的终极关怀。

（四）坚持尊重客观规律

规律是事物内部本质的必然的联系，尊重客观规律是推动事物发展的必然要求。粮食安全是一个系统工程，粮食受自然规律、经济规律、社会规律、历史规律以及人们心理规律等规律体系的影响，保障粮食安全是一个复杂的规律体系。

为此，首先应提高认识规律的自觉性和科学性，把握事物发展的本质；其次应增强运用规律的能力，提高工作本领；最后应立足本国国情、粮情，转变工作作风，克服工作中的主观性和盲目性，走出一条中国特色粮食安全之路。

（五）坚持可持续发展

可持续发展是我国的一项基本国策，经过几代人的努力，已经发展成为一套完整的理论体系。粮食安全保障系统的建立是站在统筹的高度，希望通过长期的努力，使粮食问题能够得到根本性的解决，这是一件功在当代、造福万代的事情。粮食安全保障系统必须要遵循全面、协调、可持续发展的原则，必须切实抓好粮食生产、储备、加工、流通等各个环节，寻求粮食保障系统整体的可持续发展，实现经济、社会和生态的综合效益。

四、运行特点

（一）系统性

一般而言，粮食安全系统本就是人与粮食相互作用的复杂系统，是以粮食为载体，由粮食资源、社会、经济等子系统构成的复合系统。"五力"模型构建的粮食安全系统也具备这一特性。"五力"中的资源支撑力、农业生产力、改革创新力、国家调控力、国际竞争力既是粮食安全系统的组成部分，又通过彼此的相互关联、相互影响、相互作用组成了粮食安全系统；既有内生变量循环，又有外部环境影响。可以说，"五力"模型构建的粮食安全系统涵盖了自下而上、局部到整体、由内到外、从上至下、整体到局部、外部到内生等各项影响因素的"内外循环"的活动轨迹。

（二）复合性

粮食安全系统是由粮食资源、社会、经济等子系统构成的复合系统。"五力"分别从粮食安全与土地资源优化配置、工业化、城镇化及"三农"问题、市场改革、宏观调控、国际话语权等关系出发，讲述"五力"相互作用产生的协同效应，实现粮食安全与经济发展共赢。

"五力"模型构建的粮食安全系统复合性体现在如下两点。

一是作用力的复合。"五力"模型构建的粮食安全系统是由资源支撑力、农业生产力、改革创新力、国家调控力、国际竞争力等子系统构成的复合系统。

二是效应的复合。系统一个很重要的特点，就是在整体上具有其组成部分所没有的性质，这就是系统的整体性，也就是通常所说的"1＋1＞2"。"五力"相互作用产生的协同效应大于各自运行产生的效应。

（三）辩证性

"五力"模型构建的粮食安全系统是一种社会发展的状态，是一个辩证性范畴。

粮食安全是人们生存安全的根本，粮食安全问题产生的根本原因：一是粮食是人类生存与社会发展不可缺少的基础资源，具有不可替代性；二是粮食的有限性，作为一种短缺资源，其无法满足人们对质与量两个方面日益增长的需要；三是粮食资源系统的整体性，粮食系统内部各环节之间以及粮食与社会、经济、生态环境之间存在着内在联系，构成一个有机系统，如果某一系统结构或环节发生变化，将会导致一系列的连锁变化，进而产生粮食安全问题。在马克思主义辩证法看来，矛盾存在于事物发展的整个过程中，事物的发展也都是相关联的。列宁指出："要研究这个机体，就必须客观地分析组成该社会形态的生产关系，研究该社会形态的活动规律和发展规律。"因此要尊重客观规律，尊重粮食生产的自然规律、粮食交换和流通的市场规律、粮食分配的社会规律，尊重事实、尊重科学、尊重人民群众的首创精神。

（四）适用性

"五力"模型构建的粮食安全系统具有现实适用性。

系统科学是从事物的部分与整体、局部与全局以及层次关系的角度来研究客观世界的。"五力"模型遵循系统科学，通过改变系统组成部分或调整组成部分之间、层次结构之间以及与系统环境之间的关联关系，使它们相互协调，这样的系统才能具有令我们满意的功能，这就是系统控制、干预和组织管理的内涵，也是控制工程、系统工程所要实现的目标结合。在研究方法上，将定量与定性相结合、微观与宏观相结合，将方法体系与实践方式相结合，具有广泛的适用性。

第二节 运用"五力"科学应对粮食新消费的"四个转变"

新中国成立以来，在中国共产党的领导下，经过艰苦奋斗和不懈努力，中国在农业基础十分薄弱、人民生活极端贫困的情况下，依靠自己的力量实现了粮食基本自给，不仅成功解决了近 14 亿人口的吃饭问题，而且居民生活质量和营养水平显著提升，粮食安全取得了举世瞩目的巨大成就。中国当前正处于全面建成小康社会的决胜期，社会主要矛盾已经转化为人民日益增长的美好生活需要和不平衡不充分的发展之间的矛盾，2019 年中国人均 GDP 首次迈上 1 万美元的台阶，随着经济发展和人民生活水平的不断提高，饮食消费观念、消费方式、消费结构等方面都发生了较大变化。因此，落实粮食安全新战略主要应从以下几方面入手。

一、由粮食数量温饱型消费向质量营养型消费转变

进入新时代，我国经济已由高速增长阶段转向高质量发展阶段，粮食消费也由"吃得放心"向"吃得健康"转变。2020 年，我国将顺利进入小康社会，没有全民健康就没有全面小康，人民群众的粮食消费结构正在不断优化升级，粮食质量安全直接关系到人民群众的身体健康和生命安全。随着经济的持续发展，居民收入和生活水平不断提高；在消费

总支出中，生存型消费占比不断减小，发展型和享受型消费占比逐渐增加。国内居民膳食结构已由数量温饱型向质量营养型转变，消费结构升级将使得国内居民由以往的注重"数量"转变为更注重"质量"，食物消费结构发生重要变化。总的趋势是从低层次消费转向高层次消费，消费的农产品更加丰富和多样化，对加工食品以及其他高价值产品的需求快速增长，消费的附加值增加。

二、由单调型消费向多样型消费转变

随着生活水平提高与城镇化发展，城乡居民的收入水平不断提高，我国居民膳食总量持续增长、结构不断升级，食物需求结构发生了巨大变化：动物性食品需求一路攀升，口粮消费量逐年减少。居民食物消费结构由单一向多元化发展，由植物性食物为主向动植物性食物并重转变，消费层次已由温饱向营养健康转变。城乡居民对粮食、油脂、蔬菜等基础性食物的边际消费倾向较低，对肉禽类、水产品和瓜果类等高营养食物的边际消费倾向较高。中国城乡居民食物消费已经由过去以粮食、蔬菜为主转变为粮食、蔬菜、肉类、奶类、水产品等多元化的食物来源。我国食物生产也进入了营养导向型发展的新阶段，主要体现在：农业生产从生存型食物供给保障向健康型满足营养需求转型；产品加工从适应人民吃得饱、吃得安全向吃出健康、吃出愉悦转型；食物供给从满足一般性大众型食物消费需求为主向满足个性化定制型食品消费需求转型。

三、由家庭自制型消费向社会生产型消费转变

过去，中国由于商品经济不够发达，长期受自给自足的小农经济的影响，吃饭主要靠家庭制作。这既不经济，又不能保证食品营养，而且浪费能源、浪费时间。在一些发达国家，居民的主食主要来自食品加工

厂，每天烹饪时间短，而且营养价值高、质量好，可以满足人体的需要。随着人民生活水平的不断提高，中国食品工业正在蓬勃发展。城市居民的主食由家庭制作为主转向购买加工食品。农民购买方便食品和高档食品的数量也在逐渐增加，农村的消费正在向都市型发展。在农村已经出现许多食品加工厂，不但可以满足农民对食品的需要，还可以供应城镇居民。

显然，随着经济和社会的发展，粮食安全目标调整的条件已经具备。新的粮食安全目标可考虑三个层次。

（一）吃得好

具体体现在以下几个目标：（1）确保生产足够数量和较高质量的粮食；（2）最大限度地稳定粮食直接消费和间接消费的供应；（3）确保所有人在获得足够数量和较高质量的口粮同时，能获得更多的粮食间接消费。

（二）吃得起

即确保人人有饭吃。粮食安全本质上是一种公共物品，也是实现公平的一种体现。为此，建设小康社会的过程必须高度重视低收入阶层的粮食保障问题。

（三）可持续

可持续发展是一种世界潮流，是人类处理与自然关系的明智选择。一方面，粮食生产和消费方式的转换是实施可持续发展的重要内容；另一方面，未来粮食安全的可持续是经济社会可持续的基础。

四、由线下消费到线上消费的新消费模式的转变

2020年新冠肺炎疫情防控期间，新消费模式全方位加速融入百姓生

活的方方面面，让许多人有了前所未有的新体验。这是基于"互联网+"的消费新模式、新业态和新场景，最为突出的特点是网络化、数字化和智能化。新消费模式也打开了企业转型发展的另一扇窗。对于传统业态而言，新冠肺炎疫情是"黑天鹅"，也是"风向标"，不少市场主体在"市场寒冬"之下积极挖潜、迅速转型，尽展"云"端精彩，以"互联网+"新模式破局。新消费模式的崛起，正在给整个商业环境带来巨大的变化。

（一）到家服务"宅经济"成为消费新潮流

新消费模式对到家服务的需求越来越高。到家服务到底有多火？我们先看一组数据。此前易观数据发布的《中国本地生活服务行业洞察2019H1》分析报告显示：2019年上半年，中国本地生活服务市场的线上交易规模达到9159.8亿元。中国到家业务市场交易规模达3587.2亿元，在本地生活服务中占比39.2%。疫情下"宅经济"的全面兴起，使更多的线下传统企业向线上转变。

我们以餐饮外卖为典型的到家服务模式举例，2020年新冠肺炎疫情期间，传统餐饮业与外卖平台"花式"合作，借助饿了么、口碑、美团等外卖平台的赋能，是餐饮企业实现线上线下融合的最简单方式。2020年3月18日起，支付宝联合饿了么、飞猪、阿里健康等共同参与，与星巴克、肯德基、海底捞、奈雪的茶等百大品牌、百万商家，在上海、北京、杭州、宁波、成都等地，上线了为期20天的"城市生活周"活动，这是线下餐饮企业与线上平台的"集团作战"，希望给消费者带来新的"消费狂欢"。

中国连锁经营协会2020年3月18日发布的《新冠肺炎疫情对中国连锁餐饮行业的影响调研报告》显示，91.6%的样本企业在疫情期间发力销售外卖产品；73.2%的样本企业尝试拓展团餐外卖业务；样本企业还不同程度地探索无人车配送、无接触配送服务以及外卖"安心卡"的方式，为顾客提供更安心的服务。另有超过四成的样本企业出售食材、半成品餐食以及预包装食品。在这两年外卖行业的明显变化就是更多的品类开始出现，如生鲜、水果、鲜花、办公用品、药品。

再看速度。我们发现，即时配送是到家服务比较大的推动力，中心仓、前置仓、mini店、线下网点的配合，使大家可以享受更快的服务。比如盒马的半小时送达、京东的极速达、苏宁的1小时生活圈、每日优鲜的1小时内生鲜送货到家等。通过盒马、京东到家、美团买菜、每日优鲜、叮当快药，我们能体会到家服务的快速发展。

（二）电商平台、社交微圈、短视频、直播等消费方式成新潮流

2003年非典疫情结束后，身处变革临界点的中国零售业顺势开启了电商时代，淘宝、京东迅速崛起。而新冠肺炎疫情影响更加深远，也必定会为消费行业带来更多新的机遇。随着线下消费逐步被替代，视频、直播、拼购、社交分享圈的关注度显著上升，传统获客方式已跟不上时代，靠内容和新形势获客消费的自媒体时代的机会来了。客户端免费成趋势，传统靠客户端赚钱的模式会越来越弱，传播行业进入黄金发展期，网红、IP、达人等粉丝裂变社交电商将再度崛起。

2019年短视频用户规模已经超8.2亿人，2020年短视频市场收入可达到2110.3亿元，其中短视频带货也成为一种流行。无论是直播、短视频，还是日记带货，背后也是"种草"经济的一种形式。"种草"消费背后的逻辑是消费者向"先种草、后消费"转变，消费者通过关注网络红人的推荐，再到电商或实体店购买，并主动传播兴趣圈子将产品推荐给精准的潜在消费群，形成一种消费潮流。而对于商家来说，这样的转化率会更高。

第二篇

资源支撑力：粮食安全与土地资源优化配置统筹推进

资源支撑力是"五力"模型的基石，是保障粮食安全的根本前提。

"藏粮于地"，土地是财富之母，土地是人类赖以生存与发展的物质基础，是粮食生产的载体。这里所言的资源主要指农业用地。新中国成立70多年来，农业取得的成就举世瞩目，但是为了解决温饱、增加粮食产量，我国在资源环境方面也付出了巨大的代价。基于此，我们要高度重视土地优化配置和可持续发展利用。在目前国内农业综合生产能力大幅提高的情况下，应该对以往过度消耗的资源给予补偿，让耕地、草原、湖泊休养生息，以备未来不时之需。这就需要我们以强大的资源支撑力保障粮食安全，具体包括守住耕地红线、持续提高耕地质量、重视水土资源的匹配、加大土壤环境治理力度等。

本篇主要从土地集约利用、土地规模利用、土地分区利用和土地可持续利用四方面，分别结合粮食集约化经营、粮食产业化经营、粮食区域化经营和粮食可持续发展，探索粮食安全如何与土地资源优化配置统筹推进。

第四章 土地集约利用与粮食集约化经营

所谓土地集约利用，就是在土地上合理增加物质、技术与劳动投入，以提高土地收益的经营方式。"土地报酬递减规律"是通过对土地投入与产出关系的研究，来回答土地投入达到何种程度才能取得土地最高收益这一问题的。然而，"土地报酬递减规律"一直困扰着土地集约利用理论与实践的发展。粮食单产的潜力还有多大？继续增加土地投入促进粮食增产是否合算？简言之，中国粮食生产还要不要走集约经营的路子？对这些问题的回答都必须科学分析和认识"土地报酬递减规律"。

第一节 "土地报酬递减规律"的简要分析

一、"土地报酬递减规律"思想的形成及演变

（一）"土地报酬递减规律"的早期表述

最早注意土地报酬递减现象的是17世纪中叶的英国古典政治经济学创始人威廉·配第。他发现，一定面积的土地的生产力有一最大限度，超过这一限度之后，土地生产物的数量就不可能随着劳动的增加而增加[1]。

对"土地报酬递减规律"的内涵进行详细表述的，要首推18世纪法

---

[1] 威廉·配第：《政治算术》，商务印书馆，1978年版，第55页。

国重农学派后期代表人物杜尔阁。他说："撒在一块天然肥沃的土地上的种子，如果没作任何土地的准备工作，这将是一种几乎完全损失的投资。如果只添加一个劳动力，产品产量就会提高；第二个、第三个劳动力不是简单地使产品产量增加一倍或两倍，而是增加五倍或九倍，这样，产品产量增加的比例会大于投资增加的比例，直到产量增加与投资增加的比例达到它所能达到的最大限度时为止"，"超过这一点，如果我们继续增加投资，产品产量也会增加，但增加得较少，而且总是越来越少，直到土地的肥力被耗尽，耕作技术也不会再使土地生产能力提高时，投资的增加就不会使产品产量有任何提高了"。① 但杜尔阁没有把这段文字明确定义为规律。

同期，英国农场主安德森在1777年发表了《谷物法性质的研究》，认为对土地追加劳动和资本可使土地肥力不断递增。他说："在合理的经营制度下，土地的生产率可以无限制地逐年提高，最后一直达到我们现在还难以设想的程度。"但又认为，在一定的科学技术条件下，这种提高是有限的，从而印证土地肥力会递减，一定量的土地能供养的人口是有限的。安德森首先注意到了科学技术因素的影响作用，但他的研究只注意到土地的平均生产量或总产量，而没有注意到边际产量。

首次正式提出"土地报酬递减规律"的是英国的威斯特（E. West）。他在1815年所写的《论资本用于土地》一书中说道："劣等土地之所以必须日渐耕垦，是因为'土地报酬递减律'之故。"② 他还给"土地报酬递减律"规定了一个明确的内涵："在耕作改进的过程中，原生产物数量的增加将耗费日益增大的费用，或者换句话说，土地纯产品和它的总产品的比例是持续递减的。"在前半句，威斯特指的是边际产量，但在后半句，则指的是平均产量。但威斯特没有明确"边际产量"和"平均产量"的概念。

---

① 许善达：《马克思主义与报酬递减》，农业出版社，1990年版，第13页。
② 刘书楷：《土地经济学原理》，江苏科学技术出版社，1998年版，第58页。

(二)"土地报酬递减规律"思想的中期演变

最早提出"土地肥力递减规律"的是马尔萨斯。他曾从三个不同的角度来阐述这一规律,其中最典型的观点是"按耕作进展的比例而增加的年产量,和以前的平均增加额比较起来,必然是逐渐地并不变地减少下去的"①。马尔萨斯的这一结论和杜尔阁的结论有所不同:(1)杜尔阁是从微观角度,如一个农场或一个生产单位来分析问题的,而马尔萨斯是从宏观角度,如全社会的农业来分析问题的;(2)杜尔阁的分析是限制在一季、一种作物的生产过程内,而马尔萨斯的分析是人类整个社会的生产过程;(3)杜尔阁的分析对象是对同样土地的同种作物的不同量的劳动投入所带来的产量变化,而马尔萨斯的分析对象是不同年代、不同土地、不同作物的不同投入所带来的产量的平均变化;(4)对这一规律的认识,杜尔阁较全面,他不仅看到了土地报酬的递减,还看到了在此之前的报酬递增,而马尔萨斯只看到报酬递减,而没有看到在此之前的递增。正是对这一规律认识的片面性,导致了马尔萨斯后来的"人口论"的出笼。

英国古典经济学家大卫·李嘉图于1817年在其《政治经济学及赋税原理》一书中,把土地报酬递减当成产生地租的原因。他说:"如果优良土地的存在量远多于日益增加的人口所需要的生产粮食量,或者是在旧有地上可以无限地使用资本,且无报酬递减现象,那么,地租便不会上涨,因为地租总量是由于追加的劳动量所获报酬相应地减少而产生的","如果在同一块土地上连续追加投资,总收获量不是递次减少,而总是成比例递增的话,那么社会对农产品的全部需求尽可能在优等地上连续追加投资而取得,那就不需要从优等地过渡到耕种劣等地,也就不会产生级差地租了"。

---

① 马尔萨斯:《人口原理》,商务印书馆,1961年版。

(三)"土地报酬递减规律"思想的发展和完善

19世纪中叶,一些科学家、数学家和经济学家又从五个方面进一步丰富和完善了"土地报酬递减规律"思想。

1. 西尼尔(N. W. Senior)在1836年给这个规律的内涵添加了"农业生产技术保持不变"这一重要条件。

2. 美国经济学家克拉克(J. B. Clark)引入了"若干生产要素投入量保持不变"作为报酬递减律发生作用的前提条件。

3. 研究报酬的领域,从农业生产部门回到了农业生产单位。

4. 把报酬作为不变生产要素的生产率(如单位面积产量),演变成可变生产要素的生产率。

5. 把"报酬递减规律"从农业领域推广到一般生产领域。

(四)马克思主义关于土地肥力和土地报酬变化规律的观点

马克思在论述地租问题时曾明确指出:"只要处理得当,土地就会不断改良。土地的优点是,各个连续的投资能够带来利益,而不会使以前的投资丧失作用。不过这个优点同时也包含着这些连续投资在收益上产生差额的可能性。"[①] 马克思这段话包含两层意思:一是土地利用得当,其肥力会不断提高;二是对土地连续追加投资,这些投资所取得的收获有提高和降低两种可能性。

马克思在谈到"耕作序列"问题时,也说:"毫无疑问,随着文明的进步,人们不得不耕种越来越坏的土地。但是,同样毫无疑问,由于科学和工业的进步,这种较坏的土地和从前的好的土地比起来,是相对好的","只有这样,才能解释历史事实,另一方面,也才能驳倒马尔萨斯

---

① 《马克思恩格斯全集》第25卷,人民出版社,1972年版,第880页。

关于不仅劳动力日益衰退而且土质也日益恶化的理论"。① 恩格斯在批驳马尔萨斯在《人口论》中对土地肥力递减规律的解释时，提出了"人类支配的生产力可以无限提高土地收获量"的结论。他指出："我们可以假定耕地面积是有限的。但是在这个面积上使用的劳动力却随着人口的增加而增加；即使假定收获量并不是永远和花费的劳动量同比例增加，但是我们还有第三个要素——科学。而对科学来说，又有什么是做不到的呢？当地球上的土地才耕种了三分之一，而这三分之一的土地只要采用现在已经是人所共知的改良耕作方法，就能使产量提高五倍甚至五倍以上。"②

继马克思、恩格斯之后，列宁也对土地肥力递减规律做了大量研究。列宁指出："19 世纪的全部历史，用极为不同国家的大量资料确凿证明：技术进步的'暂时'趋势使土地肥力递减的'普遍'规律完全不发生作用，技术的进步可以使相对（有时甚至是绝对）减少的农村人口为日益增多的总人口生产愈来愈多的农产品。"③

（五）中国经济理论界的初步观点

中国经济理论界在多年研究的基础上对此规律形成了三种有代表性的观点。

第一种观点是完全否定这个规律的存在。这种观点认为马尔萨斯的"土地肥力递减规律"和当代的"报酬递减规律"是同一规律的不同名称，是替剥削阶级辩护的一种经济理论。认为经济史上单位面积土地农产品产量的提高就足以否定"土地肥力递减规律"或"报酬递减规律"。这种观点还认为，"报酬递减规律"把"技术水平不变"作为条件本身就是错误的，不能用这种静止的观点来研究报酬变化规律。

---

① 《马克思恩格斯全集》第 27 卷，人民出版社，1972 年版，第 176 页。
② 《马克思恩格斯全集》第 1 卷，人民出版社，1956 年版，第 621 页。
③ 《列宁全集》第 5 卷，人民出版社，1959 年版，第 88 页。

第二种观点可简称为"现象说"。这种观点认为,在现实生活中存在报酬递减现象,但这种现象只是在一定条件下存在,而不是在任何情况下都存在。因此,不能把它作为农业生产的基本规律。

第三种观点认为,在一定范围和一定限度内,报酬递减规律是客观存在的,这是被科学实验和生产实践所证明了的。但这条规律只是极其相对地、有条件地适用于技术不变的情况,不能作为具有普遍意义的规律。

二、对我们的启示

第一,土地集约利用是社会经济发展的必然趋势,"土地报酬递减规律"为土地集约利用提供了重要的理论依据,辩证把握这个规律对农业集约经营具有十分重要的意义。上述分析表明,人们对"土地报酬递减规律"的认识是一个动态的发展过程,并仍在探索之中,我们对它的理解也要坚持用发展的眼光和辩证的观点,既不能简单否定,也不能随意夸大其作用,更不要停留在无谓的概念之争上。应该说,它的存在是客观的,但又是有前提条件和适用范围的,在实际运用中的关键是把握好其中的度。

第二,从现实情况看,中国农业土地投入严重不足,无论是公共投资还是私人投资都远未达到投入的最佳点。要想获得土地利用的高效益,中国的农业还需要增加大量的投入。在投入达到最佳点之前,这些投入会引起递增的报酬。例如,中国未来若在水利方面多投入一些,对粮食增产会有积极的作用。

第三,从中国的现实国情出发,增强实行集约经营紧迫性的认识。实行集约经营,是农业经营的世界性趋势。这主要是由土地面积,尤其是耕地面积的有限性和人类需求的无限性所决定的。人类对粮食日益增多的需求,要在有限的土地面积上得到满足,就只有靠不断增加对土地的投入,即集约经营来实现。商品经济的发展,也要求人们实行集约经营。商品经济要求农业经营者尽可能多地获得利润,除了追求平均利润率较高以外,还要求总利润额最多。

第二节　中国土地资源的食物生产
潜力和人口承载力

对土地的投入能否取得好的效益，一个重要条件就是土地的承载力或转化力。所谓承载力，就是指在一定技术经济条件下，土地对人类给予的各种投入的承受能力和产出能力。

原国家土地管理局从 1989 年 10 月开始与联合国开发计划署（UNDP）、联合国粮农组织等机构合作进行了"中国土地的人口承载潜力研究"。这项研究于 1994 年年底结束，1995 年通过了国际技术审查，1997 年通过了我国专家评审。这项研究为制定农业和粮食安全政策、优化土地资源配置、促进粮食集约经营提供了科学依据，以下介绍的中国土地资源的食物生产潜力和人口承载潜力就是这项研究的结果。

一、土地资源的食物生产潜力

在低、中、高三种投入方案下，全国土地资源所生产的食物见表 4-1。

从低投入水平提高到中投入水平，其热量产量可增长 24.3%，蛋白质产量增长 36.3%。若提高到高投入水平，则热量比低投入水平增长 65.9%，蛋白质增长 84.6%。而且热量产量的 76.4%—85.6%，蛋白质产量的 70.3%—80.8% 来自耕地——种植业。畜牧业（耕地提供的饲料粮、副产品、秸秆和草地提供牧草的第二性生产）所生产的热量和蛋白质分别只占总产量的 13.6%—22.6% 和 18.8%—29.1%。但是，随着投入水平的提高，畜产品提供的热量和蛋白质的份额有所增长，而种植业提供的热量和蛋白质产量的份额则有所下降。

在低、中、高三种投入方案下，全国耕地、农地（包括耕地、园地和草地，不包括养殖水面）和全部土地面积的单位食物生产率见表 4-2。

中国人的饭碗

表 4-1　三种投入水平下的全国土地资源的食物生产潜力

单位：热量，4.084×10^{13} 千卡；蛋白质，10^4 吨；%

投入方案		粮食		食油		食糖		蔬菜		水果		肉类		蛋类		奶类		合计
低投入	热量	86650	79.01	2948	2.69	2123	1.94	2127	1.98	769	0.70	13459	12.29	1114	1.02	368	0.30	109558
	蛋白质	2006	75.77			3	0.10	130	4.90	11	0.43	396	14.16	87	3.28	15	0.56	2648
中投入	热量	100087	73.51	3752	2.75	2557	1.88	3196	2.35	1072	0.79	23048	16.93	1775	1.30	668	0.49	136155
	蛋白质	2499	69.23			3	0.09	188	5.22	15	0.42	735	20.36	138	3.83	31	0.85	3609
高投入	热量	126929	69.85	4446	2.45	3383	1.86	4062	2.24	1917	1.06	56451	20.05	2000	1.10	2551	1.40	201739
	蛋白质	3199	65.46			4	0.09	234	4.78	2	0.56	1148	23.48	155	3.17	120	2.46	4862

注：粮食仅指扣除饲料用粮等其他用粮以后的人直接食用部分。

表 4-2　三种投入方案下全国土地的食物生产率

单位：热量，千卡/公顷；蛋白质，公斤/公顷

投入方案	耕地		农地		全部土地	
	热量	蛋白质	热量	蛋白质	热量	蛋白质
低	31501	171.5	9914	55.0	4849	28.0
中	37317	219.0	11870	75.2	6033	38.2
高	47739	282.5	15882	102.3	8050	51.9

表4-2说明，在低投入方案下，全国耕地的食物产量在扣除产后损耗、种子、饲料和工业原料后，可提供的食物产量平均1公顷热量为31501千卡，蛋白质171.5公斤（折合每亩热量为2100千卡，蛋白质为11.4公斤，按热量计算相当于小麦每亩188公斤）。若采用中投入方案，在耕地由12523万公顷（187847万亩）减为12218万公顷（183270万亩）的情况下，1公顷热量可提高18.5%，蛋白质提高27.7%。若达到农业现代化的高投入水平，耕地面积减少到12167万公顷（182500万亩），而1公顷耕地平均食物产量则可达到热量47739千卡，蛋白质282.5公斤（按热量计算相当于小麦每亩286公斤），比低投入方案分别提高51.5%和64.7%。

按农地计算，即包括土地的第一性生产和第二性生产（畜牧业），在低投入方案下，平均1公顷的农地可生产热量9914千卡，蛋白质55公斤（折合每亩热量为634千卡，蛋白质为3.7公斤）。若采用中投入方案，则1公顷土地产生的热量可提高24.8%，蛋白质提高36.7%。若采用高投入方案，则1公顷土地产生的热量比低投入方案增长66.9%，蛋白质增长86%。农地的平均作物生产率低于耕地，这是因为农地中包含了生产率较低的草地。但是在不同投入方案下，农地的增产率要略高于耕地，这是因为较充分地利用了草地的缘故。

按全部土地面积计算，在低投入方案下，平均1公顷的土地可生产热量4849千卡，蛋白质28公斤（折合每亩热量为323千卡，蛋白质为1.9公斤）。若采用中投入方案，则热量增长66.0%，蛋白质增长85.4%。土地的平均食物生产率远低于耕地和农地，这是因为土地包含了49.3%的非农地所致。

二、人口承载潜力

若同预测的2050年全国人口15.54亿人比较，则土地投入水平若保持在中投入方案的水平上，即使保持小康的营养水平，也不能供养2050年达到峰值时的人口。因此，随着人口的增长，必须相应地提高土地投入水平。若能提高到高投入水平，并维持日摄入热量 11715 千卡、蛋白质 90 克，则能承载 14.9 亿人。

从按热量和蛋白质人均日摄入量分别计算的人口承载力来看，蛋白质产量是决定人口承载力的制约因素。在高投入水平下，若按照每人每日摄入蛋白质 85 克计，全国土地只能承载 15.79 亿人；若按照每人每日摄取蛋白质 90 克计，全国土地只能承载 14.9 亿人（见表 4-3）。

表 4-3　　　　不同投入水平下全国土地的人口承载力

单位：热量，千卡；蛋白质，克；万人，人/公顷

营养水平	人均日摄热量和蛋白质		低投入方案		中投入方案		高投入方案	
			承载人数	承载密度	承载人数	承载密度	承载人数	承载密度
1989 年现实营养水平	热量	11139	115623	1.22				
	蛋白质	67.9	113662	1.20				
《纲要》营养水平	热量	10878	119536	1.27	148728	1.57		
	蛋白质	72	110033	1.16	143843	1.52		
预测的 2000 年营养水平	热量	11380			141942	1.50	189830	2.01
	蛋白质	74			139786	1.48	189078	2.01
预测的 2050 年低营养水平	热量	11715					184977	1.96
	蛋白质	82					173648	1.84
预测的 2050 年中营养水平	热量	12050					172900	1.80
	蛋白质	85					157900	1.65
预测的 2050 年高营养水平	热量	12134					171686	1.97
	蛋白质	90					149132	1.55

三、我国土地生产力和人口承载力有较大潜力可挖，但形势严峻

项目研究结果表明：在低投入水平下，我国生产食物的全部土地（耕地、园地、草地）1 公顷可生产热量 9914 千卡，蛋白质 55 公斤（按

热量计算相当于亩产57公斤小麦）；若达到中投入水平，热量生产将提高24.8%，蛋白质提高36.7%；若达到高投入水平，热量生产将比低投入提高66.9%，蛋白质提高86%。

就全国耕地生产能力而言，在低投入水平条件下，1公顷耕地生产的食物折合热量为31501千卡，蛋白质为171.5公斤（按热量计相当于亩产188公斤小麦）。而在中投入水平条件下，1公顷耕地生产热量比低投入水平提高18.5%，蛋白质可提高27.7%。若达到高投入水平，1公顷耕地生产热量比低投入提高51.5%，蛋白质可提高64.7%。

从上述数字看，中国可以养活自己，但必须采取保持一定生产力食物的土地面积、增加对土地的投入等措施。

我国土地资源的食物生产潜力和人口承载潜力是一个理论计算值，这个理论值能否实现，取决于诸多因素。一是受到上节所述的限制，例如，本书假设高投入水平耕地面积数是12167万公顷，但有人预测到21世纪中叶我国耕地数量将只有11400万公顷左右，若以此数推算，我国土地人口承载力仅为16亿人；二是受到诸如政策，农业比较利益，社会稳定等社会、政治、经济因素的制约；三是受投入水平限制，例如，到21世纪中叶，农业投入仅达到投入水平的90%，则我国土地人口承载力只能达到15.5亿人，中国人口将处在超载的危险境地。

我国土地资源的食物生产潜力和土地的人口承载潜力存在巨大的地域差异，许多地区存在超载状态。

我国自然条件、社会经济发展水平、人口分布与人口增长存在着巨大地区差异，致使我国土地资源的食物生产潜力和土地的人口承载力地区差异亦很大。这种差异可达几倍甚至十几倍，这使我国在低、中、高各种投入水平下，都既有土地人口承载力的人口超载区，又有临界区和盈余区。

若以省、市、自治区为评定单位，在低投入水平下，有12个省、市、自治区处于人口超载状态，这些地区有4.39亿人口，占全国的39.8%；5个省、自治区处于临界状态，这些地区有1.54亿人口，占全国的14%。也就是说，在低投入水平下，占全国人口一半以上的地区处于超载和临界状态。即使实现中投入水平，2000年全国仍有10个省、市、自治区处于人口超载状态，这些地区有3.54亿人口，占全国的28%；有4个省、自治区处于临界状态，这些地区有人口2.37亿，占全国的18.7%。也就是说，到中投入水平，全国有近一半人口的地区处于超载和临界状态。若达到高投入水平，即到2050年，全国也还有9个省、市、自治区处于人口超载状态，两个省处于临界状态。

四、在既定的前提条件下，挖掘土地资源的食物生产潜力和土地的人口承载潜力的关键是提高对土地的投入水平

本节研究设计了三种投入水平方案。低投入水平方案系指研究基期年1989年的投入水平，这种投入水平并不是绝对的低水平。我国土地已经开发了几千年，特别是新中国成立以来大量增加投入，已打下较好的基础，农村农户固定资产投资额已由1957年的155亿元提高到2017年的9554亿元，有效灌溉面积已达6827.16万公顷，农田防护林建设有很大发展。但在这种投入水平下，农田的生态环境条件依然较差，基础设施建设仍很薄弱，全国中产、低产田面积比例仍占60%以上；灌溉配套建设不足，影响灌溉效率的发挥；大部分农田还处于畜力耕种和手工操作状态；草地畜牧业以自然放牧为主，农区畜牧业以家庭舍饲为主。土地生产力和人口承载力相对低下。

增加投入至中、高投入水平，主要是指增加农业基础建设和科技投入，增加施肥和合理施肥、增加灌溉面积、提高农业机械化水平、增加农业生产用电量，同时改良作物品种、改造土地障碍因素、加强防护林体系和农田基本建设、改良退化土地、增加农业生产的抗灾能力、提高草地资源利用率、改良草场、优化畜种结构。如果这些投入得以实现，则可以提高土地的生产力和土地的人口承载能力。

第四章　土地集约利用与粮食集约化经营

第三节　中国农业投入的基本情况

一、公共投入

(一) 公共投入的基本情况

农业投入主要包括公共投入与和私人投入。公共投入包括各级财政投入和农村集体经济投入。这里仅分析国家财政农业支出。

从新中国成立后的情况分析，农业支出在整个财政支出中所占比重并不大，总体上呈逐年缩小趋势，但从政府投资农业的绝对额来看是随着经济的发展而逐年增长的，但其投资与其他政府投资相比仍显不足（见表4-4、表4-5）。

表4-4　国家财政农林水事务支出占财政支出的比重　　单位：亿元

年份	国家财政农林水事务支出	全国财政支出	占比（%）
2018	21085.59	220904.13	9.55
2017	19088.99	203085.49	9.40
2016	18587.40	187755.21	9.90
2015	17380.49	175877.77	9.88
2014	14173.80	151785.56	9.34
2013	13349.55	140212.10	9.52
2012	11973.88	125952.97	9.51
2011	9937.55	109247.79	9.10
2010	8129.58	89874.16	9.05
2009	6720.41	76299.93	8.81
2008	4544.01	62592.66	7.26
2007	3404.70	49781.35	6.84

数据来源：国家统计局。

表 4-5　　　　　　　农业支出占财政支出的比重　　　　　　单位：亿元

年份	农业支出	财政支出	农业支出占财政支出的比重（%）
1978	150.66	1122.09	13.43
1980	149.95	1228.83	12.20
1982	120.49	1229.98	9.80
1984	141.29	1701.02	8.31
1986	184.20	2204.91	8.35
1988	214.07	2491.21	8.59
1990	307.84	3083.59	9.98
1992	376.02	3742.20	10.05
1994	532.98	5792.62	8.20
1996	700.43	7937.55	8.82

数据来源：《中国财政年鉴（1997）》，中国财政杂志社。

（二）国家农业投入总量不足的原因

1. 传统农业以自然经济模式、小规模经营为主要表现形式，人们依靠简单的农业技能、劳动工具与土地就可以世世代代生存繁衍。千百年来，农业生产主要是靠劳动力的投入，这使农业成为最大的劳动生产活动。正是这一传统农业生产方式的特点造成了对农业投资增长的忽视。

2. 在一般情况下，农业人口增加，农业土地资源会相对短缺，劳动力资源形成过剩，这强化了农业以劳动力投入为主的传统生产方式。而在有限土地上的产出为越来越多的人口所分享，如果单位面积产量不增加，那么随着人口的增长，农业积累水平会越来越低，这必然制约了农业内部投资的增长。

3. 一国经济发展水平的高低，是用工业化程度来衡量的，因此，实现工业化成为各国经济快速发展的必由之路。由于工业的资本有机构成远高于农业的资本有机构成，在国民财富积累有限的条件下，如果工业化速度加快，势必削弱对农业的投入。

4. 市场经济是典型的商品经济，各经济部门的发展受部门生产商品率高低和盈利水平的直接影响。在国民经济各部门中，农业的商品率和盈利水平通常不及非农业经济部门，且生产风险大、不易控制，很大程度上依赖于自然条件，这些都阻碍着社会投资流入农业，从而使农业发展经常面临投资短缺的局面。

除此以外，当前我国的农业支出还面临以下几个问题：

1. 频繁发生的自然灾害暴露了多年来我国宏观经济政策特别是农业政策上的不足。这些不足主要表现在以下几方面：（1）注重了粮、棉、油等农产品生产，大力拓展耕地面积，而忽视了对大江大河引洪、泄洪和蓄洪能力的保护；（2）注重了汛期抢险和应急度汛，却忽视了从根本上提高大江大河的防洪标准；（3）注重了水利对农业的旱涝保收作用，而忽视了水利作为国民经济的基础产业对国民经济安全、稳定、健康发展和社会稳定所起的基础保障作用；（4）注重了对森林资源的开发利用，忽视了对生态系统的保护。

2. 财政农业投入分散。在基层，财政农业投入一是分散在农财、农发、基建、预算、农税、综合等职能处室（科、股），二是由于财政支农专项资金设立时的各种特殊背景和复杂原因，财政农业支出部分也存在科目比较分散的问题。尽管多主体、多渠道投入对增加农业投资总量具有积极意义，但从使用上看，缺乏统筹协调，难以统一运作，不易形成整体合力。

3. 国家农业投资机制不健全，导致农业支出总量不足、使用分散，无法适应农业和农村经济发展的需要。一方面，财权与事权的划分不尽科学，在份额偏少的农业支出中，扶持了一大批城乡共享、社会受益的项目，如大江大河治理、水利和气象投资等，但各级财政的财力分配特别是在财政预算的编制上，却缺乏这方面的考虑，实际的农地产出比例更低。另一方面，由于财权与事权界定不明，各个投入主体之间的职责划分不清：上级财政对下级财政没有科学、量化、可操作的转移支付制度；各级财政之间的再分配缺乏规范性、缺乏依靠本级财政发展事业的主体意识；国家财政长期的无偿扶持，也形成了农业企事业单位、农村合作经济组织对国家财政较强的依赖性，缺乏依靠自身力量积极发展的自觉性。

二、农业私人投资的变化情况

（一）中国农业投资的比例构成

始于1978年的中国农村经济体制改革使千家万户的农民成为农村社会经济中最重要的经营决策单位。改革初期，政府和集体是农业投资的主体。相比之下，一家一户对农业的投资很有限。以1980年为例，农业投资有一半以上来自集体，政府投资占29%，农户投资只占13%（见表4-6）。随着改革的逐步深入，农业投资结构发生了巨大变化。1980—1987年，农户的投资在农业投资中的比例迅速增加，而同期政府和集体对农业的投资则大幅度减少。20世纪80年代中期以来，农户已经成为农业投资的基本主体（中国农业科学院"农户生产行为研究"课题组，1995）。然而，农户投资占农业总投资的比例在1987年达到高峰以后开始下降。

表4-6　　　　　　中国农业投资的比例构成（%）

年份	政府	集体	企业	农户	外资	全部
1980	29	50	7	13	0	100
1981	18	52	10	20	0	100
1982	23	36	13	27	1	100
1983	27	15	16	41	1	100
1984	22	20	16	41	2	100
1985	20	18	16	43	3	100
1986	19	19	16	43	2	100

续表

年份	政府	集体	企业	农户	外资	全部
1987	17	23	16	42	1	100
1988	12	24	17	44	4	100
1989	16	22	23	49	1	100
1990	18	17	21	40	5	100
1991	18	18	20	39	6	100
1992	19	19	23	34	5	100
1993	17	15	24	33	11	100
1994	17	23	22	32	6	100
1995	15	28	10	55	6	100
1996	14	27	8	46	5	100
1997	15	29	8	44	5	100

数据来源：马晓河（2001）。

（二）农业私人投资行为的影响因素

农业私人投资行为可以理解为在各种社会经济信号的影响下，作为行为主体的农民所表现出来的农业生产性投资反应。在可能影响农户农业生产性投资行为的诸多因素中，经济学家特别强调了资本的使用成本、金融状况的约束、投入品价格和产出品价格、政府政策的不确定性、土地产权的稳定性等。但林毅夫等（1994）发现对土地重新分配的忧虑，并不明显地妨碍生产性投资。费德（Feder，1992）还发现，农户对住房的投资比总生产性投资多得多（约2—11倍），这显然不利于农户对农业的投资。政府在灌溉方面的公共投资、灌溉制度创新、中间投入品的价格、利息率以及非农业收入的份额对农户的投资也有深远的影响。前面讨论的是国内外学者分别在对某一方面的农业生产性投资（如土地、灌溉、粮食生产、厂房和机械等）的影响研究所得出的结论，但是农户的各种农业生产性投资并不是独立进行的，它是一系列的农业生产性投资活动综合作用的结果。

刘承芳等（2003）通过建立模型对江苏省六个县市的实证分析表明，影响农业私人投资的因素有九个方面。

1. 农户家庭在非农行业就业的劳动力比例是影响农户农业生产性投资行为的一个重要因素。从模型的运行结果来看，在非农业就业的劳动力比例的系数的统计检验都在10%甚至是5%的水平上显著，而且系数符号为负值。这说明在其他条件不变的情况下，农户家庭在非农行业就业的劳动力比例越高，农户进行农业生产性投资的可能性和规模都会越小。

2. 农户借贷收入中，从他人借入款比例的大小对农户的农业生产性投资具有极其显著的影响。根据模型得出，农户当年的借贷收入中，从他人借入款的比例的系数均在1%的水平上显著，而且系数为正值。这说明在其他条件不变的情况下，资金来源成为能否进行投资的重要限制因素。而模型的估计结果显示，农户向他人借款所占的比例越高，越有利于农户进行农业生产性投资。这与我们的预期和分析是一致的，即农村亲戚朋友、街坊邻居之间的借款是农户筹措农业生产投资资金的主要渠道。

3. 农户家庭耕地的适度规模经营有利于农户进行农业生产性投资。模型得出的经营耕地面积的系数都在1%或10%的水平上显著，而且系数为正值。这说明在其他条件不变的情况下，农户家庭经营的耕地规模越大，越有利于农户进行农业生产性投资。这与预期的农户农业生产性投资具有规模效益一致的特点。

4. 农户的农业生产性资产存量是影响农户当年农业生产性投资的因素之一。从模型的估计结果来看，农户上一年的农业生产性资产存量变量的系数都达到了10%或5%的显著水平，而且系数符号都为正值。这说明在其他因素不变的情况下，农户上一年的农业生产性资产的存量越大，农户当年进行农业生产性投资的可能性和规模就越大。这与预期的随着农村市场经济体制改革的推进，农户农业生产性投资有可能向某些户集中，是一致的。

5. 农户以住房的形式持有的资产越多，越不利于农户进行农业生产性投资。从模型的运行结果来看，农户上一年的使用住房价值产量的系数统计检验都在1%的水平上显著，而且系数为负值。这说明在其他条件不变的情况下，农户家庭以住房的形式持有的资产越多，越不利于农户的农业生产性投资。这与以前的一些观察是一致的。

6. 子女教育学杂费方面的支出是影响农户农业生产性投资的一个重要因素。模型得出农户上一年的学杂费支出变量的系数都在5%的水平上显著，而且符号为负，这说明在其他条件不变的情况下，农户家庭用于学杂费方面的开支越多，农户进行农业生产性的投资就越少。从样本点看，当地的农民还是比较重视对家庭成员的教育投资，总体上看都实现了普及九年制义务教育。对教育的投资作为对人力资本的投资，与农业生产性投资在资金和资源上目前还是互竞的关系。

7. 在社区基础设施方面，通信的便利程度是促进农户进行农业生产性投资的重要因素之一。农户所在地区的通信条件越好，越有利于农户及时、准确地获取信息，抓住农业生产性投资机会，并最终影响到生产率。总之，通信设施越好，越有利于农户进行农业生产性投资。社区交通状况并没有对农户的投资行为产生显著影响。一种解释即为，江苏省的交通状况普遍较好，因而其边际影响程度不大。也有可能是该变量与地区虚变量的相关关系而使其作用被弱化造成的。

8. 存款变量在模型中没有达到显著水平，表明年初存款余额并不是影响农户投资的主要因素。这一点与以前的相关研究有所不同，如雷明国（2000）在研究贫困地区农户的养猪行为时发现，农户的家庭财富主要是为农户养猪提供资金。可能的解释为，贫困地区没有较好的信贷服务条件，存款成为决定农户是否进行农业生产性投资的一个主要因素。而对于江苏省这样的发达地区，其他因素对农户投资行为的作用会更大。

9. 农户出售粮食的价格水平对农户农业生产性投资具有显著的正向影响。农户出售粮食的价格水平对农户的农业生产性投资具有极其显著的正向影响。这表明在其他条件不变的情况下,农户所种出的粮食越能卖出好价钱,其进行农业生产性投资的积极性越高。这一方面是对于粮食样本区的主要农产品来说,随着市场的逐步放开,资源分配中的价格机制作用正逐步增强;另一方面也反映出农民在决策时已经考虑到产品市场价格的信息。相比之下,化肥的价格水平对农户的农业生产性投资影响并不显著。这可能是因为化肥价格在地区之间差异很小,而且化肥作为主要的农业生产投入点,政府对其流通领域的干预导致化肥价格的"人为化"。

第五章 土地规模利用与粮食产业化经营

第一节 土地规模利用原理

一、土地利用规模及表现

土地利用规模,是指相对独立的单项经济活动占用土地面积的大小,是反映土地生产要素利用集中程度的一个指标。在农业中,土地利用规模在很大程度上决定着农业经营规模的大小。这是因为农业生产首先表现为一种土地规模,即在具有一定肥力的土地空间上进行。其次,土地规模是其他生产要素规模的基础,即只有在一定的土地规模上,才能决定劳动力和资金的投入规模,其投入规模的大小最终取决于土地规模的受容力。因此,土地利用规模在农业中通常是农业土地经营规模的标志。世界上许多国家(如日本、法国、俄罗斯、德国等)都把土地规模作为农业经营规模最重要的衡量指标。

当然,在生产力发展的各个阶段,对于农业经营规模来说,土地规模的重要性是不一样的。在传统农业时代,农业生产主要是利用土地自然肥力和凭借劳动者的经验而进行,因此农业生产单位的经营规模,基本上可用土地经营规模一个指标来衡量。但是,随着农业技术的进步和市场经济的发展,单位土地面积上的劳动和资本投入量显著增加,在分析现代农业的经营规模时,就不能仅仅考虑土地经营规模,还要综合考虑资本投入量规模以及产值、销售额等综合规模。

二、土地规模报酬的变动类型

土地规模的扩大与规模报酬之间的相互变化关系，一般存在三种情况：（1）当土地规模扩大的幅度小于规模报酬的增长幅度时，称为土地规模报酬递增；（2）当土地规模扩大的幅度等于规模报酬的增长幅度时，称为土地规模报酬固定；（3）当土地规模扩大的幅度大于规模报酬的增长幅度时，称为土地规模报酬递减。

土地规模利用，就是应尽可能地使土地利用处于报酬递增的阶段。在企业经营的层次上，它表现为较大土地规模的经营能够取得较大的经济效益，或可增加收入，或可降低成本，提高利润率。这种现象反映在单位产品成本的变化上，就是单位产品平均成本随着土地经营规模的扩大而不断降低的过程。土地规模经济的对立面是土地规模不经济。

三、土地规模经济的来源

为什么扩大土地规模会产生规模经济呢？根据西方经济学理论，规模经济来源于企业内部与外部两个方面，分别称为内部规模经济和外部规模经济。

（一）内部规模经济和内部规模不经济

内部规模经济，是指经营实体规模扩大而在内部产生的效益。首先，在生产阶段，规模经济是源自生产设备的不可分性。例如，农业机械必须在一定面积的土地上才能进行正常作业，当土地经营规模较小时，农业机械往往得不到充分的利用。同时，土地规模的狭小，也会使农机的无效作业增加，影响其生产效率。土地规模的扩大，为更为充分和高效地利用农业机械创造了条件。当然，并不是所有的生产要素都是不可分割的。例如，化肥、农药等生产要素的投入是可以分割的，因此，常常表现为"中性规模"的投入（固定规模报酬现象）。一般地说，不可分割的生产要素往往是一些固定生产要素，例如农业机械设备等。因此，从财务上看，规模经济表现为固定成本不可分割造成的分摊成本的降低。

其次，源自各生产要素间相互联系的不可分性，包括：（1）大规模生产有利于进行分工协作，从而提高劳动效率；（2）大规模生产可以减少管理人员的比例，从而降低管理成本；（3）大规模生产为充分利用产品生产的互补性、副产品的综合利用等创造条件，从而提高效益。

在购销阶段，规模经济是因为企业规模的扩张可以降低平均交易成本。首先，规模的优势获得相对有利的购销价格；其次，大规模企业可以在市场信息收集、监督合同执行等方面，节约平均交易费用；最后，大规模企业由于大量运输，也可节约平均运费。

与内部规模经济相对的是内部规模不经济。内部规模不经济是指一个生产经营单位在规模扩大时由自身内部所引起的收益下降。例如：因规模过大而管理不便，管理效率低；规模扩大造成的内部通信费用的增加；规模扩大后需要设立专门机构，导致购销成本的增加。

(二) 外部规模经济和外部规模不经济

外部规模经济，是指整个行业的规模扩大和产量增加使得个别生产经营单位得到的经济利益。例如，整个行业的发展，可以使个别生产经营单位得到修理、服务、运输、人才供给、科技情报等方面的有利条件，从而使这些单位减少成本支出。

与外部规模经济相对的是外部规模不经济。外部规模不经济，是指整个行业或者整个区域的规模扩大和产量增加而使得个别生产经营单位成本增加、收益减少。例如，整个行业的发展，可能导致招工困难、动力不足、交通运输紧张、地价上涨，引起严重的环境污染等，从而使个别生产经营单位减少了收益。

四、外部性问题"内部化"产生的规模经济

外部性是指一项经济活动不仅决定着自己的经济效益，还给活动以外的第三者或者社会带来影响。如果这种影响提高了第三者的福利水平，就是外部规模经济，反之，就是外部规模不经济。

其实，所谓的外部性，是针对一定范围而言的，在一个较小的范围内形成的外部性，在相对的范围扩大后外部性问题就成了"内部"的，这个过程就是"内部化"过程。对于土地利用来说，扩大土地利用规模无疑可以使一部分外部性问题"内部化"，从而产生规模经济效益。

第二节　农业土地规模利用

一、农业经营中的土地规模问题

（一）国外农业土地经营规模的扩大趋势

第二次世界大战之后，西方国家迅速实现工业化，从农村吸收了大量的劳动力，使农业劳动力占总劳动力的比重迅速下降。相应地，农场的土地经营规模呈现迅速扩大的趋势，农场数目大大减少。

在美国，20世纪30年代以前，农场数目在650万个左右，农场平均规模长期停滞，有的时期还有所下降。但在20世纪40年代以后，农场数目大量减少，而平均面积则迅速增大，农场平均规模在1890年为59.1公顷，1940年为67.6公顷，1960年为120.2公顷，1980年为173.7公顷。

在加拿大，从1951年到1967年，农场平均面积由112.9公顷增大到202公顷，农场数目减少了一半左右。

在西欧各国也是如此。在土地面积较大的法国，1955年农场平均面积只有14.3公顷，到1977年增至23公顷以上。在人多地少的德国，农户土地经营面积也由1946年的7公顷扩大到1980年的16公顷。

在一些人多地少的国家，农业土地经营规模的扩大，虽然要缓慢得多，但是扩大的趋势是一样的。例如日本，1960年全国经营土地1公顷以下的农户占71.8%，2公顷以上的农户占4.03%，到1987年，前者减少2.19%（为69.61%），后者增加4.87%（为8.90%）。

在土地经营规模扩大的同时，农业家庭经营制度却相对稳定。家庭农场不仅没有逐步被以雇工经营为主的资本主义大农场所代替，相反，在一些国家，一些土地经营规模过大、雇用大量工人的大型农业公司，反而因不适应农业生产（尤其是种植业）的特点而退出经营。例如，1892年法国100公顷以上的大农场有3.3万个，1963年下降到2.3万个，1983年回升到3.6万个。

由此可见，在市场经济条件下，农业以家庭经营为基本制度，但是，家庭经营的土地规模随着工业化和市场经济的发展而逐步扩大。农业土地经营规模的扩大，加速了农业现代化，促进了现代技术生产要素的投入，实现了农业的高速增长，也显著提高了农民的收入水平。例如，法国1978年谷物总产量达4555万吨，比1949年增长2.3倍，年均增长率为4.1%；谷物单产从1949年的每公顷1612.5公斤提高到1978年的每公顷4627.5公斤，提高了1.9倍；同期肉类和牛奶总产量分别增长1.5倍和1.2倍。

（二）中国农业土地经营规模问题的背景

中国的情况与西方国家完全不同。新中国成立后，通过土地改革、农业合作化和人民公社化运动，中国在原来土地经营十分狭小的小农经济的基础上，建立起了集体经济组织和国有农场，实行了大规模的农业集体经营。据统计推算，中国从实行农业合作化至1978年，各阶段集体生产单位平均土地经营规模为：高级农业社（1956年）200公顷左右；人民公社（1958年）4000公顷左右；人民公社基本核算单位20公顷左右。但是，实践证明，这种过大规模的集体经营不利于调动农民的生产积极性，效益并不好。

1978年农村经济体制改革之后，中国普遍实行了家庭联产承包责任制，确立了以家庭经营为基础的双层经营形式。就农业土地经营规模而言，由于人多地少的实际国情和土地承包中的平均化倾向，形成了一种以农户为经营实体的普遍的超小规模状况。据调查，在原生产队中，按人口平均承包的生产队占70.1%，按劳平均承包的占7.7%，按人劳比例承包的占21.3%；承包后农户的平均土地经营规模仅有0.53—0.63公顷，远远小于美国、西欧各国的家庭农场规模，比日本的农户土地经营规模（1.1公顷）也要小；而且地块零碎，每个农户的土地平均被分割为9.7块，使土地实际经营规模比土地经营面积数字显示的规模更小。

这种以农户为单位的小规模经营有其优势，它从根本上克服了集中经营、集中劳动"大锅饭"的弊端，使广大农民获得了生产经营的自主权，并把勤劳致富的内在动力与发展商品经济的客观要求有机地结合在一起，促进了土地生产力的提高，使农业生产获得了连续数年的高速增长，使农业生产有所改善。

但是，随着农村工业化的加速和市场经济的发展，小规模经营的一些固有的弊端也日渐显露。例如，农户耕地面积过小、地块过于分散，不利于合理使用农业机械、采用现代技术、实现农业现代化。善于经营农业的劳动者，得不到足够的土地，使其专长得不到发挥，也不利于专业农业劳动者收入的进一步提高；而一些已经转入非农部门的劳动力又不转让土地，把农业作为副业经营，往往降低农业投入甚至出现土地撂荒现象，既降低了产量，又浪费了土地资源。农业商品经济发展后，小规模农户经营，很难与农产品市场相连接，出现了许多农产品的卖难问题。

二、扩大农业土地经营规模的经济机制和条件

为什么农业土地经营规模会在工业化和经济发展过程中呈现扩大的趋势呢？扩大农业土地经营规模必须具备什么样的条件呢？如前所述，在市场经济国家，农业土地经营规模的扩大一般是随着工业化的进展而出现的。这是因为，工业化的进展，一方面为农民扩大土地经营规模提供了经济动力，另一方面又为扩大土地经营规模创造了条件。

（一）扩大农业土地经营规模的原因

从扩大农业土地经营规模的经济机制看，工业化进程中，农民扩大土地经营规模，主要是三个方面的原因。

1. 随着工业化的进展，小规模农业经营与非农产业之间的劳动生产率差距越来越大，造成农民的收入显著低于非农产业的从业者，农民为了缩小收入差距、提高农业劳动生产率而扩大土地经营规模。

2. 随着工业化的进展，农产品的商品率大大提高，农产品的市场竞争变得越来越激烈，而大规模经营在市场竞争中处于有利地位，农民为了摆脱小规模经营在市场竞争中的不利地位、享受购销阶段的规模经济而扩大土地经营规模。

3. 随着工业化的进展，农业剩余劳动力转移到非农产业，劳动力工资开始上涨，劳动相对于资本变得越来越昂贵，促使农业实现以资本替代劳动的机械化，农业生产中不可分割的生产要素投入量迅速增大，农民为了充分利用农业机械、获得生产阶段的规模经济而扩大土地经营规模。

（二）扩大农业土地经营规模的条件

在工业化进程中，农业土地经营规模的扩大能够实现，是因为具备

了一些基本的条件。

1. 非农产业发达。农业劳动力已大量转移到非农产业就业，且这些劳动力转移后获得相对长期稳定的职业和收入。这样，在一定的空间范围内，农业劳动力人均负担的耕地面积才能增加，扩大农业土地经营规模才成为可能。

2. 农业机械化水平的提高。农业机械化水平的提高，一方面要求通过扩大土地经营面积实现农机的充分利用，同时也为以少量的家庭劳动力经营较大规模的土地提供了可能。在以手工和畜力为主进行操作时，土地经营规模的扩大将受到劳动者耕种能力的限制。

3. 农业社会化服务的加强。一般说来，较大规模经营的成功与否，在相当程度上取决于农业产前、产中、产后的社会化服务状况。这种服务的项目越广泛、质量越高，农业土地适度经营规模实现的可能性也越大。

4. 经营者素质的提高。大规模经营与小规模经营相比，需要经营者有较高的素质。这些素质包括经营者的知识的广度和深度、管理能力、责任心等。国内外的实践都证明，在其他条件相同时，经营者素质的差别对成功的规模经营影响相当大。

三、农业土地适度经营规模的确定

根据规模经济理论，在农业经营其他条件基本相同的情况下，土地经营规模不同，经营的经济效益也不相同。这种由于土地经营规模不同产生的经济效益的差别，就是农业土地规模效益。农业土地适度经营规模就是能取得最佳土地规模效益的经营规模。

但是，要在现实中确定农业土地适度经营规模并不容易。因为它并不是固定不变的，而是一个相对的、动态的概念，它具有以下特征。

（一）地区性

由于各个地区的自然条件各不相同，因而具有各不相同的农业土地适度经营规模。例如，土地资源的丰缺程度决定着适度土地经营规模的数量级。从世界范围来看，美国、加拿大等土地资源丰富的国家，农业企业土地经营规模处于较大的数量级上，而日本、韩国等土地资源相对匮乏的国家，农业企业土地经营规模处于较小的数量级上。中国的情况也是如此，土地资源丰富的东北地区，与人多地少的江南稻区相比，土地适度经营规模要大几个数量级。

（二）动态性

农业土地经营规模的适度值是多种自然因素和经济条件综合作用的结果，随着时间的推移、各种条件的变化，适度值也必然会随之变化而呈现动态性。以经济发展而言，工业化水平的提高、农业劳动力的转移、农业现代化的实现，都必然影响到农业土地经营规模的适度值。这一特征，要求我们认识土地适度经营规模时，一定要同时明确与之相联系的特定时期的自然条件和经济条件。

（三）层次性

农业机械、农业劳动力等生产力要素的数量和质量不同以及农业生产经营组织形式不同的经营单位，有各不相同的农业土地适度经营规模。这一特征要求我们在具体确定某一区域、某一生产经营单位的适度经营规模时，一定要坚持具体问题具体分析，除了考虑到它与其他区域或其他生产经营单位的共性特征之外，还必须考察其生产力要素层次的特殊性和农业经营形式的特殊性。

（四）适应性

不同经营项目的生产经营单位具有不同的土地适度经营规模。例如，经营蔬菜的农户的土地适度经营规模一般要小于种植大宗作物的土地适度经营规模；即使是同样种植大宗作物，由于作物种类不同也仍然会有较大的差异。

第三节 长期坚持家庭联产承包制

在理论上，有人认为家庭联产承包制造成土地分散化和小规模经营，难以适应市场经济的发展，是当前农业发展困难的根本原因；也有人认为，家庭联产承包制不利于机械耕作和现代科学技术的运用，造成农业生产率低下。在实践上，一些地方以完善土地制度为名，改变了家庭联产承包制。家庭联产承包制到底能否适应现代农业的发展呢？这是研究农业土地规模经营首先需要解决的一个实践问题、理论问题，必须加以澄清。

一、家庭经营是国外农业经营的主要形式

在现代西方经济学界，不少人把规模经济和经营组织形式联系在一起，认为家庭经营不符合规模经济的原则。但是，当代的农业并没有沿着大农理论的轨迹发展。

（一）资本主义雇工农场不仅没有大的发展，而且在一些国家还萎缩了

资本主义雇工农场在英国的农业中曾占统治地位。但是，这种情况是有特殊历史背景的，海外殖民地市场的扩大和纺织工业的迅速发展，推动了"圈地运动"和以畜牧业为主的资本主义农场的发展。有的学者认为，英国农业经营制度的这种变化，是18世纪中期以后英国农业生产

衰弱的重要原因，使英国成为发达国家中仅有的一个在工业化过程中农业生产绝对量下降的国家。第二次世界大战以后，英国资本主义农场的比重有所减少，家庭农场的比重有所提高。1969年，拥有1200个标准人日（SMD）以上的农场（一般雇工在2人以上），占农场总数的10%，产值占47%。但是，以大庄园为主的经营制度，给拉美农业生产的发展造成了严重障碍。一是农地利用率低。同世界其他地区相比，拉美的土地利用率最低，1975年只有不到四分之一适于耕种的土地被利用。二是农地产出率低。在智利、巴西、哥伦比亚、危地马拉和阿根廷，大庄园占耕地总面积的比重分别为79%、60%、45%、41%和36%，但其在农业总产值中的比重分别为57%、36%、15%、21%和15%，比其所占的耕地面积比重低约20个百分点。

（二）在拉美、非洲和亚洲的许多发展中国家和社会主义国家，农业集体化生产或农业生产合作社的效果不理想

在20世纪70年代末和80年代，一些原来推行集体化、合作化的国家先后掀起了反集体化的浪潮，农业生产合作社纷纷解散，转为农户个体经营。在我国，改革开放以前实行几十年的集体化生产，在20世纪70年代末转变为集体土地基础上的家庭经营。在80年代中期以后重新发展起来的集体农场，典型调查显示也是缺乏效率的。据江苏锡山市委农工部调查，1994年村办农场晚稻亩产534.5公斤，种田大户为530.4公斤，一般农户为530.5公斤；每亩的物质费用，村办农场为212.75元，种田大户为170.76元，一般农户为140.00元；每亩的投工费用，村办农场为202.79元，种田大户为209.17元，一般农户为137.55元；每亩的成本，村办农场为415.54元，种田大户为379.33元，一般农户为277.55元。三种经营形式，亩产差不多，但成本差别却很大。村办农场的成本比种田大户高9.5%，比一般农户高49.7%。另据对江苏吴县的调查，集体农场的单产每亩750公斤，种田大户单产

每亩740公斤,而集体农场的成本每亩480元,种田大户每亩420元,集体农场的成本比种田大户高14%。

相反,家庭经营却依然成为发达国家和许多发展中国家和地区农业经营的主要形式。美国是发达资本主义国家中农业发展的一个典型,但它的成就建立在家庭经营的基础上。自南北战争以来,家庭经营在美国农业中始终占主导地位。1987年,家庭农场占农场总数的86%,合伙农场占10%,公司农场占3%,其他占1%。许多合伙农场和公司农场也是以家庭为依托的,约99%的美国农场实际上都是家庭农场。美国家庭农场拥有81%的耕地,83%的谷物收获量,77%的农产品销售额。从发展的趋势看,美国家庭农场的比重不是减少,而是在增加。据统计,美国家庭农场占农场总数的比重从1969年的85.4%上升至1978年的87.8%,20世纪80年代末达到89%,公司农场数从1969年的12.8%下降至1979年的9.7%。1992年,《纽约时报》发表文章指出,由农场主及其家人、至多再加上一名工人经营的农场,是最有效的生产单位。在西欧,法国是农业很发达的国家,据报道,法国100公顷以上的资本主义农场,1975年只占农用土地的17%,占农业产值的14%。农业雇佣工人,1921年有232万人,到80年代初已降至18万人。80%的农场不雇工,18%的农场只雇一两个工人,雇工数量较多的农场只占2%。在许多发展中国家或地区,小农户和家庭农场仍占主导地位。例如,在东南亚就广泛存在着小农户和家庭农场。各国的橡胶种植面积都以小农户占比重最大,印尼占75%,马来西亚占74%,泰国占93%,缅甸占100%。在东亚,韩国也是以小农和家庭农场为主。南亚各国在独立后进行了程度不同的土地改革,废除中间征税人制度,制定了占有土地的最高限额,确立了小农户在农业经济中的主导地位。在西亚,伊拉克、叙利亚、约旦、伊朗、阿富汗、也门等国独立后,先后进行了土地改革。虽然这些国家中,国有农场和合作社农场占据一定的地位,但总体来看,小农户和家庭农场仍占主导地位。

可见，先进的农业技术代替了落后的手工工具，发达的商品生产代替了自给自足的自然经济，而家庭经营形式却继续保留下来，并仍占统治地位。

二、家庭经营适应现代农业发展的必然性分析

(一) 农业的产业特点决定了家庭经营具有强大的生命力

农业生产过程是有生命的动植物利用阳光、空气、水分、风力和各种养分的过程。随着科技的进步，人类可以局部改变生物内部的构造和生物所需要的外部环境，但绝不可能完全否定生命运动的特性，也无法完全改变生物所需要的外部环境。农业的这个特点决定了农业劳动只能在广阔的空间中进行，并且随着季节的变化而松紧交错。如果不考虑内部激励的监督问题，雇佣劳动、集体劳动这些农业工厂化劳动肯定也会有效率，因为它们比家庭劳动更容易实现规模效应、更容易采用先进技术。但是，如果把内部激励和监督问题考虑进来，情况就不一样了。激励问题首先要准确计量劳动者的劳动，并与报酬联系起来。农业劳动是在广阔的空间内进行的，各季节的劳动支出不均衡，因此，采用工厂化劳动很难准确计量和监督每个生产环节上各个劳动者的劳动数量、劳动强度和劳动质量。例如锄草和间苗，一锄头下去，谁能检查草是否被连根除去，留的苗是否壮苗，这只有依靠劳动者的自觉性。农业的劳动成果无法在生产过程中进行准确的计量，只能体现在最终的收获物上，因此也很难区分出工厂化劳动条件下每个劳动者的贡献份额。美国前农业部长费里曼说："当劳动者的利益直接取决于他的工作时，便产生了刺激，这种刺激是大农场，不管是私有的、公有的、合作经营的还是国有的所不能产生的。"这是长期以来农业工厂化劳动始终无法取代家庭劳动的根本原因。

（二）农业技术发展的特点决定了家庭经营具有广泛的适应性

农业在现代化过程中采用的主要技术，一是机械技术，二是生物和化学技术。机械技术使用的着重点是以物力代替人力，扩大每个劳动力生产和经营的范围和数量。生物和化学技术主要是直接改变生物本身，创造出适合于生物生长的良好条件。从研究和推广的角度看，农业技术和工业技术一样，需要众多的科研工作者的集体协作才能完成。但在应用上，农业技术和工业技术略有不同。第一，多数农业技术的运用可以由单个人进行。生物和化学技术是这样，多数农业机械也可以由单个人操作。工业技术则不完全是这样，许多机械设备若非由多个人通力协作，就无法正常运作。农业机械可以单个人使用，在很大程度上要归功于农业机械的进步，向小型化方向发展，并且由于社会劳动生产率的提高而大幅度地降低了价格，小农户既用得了也用得起。农业机械的小型化又与农业生产本身的性质有关。农业机械的性能要服务于生物的生长。特别是种植业的机械，它的作业不仅要服从于生物生长规律，要在分布很广阔的地面上分散流动作业，还要在植物间距中穿行。这些特点决定了农业机械不可能像工业机械那样形成大型化的流水线，只有小型化才便于在农业生产中使用。

第二，不同类型农业技术的关联性较小。在农业现代化过程中，地广人稀的国家因选择了农业机械，通过扩大耕地面积，实现了农业总产量的增加；人多地少的国家侧重选择生物技术和化学技术，通过提高单产，也实现了农业总产量的增加。不同农业机械之间的关联性也比较小，就农业生产过程来说，可以在某一作业环节使用农业机械，而在另一环节不使用，例如：开荒、挖河、运输使用农业机械，而在播种、除草等作业环节不使用；可以在翻地、收割等作业环节使用农业机械，而在除草、施肥等环节不使用；就农业机械来说，可以使用小型拖拉机，而不使用联合收割机；等等。因此，农业技术进步与农业生产组织之间的关系具有很大的弹性。所以，生物技术、化学技术和农业机械虽然都作用于同一种农作物，但并不一定同时使用。但是，工业技术则不同，一种新产品的开发往往既要求有新的原材料，也要求有新的设备，原材料质量的提高又反过来要求更先进的设备。

第三，农业中技术进步的许多方面和因素都是与规模问题关联不大的。即使有的农业技术要求有最低的作业规模，但是通过社会化服务体系也把它与经营规模分离开来。合作社或私人公司提供的农业机械作业服务，能够使一部机械在不同的农场中使用。这样，先进的农业技术得到推广，而家庭农场依然是农业生产的组织形式。

第四，不同农业技术在农业生产中的功能不同。农业机械的功能是替代劳动力，可以提高劳动生产率，但它一般不能加速农作物的生产速度，也不能提高农作物的质量。生物技术和化学技术的功能是加速农作物生长的速度，提高产量，改进质量，对农作物的生长具有实质性的影响，而家庭农场就可以运用生物技术和化学技术。

由于上述四个特点，农业技术的进步并不要求改变家庭农场这一组织形式。

（三）农业生产社会化的发展使家庭经营摆脱了小农经济的局限性

改造小农经济是现代社会生产力发展的客观要求。但是，实践证明，小农经济的改造并不像从前人们所预言的那样，从家庭经营过渡到工厂化生产（雇工农场和集体农场），而是从农业的专业化分工、商品交换、工农业联系和城乡协作等方面开始，并不改变家庭经营的独立性。农业生产分工和专业化的加强，逐渐使各个农业生产者之间的分工越来越细，以至农业生产总过程从过去由一个农业生产者单独地完成，变为只能在社会联结中才能够完成，由此形成农业的产前、产中和产后的区分，出现了专门为农业的生产过程提供服务的社会机构。每个农业生产者都必须依赖工业部门提供的农机具、化肥、农药等农用生产资料，农产品要由工业部门加工，由商业部门销售。每个农户在农业生产过程中要接受农业技术部门的指导，某些环节要由专业的生产服务部门来完成。在发达国家，农业社会化服务的主体是以公司和合作社为主要形式，通过合同制把家庭经营和社会化服务联系起来的。因此，可以说，农业社会化服务体系，是家庭经营与先进的农业技术、发达的市场经济相联系的中间环节，也是家庭经营能够在社会化生产条件下延续下来的关键因素。首先，它使家庭经营和工业、商业联系起来，和世界市场联系起来，改变了小农经济的孤立性和自给自足状况。其次，通过社会化服务体系，解决了单家独户难以解决的问题，克服了家庭小规模经营的局限性。再次，通过社会化服务体系，解决了农业技术的推广、农业机械作业面积的最小规模限制问题，改变了小农经济的技术落后状况。这就使农业生产方式划分为两个阶段，一是小农经济阶段，二是家庭经营＋落后的技术手段＋社会化服务体系＋商品经济阶段。相应地，家庭经营也有两种形态，一种是小农经济下的家庭经营，另一种是社会化大生产条件下的家庭经营。

过去，曾把家庭经营等同于小农经济，是有失偏颇的。家庭经营既是小农经济的组织形式，也适合于农业规模经营和社会化生产。

第四节　积极推进农业产业化

农业土地规模经营必须有适当的组织形式。一般的农业土地规模经营的组织形式是指以土地为基础的农业生产力等要素的具体结合形式，它是农业土地适度规模经营的载体。规模经营在初期阶段，根据经营主体的不同主要有三种类型：（1）家庭经营型，如种植专业户、家庭农场等；（2）集体经营型，如村办集体农场、厂办农业车间等；（3）联合经营型，亦称联户农场、粮农联合体等。现阶段，农业土地规模经营的主

第五章　土地规模利用与粮食产业化经营

要载体是产业化经营。

一、现阶段中国农业产业化经营组织形式的基本模式

农业产业化经营是以家庭承包经营为基础、以市场需求为导向，通过龙头组织的带动，将农产品的生产、加工、销售各环节利益机制连接起来，实施一体化经营的一种新型的经营组织形式。

现阶段我国农业产业化经营的组织形式呈多样性，从参与农业产业化经营的利益主体之间的经济关系来分析，主要有三种基本模式。

（一）合作社组织模式

这种模式的主要特点包括以下几方面。

1. 民办。即以农民为主体，在自愿、互利、互惠原则基础上兴办的。社员的资格是自愿的、开放的，任何能够利用合作社服务并愿意履行社员义务、承担社员责任的农民或个人都可以入社。

2. 民管。合作社是由社员民主管理的，合作社的方针和重大事项由社员积极参与决定。合作社的管理人员由社员选举产生，对社员负责。

3. 民受益。社员积极参与合作社的经营和其他活动。社员对合作社的资本作出公平的贡献并加以民主的控制。社员对其他具备社员资格而认缴的会费或股金等资本只能得到有限的回报。合作社的盈余用于三大部分：按一定比例提取公积金、公益金；按社员与合作社之间的交易量大小（或比例）进行返还（惠顾者原则）；用于社员（代表）大会通过的其他支出活动。

4. 自主和自立。合作社是由其成员控制的互利互助的经济组织，它在国家既定的法律、法规及方针、政策等框架下，遵照市场经济规则独立自主运作，不接受政府不合理的干预。

5. 教育、培训和信息。合作社为社员、管理人员提供教育和培训，

帮助他们树立社会公德、掌握科技知识和生产技能,增强他们的合作意识等。

合作社模式又可分为:(1)社区合作经济组织,如北京市的村级经济合作社;(2)专业合作经济组织,如各地的农民专业协会、专业合作社、专业合作协会等;(3)供销合作经济组织等。

目前合作社在农业产业化经营中充当两种角色。一种是充当农业产业化经营的龙头。这类合作社多数是实施产、销一体化经营,即对合作社社员生产的鲜活农产品实行"四统一":统一提供化肥、农药、籽种,统一技术培训,统一防治病虫害,统一销售农产品。一部分合作社还加上统一包装、统一品牌等合作内容。少数合作社实施产、加、销一体化经营,这类合作社兴办了农产品加工企业,对一部分农产品实行初(粗)加工后,销售到市场或卖给与其有合约关系的龙头企业。

另一种是充当中介组织,即在农业产业化龙头企业与农户中间起中介作用。这类合作社的中介作用也主要表现在两个方面:一是代表社员的利益,与龙头企业谈判并签订农产品产销或初加工合同;二是在合作社内部起约束作用,监督本社社员,按照合同完成各自的生产任务。

(二) 合同(契约)组织模式

这种组织模式指参与农业产业化经营的各市场主体或生产主体之间按照相互签订的合同(契约)来承担各自的责权利。这种合同(契约)组织模式的表现形式又可分为两种。

一种是"公司+农户"模式。就是实施农业产业化经营的农产品加工或流通企业(包括专业批发市场)与从事农产品生产的农户签订合同。在"公司+农户"的模式中,近几年,又演变成多种组合方式。

1."订单农业"。龙头企业同社区组织,如乡级技术推广部门、村委会等部门或中介机构签订购销合同，这些部门或中介机构再通过下达"订单"形式同社区内的农户发生产销关系。也有不少龙头企业通过"订单"形式，直接同农户发生产销关系。

2. 签订产销合同。龙头企业与专业农户直接签订比较规范的合同文本，在合同文本中有明确的责、权、利，如龙头企业对专业农户的服务内容和方式、收购农产品价格，有的规定保护价收购，有的规定市场价格和一定比例的浮动，有的规定公司利润返还的比例等等。

3. "返租倒包"。龙头企业与村级组织统一签订土地租赁合同，在不改变农用土地使用性质的前提下，土地连片出租，企业集中经营。农户的承包权和经营权相分离，农户通过转让（出租）土地的经营权，每亩可获得一定的年租金。企业再将集中起来的土地包给农户种植，失去土地经营权的部分农民成为该企业的农业工人，按劳取酬。公司租赁土地的时间不等，一般为10年，有的达30年甚至50年。

4. 土地入股。农民以社区合作经济组织形式把土地集中起来，折成股份，签订合同，同龙头企业组建成立股份合作制公司，共同经营、共担风险、共享盈利。

另一种是"公司+合作社+农户"模式。即龙头企业同各种类型的合作社签订购销合同，合作社起中介作用，从中得到一定的管理费，再统一向社员提供多项或系列化服务。

（三）企业组织模式

这种模式类似于国外的垂直一体化形式，特点有以下几点。

1. 农产品的生产、加工、销售或贸易各环节集中在一家企业内。
2. 是一个产权独立的市场主体、决策主体。
3. 有属于企业自己的相对独立的农产品原料生产基地。
4. 一体化经营的各环节之间既要按照企业组织原则或章程来运作，

又要按照合同来约束。

上述三种模式，在现阶段或今后很长一段时间内仍以合同（契约）组织模式为发展的主导类型。合作社组织模式占有一定比例，今后将会有较大的发展，但很难形成主导类型。企业组织模式比较少，多集中在农垦系统的国有农场中。

二、提高农业产业化经营水平

（一）增强龙头企业的核心能力

"公司+农户"，即龙头企业带动型，是当前及今后很长一段时间里农业产业化经营组织的主导类型，龙头企业在农业产业化经营组织中承担着开拓市场、组织生产、加工增值、科技创新、资本增值与带动农户六大功能。把龙头企业做强做大，才可以增强带动农户的能力，才能促进区域经济或跨区域经济的发展。这是加强农业产业化经营组织建设、提高农业产业经营水平的关键。

做强做大龙头企业，增强龙头企业的核心能力至关重要。核心能力包含企业核心产品的市场竞争能力与企业资本扩张能力两大方面。核心能力的建立与增强，是发挥龙头企业竞争优势、参与并赢得市场竞争的法宝。增强龙头企业核心能力的重要途径是企业有效地运用企业内部管理型战略和企业外部交易型战略。企业内部管理型战略实质是一种产品扩张战略，它是在企业现有资本结构下，通过有效地整合内部资源，用现代营销手段来开拓与建立市场营销网络、调整企业组织结构、提高管理能力等各种内部挖潜措施，维持并增强企业竞争优势。企业外部交易型战略是一种资本扩展战略，企业通过吸纳外部资源，包括组建合营企业，吸收外来资本，开展技术转让，实施战略联盟，进行长期融资，进行兼并、收购、控股、参股以及发行债券、公开上市等多种手段，使企业资本保值、增值与扩大，以增强企业的资本实力。

(二) 健全和完善农业产业化经营组织内部的利益机制

根据农业产业经营的特点，参与农业产业化经营的利益主体至少是两个或两个以上。这个农业产业化经营组织内部必须妥善处理好龙头企业、合作社、农户等各方面的利益关系。

当前，一个突出的问题是"订单农业"的履约率不高，实质上是在一定程度上反映出公司与农户双方并没有真正建立起市场中的信用关系，在双方关系上缺乏足够的社会资本。

利益机制实质上是利益分配机制。一体化经营组织必须使其参与者（龙头企业与农户）拥有某种利益诱因，即经济利益的吸引力，在实现一体化经营组织整体目标的同时，也能够实现各参与者自身的目标，这是一体化经营组织保证其持续发展的首要条件。实现一体化组织的整体目标与参与者各自目标的最佳结合，则取决于组织制度的保证和实际运用的规范。因此，在建立与完善利益机制时，必须把握几点：（1）签约各方面制订完备的平等互利的产销合同（经济合同）；（2）合同要明确规定签约各方的权利和义务、运行规则、违约罚则；（3）签约各方均为平等的合作者或平等交易伙伴，自愿签约、自觉履约，尤其是在合同价格的议定上，要体现民主与公平；（4）合同是有法律效力与约束力的，需要鉴证人或经公证。

(三) 要正确发挥政府的职能

在农业产业化经营组织的宏观指导与管理上，正确发挥政府的职能，是加强农业产业化经营组织建设的重要保证。

政府在农业产业化经营组织的建设方面，要扮演调控者、服务者与支持者的角色，保证农业产业化经营组织有序、健康、快速发展，保持效率和公平。

第一,政府要为农业产业化经营组织多样化的发展提供良好的外部环境。在发展的组织模式上,新生龙头企业与农户的选择要因地制宜,不搞"一刀切"。

第二,要积极引导。鼓励制度创新与组织创新,鼓励两种组织资源或多种组织资源的对接,并通过树立一批不同类型的典型,引导龙头企业与农户建立合理的利益机制,逐步形成"利益共享、风险共担"的利益共同体。

第三,要搞好规划、协调与监督。政府不是直接干预农业产业化经营组织活动,而是把注意力集中于按照市场经济法则规范各参与者的行为,协调各自的利益关系,协调农业产业化经营组织在运行中自身难以解决的问题,监督合同的执行与履约。

第四,要出台相关扶持政策。要保证已出台的各项政策的贯彻落实,同时要研究制订发展农村合作经济组织的相关政策与法律,使农村各类合作经济组织的兴办与发展有法可依。

第五节　加快土地流转制度改革

在实行土地私有制的国家,土地集中是工业化和商品经济发展过程中土地买卖的结果。中国是社会主义国家,实行土地公有制,不能采用土地买卖的方法集中土地。土地流转和土地的规模化经营是我国发展现代化农业的方向和必由之路,也是农村改革的基本方向。

一、土地流转采取的主要方式

(一)两权分离

自 1978 年逐步完善的家庭联产承包责任制,多年来实行所有权归集体、承包经营权归农户的"两权分离"的实践和改革表明,推行家庭承包经营制度是新中国成立后农村生产力与生产关系的一次重大调整和改革,不仅实现了农村土地集体所有权和家庭承包经营权的分离,而且极大地调动了农民的积极性,解放了农村生产力,为国家改善农村、农民和农业经济发展发挥了重要的支撑作用。

(二) 三权分置

随着改革开放进程的不断推进和我国国民经济的飞速发展,大量农民工进城务工,导致人地分离的现象以及弃耕和荒耕的现象越来越普遍,农村土地流转的比例迅速上升,承包权与经营权分离成为常态。同时,家庭联产承包制度下的土地分散、零碎经营和局限于农户的小规模、小农机、小水利及重复投资的单一经营模式,过度依赖农药、化肥等方面的问题日益突出,与规模化、集约化、机械化、专业化、标准化、规范化和市场化等为特征的现代农业极不适应。

为适应新形势和经济新常态下深化改革和农村经济发展的需要,2013年中央农村工作会议提出了"落实集体所有权、稳定农户承包权、放活土地经营权"的土地产权政策,2014年中央一号文件在深化农村土地制度改革方面提出了稳定承包权和放活经营权的土地流转机制。2015年,中央全面深化改革领导小组第五次会议进一步强调了"要在坚持农村土地集体所有的前提下,促使承包权和经营权分离,形成所有权、承包权、经营权三权分置"。这是继家庭联产承包制后农村改革的又一制度创新,为农村土地制度和农业经营制度改革指明了方向。承包权和经营权的进一步剥离,形成所有权、承包权和经营权的"三权分置",对新形势下的新型农业现代化、新型城镇化和新型工业化的发展起到积极作用,特别是对我国农村的土地流转,集约经营,合作经营,粮食安全,第二、第三产业发展,农民收入提升,农业生产增效及农村劳动力转移等具有显著的推动作用。

二、当前中国农村土地流转的主要形式

(一) 返租倒包

在这一形式下,公司以一定代价把原由农户家庭承包的土地从农户手中承租过来,对承租土地进行统一规划,并建设水、电、路等农田基础设施,然后再切块承包给农户耕种。公司与农户之间签订土地承包合同,明确双方承担的义务,即农户承担按合同要求的品种种植、缴纳承包费以及把产品全部卖给公司的义务;公司则承担向农户提供种子、技术服务和保证按一定的价格收购产品的义务。这种形式在充分尊重农民土地承包权的前提下,改变一家一户分散种植的格局,实现了区域农业生产规模化经营,而且发挥统一种植、统一管理、统一收获的优越性,把各种优势很好地结合了起来。

例如,四川南充市仪陇县大寅镇采用返租倒包形式,促进了农民增收。该镇通过引进龙头企业,在天坪村、峰岩村试种有机桑树600亩,通过3年的努力,这两个村有机桑树面积达到1200亩。为调动农户养蚕的积极性,公司、镇、村及群众几方协商,推行返租倒包的模式,把公司与农户的利益紧紧联结在一起。同时开垦撂荒土地、栽上有机桑苗,增加群众收入。仪陇县除在大寅镇实施蚕桑富民工程外,还在土门、铜鼓两个乡镇采取统一宣传发动、统一种植标准、统一病害防治、统一技术指导的办法,连片发展有机蚕桑一万余亩,全县还把蚕桑基地建设与乡村旅游结合起来,让蚕桑富民工程真正得以实现。

(二) 土地股份合作

农民把土地的承包权和使用权交给集体,从而换取一定数量的股份。集体建立土地股份合作社(或股份公司),实行股份合作制经营,并通过

章程或协议将投资形式、投资份额及收益分配等经济处理办法事前作出规定,农民以土地使用权入股参与经营,并获得相应收益。目前,股份公司的成立主要有两种形式。一是行政村的所有土地和其他资产经评估作为投资入股,然后根据评估的结果给农户配股。二是以土地作为唯一的资产入股,并根据一定方式(如社区成员资格、承包土地的数量和年限、年龄等)给每一个成员配股。

(三) 土地转包

土地转包时,原承包方将其土地使用权在承包期内,以一定的条件再发包给第三方,而原承包合同中所规定的权利与义务不变。在这种方式下,新的承包人不与土地所有者直接发生经济关系,双方根据当时的经济、技术和社会条件签订转包协议,以确定双方的权利和义务。在转包市场上,期限设定可以机动灵活,但不超过承包者使用权的剩余期限。这种情况多数是转包者已有非农就业门路,不以土地为主要生活来源,从而转让土地使用权。农民保留承包权,一旦失去非农就业机会仍有土地作为生活保障。转包可以避免土地的半荒半种、广种薄收甚至"休田"的发生,在农业生产中发挥了积极作用。

(四) 土地转让

土地转让时,原承包方与第三方签订合同,将自己与发包方已形成的权利与义务关系由第三方向发包方履行。这种方式主要集中在经济较为发达的农村、近城郊区和厂矿工业区附近。这些地方的农民有相对稳定的非农收入,从而不必再依赖土地来维持生计。土地使用权转让后,农民不必再为几亩田的经营牵肠挂肚,可以安心从事第二、第三产业。

（五）土地互换

土地互换有两种形式：一是由集体出面组织的互换。某些乡村基于连片种植的需要，统筹规划了产业带，宜粮则粮、宜林则林、宜果则果，农户通过换地，从事自己愿意的种植内容。例如，浙江省萧山市许贤乡河口村，计划将190亩耕地承包给一个大户从事花卉、苗木生产，但有38户不愿放弃承包的耕地，为使190亩地连成一片，由村集体出面，将这38户的68亩耕地置换到另外的地块。二是农户之间的互换。土地使用权的当事人为了便于耕作，双方互换土地使用权，各得其所，这是以双方各自的土地使用权为标的物的市场交易行为，适合土地分散、地块零散的情况。

（六）委托经营

委托经营是指，农户因外出等原因而又不愿放弃土地，从而委托他人代行经营，收益分配由双方协商解决。

（七）"四荒"拍卖

竞争买卖"四荒"地，即众多欲订约人通过公开竞争，与农村集体经济组织订立合同，购买"四荒"土地使用权。

此外，某些地方还出现了租赁、信托、抵押、集体农场等多种土地流转形式。

土地流转的方式目前已经逐步由"两权分离"发展到基于"三权分置"的基础上实施的互换、租赁、转包、入股、信托等多元化方式，有效地推动了种粮大户、能人经营、集体经营、家庭农场、协会经营、专业合作社、农业科技企业（企业带动型）、股份制经营、金融科技股份综合型等土地流转规模经营模式的发展,能解决城乡一体化发展、劳动力转移、农业现代化发展(产业结构调整)的需要和消费者渴求,是土地流转的动力。

在实践中探索形成的比较经典的流转模式有:以重庆江津模式、新疆沙湾模式为代表的农村土地互换;以安徽小岗模式为代表的农村土地出租;以广东南海模式和山东枣庄模式为代表的农村土地股份合作;以上海奉贤模式为代表的农村土地入股;以浙江温州模式、重庆忠县模式为代表的农村土地转包以及以重庆九龙模式为代表的宅基地换住房、承包地换社保模式。

三、现行农村土地流转对农业规模化经营的制约

党的十八大以来,农村土地流转"三权分置"、土地确权等一系列政策的大力推出,为我国农村的土地流转指明了方向,明确了当前我国农村土地流转的目标,为稳定推进农村土地流转奠定了强有力的政策基础。但是我国目前的土地流转,既有社会组织直接参与之下进行的流转,也有农户之间的自由流转。我国不同地区社会经济和自然条件差异极大,各种流转模式都有其产生的特定条件和背景。但是,由于认识上的差异和缺乏法律和制度层面的保障,土地流转市场机制缺失、土地流转的价格高低不一、承包经营权归属不清晰及政府调控土地流转和管理机制不健全,促进农村土地相对集中的流转形式在实践中遇到了很多问题,土地流转不畅,还使部分农民的利益受到损害,制约了农业生产的规模化经营。

(一)承包权与经营权的权益分配与平衡问题

土地承包权和经营权的权益分配与平衡问题,两者既是独立的两个方面,又是相互对立的利益群体。对于拥有承包权的权益人,当然是价格越高越好;而对于仅有经营权的权益人,是价格越低、经营时间越长

越好。因为农业是弱质产业，短期内难有成效，如果经营权分离出来的时间过短，农业投资就难以回收，经营权人就无法稳定投资；如果允许农地长期流转并一次性交付租金，就等于变相出售经营权，农民手中剩下的承包权的价值堪忧。

（二）土地法治法规还有待进一步完善

从家庭承包经营制度到所有权、承包权和经营权"三权分置"制度，已经逐步形成了农村土地改革的权利体系，在政策层面上比较完善，并逐步实践推行，但在法律层面尚未形成完整体系的法律规范。目前我国现行的《农村土地承包法》《物权法》《土地管理法》等尚未明确农村土地所有权、承包权、经营权的权利内容、权能边界、权利主体的界定和划分。特别是承包权和经营权在法律体系上存在空白。

（三）农村社会保障体系有待完善

土地是农民赖以生存的保障，特别是在目前农村社会保障体系尚未健全的情况下，农民宁可撂荒弃耕或粗放经营，也不愿把土地流转出去。特别是承包权人长期流转经营权，如未能得到稳定的工作和稳定的收入，当他回到农村务农时可能会因为经营权流转期限未到而生活没有着落，承包权所负载的对农民的保障属性则无法实现。同时，价格出让率低、对土地私有化的担心，以及国家相关惠农政策与土地的相关性等，使农民产生观望和等待心理而不急于流转。

（四）土地流转市场和管理机构、中介组织发育还不成熟

目前农村土地的流转多是在农户之间或农户与种植大户、种田能手、公司等之间的流动，承包人和经营者之间信息不畅，有的想流转却找不

到合适的经营者，有的想承租却找不到想流转的承包人；同时土地流转价格高低不等，存在很多的不合理性。这主要是土地流转缺乏统一的市场、交易信息展示平台、流转土地的信息管理服务机构——土地银行、土地交易的中介服务机构不完善以及缺乏土地交易价格的评估机构与体系等造成的，同时土地流转中也存在诸多的纠纷，应予以重视。

(五) 农业补贴与经营权的分离问题

我国出台的种粮直补、良种补贴和农资综合补贴等农业补贴目前是直接发放给农民的，目的在于激发其对粮食生产的积极性，从而保障国家粮食安全、稳定农民收入，但目前直接从事农业生产的新型农业经营主体基本上拿不到。这与农业补贴是国家为了实现特定的农业产业政策目的，而将财政收入依法定的标准和方式转移给特定的农业生产经营者的国家行为相矛盾，这也是承包权和经营权分离之后存在的矛盾，显然对经营者是不公平的。因此，农业补贴应该向种植大户倾斜、向规模经营者倾斜。

(六) 土地流转规模经营瓶颈突出

土地流转市场完善要更多地适应农业规模化需求，但目前土地流转和规模经营之后的瓶颈十分突出。一是基础设施建设落后。根据调查，目前土地流转后的农田灌溉设施普遍落后于经营者的发展需求，很多经营者仍然采用传统的灌溉方式。因为缺乏资金投入，普遍存在着"投入多赔，不投少赔或不赔"的现象，所以基础建设无法旧貌变新颜。二是规模化生产组织化水平和社会化服务水平较低。种粮大户要抵御自然和市场双重风险，为获取更大的保障和利润，就必须强化合作，提高农业生产的社会化服务水平，实现风险共担和农业生产成本的降低。如建立规范化的土地专业合作社、农机专业合作社、生产资料专业合作社和统防统治专业合作社等,为规模化经营服务。三是农业产业收益率低。由于化肥、农药、农用柴油等农业生产资料价格上涨和人工成本上升,农民种粮成本大幅增加、收入下降。以2016年为例,粮食价格平均下降0.4元/公斤,而劳动力成本提高10—20元/工。如果只扣除种粮成本,加上种粮补贴后,农民全年种植粮食亩均收益为575元,约为农民外出务工人均月收入的三分之一。种粮收入对农民收入的贡献极小,既限制了承租方对耕地的需求愿望,又容易诱发农户违法改变土地用途。四是农民整体科技种田意识差,专业化和职业化素养低。在良种的推广上,一些种粮大户宁愿相信经验也不愿相信农技部门,造成一些种粮大户或因生产的粮食卖不上好价格,或因粮种抗病虫害能力差而减收。应进一步加强对种粮大户的职业化培训,提高职业农民的专业化生产经营技能,转变职业农民的生产经营观念。

四、我国农村土地流转机制的改革发展

一直以来,我国农村土地流转的方向就是坚持适度的规模化经营。1986年,中央印发了《关于1986年农村工作的部署》,大力支持农村耕地集中于种田能手,同时允许发展适当的规模化种植专业户,这是中央首次提倡的农村土地流转的发展方向。2017年中央一号文件明确提出积极发展适度规模经营。从农业经济学角度来看,适度的规模经营就是通过经营权流转、股份合作、代耕代种、土地托管、家庭农场等多种方式,进行以农村土地为核心的生产要素(劳动力、设备、信息、资金和管理等)资源的有效整合和运行,提高农业劳动力的素质,扩大人均耕地的面积,完善土地流转的机制和农户的协调机制以及农村社会的保障机制,从而完善农业机械装备体系和社会化服务体系,提升农产品的市场竞争力,从而获得最佳的经济效益。习近平总书记指出,土地流转和土地的规模化经营是发展现代化农业的方向和必由之路,也是农村改革的基本方向。始终坚持家庭经营的主体地位,促使家庭经营、集体经营和合作

经营等经营方式的创新化。应坚持农村土地的集体所有权,让农民发展农业的产业化经营模式,进行规模化生产。应集中进行规模化经营,既要与城镇化的发展和农村劳动力的转移相适应,又要与农业的科技进步和社会化的服务水平保持一致。

2017年,中共中央提出农业供给侧改革,本次改革在平台和载体上的创新主要体现为"三区、三园、一体",这也体现了我国土地流转的新动向。习近平总书记一直强调,中国人一定要端好自己的饭碗,且碗里要尽可能盛上中国的粮食。粮食生产的功能区、重要农产品的保护区和特色农产品的优势区等"三区"主要表现在国家战略层面,确保国家的稻谷、小米和玉米等粮食作物的安全,确保我国大豆、棉花、油菜籽、糖料蔗和天然橡胶等重要的农产品能够保持基本自给,尽可能达到农产品市场化的要求,提升农业的综合实力。"三园"主要体现在地方政府层面,具体包括现代化的农业产业园、科技园和创业园。现代化的农业产业园主要集中于现代的生产要素,将技术方面的集成、创业平台的建设和产业化的融合等方面的功能大力发挥出来,从而使农业生产的加工、物流的研发和示范性服务等一体化功能融合起来,最终形成现代农业产业的聚集群。建设科技园要明显突出科技创新性、实验示范性、科技应用性和科技服务与培训等科技化的功能,其目的是打造现代化农业创新的新高地。创业园就是给就业者提供创业机会的地方,它的主要服务对象是回乡、下乡、返乡的创业和就业的人才,为创业者的创业和创新提供必要和便利的平台。"一体"主要体现在乡村基层,具体是指田园综合体。当前,我国休闲农业、乡村旅游和乡村养老等新产业新业态用地需求旺盛,国家支持有条件的乡村建设集循环农业、创意农业和农事体验于一体的田园综合体。田园综合体以农业合作社为主要载体,让农民充分参与和收益,从而优化产业的结构和促进产业的深度融合,将农民的有效资源要素(资金、技术、人才和项目等)积聚在一起,从而促进现代化农业的快速发展。

农村土地流转的期限长短会对土地流转的承包方和受让方产生不同

的影响，过长或者过短都对双方的收益不利。如果土地流转的期限太短，受让方就会不愿进行土地的基础设施方面的投资和土地肥力方面的改善，这样会使农业的可持续性发展受到阻碍，从而使农业生产发展的势头不足。如果土地流转的期限太长，农村的土地流转的受让方将会提升农业生产的预期值，提高土地的投资，但因为土地流转的期限太长将使流转的双方产生许多不确定性的因素。刘卫柏根据我国人力资源状况、银行的贷款利率体系、农地基本建设投资回收和各地流转的实践，认为确立农村土地流转的期限在20—30年是一种比较可行的做法。

土地流转规模经营必须逐步推进市场化、信息化和资本化。农村土地流转市场化建设，是农村经济社会发展的客观要求，是调整农业结构、发展现代农业和转移农村劳动力的必然选择。因此，必须明确土地产权，建立有利于土地所有权、承包权和经营权互惠互利的土地产权补偿制度；不断完善土地登记与信息化管理系统，明确土地的使用性质和流转方向，确立规模经营的形式和农产品专业化生产及结构调整的区域特色，从而确保有限土地的资源使流转规模经营者能够发挥其农产品的生产功能和持续供给能力，保障增产、增收与粮食安全的有机统一；同时，加快土地股份制建设，有利于促进土地经营权的资本化运作机制，发挥市场调控和科技推动的潜力，推动土地集中连片和适度规模经营的快速发展，从而激发农业生产的潜力和活力，推进农业供给侧结构性改革，实现土地流转规模经营和高产、高效、绿色持续发展，促进农民增收、粮食安全、生态安全、农村社会保障体系建设等功能的整体提升。

第六章　土地分区利用与粮食区域化经营

土地分区利用是根据土地的区位特点，对土地在空间上进行科学布局并合理利用的过程，土地分区利用也可以称为土地区位利用。

第一节　土地分区利用原理

一、区位理论

区位，可以简单理解为客观物质分布的地区和地点。区位理论则是关于自然物质及人类活动的空间分布及其在空间中的相互关系的学说，区位理论是土地分区利用的基本原理。

区位理论作为一种学说，产生于19世纪二三十年代，其标志是1826年德国农业经济和农业地理学家屠能（Tunen）发表的著作《孤立国农业和国民经济的关系》（通常简称《孤立国》）。屠能在这部著作里提出了农业区位理论。继屠能之后，1909年德国学者韦伯（W. Weber）的《论工业的区位》的发表，标志着工业区位论的问世。至20世纪30年代，德国地理学家克里斯塔勒（W. Christaller）又提出了中心地理论，即城市区位论。几年后，德国经济学家廖什（August Losch）从市场区位的角度分析研究了城市问题，提出了与克里斯塔勒的城市区位论相似的理论。为与前者相区别，后人称之为市场区位论。此后，随着人们认识的深入和实践的需要，自20世纪50年代以来，区位理论又有了更新的发展，人们开始研究各种经济实体的动态和空间布局关系，从而使区位理论走向成熟。这里简要介绍农业区位理论的内涵。

屠能的《孤立国》的中心内容是：农业土地利用类型和农业土地经营集约化程度，不仅取决于土地的天然特性，而且更重要的是依赖于当时的经济状况和生产力发展水平，尤其是农业生产用地到农产品消费地（市场）的距离。屠能阐述了对农业生产的区位选择进行经济分析的方法。

为了阐明距离对农业土地利用类型的影响，屠能首先假设：（1）在一个大面积的区域内，有一个圆形疆域的"国家"，其中，有人居住和耕种，而在这个"国家"的外围是大片荒凉不能耕种的土地，这个"国家"的土地面积是一定的，且完全被投入使用，并要获得尽可能高的纯收益；（2）在"孤立国"中只有一个城市，且位于中心，其他都是农业用地，城市是农产品的消费中心；（3）在城市和其郊区之间只有陆上大道联系；（4）在这个"国家"中，各地的土壤质量和气候特点是相同的；（5）运输费用与农产品的重量和生产地到消费市场的距离成正比例。

从这些假设条件出发，屠能推导出关于土地利用类型的下述结论：在距城市最近的郊区，可以生产易腐烂、不适于长途运输或者是重量大、单位重量价值低的产品。这些农产品如在距城市较远的地方生产，其成本（生产成本加运费）就会超过在城市的销售价格，因而在经济上不合算。由于城市中每种农产品销售价格是一定的，生产这种农产品的企业越靠近城市，纯收益就越大。但当靠近消费中心的农业企业的产品不能全部满足市场需求时，市场价格就将提高，结果会扩展农产品的生产范围。相反，如果市场上某种农产品的消费需求可以从城市近郊得到满足，那么距市场远一些的企业就应种植单位重量价值较大的产品，并相应地降低生产资料和劳动费用，结果，随着到消费地距离的增加，土地经营也就愈加粗放；相反，距城市最近的效区，经营最为集约。

由以上分析得出：城市周围土地的利用类型以及农业集约化程度都是呈圈层变化的。围绕城市消费中心形成一系列的同心圆，称之为"屠能圈",其相应的土地利用类型如下:(1) 第一圈距市场最近,种植园艺作物、饲养奶牛以及种植土豆、甜菜等;(2) 第二圈发展林业,因为它的产品量大、运费高;(3) 第三圈以非常集约的方式种植农作物,并实行两年轮作;(4) 第四圈种植牧草及粮食,不实行集约生产;(5) 第五圈实行粗放的三年轮作制;(6) 第六圈放牧,也可发展粗放的种植业。

从经济实质上看,屠能圈的理论基础是农业区位的级差地租。在这里,区位级差地租可以解释为土地的区位价格,它与需求之间是正相关的,这为土地资源的合理利用提供了一个重要的经济学依据。

二、农业土地分区利用原理

(一) 农业布局理论

农业布局理论的核心是以区位地租作为分析手段来探求农业生产合理布局问题。区位地租是指经营不同区位的土地所获得的收益差额。农业布局合理与否取决于能否把一块土地都用于发展能提供最大区位地租的作物(或生产项目)。

(二) 农业专业化生产区理论

生产力的迅猛发展和城市带的形成,是农业专业化生产区形成的直接动力。在西方一些发达国家,许多城市扩展相连成为城市带,形成了巨大的消费市场,它们所消费的农产品已不可能在数十、上百公里的范围内得到满足,这就要求建立大规模的农业专业生产地带。与此同时,随着运输工具的现代化,运输费迅速下降,使城市群有可能从几千公里以外运来它们需要的农产品。另外,运费的下降,也使农业生产用地与中心市场的相对位置对农业布局的影响不再是压倒一切的因素。这时人们就力图综合分析影响农业布局的一切条件,开始研究预测农业布局的最终经济效果，并以此为依据来划分农业专业化生产区分工体系，使各个地区都有可能最大限度地发挥自己在农业生产上的优势，推进大规模的、高效率的专业化生产体系。

与一般的农业布局理论相类似，农业专业化生产区理论以单位土地面积上可能获得的纯收益作为分析手段，确定农业专业化生产区方向。具体分析可用以下公式：

$$R = Y(P - C)$$

式中：R 为单位土地面积上可能获得的纯收益；Y 为单位面积产量；P 为单位农产品在其产地的收购价格；C 为单位农产品的生产成本。

公式本身说明，在决定农业地区专业化方向时，考虑的是如何从单位面积上获得最大的纯收益，而不仅是其中的级差地租。

确定农业地区专业化方向，要采用 R 这一综合指标，而不像传统的农业布局理论只考虑距离因素，这主要是基于下面的分析。

有的地方自然与劳动力等条件均适合某种农作物的生产，因此，它的单位面积产量很高且生产成本低。但如果当地该种农产品的收购价格极低，以致 P 与 C 的差额很小，甚至接近于零，那就显然不可能在此地建立这种作物的专业化产区。例如一些山区，虽然生产水果的条件很好，单位面积产量很高，生产成本也低，但如果交通闭塞，从山区往市场运送水果不仅运费高而且损耗大，致使这里水果收购价格极低，那么这里就不可能建立水果专业化生产基地。反之，有的地方生产水果的条件虽然不如上述山区好，产品成本较高而且单位面积产量也低，但距市场近、运输条件好，成本从运费上可以得到节约；而该市场上对水果的需求量又大于目前可能达到的供给量，以致此地收购价格高，P 与 C 之差较大，水果的生产仍可带来较大的利益，这里就会成为可能的水果专业化生产区。

有的地方某种农产品的收购价格虽然仅略高于生产成本，P 与 C 之差不大，但由于生产条件好，单位面积产量很高，种植这种农作物仍然可获得很大收益。因此此地仍可能发展成为该种农产品的专业化生产区。

反之，即使某种农产品的收购价格高出生产成本很多，P与C之差相当大，但种植该农作物单位产量极低，这就要视R（纯收益）的大小而定。

(三) 农业地区专业化 (单一功能区)

农业地区专业化的产生即说明了农业土地利用方式发生了根本性的变化，农业生产开始从分散的、相对独立的小农业生产转向现代化、专业化的大农业生产。

从微观上确定一个地区的农业生产专业化方向，可采用 $R = Y(P - C)$ 这一综合指标方程加以判定。但要从宏观上因地制宜地确定一个国家或较大地区的农业生产布局，就必须建立合理的地区农业分工体系，从宏观上确定不同地区的农业生产专业化方向。从宏观上确定农业地区专业化方向所依据的是比较利益原则，不仅需要比较分析每一种需要发展的作物各自需要配置的地区，而且更要从全国整体出发，比较分析各个地区应该专业发展哪些农业生产部门，才能以最小的代价生产出需要的全部农产品。为此，必须考虑到：(1) 每一种需要发展的作物，在哪些地区种植才能取得最大的经济效益；(2) 如果一个地区同时是几种作物的最优种植区，而它的耕地面积又不可能在保证各种作物的总产量的前提下同时容纳所有这几种农作物，这时应按下述原则作出抉择。

第一，选择能提供最高收益的作物。尽量多种植能获得最大收益的作物。

第二，既要照顾那些条件优越的农业区的利益，也要兼顾条件较差地区的利益；既要考虑到局部地区的利益，更要顾全整体的利益。在完全自由竞争的条件下，各个地区都种植可以给自己提供最大收益的作物，这在理论上是讲得通的。但在实践中，并不存在完全的自由竞争，而且通过市场价格的波动来调整农作物的种植，需要经历一定的时间，特别是许多国家都在使用多种政策来影响农产品的价格与布局。因此，从各个地区的整体利益出发,则不可能完全按地区利益最大原则划分农业区。

中国东部地区由于其发达的经济技术及得天独厚的自然条件,农业生产布局已摆脱了传统的模式,随着经济进一步发展及农业生产力水平的提高,农业生产已向专业化方向发展,具体体现为多处全国性的商品粮、商品棉基地的建立。但是,这些商品粮、商品棉基地的建立,也不完全是经济发展的自然结果,同时还是国家计划的体现。不过当初国家在计划建设这些商品粮、商品棉基地时,只是考虑到这一特定地区独特的自然条件及与外界消费市场的便捷交通联系。但依据 $R=Y(P-C)$ 方程式的综合判定标准仍具有指导意义。而农业地区专业化的进一步发展,还要求充分考虑到地区农业分工问题,要求合理构筑农业地区专业化结构体系。这就首先要打破地区封锁和地方保护主义,不仅要照顾那些条件优越的农业区的利益,也要兼顾条件较差的其他地区的利益,从整体利益出发,确定不同地区的农业生产专业化方向。

第二节 中国粮食区域布局的演变及现状

一、中国古代粮食分布

中华文明起源于黄河流域,夏商时期,黄河流域主要粮食作物是黍、稷。虽然当时已经种植小麦,但是小麦的生长需要一定的灌溉条件,在当时的生产力条件下,小麦还不可能在粮食中占主要地位。到了西周,水稻异军突起,在西至渭水中游,北至关中盆地北缘、汾河中游,东至泗水流域的广大范围内普遍种植。当时关中平原水资源比较丰沛,成为重要的水稻产地,《诗经》曾记载,"十月获稻,为此春酒","黍稷稻粱,农夫之庆","滮池北流,浸彼稻田"。

春秋战国时期,各国兴修水利,中国的农业水平突飞猛进,耕地面积不断扩大，形成了四个重要农业区：关中农业区、关东农业区、江淮农业区、成都平原农业区。其中，位于黄河中下游地区的关中农业区和关东农业区是全国的主要农业区。

秦汉时期，由于灌溉条件的改善，麦类种植尤其是冬麦种植得到很大发展。西汉中期，汉武帝接受董仲舒的建议，在关中地区大力推广冬麦种植。西汉末氾胜之"教田三辅"，在推广种麦方面作出了很大成绩。目前，在黄河流域已发现不少汉代麦作遗存。同时在南方的"楚越之地"，随着人口的增加和农田水利的开发，水稻生产也不断增长。巴蜀、江南、淮南、南阳、汉中等都是当时重要的稻产区。在北方，农田水利的发展也导致水稻种植的扩展，利用河水淤灌盐碱地往往是和改种水稻相结合的。

隋唐时期，大一统政权结束了分裂割据的局面，为农业生产提供了和平的环境。关中地区由于是京畿之地，加上政府又重视水利工程的建设，成为全国最主要的粮食产地。安史之乱以后，北方人口大量南移，促进了南方农业生产的迅速发展。北方最重要的农业区河北、河南两道处于分裂割据与半割据状态，生产遭到严重破坏，朝廷只得依赖南方的粮食"北运"。唐肃宗时理财名臣刘晏，便因能整理漕运、使南粮顺利北运而名噪一时。贞元八年（公元792年）权德舆建言："江、淮田一善熟，则旁资数道，故天下大计，仰于东南。"湖南、江西诸州也"出米至多，丰熟之时，价亦极贱"。湖南的"潭、桂、衡阳，必多积谷，关辅汲汲，只缘兵粮漕引。潇湘洞庭，万里几日？沧波挂席，西指长安。三秦之人，待此而饱；六军之众，待此而强"。所以当时就有"赋出于天下，江南居十九"的说法。

北宋时期，南北农作物品种得到交流，北方的粟、麦、豆等传到南方，南方的优良稻种传到北方；从越南引入的占城稻，由福建推广到江淮流域。耕地面积扩大，梯田、圩田、沙田大量开辟。靖康之乱后，北方人口大量南迁，完成了经济重心的南移，南方的农业生产开始远超北方。水稻成为南宋第一位的粮食作物，太湖流域的苏州、湖州稻米生产居全国首位，有"苏湖熟，天下足"的谚语。此外，地处偏远的两广地区，粮食生产也有了巨大进步，尤其是珠江流域，由于自然条件优越，成为又一个水稻主产区，"土旷人稀，不富蚕桑之业；山环水绕，颇为鱼稻之乡"。

明清时期，江汉平原则成为全国最主要的粮食输出地。湖广地区在明朝中叶已有"湖广熟，天下足"的谚称。到了清代，这一谚传更为很多人所乐道。两湖的粮食高产区主要分布在沿长江、洞庭湖以及汉江与湘、资、澧、沅诸水下游的平原区，高产纪录如湖北江陵县的"附郭膏腴之田，每亩收获不下五六石"。清代粮食生产大发展的地区还有四川，成都平原号称"天府之国"。明清鼎革之际，曾给四川经济造成很大的破坏，都江堰灌区处于严重失修状态。清政府为吸引外来劳动力进川，曾发布了各种优待政策，并出现了"湖广填四川"的说法。这些从两湖、闽粤以及其他省份到来的农民不但是劳动生力军，同时也带去了不少好的生产技术和农作物新品种，及至雍正时，成都平原已有"产米之乡"的美誉，并被称为"各省米谷，惟四川所出最多"。当时成都平原的水稻亩产达到4—5石甚至6—7石，就全省水平而言，与两湖相差不远。再有像台湾岛的开发，以及广西成为粮食输出省等，都说明明清时期粮食生产方面所取得的进展。

元明清的政治中心都在北京，而粮食主产区几乎都在南方，因此漕运成为北京主要的粮食来源。明朝"漕粮岁入四百万石"，成化年间，则"通计兑运、改运加耗入京、通两仓者，凡五百一十八万九千七百石"。清代，北京城人口众多，而且还有不少八旗官兵，粮食的供给自然是头等大事，然而，随着运河里泥沙的淤积以及其他因素，漕运效果并不理想，道光、咸丰年间，北京还出现过粮荒。

然而，"南粮北运"不能概括北京的所有粮食来源。当时，清政府还积极开辟更远的北方地区的粮食供应市场。奉天、绥远等地的农业生产发展很快，粮食产量远远超过当地的需求，于是朝廷便鼓励粮商贩运粮食到北京。同时，派官员赴北京周边省份"招商贩运米粮，由天津、通州转运来京,接济民食",还谕令粮商沿途经过地方都可以免交过路费,各地政府也鼓励商贩运粮进京。

通过一系列措施,北京周边的河北、山西、绥远、察哈尔等地逐渐成为供应粮食的基地。清末,随着商业的不断发展,政府还通过轮船招商局,赴江浙、湖广等地购买大米,使北京的供粮渠道增多,粮食供给也有了更多保障。

二、中国现代粮食分布

我国幅员辽阔,自然地理环境复杂,社会技术、经济条件和地域开发历史差异较大,为形成粮食作物种植的不同地域组合提供了可能。自20世纪50年代以来,随着地域综合开发的不断深入,我国粮食作物传统的地域组合出现了诸多新变化。如过去水稻种植一向集中于南方诸省,北方则十分罕见。兴修水利并培育出抗寒早熟稻种,使三北(东北、华北、西北)地区部分有水源的地方水稻种植也有了较大发展。目前,黑龙江、吉林、辽宁省都大面积种植水稻,为当地以旱作玉米、小麦、杂粮为主的粮食作物种植体系增添了新内容。又如,我国北方是传统小麦产区,自20世纪50年代以来,随着水利条件的改善和高产新品种培育的成功,华东、华中、西南和西北地区也都广泛种植小麦,使稻麦连作和小麦、油料、绿肥作物连作等组合形式获得推广。

(一)稻谷生产及其地理分布

在我国粮食作物中,无论是从播种面积还是从总产量和单位面积产量来看,稻谷都占据首屈一指的地位。1999年我国稻谷生产量达19849万吨,占全国粮食总产量的39.0%;2018年我国稻谷生产量达20961万吨,占全国粮食总产量的31.6%。2018年我国稻谷生产的发展及地理分布如表6-1所示。

中国人的饭碗

表 6–1   2018 年我国稻谷生产地理分布

地区	面积（万亩）	占全国比（%）	产量（亿斤）	占全国比（%）	单产（斤/亩）
湖南省	6013.50	13.28	534.80	12.61	889.34
江苏省	3322.08	7.34	391.61	9.23	1178.80
四川省	2811.00	6.21	295.72	6.97	1052.01
湖北省	3586.50	7.92	393.12	9.27	1096.12
江西省	5154.30	11.38	418.44	9.86	811.83
广东省	2681.09	5.92	206.41	4.87	769.89
安徽省	3817.14	8.43	336.24	7.93	880.87
广西壮族自治区	2628.83	5.81	203.25	4.79	773.15
浙江省	976.61	2.16	95.48	2.25	977.67
黑龙江省	5674.65	12.53	537.11	12.66	946.50
10省（区）占全国比重	36665.70	80.98	3412.18	80.44	

数据来源：国家统计局官方资料。

在世界各主要稻谷生产国中，我国稻谷产量处于领先的地位，远远超过印度、印度尼西亚、越南、泰国、缅甸、日本和北美各国。

水稻种植的分布特点是南方多而集中、北方少而分散。具体可划分为四个水稻分布区（排列顺序按稻谷产量多少而定）：长江中下游单双季稻区、华南双季籼稻区、北方稻区、云贵高原稻区。

1. 长江中下游单双季稻区。它包括秦岭淮河以南、南岭以北的广大地区，湖南、湖北、江西、浙江四省以及四川、江苏、安徽等省的水稻集中产地，都处在本区之内，还包括河南和陕西两省南部、福建西部、两广北部。这些地区单季稻和双季连作稻并重，是我国水稻种植最集中、稻谷产量最大的地区。全区稻谷产量约占全国的63%，我国多数商品稻米的供应依赖于此。其中，以两湖平原（包括其南部的洞庭湖平原和北

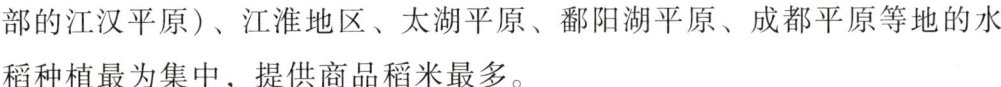

部的江汉平原)、江淮地区、太湖平原、鄱阳湖平原、成都平原等地的水稻种植最为集中,提供商品稻米最多。

2. 华南双季籼稻区。它包括地处南岭以南的广东、广西两省区大部,福建东半部和海南、台湾。全区稻谷总产量(未包括台湾地区)约占全国的17%,为我国第二大稻谷集中产区。其中,广东省的珠江三角洲、韩江三角洲,广西东南部沿江平原和盆地,福建东部闽江、九龙江下游以及台湾岛西部平原,水稻分布较为集中,且多为双季连作稻,个别地区还有三季连作稻(如海南省)。

3. 北方稻区。它包括秦岭淮河以北除青藏高原以外的全国广大地区。水稻种植具有"大分散,小集中"的特点,尤其在拥有水源和排灌设施的平原、丘陵、盆地较集中。主要分布于黑龙江、吉林、辽宁三省境内,如辽宁省的辽河中下游平原、吉林省东部的山间盆地、黑龙江省牡丹江一带的半山区谷地平原,以及河北省海河下游低地、宁夏回族自治区的银川平原等。全部为单季稻,以粳稻为主,米质优良,产量在20世纪90年代有较大增长。全区稻谷总产量约占全国的15%,已超过云贵高原稻区居全国第三位。

4. 云贵高原稻区。它包括云南全省、贵州省大部,还有川西南和桂西北部分地区。水稻种植较普遍,但因地势较高,水热条件相对较差,故稻谷产量较前述三个区为低。全区稻谷产量只占全国的5%多一点。水稻种植主要分布于河谷平坝地区,在纬度较低、地势较低的河谷平坝有少量双季连作稻。

(二) 小麦生产及其地理分布

小麦在我国粮食生产中也占有十分重要的地位。它的播种面积仅次于水稻,而产量则在稻谷、玉米之后,是全国第三大粮食作物。2019年全国小麦总产量是13359万吨,占全国粮食总产量的20.1%。我国小麦产量业已超过美、俄和欧盟,居世界首位。2018年我国小麦生产地理分布如表 6-2 所示。

表 6-2　　2018 年我国小麦生产地理分布

地区	面积（万亩）	占比（%）	产量（亿斤）	占比（%）	单产（斤/亩）
全国	36399.29		2628.81		722.21
河南	8609.78	23.65	720.57	27.41	836.92
山东	6087.89	16.73	494.34	18.80	812.00
河北	3535.79	9.71	290.15	11.04	820.60
江苏	3605.94	9.91	257.82	9.81	715.00
安徽	4313.79	11.85	321.49	12.23	745.26
四川	952.50	2.62	49.46	1.88	519.27
新疆	1547.21	4.25	114.38	4.35	739.26
陕西	1450.97	3.99	80.27	3.05	553.20
甘肃	1163.34	3.20	56.10	2.13	482.25
湖北	1657.44	4.55	82.07	3.12	495.19
黑龙江	164.12	0.45	7.24	0.28	440.91
11 省区占全国比重	33088.77	90.90	2473.89	94.10	

在我国最重要的是冬小麦。因它可与水稻、玉米、甘薯、棉花等秋收作物接茬种植，能充分利用地力、提高农业生产能力，因此获得广泛种植，主要分布于长城以南广大地区，长城以北主要是春小麦区。同水稻相比，小麦的地理分布更广泛，遍布于全国各地，具体可划分为下列三个分布区（排列顺序按小麦产量多少而定）：北方冬小麦区、南方冬小麦区、春小麦区。

1. 北方冬小麦区。它包括长城以南、六盘山以东、秦岭淮河以北地区。山东省全部，河南、河北、山西、陕西四省大部，以及皖北和苏北的部分县市，都在本区之内。全区小麦总产量约占全国一半以上，是我国小麦种植最集中、产量最大的地区。由于区内人口稠密，所产小麦绝大部分自我消费，故商品麦比例不高，但总产量大，也能向市场提供一部分商品麦。

2. 南方冬小麦区。它包括秦岭淮河以南，折多山以东地区，地域范围比北方冬小麦区要辽阔得多，但小麦种植的集中程度却远不如北方冬小麦区。其中，以四川、湖北、江苏中部和南部、安徽中部等地分布最为集中。全区冬小麦产量占全国五分之一以上，由于区内居民多以稻米为主要口粮，故小麦商品率较高，湖北、江苏、安徽的一些县、市能常年提供部分商品麦。

3. 春小麦区。它包括长城以北、岷山大雪山以西的辽阔地区。区内多为高寒或干冷地带，如种冬小麦则难以安全越冬，故以种植春小麦为主。其中，以黑龙江、甘肃、新疆和内蒙古四省区种植较多。全区小麦总产量占全国的五分之一左右，可以实行大规模机械化作业，能向市场提供较多的商品麦。

（三）玉米和其他杂粮生产及地理分布

玉米是世界上公认的粮食作物"高产之王""饲料之王""综合利用之王"。经过二十多年的发展，玉米已成为我国第二大粮食作物和第一大杂粮作物。玉米以前主要供食用，近年来随着农村生活水平的提高，玉米用作饲料的比例大为增长。此外，用于工业的比例也提高了。玉米深加工品种在国外多达数千种，经济效益可观，但我国玉米加工业薄弱，资源优势尚未转化为经济优势。

2019年，我国玉米产量26077万吨，在全国粮食总产量中占39.3%。近几年来，我国玉米的播种面积和总产量分别占世界的七分之一和五分之一左右，均为世界第二位，已具有明显的资源优势。我国玉米生产地理分布如表6-3所示。

表6-3　　　　　　　　2018年我国玉米生产地理分布

地区	面积（万亩）	占比（%）	产量（亿斤）	占比（%）	单产（斤/亩）
全国	63195.08		5143.48		813.90
黑龙江	9476.73	15.00	796.43	15.48	840.41
吉林	6347.21	10.04	559.98	10.89	882.24
山东	5902.02	9.34	521.43	10.14	883.48
河南	5878.44	9.30	470.28	9.14	800.00
内蒙古	5613.21	8.88	539.99	10.50	962.00
河北	5156.61	8.16	388.23	7.55	752.88
辽宁	4069.47	6.44	332.56	6.47	817.00
四川	2784.00	4.41	213.26	4.15	766.02
8省区全国比重	45227.69	71.57	3822.16	74.31	

玉米喜温、喜湿，降水量太少的地区需有灌溉条件方可大面积种植。随着农田水利条件的不断改善，玉米种植将得到迅速扩大。目前，我国玉米生产遍及全国各地（青藏高原地区除外）。其中以东北三省集中程度为最高，吉林、黑龙江、辽宁、内蒙古四省区玉米产量在全国分别占第二、第一、第七、第五位，合计占全国玉米总产量的43%。此外，山东、河南、河北、内蒙古、四川、云南、陕西、山西、贵州、新疆等省区也是玉米集中产区，商品玉米数量也较大。

（四）大豆生产地理分布

我国是大豆的故乡，也曾是世界上出产大豆最多的国家。1936年大豆产量达到1330万吨，占当时世界总产量的90%以上，并独占世界大豆市场。后来，由于战争和粮食紧缺等原因，大豆产量锐减，1949年全国只生产大豆509万吨。

20世纪50年代开始恢复大豆生产，但1958年以后因为片面强调

"以粮为纲"，使传统大豆产地又被粮食生产挤占。到80年代，大豆生产有所恢复，90年代前期发展较快，1993年全国大豆产量首次超过1936年时的生产规模。而在近二三十年中，美国和巴西的大豆生产异军突起，并远远超过了我国。

目前我国大豆生产主要集中于东北三省，其中黑龙江大豆产量在全国各省区中遥遥领先。东北三省大豆产量占全国大豆总产量近一半。东北大豆粒大而圆、含油率高。松辽平原大豆种植较集中，且由南向北逐渐增多，是我国商品大豆的主产区。

（五）商品粮基地建设

随着人民生活的改善，虽然人均用粮有所下降，但饲料用粮却大幅度增长，工业用粮等也在增加。在这种情况下，粮食增产只能依靠提高单位面积产量。特别是在现有7000多万公顷粮田中，选择那些自然条件较好、增长潜力大、交通运输便利的地区，建设大面积的商品粮生产基地。

在第六个五年计划期间（1981—1985年），采用国家和地方联合投资形式建设的60个商品粮基地县（市），已显示出经济效益。1983年，由国家计委、农牧渔业部、商业部、水利电力部和黑龙江、吉林、河南、湖北、湖南、江苏、安徽及江西八省协议商定，采用国家和地方联合投资、钱粮挂钩的办法，联合建设50个商品粮基地县（市）。同年年底，国家又与辽宁、内蒙古、广东的10个县（旗）签订了联合建设合同，以确保国家能收购更多的商品粮。经过几年的建设，特别是有关农业技术推广体系、良种繁育体系和小型农田水利的建设，各基地县（市）都建起了不同规模的农业技术推广中心，使粮食生产商品率有所提高。

到20世纪80年代中期，全国共有13个主要商品粮基地，包括243个县，占全国县级行政单位总数的十分之一强，而所生产的粮食占全国五分之一。上述商品粮基地大体上可以划分为如下几个地域类型：

1. 黑龙江省松嫩平原、三江平原，吉林省中部地区，辽宁省中部地区，共计59个县。

2. 湖南省洞庭湖平原，湖北省江汉平原，江西省鄱阳湖平原，共计57个县。

3. 长江三角洲和珠江三角洲地区，共计48个县。

4. 苏北地区和皖北地区，共计46个县。

5. 河西走廊、银川平原和内蒙古河套地区，共计33个县。

20世纪90年代，我国的商品粮基地县（市）增至523个。从1994年起，国家连续五年提供优惠贷款，扶持全国523个商品粮大县继续发展，至2000年，国家级的商品粮基地县（市）进一步增至约900个。

从全国各大地区粮食增产的潜力来分析，至2000年时，全国粮食总产量达5亿多吨，比1995年增产约0.4亿吨。这批粮食的增产，主要从东北、华北、中南、华东、西北地区的自然和社会条件等有利的一些县（市）获得。

从1996年开始，国家决定在继续投资建设国家级商品粮基地县（市）的同时，又在作为全国重点粮食生产省的吉林、黑龙江、山东、湖北、湖南、安徽、江西、河南、四川、陕西等10个省选择20个商品粮集中产区，以地区（市）为单位，集中力量进行投资，建设大型商品粮生产基地。这些基地的人口占全国的9%，1995年产粮7900万吨，提供商品粮3500万吨，净调出粮食1200万吨，占全国的17%；到2000年，20个大型商品粮基地建成后，粮食产量增至9000万吨，占全国粮食总产量的比重提高到18%。

（六）北大荒——从亘古荒原到中国最大商品粮基地

70年前，北大荒野兽出没、风雪肆虐、一片蛮荒；70年后，这里被开发建设成中国最大的商品粮基地，成为中国农业现代化先进生产力的代表,一年生产的粮食可供1亿多人口全年的口粮。70余载,北大荒经历了农业生产方式从原始到最先进的跨越。作为中国农业现代化的排头兵,北大荒是中国现代化程度最高、综合生产能力最强的商品粮基地。

例如,七星农场经过60多年的开发建设,现有耕地面积122万亩,其中水田105万亩,是黑龙江垦区水稻种植面积最大的农场,七星农场每年生产的商品粮有15亿斤。在七星农场万亩大地号,稻海一望无际,平整、密实如金色的地毯。该地号占地面积1.43万亩。

再如,2018年黑龙江垦区拥有各类收获机械3.5万台,截至2017年年底,黑龙江垦区农机田间作业综合机械化率保持在99%以上,农业科技贡献率为68.2%。目前,黑龙江垦区耕地面积4300多万亩,粮食综合生产能力稳定在400亿斤以上,商品粮调出量约占中国各省粮食调出总和的四分之一,为中国人端牢饭碗作出了卓越贡献。

三、地区结构:粮食增长中心的北上和西移

改革开放以来,我国粮食生产的区域布局也发生了很大变化,总的趋势如下所述。

(一)北粮趋增

20世纪80年代中期以来,全国粮食总产量增减的数量结构表现为北方呈增长趋势,在全国粮食总产量中比重提高。1990—1999年,北方粮食产量占全国的比重从46.79%上升为48.05%,提高了1.26个百分点,到2018年进一步提高到53.81%。其中,粮食总产量增长的省份主要是山东、黑龙江、内蒙古、河北、新疆等(见表6-4)。

表6-4　　南北方粮食总产量占全国的比重（%）

北方省份	1990年	1999年	2018年	南方省份	1990年	1999年	2018年
北　京	0.59	0.40	0.05	江　苏	7.24	7.00	5.56
天　津	0.42	0.34	0.32	浙　江	3.55	2.74	0.91
河　北	5.10	5.40	5.63	安　徽	5.51	5.45	6.09
山　西	2.17	1.62	2.10	福　建	1.97	1.85	0.76
内蒙古	2.18	2.81	5.40	海　南	0.38	0.43	0.22
辽　宁	3.35	3.24	3.33	上　海	0.54	0.41	0.16
吉　林	4.59	4.54	5.52	广　西	3.05	3.10	2.09
黑龙江	5.18	6.05	11.41	江　西	3.72	3.41	3.33
新　疆	1.49	1.57	2.29	河　南	7.40	8.37	10.11
陕　西	2.40	2.13	1.86	湖　北	5.55	4.82	4.32
甘　肃	1.55	1.60	1.75	湖　南	5.94	5.36	4.59
青　海	0.26	0.20	0.16	广　东	4.25	3.87	1.81
宁　夏	0.43	0.58	0.60	贵　州	1.62	2.21	1.61
四　川	9.56	9.17	6.95	云　南	2.37	2.75	2.83
山　东	7.52	8.40	8.09	西　藏	0.12	0.18	0.16
北方合计	46.79	48.05	55.45	南方合计	53.21	51.95	44.55

注：为方便分析，将重庆并入四川。
数据来源：国家统计局统计年鉴。

（二）南粮萎缩

与北方粮食的增长趋势相反，南方粮食生产趋向"滑坡"，粮食产量占全国的比重从1990年的53.21%下降到1999年的51.95%，再下降到2018年的46.19%。南方粮食生产"滑坡"，主要是因为水稻生产"滑坡"。自1984年以来，我国稻谷生产已发生过多次减产。1985年第一次减产，减产量达969万吨；1988年减产量为515万吨；1991年减产量为552万吨；1993年减产量增加到852万吨；1994年再次减产，减产量在150万吨以上；2003年大幅减产1388万吨。南方省份的稻谷生产减少，导致南方粮食总产在全国的比重下降。

(三)粮食增长中心北移

北方粮食生产趋增,南方粮食生产萎缩,这种趋势发展的结果是全国粮食重心逐步北移。1949—1978 年,全国粮食总产量增长 1.7 倍,其中 55.6% 来自南方地区。1978—1984 年,南方地区虽然仍占据全国粮食生产的主导地位,但地位已逐步下降。此时,东北的粮食生产地位逐步提高,增产幅度为 35%,比全国水平高 5 个百分点。1984—1989 年,全国粮食增长中心继续北移,在南方地区减产的情况下,黄淮地区异军突起,增产 15.7%,总产量在全国的比重达 28.5%,比 1984 年提高了 4 个百分点。1989—1993 年,黄淮和东北地区共同形成了全国粮食增长中心,北移倾向更加明显,全国粮食增产 12%,一半来自黄淮,另一半来自东北。1993 年两地区的总产量在全国的比重已达 46.3%,比 1989 年增加了 6.3 个百分点(见表 6-5)。

表 6-5　东、中、西部粮食产量占全国粮食总产量的比重(%)

东部	1990 年	1999 年	2018 年	中部	1990 年	1999 年	2018 年	西部	1990 年	1999 年	2018 年
北京	0.59	0.4	0.05	吉林	4.59	4.54	5.52	四川	9.56	9.17	6.95
天津	0.42	0.34	0.32	黑龙江	5.18	6.05	11.41	贵州	1.62	2.21	1.61
上海	0.54	0.41	0.16	山西	2.17	1.62	2.10	云南	2.37	2.75	2.83
辽宁	3.35	3.24	3.33	内蒙古	2.18	2.81	5.40	西藏	0.12	0.18	0.16
河北	5.1	5.4	5.63	河南	7.4	8.37	10.11	新疆	1.49	1.57	2.29
山东	7.52	8.4	8.09	湖北	5.55	4.82	4.32	陕西	2.40	2.13	1.86
江苏	7.24	7.00	5.56	湖南	5.94	5.36	4.59	甘肃	1.55	1.60	1.75
浙江	3.55	2.74	0.91	安徽	5.51	5.45	6.09	青海	0.26	0.20	0.16
福建	1.97	1.85	0.76	江西	3.72	3.41	3.33	宁夏	0.43	0.58	0.60
广西	3.05	3.10	2.09								
广东	4.25	3.87	1.81								
海南	0.38	0.43	0.22								
东部合计	37.96	37.18	28.93	中部合计	42.24	42.43	52.87	西部合计	19.8	20.39	18.20

注:为方便分析,将重庆并入四川。
数据来源:国家统计局统计年鉴。

（四）粮食增长中心逐渐西进

1978—1994年，整个南方地区粮食增产25.1%，沿海地区仅增产18.0%，而长江中部地区表现十分突出，增产35.4%，增加量占整个南方地区粮食增加量的比重达47%，比1949—1978年水平高出11.4个百分点；长江中部地区粮食总产量占整个南方地区粮食总产量的比重达36.1%，比1978年上涨了3个百分点，成为这段时期南方地区的粮食增长中心。1984—1993年，南方地区粮食生产下滑，尤其是沿海地区下滑幅度很大，总产量下降了12.4%，而长江中部地区继续保持稳定发展的势头。1984—1993年，西南地区粮食产量增长趋势更加明显，总产量上涨了7.2%，成为南方地区新的粮食增长中心。如果按照东部、中部和西部三大区域分析，我国粮食主产区主要集中在中部地区，东部地区的地位下降，西部地区基本稳定。1990—1999年，中部地区粮食产量占全国的比重从42.24%提高到42.43%，2018年提高到52.87%，主要是河南、黑龙江和内蒙古的比重提高较快；西部地区粮食产量占我国的比重从19.8%提高到20.39%，提高0.62个百分点，2018年又下降到18.2%，除新疆、云南、甘肃等省区外，其他省区受农业供给侧改革影响较大；东部地区粮食产量占全国的比重从1990年的37.96%下降到1999年的37.18%，2018年大幅下降到28.93%，除辽宁、河北外，其余省份的比重均下降。

粮食增长中心变化与我国经济发展战略和科技进步有关，具有客观必然性。

首先，粮食增长中心变化与我国梯度开发战略有关。改革开放以来，东南沿海地区率先对外开放，在区位优势、人文优势和政策优势的作用下，非农产业快速增长，促使生产要素向非农产业转移，非农产业占用的耕地增加，农业劳动力向非农产业转移增加，使包括粮食在内的农业发展受到影响。西部和北部地区耕地资源比较丰富，是我国粮食增长中心"北上""西进"的客观因素。

其次，受耕作制度改革的影响。我国北方地区过去粮食主要是一年一熟，随着新科技的推广，特别是塑料薄膜的普遍运用，不少地区已形成了一年两熟的新型耕作制度，复种指数明显提高。如山东省复种指数1978年为147.2，1985年为154.3，1992年为158；河南省1980年为151.0，1985年为166.0，1993年为175。新的耕作制度的形成带来了复种指数的提高，扩大了我国北方地区粮食生产的时间跨度，成为北方地区扩大粮食面积的重要原因。

再次，受作物品种结构的影响。我国南方地区以生产水稻为主，所以在南方地区占据全国粮食主导地位的较长时期内，全国粮食的增产主要依靠稻谷，如1978年之前的30年，全国粮食生产的46%来自水稻。20世纪80年代以后，水稻在粮食中所占比重逐年下降，1993年水稻在粮食中的比重已从1978年的45%下降到39%以下，2019年只有31.6%；而小麦和玉米的比重却从36%上升到45%，再升到2019年的59.4%。北方地区小麦、玉米比重提高的主要原因是单产水平大幅度提高。如黄淮地区1993年粮食单产已达263公斤，比1978年提高了80.1%，而同期南方地区单产仅提高了40%左右。北方地区单产水平的提高，主要源于品种的更新换代，特别是玉米育种取得了突破性进展，使北方大部分地区的单产从80年代初期的150公斤左右提高到现在的400公斤以上。

最后，东南沿海地区农业结构调整的速度比较快，外向型农业和附加价值高的经济作物、畜牧业、水产业的发展速度比较快，也相应地影响了粮食生产的发展，我国农产品出口70%以上来自沿海地区。

四、粮食流通格局从"南粮北调"到"北粮南运"，再到"北出南进"

20世纪80年代以前，我国粮食产销格局的基本特征是南粮北调，然而进入80年代中期以后发生了逆转，形成北粮南运的新格局。加入世界贸易组织后，粮食流通进一步形成北出南进的格局。

早在新中国成立前，我国的粮食流通格局就表现出南粮北调的特征。这反映了在当时的生产条件下粮食生产在区域间的不平衡性。从新中国成立后的粮食产销格局看，1949—1975年基本上保持南粮北调的特征。20世纪50年代，南方14个省（市、区）有12个省（市、区）为粮食调出省，粮食调入地主要是上海，年均116.3万吨。北方的15个省（市、区）中有10个省（市、区）为粮食调入省，调入大省（市、区）主要包括辽宁、北京、河北、天津。到60年代，南粮北调的格局尤为明显，北方的粮食净调入省由50年代的5个上升到10个。10年累计净调入量为2750万吨。70年代前期，南方粮食净调出量仍大于净调入量，1970—1975年，6年累计净调出量2024.2万吨。北方粮食净调入省仍保持在10个省（市、区）。从新中国成立后南北方在不同时期所占的粮食产量比重看，1952年南方粮食产量占全国产量的57.6%，北方占42.4%；1965年南方占61.7%，北方占38.3%；南粮北调的基本特征，一是南方向北方调入的粮食以稻谷为主。这一方面说明我国粮食品种在区域间分布的不平衡性；另一方面说明南粮北调以满足人们的口粮需求为目的。二是粮食输出水平不高。六七十年代，南方向北方的年均调出量不足200万吨。

20世纪70年代中期到80年代中期是南粮北调转变为北粮南运的过渡期，从1984年开始进入北粮南运时期。1976—1980年，南方净调出粮食的省（区）减少为7个，年均调出量比70年代末期下降40%。相反，南方净调入粮食的省（区）增加到7个，并且形成了净调入量大于净调出量的逆转趋势。到1990年，南方粮食净调入量明显增加，仅玉米就达到272.2万吨，净调入省（区）增加到13个。80年代以后，北方的粮食增长速度明显加快。吉林省1982年以后粮食总产平均年增长速度达到8.3%，向外输出的商品粮数量迅速增大。由于铁路运输条件的限制，并未能解决大量粮食南下的途径，而是通过出口解决了北方粮食主产区的卖粮难问题。例如，1990年前后几年间，吉林省每年的玉米出口量就达200

万—500万吨。与南粮北调不同，北粮南运的基本特征，一是调出的品种以玉米为主，主要满足畜牧业发展的需求。据资料显示，1993年南方15省（市、区）人均占有粮食359公斤，已达到口粮自给的水平，调入粮食均为满足口粮以外的需要。二是粮食输出量大。1990年北方六省玉米流出量达350.1万吨；1995年东北和内蒙古四省（区）一次性紧急调运就达200万吨；1996年吉林省一次性向南方调运玉米也达200万吨。

北粮南运是在改革开放的条件下形成的，对社会经济发展起着极其重要的作用。一是北粮南运格局的形成，是我国北方粮食生产水平显著提高的客观要求。南粮北调调的是口粮，是在我国粮食短缺特别是相当一部分人温饱尚未得到解决的情况下发生的。北粮南运则是在全国粮食总水平普遍提高、粮食供应充足的情况下发生的。南方诸省的人均占有粮达360公斤以上，口粮得到了满足，调入的基本是饲料，是为了满足畜牧业发展的需求。北粮南运的过程正是北方商品粮基地成长的过程。像内蒙古这样过去粮食短缺的省（区），经过多年的发展也建成了一批商品粮基地，实现了粮食自给有余。二是北粮南运在一定程度上支持了南方沿海诸省工业化的发展，为国民经济的发展和结构的优化起了重要的支撑作用。改革开放以来，南方沿海诸省的工业化快速发展，为全国经济发展起到先导作用。如果没有北方粮食的输入，南方沿海地区的工业化发展就不会获得一个稳定的基础，还会受到粮食紧缺的困扰，不可能向非农产业配置较多的资源。三是缓解了北方粮食主产区卖粮难的问题，促进了粮食的供求平衡。北方的粮食增长是在农村改革之后发生的，既有科技进步因素又有政策因素，使粮食增长势头迅猛，带有明显的突进性特征，一时使粮食主产区出现了粮食装不下、卖不出的困难局面。北粮南运缓解了卖粮难问题，使一时滞销的粮食找到了市场，促进了区域间的粮食供求平衡。四是北粮南运说明我国粮食生产的区域布局在优化。随着我国人民生活水平的提高，食物结构不断改善，对动物性食品的消费增加。北粮南运运的是饲料粮，以玉米为主。从粮食生产的地区比较优势看，北方比较适合于玉米生产，因此北粮南运符合地区比较优势的要求。由于北方粮食的输入，南方有更多的资源用于扩大经济作物、园艺作物的种植比例，既给工业化的发展提供了原料，也为外向型农业的发展提供了产品基地，推动了农村产业结构的优化。同时，由于沿海地区经济的先行开放和快速发展，农村资金比较充裕，具有发展专业化、规模化畜牧业的条件，也具有发展外向型畜牧业的优势，因此北粮南运支持沿海地区畜牧业的发展，符合经济发展规律。

加入世界贸易组织以后，我国的粮食产业充分参与全球化经济。种种迹象表明，我国粮食流通中运行多年的北粮南运格局已被打破。20世纪90年代中期以来，国内的粮食生产成本平均每年以1%以上的速度递增，其中小麦、玉米、大豆等主要粮食品种的价格高于国际市场。尤其是加入世界贸易组织降低关税水平后，我国小麦在价格上处于劣势，而且质量相对较差。美国、加拿大、澳大利亚等国小麦的总体质量普遍在我国中等小麦之上，因此南方地区的部分粮食需求就转向国外市场进口。当然，从比较优势而言，我们进口这些占用资源较多的基本农产品，有利于缓解中国人均自然资源相对短缺的压力，加快土地资源短缺地区的农业结构调整。加入世界贸易组织后，我国东北玉米受到冲击最大，南方欠缺的玉米不再从东北调进，而采取直接从美国和澳大利亚进口的办法，更具有地缘优势。水分含量大、杂质比较高、种植和运输成本都较高的东北玉米的"南行之路"越走越难，应在国际市场上找出路。东北玉米在亚洲周边市场也有地缘优势，东北地区与韩国、朝鲜、日本等粮食进口国距离较近，同美国、阿根廷等国的大船洲际运输相比，这些国家进口东北玉米有小船装运、灵活、便捷等优势。南方小麦进口也可以填补国内优质麦的供给不足。我国粮食逐步出现北出南进的流通格局。

以上三个方面的分析说明，我国区域间粮食供求格局已经或正在发生变化，这种变化对未来我国粮食供求关系的发展将会产生深远的影响。

相对于粮食总量平衡来讲，我国区域间的粮食供求形势更加严峻。在粮食流通不畅的情况下，区域间粮食供求矛盾对全国粮食市场的稳定构成了巨大的威胁。当粮食市场风平浪静时，问题不易暴露，缺粮地区甚至会减少库存以免占压资金，从而产生虚假的粮食供求现象。一旦市场有风吹草动，全国粮食市场就会面临严峻的挑战。20世纪80年代以来粮食市场几次大的波动都是由于区域间粮食（主要是南方大米）供求失衡造成的，每一次稻谷的减产往往都会引起粮食价格的大幅度上扬。1985年稻谷减产5.4%，次年粮价上涨9.2%；1998年稻谷减产3.0%，次年粮价上涨21.3%；1991年稻谷减产2.9%，次年粮价上涨24.3%；1993年稻谷减产3.6%，次年粮价上涨46.6%。由此可见，努力实现区域间粮食平衡，对于稳定国内粮食市场、提高我国粮食安全水平具有重要意义。

第三节 中国粮食区域化生产的基本思路

一、中国粮食区域平衡中的主要问题

长期以来，由于没有明确的农业区域分工政策，我国粮食产区与销区之间的关系始终没能理顺，产销区之间的矛盾成为制约我国粮食区域平衡和总量平衡的主要因素之一。产销区之间的关系说到底，就是粮食交换过程中的利益分配关系。在计划经济体制下，产销区之间的粮食流通是通过粮食的计划调拨来完成的，全国"一盘棋"的思想以及中央政府高度的权威性，使得这种计划调拨能够顺利实施。作为特定历史时期的一种政策手段，计划调拨在当时粮食极其短缺的情况下，对实现粮食的区域平衡和保证居民的粮食供应发挥了重要作用。但由于不合理的工农产品比价关系，区域间粮食调拨意味着产区利益大量流向销区。有关的研究已经证明，粮食产区在我国工业化进程中作出了巨大牺牲（牛若峰，1992）。如果说在地方利益绝对服从全局利益的计划经济时代，产销区之间的利益摩擦尚不十分明显，那么当地方利益要求在改革开放的呼唤声中复苏时，这一矛盾便立即凸现。改革开放以来，由于传统体制的

惯性作用，产销区之间的利益摩擦不但没有减轻，反而随着区际粮食流通量的增加而不断加剧。目前，在粮食区际流通中，产区仍然处于"纳贡"地位，产区利益的流失仍然是产销区之间利益摩擦的主要根源。产区的利益流失主要是通过以下三个途径：（1）国家低价收购和调拨粮食造成的利益流失。产区粮食定购率（粮食定购量占粮食总产量的比重）一般较高，1989年全国粮食定购率为12%，而吉林省为29%，该省的梨树县高达41%（袁永康，1994）。由于国家实行低价收购政策，产区粮食的平均收购价格远远低于市场均衡价格，从而造成利益流失。以江西省为例，该省在1953—1991年共调出平价原粮2435万吨，造成的利益流失高达73亿元。1993年该省调出原粮110万吨，造成利益流失3.3亿元（黄守宏，1995）。另据国家统计局对全国13个粮食生产省的调查，1995年粮食的牌市差价平均达0.72元/公斤。据此计算，全国农民在交售定购粮中损失了288亿元的收入（按400亿公斤定购粮计算）。（2）粮食加工或转换增值中的利益再流失。粮食产区由于工业基础薄弱，粮食的加工和转换能力较低，大量的余粮通过各种渠道从产区流向销区，在销区加工和转换后再返回到产区。在这个过程中，产区作为原粮输出地和工业品输入地，受到了双重的"盘剥"。更为严重的是，产区因此而丧失了产业结构和农业结构升迁的机会，其农业劳动力被大量滞留在土地上，粮食生产的规模效益越来越差。（3）粮食产区在粮食储运和经营过程中的利益损失。由于粮食的特殊性，国家往往把粮食生产既作为一种经济任务，也作为一种政治任务委派给粮食产区，与此同时，也把粮食市场风险和相关的一些费用转嫁给粮食产区。目前粮食产区集中了全国相当一部分储备粮，地方政府为此在仓储、损耗、利息等方面给予巨额补贴，由于粮食生产比较效益低以及大量的利益流失，粮食产区经济发展总体水平明显落后于经济发达销区以及粮食自给区，大部分粮食产区处于"粮食大省、工业小省、财政穷省"的境地，农民人均收入水平均低于全国平均水平。

产销区之间日益加剧的利益摩擦，说明建立在等价交换基础上的农业区域合作机制还远没有真正形成，而不协调的产销区关系无疑对粮食的区域平衡进而对国家的粮食安全构成巨大的威胁。在发达地区经济发展水平已经远远领先、市场经济的基础原则已经确立的情况下，努力在粮食产销区之间建立起平等互利的分工协作机制，已成为一项刻不容缓的政策选择。

二、中国粮食产销区域的确立

粮食产销区域是指粮食生产和消费情况相似，而且在地理位置上基本成片分布的粮食经济区域。粮食产销区域不同于行政区域，也有别于一般的经济协作区，是长期形成的特殊区域体系。区域内粮食生产（供给）和需求的对立统一构成了粮食产销区域的基本特征。按照这一特征，可以将粮食产销区域划分为粮食产区、粮食销区以及粮食自给区。粮食产区是指生产条件好、粮食产量高，除区内自身消费外还可以大量调出商品粮的地区；粮食销区是指因为人口众多或资源条件较差造成粮食产量不能满足自身消费，需要大量调入粮食的地区；粮食自给区是指介于上述两者之间的自产自销地区。

确定粮食产销区域的目的是在粮食政策上给予区别对待。粮食产销区域的确定应遵循以下基本原则：（1）有利于发挥各地的比较优势。我国幅员辽阔，由于农业资源禀赋条件的不同，各地在粮食生产的成本与效益上差异显著。一些地方在粮食生产上具有比较优势，而另一些地方则在经济作物或非农产业上具有比较优势。农业资源开发利用既要重视某一区域内部的资源利用效率，又要重视发挥区域间的比较优势，使农业的区域分工与各个地区的资源优势相一致。（2）产销区域的确定要考虑区域间粮食供求长期发展的趋势。受农业资源状况以及产业结构变化的影响，各地粮食生产比较优势可能随时间的推移处于不断变化之中，此时是余粮区，彼时可能会成为缺粮区。因此区域间粮食供求关系是一个动态的发展过程，要使粮食产销区域具有相对的稳定性，必须把握区域间粮食供求关系的变化趋势。（3）在确定粮食产销区域时，除重点考虑区域间粮食供求状况外，还要综合考虑各个地区的经济发展水平以及交通、自然、政治、文化等因素。有些地区虽没有粮食生产的比较优势，但可能在其他产业方面有比较优势。东南沿海和西南、西北贫困地区虽都没有粮食生产比较优势，同属缺粮区，但经济发展的区位优势、发展水平以及交通地理因素等方面存在着明显的差异，这种差异决定了前者的粮食安全水平远远高于后者，显然在划分粮食产销区域时不能将两者混为一谈。（4）从中国的国情出发，为使产销区域更具有操作性，应尽量保持粮食产销区域与行政区域的统一。

目前我国的粮食产销区域划分为：（1）粮食专业化种植区（粮食产区），包括吉林、黑龙江、安徽、江西、河南、湖北、湖南、内蒙古、新疆；（2）粮食自给区，包括河北、江苏、山东、宁夏；（3）经济发达粮食销区，包括北京、天津、上海、浙江、辽宁、广东、福建、海南；（4）贫困地区粮食销区，包括山西、广西、四川、贵州、云南、西藏、甘肃、青海、陕西。

第七章 土地可持续利用与粮食可持续发展

第一节 可持续发展理论

一、可持续发展理论的形成过程

可持续发展是当今世界普遍关注的热点问题,影响着政治、经济、文化、环境等各个方面。其理论的形成经过了如下几个阶段:

第一阶段,萌芽阶段。20世纪五六十年代,工业发展对环境所产生的不良影响,迫使人们开始反思单纯追求经济增长的消极作用。1962年,美国女生物学家卡逊出版的科普著作《寂静的春天》,描述了农药无节制使用带来的环境污染景象,引起了西方社会的强烈反响,为环境问题率先敲响了警钟,从而产生了以保护环境为基本内容的可持续发展理论的萌芽。

第二阶段,可持续发展理论的提出阶段。随着环境问题的出现,工业高速发展使得资源日益耗竭。1970年,美国麻省理工学院管理学教授麦多斯(D. L. Meadows)受罗马俱乐部的委托,与他人合作,于1971年出版了《增长的极限》一书。该书从影响经济增长的五个主要因素,即人口增长、粮食供应、资本投入、环境污染和资源环境耗竭出发,根据指数增长原理,认为由于人口增长引起粮食需求的增长,经济增长引起不可再生自然资源耗竭速度的加快和环境污染程度的加深,在公元2100年到来之前,人类社会即将崩溃。该书出版后,在全世界引起了强烈反响,各国政治家、经济学家都纷纷关注起经济增长、经济发展的方式问题。于是,有关可持续发展的研究蓬勃兴起,可持续发展也被一些国际组织和各国政府提上议事日程。1972 年 6 月,联合国在斯德哥尔摩召开人类环境会议,来自 113 个国家的 1300 名代表首次对地球的环境问题进行了世界范围的讨论,并通过了具有历史意义的《人类环境宣言》。虽然这次会议议题偏重于讨论环境问题,但还是讨论了罗马俱乐部提出的增长极限理论问题,并形成了可持续发展理论的雏形,1980 年由世界自然保护同盟等组织和有关国家的专家参与制订的《世界自然保护大纲》,终于明确提出了可持续发展的思想。

第三阶段,发展与完善阶段。1983 年成立的世界环境与发展委员会(WCED),对可持续发展理论的成型起了关键性的作用。该组织在前挪威首相布伦特兰夫人领导下,组织 21 个国家的环境与发展问题专家,经过 900 多天的工作,于 1987 年向联合国提出一份著名报告——《我们共同的未来》。该报告对可持续发展的内涵作了界定和详尽的理论阐述。至此,可持续发展已经形成了完整的理论体系,也产生了许多代表性著作,如《世界保护战略》《建设一个可持续发展的社会》和《我们共同的未来》等等。

第四阶段,20 世纪 90 年代,可持续发展理论被全世界普遍接受,并由理论探讨转变为社会实践。联合国于 1992 年召开了由各国政府首脑参加的"环境与发展大会",提出了具有划时代意义的《21 世纪议程行动计划》,期望通过政府行为来实现可持续发展战略思想。

二、可持续发展的定义

到底什么是可持续发展,这一直是世界各国理论界广泛探讨的问题。由于可持续发展涉及自然、环境、社会、经济、科技、政治等诸多方面,研究者所站的角度不同,对可持续发展所作的定义也就不同。

(一) 侧重于自然方面的定义

"持续性"一词首先是由生态学家提出来的,即所谓"生态持续性",意在说明自然资源及其开发利用程序间的平衡。1991年11月,国际生态学联合会和国际生物科学联合会联合举行了关于可持续发展问题的专题研讨会。该研讨会的成果发展并深化了可持续发展概念的自然属性,将可持续发展定义为"保护和加强环境系统的生产和更新能力",其含义为可持续发展是不超越环境系统更新能力的发展。

(二) 侧重于社会方面的定义

1991年,由世界自然保护联盟(IUCN)、联合国环境规划署(UNEP)和世界自然基金会(WWF)共同发表的《保护地球——可持续生存战略》,将可持续发展定义为"在生存于不超出维持生态系统涵容能力之情况下,改善人类的生活品质",并提出了人类可持续生存的九条基本原则。

(三) 侧重于经济方面的定义

爱德华·B.巴比尔在其著作《经济、自然资源:不足和发展》中,把可持续发展定义为"在保持自然资源的质量及其所提供服务的前提下,使经济发展的净利益增加到最大限度"。皮尔斯认为:"可持续发展是今天的使用不应减少未来的实际收入。"

(四) 侧重于科技方面的定义

斯帕思认为:"可持续发展就是转向更清洁、更有效的技术——尽可能接近'零排放'或'密封式',工艺方法——尽可能减少能源和其他自然资源的消耗。"

(五) 综合性定义

《我们共同的未来》中将可持续发展定义为:"既满足当代人的需求,

中国人的饭碗

又不对后代人满足其自身需求的能力构成危害的发展。"1989年"联合国环境发展会议"专门为可持续发展的定义和战略通过了《关于可持续发展的声明》，认为可持续发展的定义和战略主要包括四个方面的含义：（1）走向国家和国际平等；（2）要有一种支援性的国际经济环境；（3）维护、合理使用并提高自然资源基础；（4）在发展计划和政策中纳入对环境的关注和考虑。

在第二十三届圣彼得堡国际经济论坛全会上，习近平主席发表致辞，深刻阐释可持续发展的重要意义，提出加强国际合作的中国主张，指出可持续发展是破解当前全球性问题的"金钥匙"，同构建人类命运共同体目标相近、理念相通，都将造福全人类、惠及全世界。中国愿继续同各方携手努力，秉持可持续发展理念，体现人类命运共同体担当，倡导多边主义，完善全球治理，共同促进地球村持久和平安宁，共同创造更加繁荣美好的世界。

总之，可持续发展就是建立在社会、经济、人口、资源、环境相互协调和共同发展基础上的一种发展，其宗旨是既能相对满足当代人的需求，又不能对后代人的发展构成危害。

中国是世界上最大的发展中国家，其特殊的国情决定了农业在中国具有远比世界上其他国家更为重要的地位。在当今世界，没有哪一个国家的农业像中国这样长期困扰着整个经济的发展，成为左右中国政治、经济、生活的持久因素。

虽然中国仅用占世界不到7%的耕地，让占世界总人口20%的人丰衣足食，被世人誉为"世界经济史上持续发展的一桩奇迹"，但是，中国人口规模的增长、生态环境的恶化等却使未来农业发展面临多重危机。

《中国21世纪议程——中国21世纪人口、环境与发展白皮书》指出，中国农业与生产率稳定增长，提高食物安全，发展农村经济，增加农民收入，改变农村贫穷落后状况，保护和改善农业生态环境，合理永续地利用自然资源，特别是生物资源，以满足国民经济发展和人民生活的需要，即确保食物安全、发展农村经济和合理利用保护资源。

三、可持续发展的观点

针对中国农业与农村经济可持续发展战略目标，应选择什么样的农业可持续发展战略，目前在农业生态学、农业经济学和农业地理学三大领域形成了大量的研究观点。

(一) 农业生态学家的观点

早在20世纪70年代初，以中国科学院生态研究中心马世骏院士为首的生态学家，就开始倡导中国应该走生态农业的发展道路。80年代中期，马世骏曾作为发展中国家的代表，参与了著名的布伦特兰宣言——《我们共同的未来》筹备工作，他认为，应以生态控制方法诱导非机械控制手段去阻止污染，以天人合一的观点去发展而不是以回归自然的方式去保护环境，从而促成了宣言所倡导的可持续发展概念的产生，并提出中国应以生态经济原则为指导以保证农业经济持续发展。自此，关于中国农业可持续发展战略选择问题的研究便层出不穷，形成了流派纷呈、见解各异的多种观点，概括起来主要有以下几种。

1. 生态农业论。发展生态农业是中国最早解决农业可持续发展问题的战略选择，且至今仍作为中国农业可持续发展的主流方向。该战略是在总结吸取传统农业实践经验的基础上，根据生态经济学原理，运用系统工程的方法，结合现代农业的先进技术，建立和发展起来的一种多层次、多结构、多功能的集约经营管理，以期获得较高的经济效益、生态效益和社会效益的现代化农业发展模式，其基本特性是"循环、持续、高效"，反映了持续发展的宗旨。

2. 效益型农业论。该观点认为，中国持续发展农业的核心是发展效益型农业，保持粮食生产的持续稳定发展，既是解决"民以食为天"的需要，也是确保社会稳定、国家发展的需要。这一观点的基本内涵主要包括三个方面：遵循经济原则，以市场需求为导向；依靠科技进步，优化生产力要素组合；调整产业结构，充分合理开发利用自然资源。其最终目的是要提高资源利用率及经济效益，拓宽农村劳动力就业门路，增加农民收入，实现农业现代化。

3. 农牧结合论。这一观点认为，为确保中国 21 世纪 16 亿人口的食物安全，应建立一个以畜牧业为突破口，实行农牧结合，以农促牧、以牧促农、以农牧产品促加工的"种、养、加"和"产、供、销"一体化的新型农业生产体系，这是农业可持续发展的重要战略举措，是发展有中国特色可持续农业的战略需要。

4. 现代集约型和可持续农业论。该观点认为，中国人多耕地少、自然资源相对紧缺、农村欠发达，多数地区尚处于传统农业阶段，不断增长的人口消费趋势，要求农业在有相应投入和依靠科技进步的基础上，选择高产量、高质量、高效益的现代集约型和可持续的农业发展道路。

上述生态农业论、效益型农业论、农牧结合论、现代集约型和可持续农业论等，其核心实质都是要试图解决、回答如何协调发展生产与环境的关系问题，这显然是与中国的实际国情密切相关的。

（二）农业经济学家的观点

农业经济学家虽然不像农业生态学家那样，能够直接敏锐地指出农业可持续发展战略的道路选择，但尤为关注农业发展的内部运行机制，更能从深层次揭示和把握中国农业的可持续发展战略问题。目前，其关注的主要战略问题有以下几方面。

1. 粮食问题。布朗关于中国粮食前景的悲观预测引起了国内外学者的高度关注，由此，关于 21 世纪中国应采取怎样的粮食发展战略问题目前主要形成了两种观点——悲观论与乐观论。

悲观论认为，中国真正解决吃饭问题，是在 20 世纪 70 年代以后，要维持一定的粮食安全水平要付出一定的成本和代价。这意味着提高粮食生产水平则会增加财政对粮食生产的补贴,从而降低资源配置效率;对中国这样一个农业资源紧缺且粮食生产比较优势较弱的国家来说,追求100%的粮食自给,会付出高昂的代价;应适度地部分进口粮食,利用人类共有资源最经济地实现粮食安全,粮食生产应采取"立足国内、基本自给、适度进口、促进交换"的战略方针。

乐观论认为,中国粮食需求的增长不会给中国粮食安全带来威胁,更不会给缺粮的第三世界国家粮食造成威胁,技术进步是中国粮食增长的原动力,也将是中国未来粮食生产增长的第一推动力,粮食问题的关键在于科技,而科技发展又取决于国家的科技投资政策。

2. 制度问题。新中国成立以来经济发展的历史经验表明:国家总体的产业政策对农业的发展状态具有决定性的影响。

伴随着中国经济战略由传统战略转变为比较优势战略,作为产业政策重要组成部分的农业发展政策是否符合比较优势的原则,决定着农业经济体制的性质或演变方向。只有依据农业比较优势,推动农业结构变革,提高中国农业整体效率,才有可能使农业走上良性发展的轨道。为此,应实施包括技术创新、管理创新、机制创新和观念创新的农业可持续发展创新战略。

3. 技术问题。中国农业科技的发展与大多数发展中国家一样经历了绿色革命时期、后绿色革命前时期(Ⅰ)、后绿色革命时期(Ⅱ),应实施21世纪农业技术创新战略,即改革现有农业科技投资体制,建立健全政策法规制度,建设强有力的创造发展体系和研究方法,确定重大技术创新项目和研究领域,并建立新的研究方法和思维方式,构造可持续农业生产政策支持系统,加强农业科研、推广与教育体系建设,是今后农业持续发展的重要支柱。

4. 农村问题。关于农村经济发展战略问题,目前主要有两种不同的看法,即"一元化"论与"三元化"论。

"一元化"论认为,中国农业的根本问题是农民过多,过多的农民是一切问题的根源。中国农业可持续发展的根本出路在于农村工业化。以农业现代化为重心,推动农村经济的快速增长,进一步促进工农业协调发展,促进农村商品经济发展,加快提高农业综合生产能力,以及迅速推进高产、优质、高效农业的可持续发展进程。

"三元化"论认为,中国农村产业结构从20世纪80年代中期以来失衡加剧,失衡主要表现在时间顺序上的差异,农村可持续发展的战略取向应是"三化齐动",即农业产业化、农村工业化和农村城市化。其指导思想与战略目标就是要以农民为本,以提高农民的生活水平与生活质量为目的,寻找生产力持续发展的途径与对策,并以是否对农民有利作为评价有关农业与经济政策的准则。

由此可见,农业经济学家主要是围绕"粮食——制度——技术——农村"等农业可持续发展的经济影响因素,探讨中国农业可持续发展战略的内部运行机理问题。

(三)农业地理学家的观点

如果说农业生态学关注农业生态问题,那么,农业地理学家则更为注重资源开发与环境保护问题。目前具有代表性的观点主要有以下几种。

1. 粮食主导论。这一观点认为,粮食问题在今后相当长时期内将主导中国农业发展的走势和农业政策取向。粮食问题不仅表现为总量不足,也表现为区域供需不平衡;粮食供需的区域差异将继续导致区域农业政策的差异,粮食供需的区域差异与农业政策的区域差异将构成中国农业发展区域差异的主流,也是中国农业可持续发展所必须考虑的关键方面。实现粮食安全是保证农业可持续发展战略成功实施的首要条件。

2. 国土开发论。这一观点认为,中国农业发展战略要解决的基本问题是如何使丰富的劳动力同极为有限的人均自然资源和人均工业资源得到优化组合,从而大幅度提高农业劳动生产率和资源利用效率,满足全社会对农产品日益增长的需求。

虽然中国的资源形势严峻,但是还有相当大的潜力。中国不仅必须而且经过努力也能依靠自己的资源解决或基本解决食物与农产品的供给，应实施可持续发展的国土大开发战略，这是中国人民永远能够养活和养好自己的根本性战略，必须有计划、分阶段、有步骤地开发尚未开发或未充分开发的国土，着重在山区、草原和海洋实行全面规划，分区治理开发，将其纳入国家计划。

3. 发展危机论。该观点认为，中国空前庞大的人口基数是土地资源供应的危机所在，农业发展正面临着生态、社会、经济三大挑战。人口众多、资源紧缺、物质基础薄弱、地区差异悬殊，是中国最基本的国情。为此，考虑农业发展战略必须强调的基本思路应该是：协调人口与资源的关系，优化人力资源与自然资源的组合；建立资源节约型的生产体系，实行集约化经营；发展高产优质高效农业，建立农村社会主义市场经济体制；发展地区资源优势和促进地区间优势互补，力求区域经济平衡发展；加速农业现代化进程，以大幅度提高农业劳动生产率。

4. 生存发展论。该观点认为，中国正面临着前所未有的严重危机：人口膨胀与迅速老化，农业资源日益紧张，环境污染加剧，生态日益恶化，粮食需求量迅速增加而增长又很困难，加之工业化起步时间晚、发展起点低、历史负担重等原因，今后中国现代化经济发展的最大阻碍在于农业生产的发展，最大问题在于粮食增产速度能否赶上或接近人口的增长，最大难点在于对传统农业的改造。农村体制改革只是农业现代化的必要条件，而不是充分条件，改革只是创造、提高和优化新的农业生产要素的投入与配置机制，以提供制度保证，既不能代替生产力诸要素本身，也不能使农业生产可能性曲线上升。因此，应实施"保证生存与持续发展"的战略。增加农业投入是发展农业生产的关键条件，也是改造传统农业的根本途径。

总之，中国农业可持续发展战略研究，无论是农业生态学家的观点，还是农业经济学家、农业地理学家的观点，其从不同视角所提出的农业可持续发展战略，概括起来主要是试图集中研究解决困扰中国农业可持续发展的三个最基本问题，即食物安全、农业现代化及农村发展问题，它们构成了中国农业可持续发展战略研究的核心。

第二节 土地可持续利用理论及应用

一、土地可持续利用的含义

土地可持续利用是指土地的利用不能对后代的持续利用构成危害，换句话说，土地的利用既要满足当代人的需求，又不能影响人类今后的长远需求。土地可持续利用包含两层含义：一是土地资源本身的高效持续利用；二是土地资源与社会其他资源相配合共同支撑经济、社会持久发展。

土地资源与其他资源相比，是最能体现可持续发展战略理论的一种资源。土地的可持续利用本身就是由土地的特性所决定的，也就是说土地具有可持续利用特性，人类应很好地适应土地的这一特性。具体地讲，土地可持续利用包括以下几方面内容。

（一）在资源数量配置上与资源的总量稀缺性高度一致

土地具有稀缺性，土地的供给在一定时期内相对于需求是有限的，因而有限的资源必须分配到社会效益、生态效益和经济效益都很高的项目上，并要安排好组合比例关系。

（二）在资源的质量组合上与资源禀赋相适应

不同生产项目对土地资源的品质要求不同，而丰度高、品位高的土地资源极其有限，因而应把优质的土地资源安排到对资源品质要求高的生产项目上。

（三）在资源的时间安排上与资源的时序性完全相当

土地资源虽然不可再生，但后备资源的开发可以适当增加可利用土地资源，因而应考虑资源开发利用的延续性，避免资源集中过量消耗，导致资源供给断档。

（四）土地资源配置应当考虑各地区差异，反映各地区特点，激发各地区发展活力

要考虑构造有序的区域配置机制，建立区际资源流动的规则。这在我国西部大开发和"一带一路"建设中应认真考虑。

总之，土地可持续利用，要求土地资源配置在数量上具有均衡性，在质量上具有级差性，在时间上具有永续性，在空间上具有整体性和系统性，从而实现自然持续性、经济持续性和社会持续性的统一。

二、土地可持续利用的基本政策目标

在中国，土地可持续利用的基本政策目标是实现耕地总量动态平衡。从可持续发展角度来看，这种平衡应包括以下内容。

（一）耕地总量动态平衡应以人口对食物的持续供需平衡为目标

可持续发展战略的核心是谋求人口、资源、环境的综合协调，其根本目的在于在良好的环境条件下对资源进行可持续利用，以满足人类生存和发展所需，其中最关键的是食物的供需平衡。有土才有粮，耕地总量动态平衡追求的目标应该是"在规定的生活质量和营养水平下，满足

现在和今后所有人口对食物的持续需求"。我们不仅要生存，更要发展，所以既能保证人口对食物的持续需求，又能保证经济社会的健康、稳步和有序发展，这才是耕地总量动态平衡的根本目的。

（二）耕地总量动态平衡应建立在区域平衡的基础上

耕地总量动态平衡强调"自我平衡"，即以中国的耕地养活中国人。把粮食安全的基点放在国内，但在政策实施过程中，要打破各省自求平衡的模式，粮食主产区要适度扩大耕地总量，主销区可适量压缩耕地总量，在全国范围内，根据宏观调控实现占补平衡和优化配置。

（三）耕地总量动态平衡要有长远性

耕地总量动态平衡是可持续发展的客观要求，应在争取保证每年平衡的基础上，考虑较长远的时间，即使在人口高峰期，也可以保证粮食的需求。

（四）耕地总量动态平衡要考虑环境的适宜性

在现有农业生产技术条件下，要保证人口不断增长对食物的刚性需求，开发利用后备资源、增加耕地面积是一条很重要的途径。但后备资源的开发要统筹规划，充分考虑生态环境的适宜性，以增加符合生态建设要求的新耕地。

（五）耕地总量平衡要追求质量的平衡

耕地总量平衡仅有量的平衡是不够的，一般新开发耕地的质量远远赶不上正在利用的耕地，如果一方面占用好的耕地，另一方面以新开发耕地来补充被占用的耕地，虽然耕地面积从绝对量上保持平衡，但生产效率降低了，等于减少了耕地面积。所以，在实现耕地总量动态平衡的前提下，应尽快提高现存和新增耕地的质量，使产出率保持一定的水平并逐步提高。

三、土地可持续利用的战略重点

实现土地可持续利用的目的，就是要在不影响社会、经济全面正常发展的前提下，保证人均占有粮食不减少，并随着消费水平的提高而逐步有所增加。这就要求我们在今后一个相当长的时期内，不断增加粮食总产量。增加粮食总产量的途径有两条：一是提高单位面积产量；二是扩大耕地面积。在实践中，需把握以下战略重点。

（一）改造中低产田

在我国现有耕地中，一等地、二等地和三等地分别占41.5%、34.4%和20.3%，高产田、中产田和低产田分别占22.3%、56.8%和20.9%。中产田占一半以上，其中包括土地质量好、产量未达到应有水平的一等地约2000万亩，只要增加投入、加强管理，就可改造成高产田；对农业利用有一定限制、质量中等的二等地，只要按其适宜性调整作物生产布局，或采取简单的改良措施，消除其限制因素，就可达到增产效果。从投资效益看，中产田既高于高产田，也高于低产田。这是因为高产田已接近生产极限，处于报酬递减阶段，而低产田的改造费用又两倍于中产田。因此，应采取"主攻中产田，改造二等地，巩固高产田，有计划地改造低产田"的方针。我国东北、华北（包括黄淮平原）两个平原，人均耕地较多，中低产田面积大，有较大的生产潜力。中科院在河南封丘、山东禹城以及河北南皮三个试验区采取了正确的政策并配合井灌井排及其他农业措施，仅粮食每公顷产量就从1964年前的750—

1500公斤提高到近年的3000—5000公斤，这说明只要适当投入资金，改土治水，中、低产田的潜力还是相当大的。

（二）大力加强商品粮食基地建设

人均资源占有量与人均生产占有指标的对比分析表明，我国重点产粮县的生产能力还可进一步提高。洞庭湖平原、鄱阳湖平原、江汉平原、江淮平原、湘中丘陵、赣中丘陵、黄淮平原、松嫩平原与三江平原9片区域的耕地约2.76亿亩，粮食总产量为808亿公斤，提供商品粮250亿公斤，占全国商品粮总量的20%—25%，这对国家调节粮食余缺、支援缺粮省区，将起到重大作用。此外，我国土地承载力处于临界状态的8个省区（河北、河南、山西、内蒙古、四川、陕西、宁夏、新疆），从其人均资源量来分析，完全有可能通过提高单产扭转这一状态，靠自身解决粮食供应问题并逐步有所结余。

（三）开辟新的饲料基地

饲料不足已经成为我国畜牧业发展的最基本、最重要的限制因素，而我国还有开辟新的饲料基地的潜力。首先，积极发展农区的饲料生产。我国东部农区提供95%的肉食，其中71%的肉食是由粮食（饲料粮）转化而来的，约占粮食总产量的36%，这在经济上极不合理。应该将这部分粮食地改为饲料地，至少可增产20%的饲料量和产肉量。其次，可有选择地开辟牧区的饲料基地。目前，草原牧区有适宜种草种饲料的土地约2.5亿亩，如能开发其中1亿亩作为饲料地，就可提供300亿公斤的饲料。当然，解决问题的关键还在于发展食草动物和少消耗粮食的畜禽。再次，我国尚存大部分亦农亦牧的混合农业地带，耕地与草原共生，山地与平原共存，最适宜发展农牧结合的混合农业，即走草原季节畜牧业与农区季节畜牧业相结合的道路。

（四）充分利用光热资源优势，以缓解耕地供应日益趋紧的矛盾

复种指数每增加1个百分点，就相当于增加1500万—2000万亩播种面积，因此，创造各种条件用间作、套种等多熟制，到2025年将可能使复种指数达到160%，相当于分别增加农作物播种面积1.9亿亩，其数目相当可观。另外，充分利用我国多样化的自然环境，按照经济规律和自然规律，扬长避短，积极发展与中国特有的自然环境相适应的种植业、养殖业和加工业，开展各种形式的林粮、果粮、林牧、农渔等多层次立体化利用资源生产活动，发挥自然生态系统的综合效益。按照地域差异规律，继续调整农业生产结构和布局，发展区域化生产，发挥地区优势，加强地区间经济协作。

（五）重视环境保护

国内外学者在有关中国粮食安全问题的讨论中，主要强调的是可能出现的供需缺口。针对如何减少这一缺口的问题，近年来学者们作了大量研究，认为需要通过加强政府宏观规划与增大生产投入，或发挥比较优势与拓展自由贸易，来保障中国粮食安全。过去的研究很少涉及环境问题对中国粮食安全的制约。

环境问题对农业生产的影响来源于三个方面，即工业污染物的排放、农业化学污染以及农业生态系统的恶化。中国的环境问题很可能构成对中国粮食生产与供给的严峻挑战。如不考虑环境制约，则将难以保障粮食安全。当然，目前中国政府正在加大环境治理的力度，大力发展有机农业和生态农业，大力加强农业基础设施建设，持续推进退耕还林还草工程。

（六）实施以技术替代资源的战略

1. 加大农业技术研究与开发的投入力度。我国农业科技经费投入严重不足，在我国农业研发投入中，企业投入远低于全国平均水平。农业科技投入主要依靠政府，企业尚未成为研发投入主体，导致无法通过市场和商业模式进行有效推动。据有关数据显示，我国农业科研投资占农业总产值的比重仅为0.77%，同期全国的科研投资强度为1.7%，农业科研投资强度的国际平均水平是1%，发达国家则达到3%—5%。而且，我国每年有7000多项农业科技成果问世，但转化为现实生产力的仅占40%左右，国外一些发达国家农业科技成果的转化率可以达到80%以上。因此，政府必须持续加大农业科技投入。

2. 研究推广农业适用新技术，突破一系列技术"瓶颈"。我国是一个资源短缺而需求量大的国家，除了需要保护现有资源并开拓新的资源外，重要的是充分利用各种农业技术。为了增加资源供给量、弥补和替代资源不足，可以根据我国的气候、生物、肥料、技术等因素，以耕地和水资源为核心，以种植业为主体，围绕旱作技术与灌溉技术，土壤肥力与肥料施用，光能利用与耕作制度，品质优化与关键技术、饲料转化与农牧结合，土地利用与农业结构等环节，建立农业资源高效利用的高新技术体系。通过农业高新技术的综合使用，以较少的资源投入和能耗投入，获得最大的粮食产出，实现以技术替代资源的战略。将高新技术运用所替代和保护下来的耕地和水资源，纳入国家资源保护范围，达到储备生产能力的目的。要从以资源消耗型技术为主转向以资源节约型技术为主。

（1）研究推广高产技术适用技术。重点加快以水稻、小麦、玉米为主的高产技术研究和开发提高单产。目前我国粮食的单位产出水平虽然有了很大提高，但仍有较大潜力可挖。所以，要减少耕地和水资源消耗，必须在单位产量上有所突破。

（2）重点研究农业灌溉技术和节水技术，提高水资源利用效率。目前我国农业灌溉用水利用率只有先进国家的一半，更低于高水平的国家（如以色列的水利用效率高达90%）。除了水价政策和管理方面的原因外，主要是当前能够适用于大田作物的节水灌溉技术及设施仍然空白，能够广泛应用于田间和农田的工程性覆盖材料和保水、蓄水技术不过关。根据测算，农业用水利用率提高10%，即可节水300亿立方米。今后的节水用水技术方面的突破，将大大提高资源的储备和转换能力。

（3）提高化肥施用技术，降低白色污染。我国是化肥施用较高的国家，由于化肥施用技术水平低，不仅造成浪费而且形成污染，破坏生态环境。为此，我国应加大化肥施用技术的研究力度，在化肥类型、化肥剂型、成分含量、施用方式等方面取得突破，做到简单、快速、精确、持久、有效和低成本。

（4）植物保护防治技术。目前粮食的病虫害对粮食生产危害极大，而且有恶化的趋势，必须加以有效控制。重点是研究开发能够增强种子抗病虫害能力的技术，特别是生物防治技术。

在研究开发上述各种农业技术时，要把生物技术作为一个重点，尤其要重视基因技术、基因工程。利用生物技术解决病虫害、保管储藏，可使粮食的实际产量提高近40%。近年来，许多国家已开始利用基因技术改变物种性能、增强作物抗病虫害能力、提高作物产量，以及改善作物的营养成分等。通过利用基因技术，开辟传统农业的新领域、扩大农产品的应用领域、增强粮食的综合生产能力。

第三篇

农业生产力：粮食安全与工业化、城镇化相互驱动

农业生产力是"五力模型"的主轴，是保障粮食安全的关键力量。

"藏粮于民"，劳动是财富之父，农民是粮食生产的主体。工业化、城镇化、农业现代化是我国历史发展的必然选择，"三化"协同的关键在于：在加快推进工业化、城镇化、农业现代化的过程中，怎样保护好种粮农民的积极性，进而保障国家粮食安全。必须进一步认识到农业的基础地位和农民的主体地位，着力推进粮食供给侧结构性改革，促进农民增收，激活粮食生产主体增产、提质、增效的内源活力，确保我国粮食供给的可持续安全。

本篇主要从工业化、城镇化进程，农业发展战略转换，农民增收三个方面结合粮食安全问题，深入探讨粮食安全与工业化进程如何相互驱动，从而发挥农业生产力的主轴作用。

第八章　工业化、城镇化过程中的粮食安全

第一节　工业化、城镇化过程中的工农城乡关系

农业（粮食）与工业化、城镇化之间是怎样的关系？农业在经济发展中起到怎样的作用？这是困扰发展中国家的难题，也是发展经济学一直争论不休的焦点。我国正处在工业化、城镇化的关键时期，工业化、城镇化过程中的粮食安全问题更应备受关注。

一、对农业作用认识的变化

就工业与农业的关系来说，为片面的工业化政策提供理论依据的学说和观点是很多的。

配第·克拉克法则认为，在经济发展过程中，以农业为主的第一产业所实现的国民收入，在整个国民收入中所占比重越来越低，而以工业和服务业为主的第二、第三产业的相对比重则越来越高。各部门的劳动力构成也是一样的，农业劳动力人数不断下降，工业和服务业则相反。这一观点的理论依据是农业与工业需求收入弹性的差异。农业的主要作用是生产食物。按照恩格尔定律，随着收入的增加，对农产品的需求将相应减少，更多的支出用于工业品及其他。从供求关系上看，需求高的行业能够维持较高的价值水平，也能获得较高的附加价值，而工业和服务业就是这样的行业。反之，像农业这样需求相对减少的行业，所能获

得的附加价值也会减少,因此,农业的地位是在不断下降的。

美国经济学家罗斯托所著的《经济成长阶段》(1960年)一书中,把经济发展划分为六个阶段:(1)传统社会阶段;(2)为起飞创造条件阶段;(3)起飞阶段;(4)向成熟推进阶段;(5)高额群众消费阶段;(6)追求生活质量阶段。其中,起飞阶段,即实现突飞猛进的工业化阶段,是最重要的阶段,起飞过程中必须着重促成几个主导产业。主导产业采用先进技术,生产率很高;主导产业的发展也能诱发其他产业的发展。罗斯托所列的主导产业几乎都是工业行业,比如纺织业、铁路和交通运输等。

1958年,赫尔希曼曾提出一种平衡发展理论。他认为,发展中国家普遍存在投资及管理能力的限制,应该用有限的资源优先发展某些重点部门。重点部门的选择应该根据该部门发展的联系效应大小来定。所谓联系效应分为前向联系和后向联系,前向联系是指该部门与购买它产出品部门的联系,后向联系是指与供给它投入部门的联系。他认为,像农业这样的生产初级产品的部门的联系效应很小,不能作为重点发展部门,应首先发展以制造业为主的工业部门。

在农业与工业的关系问题上,最有影响力的是刘易斯的两部门剩余劳动理论模型。刘易斯把发展中国家的经济划分为两个部门:一个是传统农业部门,另一个是现代工业部门。在农业部门中存在着大量的剩余劳动力,这些剩余劳动力的边际生产率为零,甚至是负数,农业是落后的,劳动生产率很低;工业部门以现代化方式进行生产,劳动生产率高。经济发展主要是现代工业部门的扩大,农业仅仅是向工业部门提供廉价劳动力。由于边际生产率为零的大量剩余劳动力的存在,农业部门甚至可以在仅够维持生存的工资水平上无限度地向工业部门提供劳动力。工业部门因雇用低工资的劳动力积累起来的利润,可以不断转化为投资,扩大生产规模,吸收更多的农村劳动力。这个过程一直持续到剩余劳动力被吸收殆尽,其结果是工业化逐步实现,农业生产率也不断提高,整个经济获得发展。后来,拉尼斯和费景汉注意到,刘易斯模型并没有足够重视农业在工业增长中的重要性,他们对模型做了修正。但同刘易斯一样,他们也认为农业中有边际生产率为零的剩余劳动力。

尽管上述观点在农业与工业关系问题上存在差异,分析的角度也不同,但有一点是相通的,即农业是相对不重要的,在经济发展中处于从属、辅助地位,经济发展就是工业部门的发展。

随着现实中发展中国家农业的停滞,以及这种停滞对经济发展造成的种种恶劣影响的显现,人们开始对上述片面的工业化政策产生怀疑。

著名经济学家西奥多·舒尔茨在他的《改造传统农业》一书中,专门对忽视农业的经济理论进行了批判,他写道:"尽管事实上每个国家都有农业部门,而且在低收入国家农业总是最大的部门,但除了少数例外,研究增长问题的经济学家为了集中解决工业问题,都撇开了农业。同时,许多国家不同程度地正在进行工业化,其中大部分国家在实现工业化。只有少数国家从工业和农业中得到了大幅度的增长。"他进而指出:"并不存在使任何一个国家的农业部门不能对经济增长作出重大贡献的原因。"舒尔茨对印度1918—1919年流行感冒造成24万人丧生、引发农业播种面积减少这一事实进行了巧妙分析,指出刘易斯所说的边际生产率为零的剩余劳动力是不存在的。由于传统农业中的资源配置是有效的,任何劳动力流失都会降低农业生产率。经济发展过程中必须对农业进行投入,特别是人力资本的投入。舒尔茨的理论对发展经济学以及后来的经济政策的影响和贡献都是巨大的,正因为如此,他在1979年获得诺贝尔经济学奖这一殊荣。

二、农业在经济发展中的作用

讨论农业与工业化、城镇化的关系,绝不是要否认工业化、城镇化本身,而是探讨如何使工业与农业保持平衡协调的发展。既然"农业能够成为经济发展的新源泉"这一论断已得到普遍认同,那么农业在经济发展中究竟具有怎样的具体作用呢?农业在经济发展中的作用一般归纳如下。

(一) 食品贡献

是指为城市产业工人为中心的非农业部门的人口提供粮食。

(二) 原料贡献

是指为诸如食品加工、烟草、纺织、制革等工业部门提供原材料。

(三) 市场贡献

是指农民通过购买工业部门生产的化肥、农业机械等生产用品，以及日用消费品，为工业部门提供广阔的农村市场。

(四) 要素贡献

是指农民拥有的资本和劳动力两种要素通过各种方式向城市工业转移。

(五) 外汇贡献

是指通过以农产品为主的初级产品出口，为经济发展提供紧缺的外汇。

(六) 创新贡献

现代农业的发展，在很大程度上是建立在科技创新、管理创新以及组织创新、制度创新和人才培训创新基础上的，创新不仅推动农业产出效率的提升，也是国家创新动力的重要源泉。

以上这种归纳方式容易把农业误认为只是为工业部门提供各种服务

的行业，处于辅助地位。其实，农业是经济发展的基础，它犹如一把双刃剑，在增长时可以促进经济发展，在衰退时又制约经济的发展。农业发展也是综合衡量一个国家现代化水平的标志。正如习近平总书记所说，没有农业的现代化就没有整个国家的现代化。

三、世界各国在农业与经济发展关系问题上的经验

农业既可促进又可制约工业化、城镇化发展的问题，在理论上已有了满意的答案，但这些理论分析能够适用或者解释现实状况吗？这需要根据不同国家的具体条件来进行验证。

（一）农业发展是经济发展不可缺少的基础这一结论，可以从发达国家早期的经验中得到证实

英国在工业革命之前，农业已实现了迅速发展，这被称为农业革命。农业革命为后来的产业革命铺平了道路，保证了英国工业化的顺利进行。英国农业革命中最引人注目的是18世纪耕作方式的改进，由传统的三圃制（Three-field system）转为诺福克轮栽式（Norfolk rotation system）耕作方式。新的耕作方式消除了过去麦类两年耕一年的做法，转变为冬季谷物（秋小麦）—根菜类（饲料）—夏季作物（春小麦）—红三叶草（牧草）的轮作制度。新的耕作方式不是用休耕，而是用有规则的轮作来提高土地肥力。这种农业耕作方式上的进步促进了英国农业的发展，1855年英国小麦的单产达到1840公斤/公顷，比当时的法国高1倍。正因为农业有了这样的进步，英国才能够成为最早实现产业革命的国家。

日本是在小农经济基础上实现工业化的。在日本明治维新以后的整个工业化过程中，日本农业出现过三次大的发展，第一次是在1890年前后，第二次是在1930年前后，第三次是在1960年以后。每一次发展都是以农业技术进步为起点。明治时期以来，日本水稻产量上升了3

倍，单产从明治初期的 1500 公斤/公顷上升到现在的 4500 公斤/公顷。在日本的工业化过程中也有过农业生产停滞而影响工业化进程的事情。比如，1918 年爆发了以抢米为特点的"米骚动"就是一例。由于大米价格急剧上涨引起了城市工业大规模的抗议活动。之后，由于粮食政策改革（《谷物法》颁布）以及农业生产力大幅度提高，粮食价格上涨被平抑下去了，日本的经验被许多以小规模农业经营为主的发展中国家大加推广。

（二）20 世纪 50 年代以来，发展中国家的一些事实，更能说明农业在工业化过程中的作用

世界银行在 1986 年《世界发展报告》中指出：几十年来的经验表明，一个健全的农业部门对国家经济增长的作用是关键性的。对农业增税，以迫使资源流入工业将会阻碍农业的增长，减少国内粮食和原料对工业的供应，并减少工业品的需求。长期下去，将损害农业和工业的前景。除少数例外（如石油和矿物出口国），农业增长低的国家工业增长也低，农业增长高的国家工业增长也高。

第二节 中国工农、城乡关系的演变

一、中国工业化的起点

在中国共产党的领导下，中国人民经过艰苦卓绝的长期斗争，取得了新民主主义革命的胜利，于 1949 年 10 月 1 日建立了中华人民共和国。国家统一、民族解放，为广大人民谋利益的共产党执政，为中国赢得了相对稳定的国内环境，再加上中华民族优秀的历史遗产，使中国初步具备了工业化起步的政治条件。但中国工业化起步时的经济起点是什么样

的呢？按美国著名历史学家费正清的说法，1949年，中国的国民经济已接近崩溃边缘，具有前现代经济特征的长期结构性问题。诸如人均收入少、人口寿命短、积累率和投资率低、传统生产方式占优势等，与20多年国内外战争所造成的物力人力损失和恶性通货膨胀问题交织在一起。具体情况是：人均收入水平58元，折合15美元，排名近于世界各国之末；积累率5%，相当于低收入国家平均积累率的1/3；以现代工业方式生产的产品产量还不到总产值的10%；90%以上的劳动力依赖传统技术；人口出生率和死亡率达25%，小学生占学龄儿童比例仅25%，城市化水平仅10%。新中国工业化就是在这样的经济基础上开始的，要实现工业化起步的"原始积累"及政治、文化等的发展，任务之艰巨可想而知。

二、城乡二元体制形成与巩固阶段（20世纪50年代至改革开放前）

从经济发展的角度来看，二元经济结构是从农业国到工业国必然要经历的阶段。新中国成立初期，中国是一个典型的农业国，工业虽有所发展，但是在国民经济中的比重较低。为了快速实现由落后的农业国向发达工业国的转变，中央政府选择了重工业优先发展战略。然而，重工业是典型的资本密集型产业，依靠国内工业自身的积累根本无法满足资金需求，在当时的国际环境下，集中农业剩余成为必然的选择。为了集中农业剩余支持重工业优先发展，政府在农村建立起一套与之相适应的计划配置和管理办法，包括设置工农业产品价格"剪刀差"、实行主要农产品统购统销制度以及农业集体经营体制，这三项制度构成了城乡二元经济体制的核心内容①。

为了保障城乡二元经济体制的运行，政府在社会领域也建立起城乡

---

① 张海鹏：《中国城乡关系演变70年——从分割到融合》，《中国农村经济》，2019年第3期。

二元体制。新中国成立初期,中国城乡之间的人口迁移没有受到过多的限制,呈现城乡双向流动的状态。1952年与1949年相比,城市人口增加1398万人,占全国人口的比重提高了1.82个百分点。随着城乡二元经济体制的建立,城乡人口自由流动受到挑战。1958年,《中华人民共和国户口登记条例》彻底废除了城乡人口自由流动的政策规定,正式建立起城乡二元的户籍制度。通过设置农业和非农业户口,城乡人口流动被纳入国家计划,农民基本失去了自由流动的权利,与农村和农业紧紧地捆绑在一起,其后的人民公社制度将这一机制发挥到了极致。与此同时,城市中也以户籍制度为基础,建立起由政府统一安排的就业制度和商品粮供应制度,以及其他与人们生活相关的衣食住行、生老病死等一系列制度,最终形成了城乡社会二元体制。

新中国成立初期至改革开放前,中国城乡二元体制的基本特征可以概括为五个方面。

一是在重工业优先发展战略下,农业的功能被限定在为城市居民提供廉价的粮食和为工业发展提供资金。在统购统销和集体化的制度安排下,农业剩余不断地被转移到城市工业当中。"五五"计划之前,财政收入中农业所占的比重始终大于财政支出中农业所占的比重。相关研究表明,通过工农产品价格"剪刀差",农业在改革前向工业贡献了6000亿—8000亿元人民币;相比1952年,1978年全国工业总产值增加15倍,而农业总产值仅增加1.3倍。虽然重工业得到优先发展,但由于农业发展的基础条件严重被削弱,工农协调发展的关系遭到破坏。

二是按照计划配置城乡要素资源。政府严格控制农村劳动力向城市转移,只有部分农民通过考学、招工、参军或随迁的方式进入城市,但是必须要符合城市的需求,而且数量极为稀少。相反,为了缓解城市的就业压力,政府开展了历史上规模最大的城市人口向农村转移的运动,仅1968年以后"上山下乡"的知识青年就达到1600万人以上,占城市人口的十分之一。在阻止劳动力从农村向城市流动的同时,鼓励资金由农村流向城市,储蓄成为政府从农村集中资金的重要手段。1953—1979

年，农村信用社在农村地区累计吸收存款达1941亿元，而对农村的贷款仅为530亿元，高达73%的资金由农村流向城市。劳动力和资金的长期反向流动，使城乡要素配置失衡的状况不断加剧。

三是实行偏向城市的建设投入机制。政府资金主要用于城市建设，农村获得政府建设投入的数量极为有限。"一五"至"五五"时期，全国工业基本建设投资的比重远远高于农业；而且工业与农业基本建设投资比重呈相反方向，即工业投资比重大幅度上升的年份就是农业投资下降的年份。工业投资的绝大多数投向了重工业，"一五"时期重工业与农业的投资比为5.1∶1；1963—1965年的调整时期，重工业与农业的投资比虽一度下降到2.6∶1，但此后很快得到恢复；1976—1978年，这一比例仍保持在4.6∶1的水平。

四是对农村进行非常规的控制。政府通过集体化把农民纳入组织当中，从而对农民的生产和生活都进行严格控制。首先，农村只能搞农业，主要任务是向城市提供农产品和生产资料。其次，农民不能自由流动，只能留在农业中，降低了农业的劳动生产率。再次，在农业生产中农民种什么、怎么种、谁来种、交到哪里以及出售价格都有明确的规定，微观经营机制僵化导致生产效率低下。最后，农民只能保留非常少的私有财产，这是生产率低下、积累不足的结果，同时还被诸如"割资本主义尾巴"等手段剥夺。这样，农民的选择权就被限制在非常小的范围内，国家通过降低农民种粮机会成本的方式降低了工业化的成本。

五是建立起城乡分立的福利制度。以户籍制度为基础，政府在城市和农村分别建立起独立的福利制度。其中，城市实行制度型的福利制度，即政府为城镇居民提供几乎包括"从摇篮到坟墓"的福利保障支持；同时城市实行低工资制度，一方面为工业提供积累，另一方面保持低工资以遏制消费，这种"先生产、后生活"的制度也是内生于重工业优先发展战略。而农村则实行剩余型的福利制度，核心是救灾和救济，农民只能得到少量现金和实物救助。农村社会福利主要通过生产队、大队和人民公社等集体来实施，政府提供给农民的福利非常有限。虽然农村福利提供的标准较低，但覆盖范围比较广泛，包括"五保"制度、农村合作医疗和三级卫生体系、灾害救济和贫困救助体系、困难补助体系、义务教育、文化和娱乐以及其他各种形式的互助。

三、城乡二元经济体制破冰阶段（改革开放至20世纪末）

这个阶段的主要内容是通过向农民赋权和推动市场化改革的方式，逐步打破城乡二元经济体制，使城乡关系的扭曲程度不断得到纠正。

家庭联产承包责任制将农民彻底从人民公社体制中解放出来，重新确立家庭经营在农业生产中的主体地位，改善了农业生产的内部激励机制。与此同时，政府放开粮食市场，并提高农产品的收购价格，通过让利对农民的农业生产行为形成外部激励。

政府恢复农业家庭经营和减少对农业剩余汲取的做法，导致农业产出在1978—1984年出现惊人的增长，不但迅速满足了农民的粮食供给，而且使全社会的农产品短缺问题也迎刃而解，甚至在1984年出现了"卖粮难"现象。农民收入在这一时期快速增长，城乡收入差距显著下降。

根据农业改革与发展的形势，政府顺势开启了农产品市场体制改革。对于出现粮食过剩的原因，除了前面提到的促进粮食增长的因素以外，流通渠道不畅也在当时被反复强调。另外，由于提高农产品收购价的同时，并没有相应地提高向城市人口的销售价格，从而形成购销价格倒挂，这就需要用国家财政补贴进行弥补。1978—1984年，政策性农产品补贴从11.14亿元迅速提升至218.34亿元，这对当时的财政来说是一笔巨大的负担。因此，政府决定停止财政补贴，将调节粮食生产的手段转向依靠经济规律，目标是改革农产品购销体制。因此，当以"放权"和"让利"为核心的改革效应释放之后，农业改革开始进入农产品流通和价格领域，向统购统销制度发起冲击。

1985年的中央一号文件明确指出："除个别品种外，国家不再向农民下达农产品统购派购任务,按照不同情况,分别实行合同定购和市场收购。"实行了32年的农产品统购统销制度被打破。此后,经历计划定价和市场定价双轨制的过渡,最终在1993年全国多数地方取消合同定购任务,农产品市场价格完全放开,农民直接面对市场,根据市场需求组织生产活动,通过价格变化实现农产品的供需平衡。

家庭承包制和农产品市场改革的推进,为城乡劳动力市场发育创造了条件。劳动力作为最具活力的生产要素,一旦放开限制,其活力就迅速涌现出来。农业生产效率的提升使农民用于农业活动的时间大幅减少,农村劳动力过剩的状况进一步加剧。到20世纪80年代中期,中国农村剩余劳动力的比重占到30%—40%,农民迫切需要通过转移提高劳动生产率。农民的转移在本质上包括两个方面:一个方面是转,即从农业转到其他产业;另一个方面是移,即从农村移到城市,并在这个基础上实现城市化。改革开放初期,由于城乡二元体制的存在,农民向城市迁移的通道尚未开启。在大量返城知青、"摘帽"干部职工需要及时安置,城市就业形势相当严峻的形势下,农民进城的冲动刚刚萌芽,就迅速地被压制下去。1981年,国务院明确要求:"大力发展农村经济,引导农村多余劳动力在乡村搞多种经营,不要往城里挤。同时,要采取有效措施,严格控制农村劳动力进城做工和农业人口转为非农业人口。"由于"移"的权利被暂时限制,农民将"转"的权利发挥到极致。据估计,1978—1994年,农业内部有效利用劳动力的机会就增加了约50%。毕竟农业内部容纳劳动力的规模有限,迫切需要提高劳动生产率的农民,充分利用价格双轨制提供的机遇,在计划外市场上获得原材料并销售产品,从而迅速地成长起来,实现了乡镇企业的异军突起。农民通过"离土不离乡、进厂不进城"的方式,使农村剩余劳动力在农村内部转向非农产业。1983—1988年,乡镇企业共吸纳农村劳动力6300万人,农民收入也因此得以持续增长,城乡收入差距不断缩小,1988年城乡居民收入比降至改革开放以后的最低点。因此,这一时期也被认为是新中国成立以来工农城乡关系发展最好、全国人民生活和全国经济改善最快的时期。

进入20世纪90年代以后，城市国有企业改革为城乡关系继续调整提供了新的动力。乡镇企业由于自身发展原因，吸收农民就业的作用逐渐弱化。但与此同时，城市中的国有企业改革全面启动，城市经济增长对农村剩余劳动力产生巨大需求，劳动力在城乡间的大规模流动成为无法阻挡的趋势，"城"与"乡"真正地紧密联系起来。面对农村劳动力大量流入城市，中央政府的态度始终是积极的，通过不断放宽劳动力流动限制，为农村劳动力进城务工和居住提供越来越好的政策环境。虽然地方政府出于保护当地福利和就业的考虑，在外来劳动力流动政策上不断摇摆，但是大多数情形下是持包容态度的。总体上，20世纪90年代，中央政府和地方政府出台和试验了各种各样的改革措施，作出了有利于劳动力流动的政策努力。通过这种"离土又离乡"的方式，农民在进一步改善自身收入的同时，也为国民经济增长作出了贡献。

特别需要指出的是，政府在这一时期对农村的投入继续呈现降低的趋势。改革开放前，国家资金投入是偏向城市的，"三五""四五""五五"计划时期，政府投资中农业投资的比重一直保持在10%左右。改革开放后，政府投资中农业投资的比重进一步下降，"六五""七五""八五"计划时期，农业投资占比分别为9.5%、8.4%和8.8%；从1978年的13.43%下降到1996年的8.82%，虽然在某一时期存在阶段性上升的现象，但总体上呈不断下降的趋势。究其原因，一方面，与改革开放之初的农产品价格补贴政策有关。1978年价格补贴支出占财政总支出的比例仅为0.99%，到1987年已经提高到13.02%，政府为了保持预算收支平衡，必然要在增加价格补贴支出的同时减少其他方面的支出。另一方面，政府希望通过承包制改革激励农民增加对农业的投入，并相应减少国家财政对农业的支出。直到"九五"计划时期，农业投资比重才出现扭转，特别是基本建设投资额相比"八五"计划时期增长了3倍以上。1998年的特大洪水灾害充分暴露出农业投资多年欠账的问题，因此，政府才加大了对农业的投资力度。

政府对农村投入下降的一个后果是城乡福利差距继续扩大。改革开放后，城乡公共服务投入基本延续传统体制，城市的公共服务投入由公共财政供给，而农村主要依靠制度外供给，即基层政府通过各类收费、集资、摊派以及罚款来筹集农村公共服务供给资金。特别是在财政分税制改革以后，中央政府对农村公共服务的供给基本消失。农村公共服务投入几乎全部依赖制度外供给，一方面造成农村公共服务供给数量的减少，另一方面也加剧了农民负担。农村税费改革以后，虽然基层政府的财政预算收入没有减少，但是预算外收入被取消，农村公共服务投入能力进一步下降，导致农村义务教育、水利和乡村公路建设等事业受到严重影响，农民公共福利水平反而较税费改革前下降，城乡居民福利差距进一步拉大。1991年，全国人均福利支出为150元时，城市居民平均为554元，农民平均为5.1元；1998年，全国人均福利支出为452元时，城市居民平均为1462元，农民为11.2元。

总体来看，这一时期在打破城乡二元经济体制方面取得了不少的成就。农民权利和发展机会日益提升，工农产品市场化交换机制基本确立，农村剩余劳动力城乡转移的障碍逐步打破。但是，粮食市场化改革依然没有完成，户籍制度改革相当缓慢，流动人口在城市面临诸多制度制约和歧视，土地和资本市场化进程更为滞后。

四、城乡二元体制改革向社会领域延伸阶段（21世纪初至2012年）

这一阶段在延续和深化上一阶段改革的基础上，改革的重点从打破经济二元体制逐渐扩大到社会领域，而且政府直接投入成为调整城乡关系的主要手段。

进入21世纪以后，中国经济持续快速增长，综合国力不断增强，初步具备了工业反哺农业的条件。基于中国城乡发展的现实，中央着手对城乡关系作出重大调整。从2001年开始，政府就逐步推行了农村税费改革，尝试从制度上减轻农民的税费负担，进而改善城乡关系。2002年，党的十六大报告明确将"统筹城乡经济社会发展"作为解决城乡二元结构问题的基本方针。2003年，党的十六届三中全会提出"五个统筹"的要求，并将"统筹城乡发展"列为"五个统筹"之首。2005年，党的十六届五中全会确定"建设社会主义新农村"的重大历史任务。经过几年的探索，政府对于破解城乡二元结构的思路更加明晰，推进"城乡发展一体化"成为构建新型城乡关系的新目标。2007年，党的十七大报告提出："统筹城乡发展、推进社会主义新农村建设，必须建立'以工促农、以城带乡'的长效机制，形成城乡一体化的新格局。"此后，政府主导构建城乡融合体制机制的进程开始驶入快车道。

农产品市场体制机制在此期间完全建立，劳动力市场一体化程度也显著提高。2004年，政府全面放开粮食市场，打破了各种形式的粮食区域性封锁，并允许各类主体参与粮食购销，全国统一的粮食市场正式建立，这标志着农产品市场体制机制完全建立。进入21世纪以来，以小城镇为突破口，各地政府进行了户籍制度改革的尝试；城市就业、社会保障和福利制度改革进一步优化了农村劳动力向城市流动的制度环境，非国有经济的发展，就业制度、住房分配制度以及医疗制度的改革等，都降低了农民到城市的就业成本和居住成本。制度约束的放松为农村劳动力转移提供了激励。无论是农村劳动力还是农业劳动力，在劳动力总数中所占的比重都明显下降；农村劳动力和农业劳动力就业人员的绝对数量也显著减少。农民工在城镇劳动力市场中的比重不断攀升。1983年，外出农民工占城镇从业人员的比重只有1.7%，到2012年，这一比例已经攀升至44%以上。以上仅仅是针对外出农民工的情形，如果将数量可观的本地农民工也考虑在内，农民工数量从1985年的5960万人增加到2012年的26261万人，翻了两番多。根据第五次人口普查数据，农民工在第二产业从业人员中占58%，在第三产业从业人员中占52%，在加工制造业中占68%，在建筑业中占80%。农民工的数量已经超过了传统上由城镇居民构成主体的产业工人的数量，成为支撑工业化发展的重要力量。城乡劳动力市场的发育不仅得到制度改革的推动,而且市场本身也在积累着促进城乡一体化的动力。农村剩余劳动力经过大规模的转移,数量已经大大减少。从2004年开始,中国沿海地区开始出现"民工荒"现象,其后农民工短缺不断蔓延,劳动力市场的供求关系已经发生了根本性的变化。2009年以来,农民工工资的普遍上升表明,农民工在劳动力市场上的地位进一步得到改善。整体上,随着劳动力市场供需格局的继续变化以及劳动力市场改革的进一步深化,城乡之间、地区之间的工资逐渐趋同,劳动力市场一体化的程度大大提高。但是,城乡劳动力市场一体化进程远未结束,由于户籍制度的限制,劳动力市场对农民工在职业获得和行业进入等方面还存在明显的歧视,这些制度限制不但降低了劳动力资源的配置效率,而且对城乡收入差距产生了不利的影响。

总体来看,这一时期统筹城乡战略思想得到确立,农业农村政策实现了由"取"到"予"的转变,公共财政也开始实现对农村公共服务的转变。

五、全面建立城乡融合体制机制阶段（2012年以来）

党的十八大以来,推动城乡发展一体化成为党和国家工作的重心之一,全面开启了构建城乡融合发展体制机制的新阶段。2000年以来,中国的城镇化进入快车道,人口城镇化率在2011年跨越50%,人均GDP也超过5000美元,城乡关系变革的基本条件已经具备。2012年,党的十八大明确提出:"解决好农业农村农民问题是全党工作重中之重,城乡发展一体化是解决'三农'问题的根本途径。"2013年,党的十八届三中全会进一步指出:"城乡二元结构是制约城乡发展一体化的主要障碍。必须健全体制机制,形成以工促农、以城带乡、工农互惠、城乡一体的新型工农城乡关系,让广大农民平等参与现代化进程、共同分享现代化成果。"这是中央首次明确提出新型城乡关系的概念,并且将"城乡一体"作为新型城乡关系的最终目标。2017年,党的十九大明确提出"建立健全城乡融合发展的城乡要素双向流动的机制"在这一时期也得到加强。一是城市工商资本进入农村、投资农业热情上升。尤其是党的十八届三中全会以来，政府对于城市工商资本进入农村的限制不断放松，不但允许城市工商资本进入农业，而且允许社会资本投资农村，在农村兴办各类事业，因此，资本下乡的速度和规模都明显增加。城市工商资本在解决农业投入不足问题的同时，还为农业发展注入了先进的技术和管理理念，对农业现代化、高效化、生态化都有非常积极的作用，更重要的是，还将城市文明一并带入乡村，为农村留守人群接受现代文明提供了条件。二是农民工返乡的规模不断扩大。根据原农业部的统计，2017年全国各类返乡下乡创业人员总数已经达700万人，特别是外出务工积累了一定资金、经验和人脉的返乡农民工接近500万人，他们通过进入规模种植业、农产品初加工、休闲农业和特色产业，为当地农业农村发展注入活力，使体制机制和政策体系不断得以完善。

政府继续加大对农业农村投入的规模，农业农村发展环境得到显著改善。2012年以来，中国经济进入新常态，公共财政收入同时进入下行通道，即便如此，政府的"三农"投入依然保持增长趋势，全国一般公共预算中农林水事务支出比重从2008—2012年的10.20%提高到2013—2017年的10.45%，农林水事务支出总额由约3.9万亿元增加到7.9万亿元。公共财政投入的增加，使农村生产生活条件以及农村公共服务的标准和水平均显著提高。

新一轮户籍制度改革的开启，进一步提升了城乡融合发展的制度条件。户籍制度是传统城乡二元体制的核心要素之一，随着过去几十年国家体制的逐步调整以及户籍制度自身的不断改革，户籍制度当初被赋予的功能明显下降，对农村劳动力流动的限制越来越弱，但是，户籍制度对城乡关系良性发展的阻碍作用依然存在。2014年，国务院颁布的《关于进一步推进户籍制度改革的意见》明确提出："进一步调整户口迁移政策，统一城乡户口登记制度，全面实施居住证制度，加快建设和共享国家人口基础信息库，稳步推进义务教育、就业服务、基本养老、基本医疗卫生、住房保障等城镇基本公共服务覆盖全部常住人口。"就此开启了新一轮户籍制度改革。此次改革取消了农业户口和非农业户口的区分，统一登记为居民户口，消除了城乡居民自由迁移的制度障碍，户籍人口城镇化率从 2012 年的 35.3%迅速增长到 2016 年的 41.2%。随着新一轮户籍制度改革的推进，农村流动人口在城市享受公共服务的范围和程度也都显著扩大和提高。

城乡基本公共服务并轨在党的十八大以来取得实质进展。2014 年，国务院发布《关于建立统一的城乡居民基本养老保险制度的意见》，开始"将新农保和城居保两项制度合并实施，在全国范围内建立统一的城乡居民基本养老保险制度"。全国 31 个省（市、区）都已经建立了城乡居民基本养老保险制度，从制度上基本实现了社会养老保险的城乡统筹。2016 年，国务院发布了《关于整合城乡居民基本医疗保险制度的意见》，所有省份基本建立起统一的城乡居民医疗保障制度。2015 年，国务院发布了《关于进一步完善城乡义务教育经费保障机制的通知》，2017 年，通过义务教育均衡发展国家督导评估的县已经达到 2379 个，占全国总数的 81%。

第三节　中国工业化、城镇化进程中的粮食安全

一、中国工业化、城镇化过程中保障粮食安全的机遇与挑战

当我们把粮食安全问题置于工业化、城镇化背景考察时，不难发现，工业化、城镇化与粮食安全之间既有相互联系、相互促进的一面，又有相互矛盾、相互制约的一面。一方面，粮食安全作为一个重要条件，与资本积累、能源供应等条件一起，对工业化、城镇化起步和顺利推进起着至关重要的保障作用，前述中国曲折的工业化进程足以说明这一点；另一方面，工业化、城镇化道路的选择以及工业化进程的快慢又反过来对粮食供求关系产生直接或间接的影响，进而影响到一国的粮食安全水平。粮食安全对工业化、城镇化来讲，既是条件，也是一种代价。对一个经济实力薄弱、资源相对不足、粮食生产比较效益低的国家来讲，提高粮食安全水平，意味着增加对粮食生产的资源投入，从而会

降低对整个社会的资源配置效率,放慢工业化、城镇化进程和经济增长速度。一个国家到底应该保持怎样的粮食安全水平和经济增长速度,只有在对粮食安全的成本与效益作出权衡之后,才能得出结论。

中国已进入工业化第二阶段,工农关系应当进行战略性转变,即从过去的以农业支持工业的关系转变为工农业平等发展的关系。随着这一转变的深化,中国产业结构正处于剧烈的变动之中。而工业化城市化的推进,会不可避免地引起中国社会结构的变迁,带动人口和生产要素在城乡之间流动。

工业化、城镇化进程中经济结构和社会结构的变化,对今后我国粮食供求关系乃至粮食安全状况将产生深刻的影响。这种影响包括正负两个方面。从正面影响看,推进工业化、城镇化进程有利于加快劳动力转移的步伐和人口迁移的速度,从而为农业经营规模的扩大和劳动生产率的提高创造条件;有利于利用工业化、城镇化的成果,向农业提供大量廉价优质的现代生产要素,从而有利于提高农业的现代化水平。从负面影响看,我国农业经营规模的扩大将是一个长期的、缓慢的过程,在工业化、城镇化进程中,由于农业的比较效益低,一部分资本、土地等生产要素会转移到工业尤其是土地等不可再生资源,会加剧本来就存在的资源约束,从而对农业发展产生持久性影响;工业化、城镇化进程中食品消费倾向的变化将会增加对粮食的需求,加大粮食供给的压力,从而制约农业结构的调整和农业效率的提高。工业化、城镇化对我国粮食安全状况最终影响如何,将取决于正负两方面因素的发展变化趋势。如果正面影响大于负面影响,则工业化、城镇化进程有利于实现粮食安全;反之,则不利于实现粮食安全,甚至会导致严重的粮食不安全现象的发生。从这个角度看,工业化、城镇化对我国粮食安全的影响有很大的不确定性。作为政策所追求的目标,则是在积极推进工业化、城镇化的同时,实现国家的粮食安全。能否实现这一目标,取决于我们能否制定出有效的政策,消除或减缓工业化、城镇化所带来的负面因素的影响,充分利用工业化、城镇化为实现粮食安全带来的机遇。

二、工业化、城镇化进程中保障粮食安全的条件

(一) 从粮食生产和供给系统看

1. 工业化、城镇化进程要有助于农村劳动力的转移。我国人口基数大,农村剩余劳动力多。20 世纪 80 年代以前,我国工业化、城镇化是在城乡隔绝的背景下进行的。国家通过超经济手段,获得了几乎所有的农业剩余,用于发展资本密集型的城市工业。这种工业化、城镇化道路的结果是,工业化、城镇化在带来产业结构变化的同时,并没有对就业结构和社会结构产生多大的影响;农民在作出牺牲与贡献的同时,并没有享受到工业文明所带来的好处。从 50 年代初到 70 年代末,我国农业在国民经济中的比重由 80% 下降到 30%,而农村人口占总人口的比重则一直在 80% 左右,农村劳动力占劳动力总数的比重一直在 70% 左右。大量的剩余人口和劳动力滞留在有限的土地上,使得我国农业生产率长期保持在很低的水平。80 年代以来,随着乡镇企业的发展和农村工业化、城镇化的推进,大量农村劳动力转移出农村,从而大大缓解了我国农村就业压力。

2. 工业化、城镇化的推进要有利于土地经营规模的扩大。尽管工业化、城镇化进程中劳动力的转移为土地经营规模的扩大创造了条件,但是对于中国农民来说,土地不仅是一种生产资料,而且常常作为一种福利在社区范围内平均分配,承担着社会保障的功能,因此土地的流动往往是一件十分困难的事情。其实,类似的情形在其他东亚国家(地区)也广泛存在,以至于像日本、韩国这些已经高度工业化、城镇化的国家,依然保留着小块土地所有权,这是亚洲国家农业效率低下和竞争力不强的根本原因。与其他东亚国家(地区)农地制度的不同之处在于,我国耕地并非属于农民个人所有,而是属于社区集体所有,这使得我们有可能在社区范围内实现规模经营,从而避免其他东亚国家(地区)工业化、

城镇化进程中出现的农业衰退现象。然而这仅仅是一种可能性，中国农业能否走向规模经营，一方面取决于工业化、城镇化进程中农村剩余劳动力的转移前景，另一方面取决于在农地制度的创新中能否实现土地的合理流动。

3. 伴随着土地经营规模的扩大，土地生产率，即单产水平必须要有相应的提高，并且提高的幅度不小于由于要素转移造成的产量减少的幅度。经济学的一般原理告诉我们，经济效益最高点的投入产出组合并不等同于产量最高点的组合。在市场经济条件下，农户追求的是效益（或曰收入）最大化，而非产量最大化，因此在技术水平不变的情况下，土地规模经营的扩大可能会带来显著的经济效益，但实际的农产品产量不一定会提高。农户经济行为的变化，使得单纯以追求产量为目标的政策设计难以奏效，从而在一定程度上增加了进一步提高粮食供给能力的难度。

4. 工业化、城镇化进程中粮食生产机会成本上升的幅度，必须要小于规模效益和土地生产率提高的幅度。土地、资本和劳动力在农业内部和农村各产业间的流动必然带动粮食生产机会成本的上升。如果机会成本上升幅度大于粮食生产效率提高的幅度，那么必然会导致生产要素由粮食生产向其他产业的转移，从而影响到粮食生产的发展。实际上，当粮食生产达到一定水平之后，受技术进步的制约，产量增长的速度往往是比较缓慢的，而机会成本上升速度则伴随着工业化水平的提高而呈现出不断加快的趋势，其结果是农业比较效益的下降和"弱质"产业特征的凸现。正因为如此，世界各国在工业化进程中都不同程度地对农业实行保护政策。

（二）从粮食分配和消费系统看

1. 由于消费结构变化引起的粮食需求量的增长幅度要小于粮食供给的增长幅度。食品消费结构的变化是工业化、城镇化进程中必然出现的现象之一，其基本趋势是粮食直接消费量的下降和动物性食品消费量的上升。20世纪80年代以来，我国城乡居民人均口粮消费在经过一段时间大幅度增长之后，于1986年后开始下降，而与此同时，动物性食品的需求一直保持着较高的增长速度，其结果是粮食需求总量保持了与粮食供给几乎同样的增长速度。目前大多数动物性食品仍然有较高的价格消费弹性，这意味着在今后若干年内动物性食品消费量还将大幅度增加。食品消费结构的这一变化趋势，必然带动粮食需求量的不断增长，从而加大粮食供给的压力。

2. 要具备一个富有效率的粮食流通和销售体系，保证粮食能够顺畅地从生产者手中转移到消费者手中。我国现有的粮食流通和销售体系是在计划经济体制下建立起来的，主要是为了保证城镇居民的口粮供应。20世纪80年代以来，随着市场取向改革的逐步深入，原有的粮食流通和销售体系也在不断地发展和完善。从粮食安全的角度看，我国粮食流通和销售体系存在着三大缺陷：一是国有粮食系统对粮食市场的垄断，造成了流通和销售环节的低效率；二是没有考虑工业化、城镇化进程中人口迁移和流动给粮食需求和供给带来的影响；三是缺乏有效的对贫困人口粮食供应的政策设计。

总而言之，工业化、城镇化在给中国农业带来机遇的同时，也对我国未来粮食安全形势构成了挑战。在对两者相互关系进行客观的分析和评价之后，我们认为，支撑中国工业化、城镇化顺利推进的粮食安全问题还面临着许多制约因素。如何创造条件，克服工业化、城镇化给中国粮食安全带来的不利影响，是今后农业政策的重要内容之一。

第九章　农业发展战略转换与粮食安全

从 20 世纪 90 年代后期开始，我国农业发展进入一个新的发展阶段。正确认识和把握农业发展新阶段的特征、矛盾和问题，及时转变农业发展战略，对粮食安全保障既是机遇也是挑战。

第一节　中国农业进入新的发展阶段

经过 40 余年的改革开放，中国农业已进入一个新的发展阶段。其主要特征是有以下几点。

一、农业在国民经济中的份额不断下降

随着工业化、城镇化水平的提高，农业在国民经济中的份额不断下降。改革开放以后，我国工业化、城镇化水平有了很大的提高，非农产业迅速发展。特别是家庭承包制解放了农村劳动力，调动了农民的生产积极性，乡镇企业异军突起，成为农村经济的主体和国民经济的重要支柱。到 2016 年，全国乡镇企业已占全部工业增加值的 50%、占全国出口交货值的 40%，农村富余劳动力的 50% 在乡镇企业就业，农民纯收入的 34.5% 来自乡镇企业。2018 年，乡村就业人员 34167 万人，占整个就业人口的 44%。随着中国工业化、城镇化的发展，农业在国民经济中的份额不断下降，从 1978 年的 28.1% 下降到 1997 年的 19.1%、2000 年的 15% 和 2018 年的 7.35%。

二、农业全面发展，出现了阶段性相对过剩

经过 40 余年的改革开放，农业全面发展，主要农产品产量大幅度增长，实现了由长期短缺到阶段性过剩的历史性跨越。到 1998 年，全国粮食总产量突破 5 亿吨，达到 5.1 亿吨，比 1978 年增长 68.1%，之后虽然回落，但到 2001 年仍然在 4.5 亿吨以上。之后粮食总产量持续增长，2019 年粮食总产量为 66384 万吨（见图 9-1），是 1978 年的 2.8 倍。由于主要农产品生产的全面增长，居民食物消费结构发生变化，使粮食出现阶段性相对过剩，库存大幅度增加。

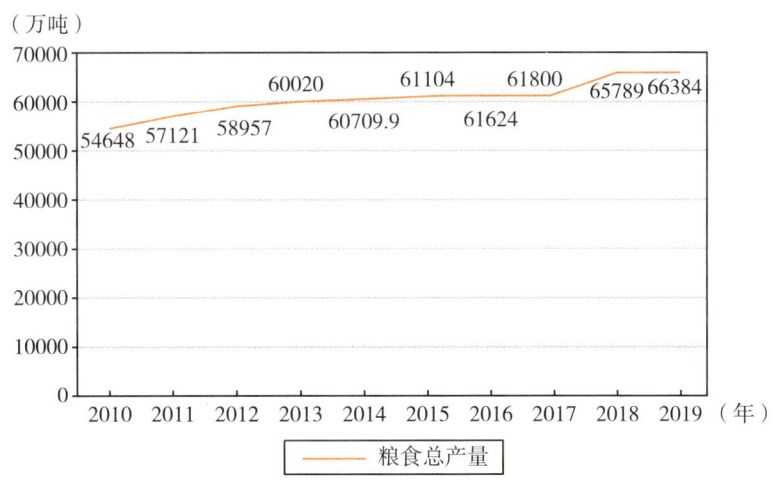

图 9-1 2010—2019 年粮食总产量变化

三、农业发展对资本和技术的依赖程度越来越高

2004 年以来，我国粮食生产实现"十六连增"，农民增收实现"十六连增"，粮食生产能力迈上了 6000 亿公斤的新台阶。与此同时，我国农业科技进步贡献率达到 60% 左右，农作物耕种收综合机械化水平达到 60% 以上，农业发展总体上跨入现代农业阶段。随着宏观经济进入新常态，我国农业发展也呈现出一些新的变化，我国农业发展方式将进入深

度调整期，要通过调结构、转方式，加快推进我国农业由传统农业向现代农业转型升级。

现代农业是一种"大农业"，不仅包括传统农业的种植业、林业、畜牧业和水产业等，还包括产前的农业机械、农药、化肥、水利和地膜，产后的加工、储藏、运输、营销以及进出口贸易等，实际上贯穿了产前、产中、产后三个领域，成为一个与发展农业相关、为发展农业服务的庞大产业群体。现代农业是以资本高投入为基础，以工业化生产手段和先进科学技术为支撑，有社会化的服务体系相配套，用科学的经营理念来管理的农业形态。与传统农业相比，现代农业有了"脱胎换骨"的变化。发展现代农业的主体显然应该是有知识、懂技术、会经营、善管理的现代新型农民。科技和资本是现代农业发展的重要因素，农业的发展对资本和技术的依赖程度越来越高。

四、中国农业发展的主要矛盾发生变化

改革开放以来，中国经济经历了40多年的持续快速增长，取得了有目共睹的巨大成就。目前，国内消费者更加注重品质、时尚、安全、个性，智能消费、绿色消费、健康消费正成为新的趋势。更为重要的是，经过40多年的持续快速发展，中国农业综合生产能力和供给保障能力不断增强，各种农产品供应日益丰富，总体上解决了农产品总量不足的矛盾，实现了由"吃不饱"到"吃得饱"的转变，现在又开始由"吃得饱"向"吃得好、吃得健康、吃得安全"转变。

在这种新形势下，中国农业发展的主要矛盾已经由过去的总量不足转变为结构性矛盾，而供给侧的体制机制障碍则是形成这种结构性矛盾的根本原因。正因如此，2017年中央一号文件明确指出，中国农业农村发展"已进入新的历史阶段""农业的主要矛盾由总量不足转变为结构性矛盾""矛盾的主要方面在供给侧"。很明显，随着农业发展主要矛盾的变化，国家农业发展战略和政策也需要及时转型。这里所讲的转型不同

于调整,它是指在各个领域、各个方面发生的重大变化和转折。农业发展主要矛盾的变化就是这种重大的变化和转折。

五、农业结构发生深刻变化

伴随中国工业化、城镇化的深入推进和对外开放的不断扩大,中国农业逐步呈现出旧痼疾和新问题互相交织的发展态势。突出表现在:传统生产组织方式动力式微,农业生产要素价格逐年提高、农产品价格波动加剧,农业劳动力数量短缺和质量低下并存,农业科技创新缓慢、内生发展动力不足,居民消费结构不断升级、农产品供求结构性失衡加剧,农业资源与环境约束日益趋紧,自然灾害与日俱增、农业生产不确定性加剧,农产品对外依存度明显提高、农业生产受国际市场的影响更大,这些约束条件都对农业发展提出了新的挑战。处在新的历史阶段,面对约束条件的新变化,农业结构也需要适应新的变化。

当前,我国农业发展进入了新阶段,发展中的主要矛盾已经由供给不足转变为供求结构性失衡问题。改革开放以来,中国农业结构经过多次调整,农业结构变迁大概经过五个阶段变化:第一阶段是 1978—1984 年,实行"决不放松粮食生产,积极发展多种经营"的农业发展战略。第二阶段是 1985—1992 年,大幅度调减粮食和棉花播种面积。第三阶段是 1992—1995 年,提出发展高产优质高效农业。第四阶段是 1998—2012 年,进行农业结构的战略性调整。第五阶段是 2013 年至今,与国际市场接轨为导向的结构调整。

第二节 农业发展新阶段面临的主要问题

在新的发展阶段,农业发展由资源约束转变为资源和需求双重约束,由主要追求农产品数量增加的增长方式开始转变为追求质量和效益的增长方式,因此农业发展面临着与过去不同的系列问题,其中最主要的是农产品在总量过剩的基础上结构矛盾加剧。

改革开放以来,家庭联产承包责任制的实施和市场经济体制的改革,极大地调动了农民生产积极性,促进了农业科技的进步和农业生产力的发展,特别是最近几年粮棉生产连年丰收,畜、水产品持续高速增长,农产品供给日益丰富,从而使得我国历史性地告别了食品短缺时代,在占世界7%的耕地上养活了占世界20%的人口。但是,在农业生产稳定发展的同时,供求关系发生了很大变化,多数农产品出现了总量过剩基础上的结构性矛盾。

一、有效需求不足,总量相对过剩

从供给角度看,一方面,我国的农业政策延续了过去计划经济和短缺时代形成的以追求产量增长为目标的取向,带来了农产品产量的过快增长。比如,在粮食方面,20世纪90年代以来,先是粮价大幅度上涨,继而布朗提出了"谁来养活中国?"的命题,由此制定了"米袋子"省长负责制,进一步强化了追求粮食产量增长的倾向。另一方面,进入90年代中期以来,由于国内有效需求不足,非农产业特别是乡镇企业增长速度减缓,农村劳动力回流,从事农业生产的劳动力增加,增加了农产品总供给。

从市场需求角度看,一方面,随着绝大多数城乡居民生活水平的提高,恩格尔系数下降到30%以下,农产品的需求弹性也随之下降,21世纪初期,城乡居民收入增速减缓,预期支出增加,所以农产品消费需求增长十分缓慢,甚至下降。另一方面,在国内有效需求不足的条件下,多数农产品加工企业面临很大困难,农产品加工业的增长速度受到影响,制约了对农产品的需求。这两个方面的原因促使我国农产品供求关系失去平衡,出现了有效需求不足、总量相对过剩的矛盾。尽管这种过剩是低水平的过剩,与发达国家的消费水平仍有较大差距,但这一转化的影响是深远的,给"三农"问题的解决提出了新的挑战。

二、在农产品总量过剩的同时,结构性矛盾十分突出

表现是:农业生产结构与市场需求结构不相适应,现行农业生产结构不能很好地满足新阶段城乡居民收入提高后对农产品的多样化、优质化、专用化消费需求。2000年年初,中央进一步提出新阶段的中心任务是对农业和农村经济结构进行战略性调整。2001年,中央又明确提出,积极推进农业和农村经济结构战略性调整,是新阶段农业和农村工作的中心任务和基本目标。2001年,我国经济作物和饲料作物种植面积占农作物总播种面积的比重首次达到30.4%,比1998年增加了3.5个百分点,使种植业的基本格局由以粮食为核心向粮食作物、经济作物、饲料饲草作物的"三元结构"迈出一大步,蔬菜、水果、蚕桑、茶叶、花卉、中药材等园艺产品成为农民增收新的亮点。为适应市场需求,各地积极淘汰劣质品种,压缩"大路品种",发展优质专用农产品,全国各省、市、区纷纷出台多种政策支持。近年来,我国水稻种植已开始了从高产到优质高产并重的新一轮品种更新换代。2017年,优质稻米率达37.1%;2017年,杂交稻种植面积前5位的均是优质稻品种。水稻品种已从高产型向好吃味香的优质型转变。2000年以来,全国大宗油料作物播种面积从2166.7万公顷降至2007年的1833.3万公顷,2014年恢复到1893.3万公顷,产量相应经历了4123万吨、3633万吨和4340万吨的波动过程。随着播种面积下滑,大豆产量相应大幅下降,2000年、2007年和2014年大豆播种面积分别为933.3万公顷、866.7万公顷和666.7万公顷,总产量分别为1541万吨、1273万吨和1215万吨。茶叶种植面积、产值也随着需求增加和价格提高实现了双增长。2016—2018年,我国玉米产量维持稳定且略有下降,消费量和进口量在不断增长,而出口量减少。其中,产量维持在121.10万—226.80万吨,消费量由242.957万吨增至276.66万吨,进口量由246.4万吨增至300万吨。从总体上看,目前我国的农产品结构还不适应市场需求结构,表现为"四多、四少",

即"大路产品"多、低档产品多、普通产品多、原料型产品多,优质产品少、高档产品少、专用品种少、深加工产品少。品质差、质量低、抗灾减灾能力不强,是目前中国农产品生产和供给中存在的主要问题。

三、优质粮不足、"大路货"有余、产销结构不平衡的问题仍十分明显

我国的小麦品种基本上是软粒小麦,小麦专用粉仅十几种,其产量不及小麦面粉总产量的10%,与发达国家小麦专用粉有上百个品种、其产量占面粉总产量90%以上的水平差距很大。由于品质差、结构不合理,导致我国市场上普通小麦供过于求,春小麦更是积压严重,优质专用小麦则大量短缺。我国玉米的氨基酸、赖氨酸含量低,专用化和产业化经营水平低,产后加工转化程度低。目前发达国家在玉米品种专用化方面发展非常迅速,并已经形成产业化经营,如美国的"伊利诺斯"高蛋白饲用玉米、"奥帕克"高油工业用玉米、高赖氨酸工业用玉米、食用甜玉米、蔬菜玉米等已在生产上形成商业化种植。其中,高蛋白饲用玉米蛋白质含量比普通玉米高10%—15%,高油杂交种籽粒含油量高达7%,比普通玉米高50%以上,高赖氨酸和色氨酸的杂交玉米其赖氨酸和色氨酸含量比一般品种高2倍多。而我国在玉米的专用化选育和利用方面才刚刚起步,差距很大。国产的鲜食玉米由于品质差,跟不上市场需求发展的步伐,大部分成为加工罐头玉米的原料。我国玉米的加工转化也处于低水平,深加工玉米比例约30%。有关稻米品质的几个关键性指标,中国都明显落后于国外。从技术角度讲,稻米的品质除了食用的优质化外,还有用途的多样化,如工业用稻米就要求高直链淀粉含量,饲用稻米则要求高蛋白质含量,在此方面我国同样存在着较大差距。由于品质差,我国稻米在国际市场上缺乏竞争力,出口量远少于泰国。即使在国内市场,有些收入较高的居民也趋于消费进口米。为了满足国内市场的需求,在国内稻米生产已过剩的情况下,我国每年还不得不进口一定数

量的优质米。我国是马铃薯生产大国，但所生产的马铃薯基本上是"大路货"，品质与国外品种差距较大。从外观看，国产马铃薯表皮不光滑、芽眼深、圆形为主、易龟裂、黄皮黄肉，国外品种则表皮光滑、芽眼浅、形状呈长圆形及圆形为主、不易龟裂、薯心肉黄色或白色；从内质看，国内品种还原糖含量高、干物质含量低、薯心肉与表层肉不一致、油炸品为褐色，国外品种还原糖含量低（一般低于0.25%）、干物质比率高（比重一般为1.0835）、薯肉质地均匀、油炸品呈金黄色或白色。百余个品种的国产马铃薯中能够加工法式炸薯条的几乎没有，只能大量从国外进口，国产马铃薯丧失了宝贵的市场。我国马铃薯的加工转化程度也很低，发达国家70%—80%的马铃薯被加工升值，而我国90%的马铃薯则被鲜食，即使加工也不过是粉条、粉丝、粉皮之类，深加工增值水平很低。

第三节　结构调整是农业发展战略转换的主要内容

改革开放以前，我国农业经济结构的基本特征是单一结构，即农业结构以种植业为主，种植业结构以粮食为主；在畜牧业内部结构中，片面强调养猪业；在林业内部结构中，片面强调用材林；在渔业内部结构中，片面强调近海捕捞。改革开放以来，我国农业经济结构开始向农林牧渔业全面发展转变，农林牧渔业内部结构也开始向合理化方向调整。在农业发展新阶段，结构调整仍然是农业发展战略的主要内容。

一、中国农业结构的变化和特点

总体来说，中国农业结构可以分为六个层次：一是产业结构变迁，主要表现为农林牧渔等各生产部门之间构成比例的变动；二是种植结构变迁，主要指种植业内部各类农作物之间构成比例的变动；三是品质结构变迁，主要指农产品逐步由数量型向质量型转变；四是空间结构变迁（区域布局

中国人的饭碗

结构),主要表现为农业生产布局由"大而全、小而全"格局向优势区域集中;五是组织结构变迁,主要表现为生产经营方式由分散的小规模农户家庭经营向规模经营等多种经营主体转变;六是功能结构变迁,主要指农业功能由经济功能逐步向经济功能、生态功能、社会功能等多种功能转变[①]。

新中国成立后的30年,我国农业结构一直处于单一的粮食型低级阶段,结构虽稳定,但内部各生产部门构成比例很不协调。农业产量虽有所提高,但生产效益很低。农业结构具体表现为:从农林牧渔业内部结构来看,1949—1978年农业产值占比一直处于80%以上的高位,种植业一直占据主导地位。从种植业内部构成来看,粮食播种面积占农作物总播种面积的比重一直高达80%以上,经济作物和其他作物占比不足20%,单一的粮食型农业结构特征明显(见表9-1)。这个阶段农业生产的主要目的是农业产品数量增长而不是农产品的质量提升,农业组织方式以分散的小农户个人经营方式为基本特征。从农业功能结构来看,发展农业只是为了努力解决人民的温饱问题,农业功能结构单一。

表 9 – 1   1952—1978 年农业结构演变

年份	农林牧渔业内部结构(%)				种植业内部结构(%)
	农业产值占比	林业产值占比	牧业产值占比	渔业产值占比	粮食种植比例
1952	85.9	1.6	11.2	1.3	87.77
1957	82.7	3.3	12.2	1.9	84.98
1962	84.7	2.2	10.9	2.2	86.73
1965	82.2	2.7	13.4	1.8	83.49
1970	82.1	2.8	13.4	1.7	83.12
1975	81.0	3.1	14.2	1.7	80.95
1978	80.0	3.4	15.0	1.6	80.34

数据来源:中华人民共和国农业部:《新中国农业60年统计资料》,中国农业出版社,2009年版。

---

① 叶初升,马玉婷:《新中国农业结构变迁70年:历史演进与经验总结》,《南京社会科学》,2019年第12期。

改革开放以后,针对农业发展中存在的问题,党和政府采取了一系列方针政策与措施,农业结构调整也由此拉开序幕。农业结构调整的效果主要表现在:(1)从农林牧渔业产值构成来看,农业产值占比从1978年的80.0%下降到1984年的74.1%,畜牧业产值占比从1978年的15.0%上升到1984年的18.3%。林业和渔业产值占比也有所提高,农林牧渔业各部门之间的不协调结构开始有所转变。(2)从种植业内部结构来看,粮食种植面积略有减少,由1978年的120587.3千公顷减少到1984年的112883.9千公顷,相应地,种植比例由80.3%下降到78.3%。经济作物种植面积开始逐步增加,以棉花为例,1984年种植面积相比1978年增长了42.3%,品种结构开始多元化(见图9-2)。在战略要求和约束条件的相互作用下,中国农村经营体制变革得以催生,建立起了以家庭承包经营为基础、统分结合的双层经营体制,从根本上改变了集体经济体制的生产关系,农民得到一定程度的经营自主权,农村生产力得到极大解放。

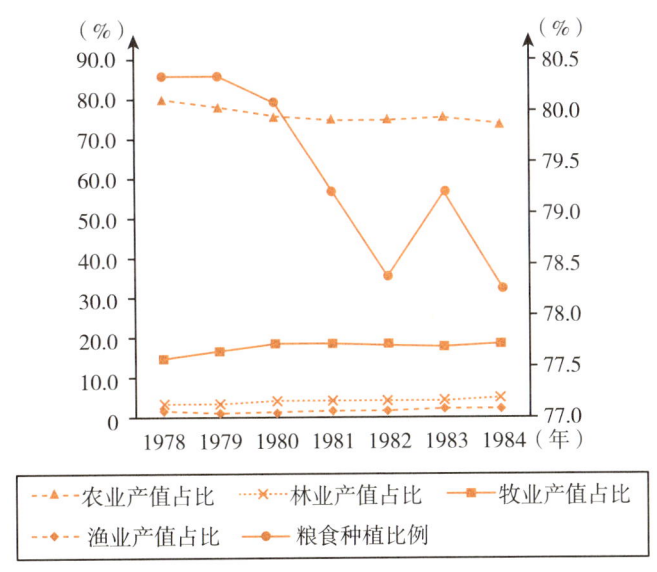

图9-2　1978—1984年农业结构演变

数据来源:中华人民共和国农业部:《新中国农业60年统计资料》,中国农业出版社,2009年版。

>>> 中国人的饭碗

1985—1991年,农业结构调整的基本特征是:从农林牧渔业产值构成来看,农业产值占比由1984年的74.1%下降到1991年的63.1%,下跌了11个百分点,而畜牧业和渔业产值占比分别上升了8.2个百分点和3.3个百分点。从种植业内部来看,粮食种植比例整体呈下降趋势,1984—1991年下降了3.19个百分点。粮食种植面积经历了一个短暂的徘徊期,1985年、1988年和1991年粮食种植面积相比上年均有所减少,尤其是1985年降幅高达4038.8千公顷。相应地,粮食单产也在这几个年份有所下降。直到1989年,粮食单产才恢复到1984年水平。棉花的种植情况类似于粮食,1984—1991年下降了4.3个百分点。总体来看,作为绝对主导作物的粮食,种植比例一直高达75%以上,1984—1991年仅下降3.19个百分点,并且自1989年起单产一直高于1984年,但农业总产值却在1984—1991年下降幅度很大。可见,虽然农业结构有所调整,粮食产量有所增加,但农业生产的效益比较低。

1991—1997年,农业产值占比持续下降,由63.1%下降到58.2%;畜牧业产值占比由26.5%上升到28.8%;渔业产值占比增幅最大,由5.9%上升到9.6%。种植业内部结构也在不断优化,粮食种植比例由1991年的75.1%下降到1997年的73.3%,经济作物种植比例在逐步提高,尤其是蔬菜、水果等高附加值的经济作物,蔬菜和园林水果种植面积增长迅猛,分别以平均每年9.5%和8.5%的速度增长。从畜牧业内部来看,肉、蛋、奶的产量平均以每年9.5%、13.1%、4.7%的速度增长。从农村居民收入结构来看,农林牧渔业人均收入占人均纯收入的比例在逐年下降,由75.9%下降到66.4%,其中种植业人均收入占比由47.8%下降到46.7%。到1997年,农村居民人均纯收入(扣除价格因素)增速明显放缓,仅为4.7%。

1998—2012年,农林牧渔业内部结构在总结上一阶段成效和问题的基础上不断优化,农业产值占比由58.0%下降到52.5%。粮食种植比例经历了一个先下降后上升的波动期,一度出现"非粮化"现象,总体上稳中有降,由73.1%下降到68.1%。经济作物种植比例不断提高,尤以蔬菜最为突出，由7.9%提高到12.5%。从农产品品质结构来看，优质化、绿色化的农产品产量开始逐步增加。从农产品的区域布局结构来看，粮、棉、油、糖等大宗农产品逐步向优势产区集中。与此同时，农村居民收入及其结构也发生了积极的变化，1998—2012年，随着农业结构的不断调整，农村居民收入稳步提高。农林牧渔业人均收入占农村居民人均纯收入比重由63.0%下降到44.0%，工资性收入占比由26.5%上涨到41.1%，可见，农村居民的非农收入占比逐步提高，农村就业结构得到优化。

自2013年构建新型农业经营体系提出以来，新型农业经营主体和服务组织不断涌现。据农业部统计数据显示，截至2016年年底，全国各类家庭农场达87.7万家；农民合作社达193万家；各类社会化服务组织达115万家。传统农业经营方式下农业结构趋同、专业化生产程度低的问题得到较大程度改善。农产品品质结构进一步优化，2013—2017年，全国有效认证的绿色食品企业数由3228家增长到10892家，全国有效认证的绿色食品产品数由7668个增长到25742个，分别增长了2.37倍和2.36倍。农产品进一步向绿色化、优质化方向发展。农业区域结构进一步优化，粮、棉、油等大宗农产品进一步向优势产区集中，区域布局结构日趋合理。特别是2016年以来，非优势产区的籽粒玉米面积和低质低效区水稻面积分别调减了5000多万亩和800多万亩。农业功能结构逐步优化，从单一的经济功能向经济、社会、文化和生态的复合型功能转变。

农业结构变动是一个连续的过程，又具有阶段性特征。改革开放以来，我国农业结构变化大体上可以分为五个阶段。第一阶段是1978—1984年，实行"决不放松粮食生产，积极发展多种经营"的农业发展战略。第二阶段是1985—1992年，大幅度调减粮食和棉花播种面积。第三阶段是1992—1995年，提出发展高产、优质、高效农业。第四阶段是1998—2012年，是农业结构的战略性调整。第五阶段是2013年至今，与国际市场接轨为导向的结构调整。

第一阶段结构调整：伴随着家庭联产承包责任制的实施，农民获得生产经营自主权，使农民有了生产粮食以外其他农副产品的机会和自由，为多年来单一发展的农业结构创造了宽松的调整环境，并提供了农业多样化发展空间，导致了农业结构第一次大调整。1978—1984年，粮食播种面积尽管由18.1亿亩调减到16.9亿亩，粮食占种植业的播种面积比例由80.3%下降到78.3%，但产量却由30477万吨增长到40731万吨，平均每年递增近5%。同期棉花、油料、肉类产量分别以19.3%、14.8%和10.3%的速度递增，结构调整效果非常明显。

第二阶段结构调整：粮、棉等主要农产品生产在经历第一阶段的高速增长后，国家为解决粮食、棉花库存积压问题，决定改革粮食、棉花和其他农产品的流通体制，在农产品的价格形成中更多地引入市场机制，调节农业资源流向，引导农业结构调整。在当时粮食、棉花供大于求，而其他多数农产品仍然供不应求的背景下，引入市场机制意味着抑制粮食、棉花生产，鼓励其他农产品生产。1985年棉花以外的经济作物播种面积比1984年增加7309万亩，而粮食播种面积同期减少6059万亩，产量下降7%，直到1989年粮食才恢复性增长到4.0755亿吨。

第三阶段结构调整：1989—1991年的三年治理整顿，使大量从农业中流出的资源返回农业，农业生产全面发展，但区域性、结构性农产品供求不平衡的矛盾随之显现。大宗农产品卖难、农产品收购打白条、农民收入增长缓慢与局部地区注重调整农业结构、发展优质农产品、获得较高效益、农民收入增长较快形成鲜明对比。决策层认识到，农业在数量上满足社会对农产品的需要后，必须在品质上也应满足，因而1992年政府提出了发展高产优质高效农业的战略。但是，由于当时农产品长期短缺的局面并没有本质的改变，特别是国民经济发展的要素资源配置环境不宽松，使要素资源最终由粮食向经济作物、由农业向非农领域流动，粮食等主要农产品再度陷入停滞状态。1993—1995年，粮食生产量分别为4.6549亿吨、4.451亿吨、4.6662亿吨，波动十分明显。而后"米袋子"省长负责制和"菜篮子"市长负责制政策相继出台。

第四阶段结构调整：省长负责制和市长负责制政策实施的结果，是要素资源向农业积聚和流动，使粮食和主要农产品生产能力大幅度提高，稳定地上了一个台阶。1995—1997年，我国粮食生产能力提高了5000万吨，即使在1998年遭受特大洪涝灾害和亚洲金融危机的严重影响下，粮食总产量仍维持在5亿吨左右；畜禽渔业产品供给充足，经济作物除油料外，大部分产品总量达到"供求平衡，丰年有余"，形成阶段性买方市场，由此推动新一轮结构调整。

第五阶段结构调整：党的十八大以来，党中央、国务院把保障国家粮食安全提到新的高度，对粮食工作作出了一系列新的部署，提出了新的要求。特别是习近平总书记反复强调，解决好吃饭问题始终是治国理政的头等大事，提出了"悠悠万事、吃饭为大""中国人的饭碗任何时候都要牢牢端在自己手上""我们的饭碗应该主要装中国粮""中央和地方要共同负责""调动和保护好'两个积极性'"等一系列重要战略思想。2013年，中央明确提出实施"以我为主、立足国内、确保产能、适度进口、科技支撑"的国家粮食安全战略，强调要坚持把保障国家粮食安全作为我国农业现代化的首要任务，确保谷物基本自给、口粮绝对安全。为了深入贯彻落实国家粮食安全战略和中央的一系列决策部署，加快构建国家粮食安全保障体系，落实维护国家粮食安全的责任，2014年国务院建立健全粮食安全省长责任制，2015年建立了国务院对省级人民政府落实粮食安全省长责任制的考核机制。实践证明，粮食安全省长责任制是保障国家粮食安全的一项重要制度安排，有利于调动起中央和地方"两个积极性"，形成中央和地方共同负责的粮食安全保障格局，也有利于切实落实总体国家安全观和国家粮食安全战略。截至2019年，我国粮食生产实现历史性的"十六连增"。相关数据显示，2019年全国粮食总产量达13277亿斤，比2018年增加119亿斤，创历史最高水平，连续5年站稳1.3万亿斤台阶。在产量丰收的同时，2020年，全国粮食生产结构实现了生产结构优化和品质提升。

农业结构演变是农业生产能力不断提高和农业科技进步的结果，没有生产能力的提高，就难以解决14亿人的吃饭问题，根本谈不上结构演变。结构的演变优化了资源配置，不仅满足了社会多样化的需求，也提高了农业劳动生产率，增加了农民收入。

二、结构调整仍然是农业发展新阶段的主要任务

今后，我国农业发展仍然要以结构调整为主线，促进农业资源配置优化，提高农业效益，并通过结构调整促进农业与国民经济发展互相协调。

（一）有效需求不足仍然是农业和国民经济发展的主要矛盾

国内有效需求不足的根本原因是城乡之间、居民之间的收入分配差距扩大，特别是占全国人口70%的农民收入增长缓慢，无法为工业提供足够的需求支持。反过来，工业化、城镇化进程的减缓又进一步影响了农业剩余劳动力的转移和农产品的需求，制约了农民收入的增长，形成恶性循环。因此，在今后相当长的时期内，国内需求不足仍然是农业和国民经济发展的主要矛盾。在这种条件下，农业的稳定发展和农民收入的提高，主要不是靠压缩种植面积、压缩总量以提高价格，而要依靠结构的调整，提高农产品质量，增强转化增值能力，并调整工农关系和城乡关系。

（二）农产品国际贸易自由化趋势不断增强

乌拉圭回合达成的《农业协议》在很大程度上促进了农产品国际贸易自由化进程，把农业纳入经济全球化的轨道中。尽管农产品国际贸易

自由化的道路还会有曲折，但其趋势难以扭转。2001年我国加入WTO，并按照我国政府的承诺逐步调整对外贸易体制和政策，国内外市场更加紧密地联系在一起。农产品市场的开放是其中一个很重要的内容。加入WTO大大促进了我国农业市场化的进程，在更大程度上促进我国农业按照比较优势原则进行结构调整，不具有比较优势的农产品进口量也在逐步增加；相应地，具有比较优势的农产品出口也不断增加。只有通过结构调整，优化资源配置，提高农产品的国际竞争力，才是应对国际贸易自由化挑战的根本途径。

（三）我国农业发展本身正处于结构变革时期

我国工业化已经处于中级阶段，经济结构处于激烈变革时期。工业化的发展，一方面要求农民收入更快地增长，为工业化提供市场；另一方面也会加快城镇化进程，吸纳更多的剩余劳动力，并对农产品原料的质量提出了更高的要求。实际上，我国农业劳动力结构在20世纪90年代已经发生了重大变化。一是以1992年为转折点，农业部门就业的劳动力绝对数量开始由增长变为持续减少，1998年农业劳动力数量比1992年减少3847万人；二是以1997年为转折点，农业部门就业的劳动力数量占全社会劳动力的比重下降到50%以下。

（四）国民经济能否持续发展在很大程度上依赖于农业结构调整的成效

通过改革开放，我国经济市场化进程在不断加快和深化，各个产业之间、农业和非农产业之间的关联度也在提高，国民经济要持续发展，也越来越取决于各个产业之间的协调发展。改革开放以来，正是农业结构的不断调整，提高了农业对国民经济的参与度，推动了农业富余劳动力的转移，使乡镇企业异军突起，既改善了供给结构，又扩张了农村市场、刺激了内需。当前，国民经济发展也在很大程度上取决于农业结构调整的成效，取决于农村能否为国民经济提供不断增长和结构不断优化的需求。

第四节 从适应性调整向战略性调整转变

从总体上看，在过去短缺经济条件下的农业结构调整，主要是适应性调整，其基本特征是"多种什么、少种什么"的问题，然后"水多了加面、面多了加水"，属事后调整和短期调整。这次农业结构调整的环境已经发生了很大变化，农业综合生产能力有了一定的提高，几乎所有的农产品都呈现出供大于求或供求平衡。即使有某种产品短缺，在国内外市场联系日益紧密的条件下，国外产品也会占领市场，形成供求平衡状态。因此，按照过去那种办法对农业结构进行适应性调整，已经难以奏效。

现阶段农业结构调整不能再像过去那样，仅仅着眼于品种结构优化的适应性调整，而应当是一种战略性调整。所谓战略性结构调整，就是以提高农民收入为根本出发点，以提高农业竞争力为主线，在优化农产品品种结构、提高质量的同时，立足于改善农业生产环境、经营模式和制度结构。必须跳出"就农业论农业""就农业抓农业"的误区，把农业结构的调整同整个国民经济的发展及其战略性调整结合起来，走城乡经济协调发展的路子。

一、农业结构战略调整要与推进城镇化、转移剩余劳动力结合起来

就国民经济发展而言，国内需求的稳定增长是工业发展和结构升级的主要力量，而国内需求的增长主要潜力在占人口 39.4% 的农村；就农

业发展而言，在今后相当长的一段历史时期内，大多数农产品的市场仍将以国内为主，但占人口多数的农民对多数农产品需求的层次低，以自给为主，而需求层次高的城镇人口却占人口的少数。这种状况制约着农产品国内需求量的扩张和需求层次的提高，妨碍着农产品优质优价的实现。因此，农业结构的战略性调整要与城乡社会结构的调整结合起来，推进人口城镇化和农业劳动力转移的进程，将一部分农民变为市民，将他们由农产品的生产者变成农产品的消费者，不仅可以扩大农产品的市场需求，还可以减少农民人数，为土地规模经营创造条件。推进城镇化，首先要加快户籍制度的改革，让已经在大中小城市和小城镇中就业的几千万农村劳动力及其家属成为市民。

二、农业结构调整要与城镇化建设结合起来

推进城镇化，要以非农产业的不断增长为基础。作为区域的组成部分，农业发展和区域城镇化之间存在着必然联系，两者在空间上存在着很强的异质性和互补性。它们的内在关系表现为：农业结构在城镇化发展过程中通过调整以适应城镇发展的需要，而城镇化又必须以区域农业发展为前提。从世界农业和城镇化发展的历程看，农业首先为城镇化发展完成原始积累，"以农促城"推动区域城镇化。当城镇化发展到一定阶段后，城镇积累增多，达到"以城哺农"，反过来促进农业发展。城镇化发展缓慢，农业调整就缺乏动力；反之，农业发展不足会导致城镇化进程停滞不前。

农业结构调整是城镇化发展的初始动力，它主要表现在以下七个方面：第一，农业为城镇人口必需的农产品提供了保障；第二，农业为可持续的城镇化提供了生态保障；第三，农业为城镇化发展提供了原料保障；第四，农业为城镇化提供了人力保障；第五，农业为城镇化提供了原始资金积累；第六，农业为城镇化发展提供了土地需求；第七，农业为城镇化发展提供了广阔的市场。

城镇化发展是农业结构调整的助动力。正因为城乡两系统之间的互补性,城镇化对农业结构调整的影响同样具有助推和制约作用。第一,城镇化为农产品提供了市场,拉动了农业结构的调整和高级化;第二,城镇化推动了农业生产率的提高,加快了农业劳动力的剩余及转移,促进了土地的集中,拉动了农业生产的规模化发展;第三,城镇化的发展为农业发展积累大量资金,为农业持续发展提供强大的资金支持;第四,城镇化推动了大量的农村人口转变为城镇人口,有利于农村居民点的缩并和整理,为弥补城镇建设占地特别是耕地提供了来源,使原本就稀缺的农地资源得到了保障;第五,城镇化为农业发展提供了强大的技术支持。

三、农业结构调整要以经济体制改革作保障

结构深处是体制,没有体制的改革,结构调整就容易陷入数量框架内的增减变化,因此,农业结构战略性调整的成功有赖于经济体制改革的相机推进。

(一)改革财政体制

现行的分税制改革具有较强的包干体制色彩,而且权、责、利不明确,形成了"财政上收、事权下放"的基本态势。一方面,分税制形式上是中央与地方及地方各级之间的分配关系,但分到最后,受损的还是农村基层组织,许多乡镇政府的公共财政困难,连基本工资都不能保障,几乎完全丧失了为本地区农民提供社会公共产品的能力;另一方面,强化了地方政府的实体化倾向,严重阻碍了农业合理区域分工的形成,导致农业区域结构趋同。因此,要按照财权与事权相对应的原则,深化分税制改革,建立规范的转移支付体制,增强地方政府提供社会公共产品的能力,促进农业的合理区域分工。现行的农林特产税

政策，实际上是不利于农业结构调整的。要积极创造条件，加快农村税费改革，逐步减轻农民的税费负担，为农业结构调整提供有效的环境条件。

（二）改革教育体制

现行的教育管理体制是计划经济和城乡分割的产物，远远滞后于社会主义市场经济的发展，最集中的表现是不能适应劳动力大规模转移和人口流动的新形势。在城镇就业的农村居民远离家乡，其子女不能在户籍所在地上学，又被排斥在城镇教育体系之外，影响了义务教育的实施，是产生新文盲人口的重要原因。因此，迫切需要改革现行的教育体制，要改按户籍所在地就近上学为按父母工作地就近上学。同时，现行的教育管理体制不断拉大城乡教育发展差距，在城市，一些基础教育的设施甚至超过了发达国家；而在农村，一些地方连基本的办学条件都不具备，很难适应社会主义经济发展的需要。因此，要把改革教育经费管理和教育管理体制提上议事日程。

（三）改革社会保障体制

改革开放以来，有4亿左右的农民脱离了农业乃至乡村，成为非农产业与城市的从业人员。尽管其中不少是临时性的，但也有相当部分是长期甚至永久性的。进城农民基本上从事第二、第三产业。显然，他们所面临的风险结构与小农经济相适应的自然风险不同。他们不再经营土地，年老或生病后面临丧失生活来源的风险；与市场经济相适应，从业者在激烈竞争的环境下，时刻面临失业的风险；工业、建筑业等行业危险性大，从业者面临着工伤和患职业病的风险；等等。传统的家庭保障已经难以再为其提供最基本的生活保护了。农业劳动力转移的速度越来越快，无论是从社会稳定、社会公正，还是从市场经济的公平竞争角度考虑，进城农民与乡镇企业（小城镇）职工都应被纳入社会保险体系。考虑到各方面的负担能力，可以重点考虑把养老保险的第一支柱（保障最低生活水平）与医疗保险的大病统筹部分设计为全民共享项目，先行实现城乡一体化。

第五节 战略转换中保障粮食安全的思路

一、中国粮食安全的基点只能是立足国内、面向国际

如前文所述，我国是一个有近14亿人口的发展中国家，粮食安全对于我国经济发展、社会稳定、政治稳定都具有举足轻重的战略意义。尽管在WTO框架下倡导最终实现农产品贸易自由化，但保障我国的粮食安全不能寄托在外国的粮食生产上，事实上也没有一个国家有能力保障我国近14亿人口的粮食安全。我国的粮食安全必须立足于自力更生，立足于我国自己粮食生产的持续发展上。无论在任何时候，中国人的饭碗只能端在自己手里，中国人必须自己养活自己。

当然，积极参与粮食国际竞争为我国保障粮食安全提供了新的机遇和回旋余地。事实上，无论是余粮国还是缺粮国及自给国，都比较重视粮食的国际贸易。但同样存在的事实是，无论是发达国家还是发展中国家都非常重视本国的粮食安全，重视本国粮食安全的主动权。从长远的观点分析，中国对世界贸易依存度仍将是一种扩大的趋势。但是，必须指出，我国人口占世界人口的20%，而粮食是特殊商品，发达国家手中的粮食绝不仅仅是贸易产品，而是比石油更重要的政治武器，我们不能把十几亿人的吃饭问题寄托在别人身上。在粮食的国际贸易中，要坚持以国内粮食生产为主的原则，确保口粮绝对安全，谷物基本自足，确保自给率在95%左右，特殊年份也不低于90%，这样，才能避免过度依赖

进口，有助于我国的粮食安全，也才能真正保证农业战略转换的成功实现。

二、在结构调整中要十分重视保护粮食的综合生产能力

现阶段，受国内有效需求不足、粮食连年丰收等因素的影响，我国粮食出现了阶段性过剩。但是，从长远来看，由于受制于人口增加和耕地减少的双重压力，我国的粮食供应仍然偏紧。我国正处于食物结构快速升级阶段，消费结构更加合理，口粮消费日趋稳定，但与《中国食物与营养发展纲要（2014—2020年）》和国际标准相比，我国食物消费结构、消费数量以及营养安全方面还有待提高。基于人均日能量1800千卡、2200千卡和2400千卡的营养目标，我国居民人均口粮需求量分别为116.93公斤、142.91公斤和155.90公斤。预计到2020年、2025年和2030年，人均粮食占有量分别为446.60公斤、461.00公斤和476.37公斤（按中等水平计算），粮食总需求分别为6.37亿吨、6.66亿吨和6.92亿吨，营养安全仍然是一个远没有解决的问题。因此，无论从数量上还是从质量上分析，我国必须长期把抓好粮食生产放在农村经济工作的首位，不断促进粮食生产的稳定增长，最大限度地满足人民日趋增长的消费需求。为此，在结构调整中首先要保证粮食生产对耕地、水等自然资源的需要。随着生产水平的提高，尽管我国耕地仍有一定的调减空间，但调减的余地不大，认为调整结构就是调减粮食耕地面积的观点是很不现实的。

三、在结构调整中要十分重视保障种粮农民的收益

提高农民收入是农业战略转换的根本出发点。在农业结构调整中增加农民收入，要避免两种片面观点。

(一)在新的发展阶段,增加农民收入,要避免"就农业论农业、就农民论农民"的局限性

根据1978—2016年农民收入结构的变化,可以将其分为四个阶段(见图9-3):第一阶段为1978—1982年,其中工资性收入占比最高,高于家庭经营性收入,其他收入类型较低。此时也可以看出,家庭经营收入占比不断增长,达到10%以上,工资性收入占比降低。这主要是在改革开放初期,国家放宽政策管制,促进农民自发自创经营模式,并确定开展家庭联产承包责任制试点推广工作,极大地激发了农民的生产积极性。第二阶段是1983—1999年,这一阶段影响农民收入的两大主要因素均维持较为稳定的增长速度,但家庭经营性收入占比超越了工资性收入占比。这是由于家庭联产承包责任制的顺利推广运用,使得各地产量大增,满足了市场需求,增加了农产品交易量,也增加了农民收入,尤其是1983年,家庭经营性收入比重上升到70%以上。第三阶段为2000—2012年,虽然在此期间家庭经营收入占比仍为最高,但增产带来的增收效应逐渐消失,市场也渐渐达到饱和,实现了供需平衡,因此其比重逐年下降。

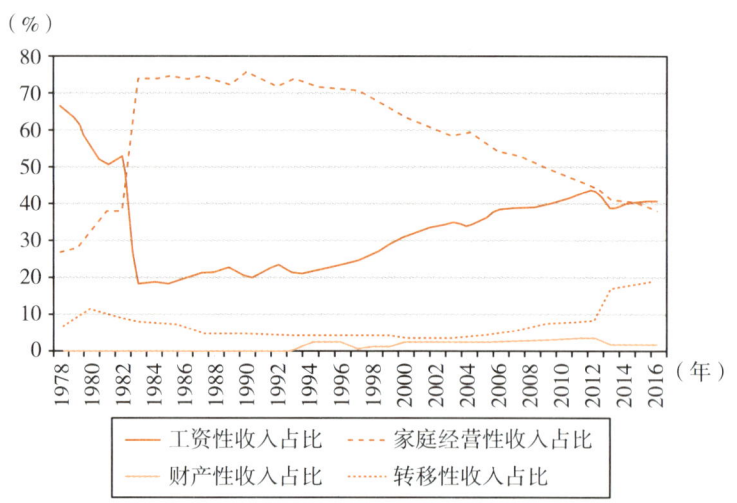

图9-3 1978—2016年农民收入结构占比变化图

数据来源:根据国家统计局1978—2016年《中国统计年鉴》整理计算。

相反，工资性收入占比逐年递增，并从 2015 年以来连续两年占比超过经营性收入；转移性收入与财产性收入也较之前有所提高。这种现象主要是由于市场经济发展，工业化、城镇化进程加快，大量农民工涌现，使得工资性收入显著提高，同时农业补贴等国家各项政策的实施以及土地增值，也不断增加了农民的财产性收入与转移性收入。第四阶段为 2013—2016 年，从增量角度看，四种收入均逐年增加，所以农民总体收入也呈逐年递增的趋势。工资性收入与家庭经营性收入一直占据着农民收入的主要地位，总体能实现占比 80% 左右，因此对于农民收入的增长贡献率也是最高的；而财产性收入与转移性收入一直占比较低，对农民总体收入的影响较小。

显然，非农产业对增加农民收入的作用越来越大。农民收入来源非农化、增收因素多元化、收入形态货币化，正成为新阶段农民收入构成的重要特征。因此，增加农民收入，既要积极发展乡镇企业，促进农村非农产业的发展，又要立足于工农业协调发展、城乡经济协调发展的大思路，推进城镇化，打破城乡分割体制，建立城乡统筹兼顾的就业体制，努力开辟农民增收渠道。

（二）要防止走向另一个极端，避免种粮效益低、种粮不赚钱的观点

事实上，粮食仍然是中国农村最大的产业，种粮仍然是主产区农民的主要收入。应当看到，随着宏观环境的改善、国家对农业支持度的加大和科技进步，我国粮食成本过高、效益偏低的问题也将逐步得到解决。同时，粮食相对于其他作物而言，收益相对比较稳定，只要能保持粮食合理的经济关系和收益水平，中国农民是有种粮积极性的。从长远看，我国粮食整体上不缺乏国际竞争力，只要是在同一平台上竞争，中国粮食是有发展前景的。

四、在粮食结构调整上，既要调高更要调优

我国粮食与发达国家相比，差距与其说在成本上，倒不如说在品质上。提高粮食品质才能拉开粮食的质量差价、促进农民增收、提高居民的营养水平、改善中国整体粮食安全状况。提高粮食品质，中国与发达国家相比，既有差距也有潜力，中国的粮食没有转基因问题，在生物技术和有机技术方面也有相当的基础，加上环保的加强，营养、安全、绿色的目标是可以实现的。要不断提高自然质量，并通过适当的产后处理，形成农产品的人工质量，提高农产品的总体质量水平，以改善农产品的营养性、适口性、食疗保健性和加工性能及消费的方便程度，优化农产品的形态、色泽、容重、整齐度、产品装饰等外观性状，提高其内在和外在纯净度。要实现农业门类的多样化和农产品的多样化，一是在品种上，除继续发展一些常规、大宗品种外，还要多发展一些市场前景好的名特稀产品；二是在继续发展正常季节生产的产品外，还要多发展一些反季节食品；三是对每一种产品开发出不同的亚种，如玉米可分为普通玉米、高油玉米、甜玉米、糯玉米等；四是把每一种农产品分成不同的质量等级；五是根据供求变化调整不同农产品的种植面积。通过上述途径，分别满足消费者对农产品不同种类、不同季节、不同用途、不同档次的消费需求。优化农产品品种结构要从市场需求出发，充分利用土壤、气候、地形等自然条件的差异，积极引进新品种和自主开发新品种。

五、优化农业种植结构，逐步实现饲料产业的独立化

在种植业结构上，要逐步由粮食作物—经济作物二元种植结构向粮食作物—经济作物—饲料作物三元种植结构转变，实现饲料作物生产的独立化。

长期以来，我国种植业一直粮饲不分，饲料作物依赖于粮食作物生

产，粮食既作为口粮又作为饲料。这种粮饲不分既不科学又不经济。首先，粮饲不分是很不科学的。据分析，稻米的营养成分主要是淀粉，其作用主要在于提供维持生命活动的能量或转化为脂肪，成为储备状态的能量，并不能有效地转化为动物蛋白，并促进动物幼体的生长。每公斤玉米的饲料价值相当于稻谷的1.5倍，每亩玉米的饲料价值相当于稻谷的1.2倍。农民养猪，若把稻谷改为玉米、大豆等配合饲料，每头猪可节约粮食60公斤/年。如果籽粒玉米改为青贮玉米，每公顷播种面积的秸秆的总能量要比籽粒高出0.5—1倍，蛋白质高2—3倍。其次，粮饲不分人为地增加了对粮食供给的压力。一方面，粮饲不分导致畜牧业、水产业对粮食需求的增加；另一方面，粮饲不分导致对粮食和农业资源的非经济利用，相应地增加了对粮食的需求。例如，抽穗期的水稻植株茎叶作为饲料，其蛋白和热量分别比籽粒作饲料高5倍和2.6倍左右。因此，在种植业结构调整中，逐步实现饲料作物生产的独立化，进而实现粮食作物—经济作物—饲料作物三元的种植结构，是种植业结构调整的总趋势。

可以把粮食作物内的一部分饲料粮耕地，改种粮饲兼用作物或饲料专用品种，并适当增加一部分饲肥兼用作物（如某些绿色作物）和饲料作物（如苜蓿、草木樨等）种植面积，逐步形成专用饲料基地。有专家建议，在大中城市郊区，将部分耕地划为专门的饲料生产基地；在南方水稻集中产区，逐步将双季晚稻或低产稻田，改为水稻（含饲用稻）、玉米、饲草或饲料作物轮作制；在长江中下游和西南地区，扩大饲用薯类种植面积；在北方特别是东北、华北地区，将部分玉米单作改为玉米、豆类、牧草间套种；在以草食畜为主的商品基地或光热资源一季有余、两季不足的地区，将部分籽粒玉米改为种植青贮玉米。在此基础上，根据资源情况和市场需求变化，积极发展经济作物。通过调整，粮食播种面积占59%左右，饲料作物播种面积占21%左右，经济作物播种面积占20%左右。到2025年，粮食作物播种面积降至46%左右，饲料作物播种面积提高到29%左右，经济作物播种面积占25%左右。

六、适当限制高耗粮产业，积极支持节粮产业

长期以来，我国形成了以养猪生产为主体的耗粮型畜牧业结构。考虑到我国居民现阶段的食物消费中，热量已基本满足需要，而蛋白质摄入量不足，尤其是优质蛋白质摄入量明显偏低的事实，我国畜牧业结构应当朝着节粮型、高蛋白质转化率、高饲料报酬率的方向优化。

在肉类生产结构中，主要是降低耗粮多的猪肉比重，提高节粮型的禽肉和牛羊肉的比重。首先，要降低猪肉生产的比重。我国人均猪肉消费量已达28公斤/年，远远超过15公斤/年的世界平均水平。在城市，人均猪肉消费量已由20世纪80年代的逐步上升转变为90年代的逐步降低，1990年人均消费量为18.46公斤，1998年降为15.88公斤，而近年来在明显增长，2018年人均消费量达40公斤。目前农村居民人均猪肉消费量远低于城镇居民，随着农民人均收入水平的不断提高，人均猪肉消费量将逐步提高。因此，在今后相当长的时期内，猪肉生产的份额会逐步降低，但绝对量仍将保持稳定增长。其次，要加快发展优质牛羊肉的生产，提高牛羊肉在肉类生产中的比重。我国牛肉人均占有量为3.3公斤，羊肉人均占有量仅1.7公斤，两者相加仅达到国际平均水平的30%，其中优质牛肉更少。可见，牛羊肉生产仍有较大的发展空间。我国已形成中原和东北两大肉牛生产带，这是全国肉牛生产的基础和优势，要加快品种改良，推广生产快、肉质好、饲料利用效率高的优良品种，生产优质牛肉，达到数量和质量同步提高的目标。同时，要在农牧结合的地区建立新的肉牛生产带，大力推进牛羊易地育肥，发挥农区牧区两个优势。要加快肉羊的发展，重点是：一要充分利用南方荒山荒坡丰富的牧草资源，发展肉羊生产基地；二要在有条件的农区，推广舍饲与放牧相结合的方式发展肉羊生产；三要在有条件的地区，推广肉用绵羊生产。再次，要适当提高禽肉生产的比重。我国禽肉产量占肉类总产量的19.6%，低于世界平均水平的25%。城市居民人均禽肉消

费量仍在逐步增加，由 1990 年的 3.42 公斤上升到 1998 年的 4.65 公斤；农村居民人均禽肉消费量也在不断增加，由 1990 年的 1.26 公斤上升到 1998 年的 2.33 公斤。到 2016 年，我国人均禽类产品消费量也只有 9.1 公斤，预计在今后一段时期内，禽肉生产仍有较大的发展空间。

七、在结构调整中要树立大粮食观念，开辟粮食资源渠道

大力发展可持续的浅海、滩涂养殖业和挖潜改造淡水养殖业，是解决我国粮食问题的重要途径之一，必须从战略的高度予以重视。我国适宜于海淡水养殖的资源比较丰富，综合开发这部分国土资源，积极发展海淡水养殖业，实行宜渔则渔、宜农则农或渔农牧综合开发，是今后渔业发展的潜力之所在。

根据中国农业科学院的分析及国家相关部门的政策发布，国家以营养健康为目标调整食物生产结构、以消费指导粮食生产的时代已经到来。口粮消费仍是我国居民粮食消费的第一大用途，1985—2019 年口粮消费量占当年粮食产量的比重呈下降趋势，粮食生产的目的和面临的任务，由单一满足人们的温饱需求向多用途转变。2008 年以来，我国口粮消费量占粮食产量的比重降至 40% 以下，这一时期，我国居民口粮消费量持续下降，饲料粮消费量稳步提升，食品工业用粮开始成为粮食需求中不容小觑的一部分。在全面建成小康社会的冲刺阶段，居民开始更加关注科学的膳食结构和营养摄入，关心食品消费安全和健康，逐渐倾向于优质、有机食品的消费。

近年来，随着养殖业产业结构的调整和居民饮食观念的变化，我国居民对动物性蛋白类食品的消费结构也在不断变化，城乡同时出现了肉类消费比重下降和奶类消费比重攀升的趋势。城乡居民肉类消费比例降低的原因有所差异：城镇居民可能是出于对高脂肪、高热量饮食的控制，通过平衡膳食结构来保持健康饮食习惯；在农村居民肉类消费比例降低

的原因中，除了与城镇居民相似的因素外，更多的是随着生活条件的改善，有条件去尝试更多样的食物种类。国际市场上，因水产品对提高体质和智能等方面十分有益，故而普遍受到欢迎。目前，扩大水产品市场需求的关键是推广应用养殖高产技术、增加品种、提高单产水平、提高产品质量、降低成本、增强竞争能力。

第十章　农民增收与粮食安全

保障粮食安全与增加农民收入，客观上存在着对立与矛盾，如何在实现粮食安全的同时，增加农民收入，在两者的矛盾对立中寻求统一，在统一中化解对立与矛盾，从而实现粮食安全与农民增收双赢，是农业发展新阶段迫切需要解决的问题。

第一节　粮食生产与农民收入关系的实证分析

党的十一届三中全会以后，中国粮食发展逐步摆脱了徘徊局面，出现了稳步且连续多年的快速增长势头，拉动了农民收入的同步快速增长，尤其在改革开放初期和粮食主产区，这种同步对应关系表现得非常明显。以后，随着中国商品短缺状态消失，粮食供求由不平衡到平衡再到丰年有余后，两者对应关系发生多次强弱变化，暴露出一些矛盾，使我们在决定发展粮食生产、保证国家粮食安全和提高农民收入之间，面临着非常困难的选择。

一、1978—1984年是粮食发展与农民收入之间呈现比较协调的正向相关关系的阶段，发展粮食就意味着增收，增收就要发展粮食

1978—1984年是中国粮食发展与农民收入增长都比较快的时期。因

为我国在粮食长期处于短缺的状态下,只要施行必要的刺激农民发展粮食生产的政策,就能够达到既增产粮食、提高国内粮食安全保障度,又能够增加农民收入的"双重"目标。其主要因素包括以下几个方面。

(一) 在经济体制改革方面

国家推进了以家庭联产承包责任制为主的农村改革。

(二) 在发展粮食政策方面

政府较大幅度提高了粮食收购价格,1984年与1978年相比,粮食收购价格提高了98.07%,比同期整个农产品收购价格增长指数(53.6%)高44.5个百分点。同时,国家连续多年调整粮食征购基数,较大幅度地调减征购和统购数量,扩大超购数量。如1979年根据中央《关于加快农业发展若干问题的决定》,当年调减全国粮食征购数量275万吨。此后的1980—1982年,国家又连续3年减少征购计划共468万吨,使征购基数从3775万吨下降到3032万吨,调减了19.68%。农民向国家交售的征购和统购粮食由3403万吨减少到2802万吨,减少了17.66%。与此同时,农民向国家交售的超购加价粮却由1216万吨增加到2694万吨,增长了1.22倍,议购粮由327万吨增加到1748万吨,增长了4.35倍。

(三) 在粮食进出口贸易方面

国家为了保证农民休养生息,进口粮食共计6567万吨(净),相当于1978年全年粮食产量的21.55%。

上述举措大大促进了我国粮食生产的迅速发展,缓解了国内粮食供不应求的局面,同时,农民得到了更多的收入。据统计资料,1984年粮食总产量比1978年增加10254万吨,增长33.6%。与此对应的是,农民收入较大幅度的增长（这里还应包括其他农产品显著增长所带来的拉动效应），由1978年的133.6元提高到1984年的355.3元，增加221.7元，扣除价格因素，实际增长1.3倍，平均每年增长14.9%。粮食发展与农民收入呈现出全面协调的正向关系。粮食发展已经成为农民收入增加的主渠道，在有的地区甚至是唯一渠道。而来自粮食收入部分的大幅提高，又刺激了农民发展粮食生产的积极性。

这种互相促进、互为因果、互利互惠的格局，正是在粮食短缺状态下，供求关系失衡，人均占有粮食资源（316公斤）极低，需求水平远远大于供给水平的背景中产生的（见表10-1）。

表10-1　　　1978—1984年粮食生产与农民收入变化

年份	粮食总产量（万吨）	农民收入（元/人）	家庭经营纯收入		种植业纯收入	
			总量（元/人）	比重（%）	总量（元/人）	比重（%）
1978	30477	133.6	35.8	26.9	15.2	42.5
1980	32056	191.3	62.6	32.8	21.9	35.0
1981	32502	223.4	84.5	37.9	28.8	34.1
1982	35450	270.1	89.5	33.1	32.1	35.9
1983	38728	309.8	227.7	73.6	166.6	73.4
1984	40731	355.3	261.7	73.7	190.7	72.9

（四）城乡居民消费需求旺盛

改革开放以来，我国国民经济快速发展，国内生产总值增长70%，人均国内生产总值增长56.8%，城乡居民收入水平不断提高。1978—1984年，城镇居民家庭可支配收入增长近60%，达到700元左右，农村居民人均纯收入355元。城乡收入水平的提高，形成了在较低起点的强烈消费需求，呈现出数量急剧扩张态势。此外，城镇居民消费恩格尔系数不断提升，在1983年达到59.2%。消费膨胀焦点主要集中在以满足生活需求的粮食为主的食品消费上。年人均消费粮食从1978年的195.5公斤，跃升到1984年的251.3公斤，增加55.8公斤，增长28.5%，接近当时国内粮食供给增长水平。粮食总体需求呈加速上升趋势。市场旺盛的需求，更加强烈地刺激了农民发展粮食的生产积极性，农民收入在粮食的不断增长中迅速提高，而且大于粮食的增长幅度。

（五）农村经济结构和农民收入结构比较单一

改革初期，中国农业发展较快，农村非农产业刚刚起步，农村经济结构比较单一，基本上是以农业为主、以种植业为主、以粮食为主的结构。据计算，1978—1984年农民收入的增量部分，来自家庭经营收入的份额占71.2%，来自其他份额的只占28.8%。显然，这一时期农业生产结构和由此决定的农民收入结构，有利于营造发展粮食生产和提高农民收入的"双得"环境。

（六）国家宏观政策和经济环境有利

当时国家主要通过巨额财政补贴来缩小工农产品价格"剪刀差"，不断提高包括粮食在内的农副产品收购价格，同时维持农村工业品零售价格在一个较低水平上（6年仅提高7.82%），一高一低使农民共获得近1200亿元的净收益。1978—1984年，政府用于城镇居民的粮、棉、油价格补贴共计851.29亿元，是同期财政赤字的2.4倍。这一政策在很大程度上提升了城镇居民的消费能力，增加了城镇居民对粮食等农产品的需求总量，为发展粮食生产扩张了需求空间，进一步创造了协调粮食生产与农民收入的外部条件。

二、1985—1989年是粮食生产波动和农民收入从较高速增长转入负增长的转折期，两者的对应关系开始弱化

这一阶段农民收入与粮食发展的关系特点是：粮食呈现波动性增长的同时，农民收入剧烈波动，年度间由较高增长滑落至负增长，但总体水平还是保持向上的，增幅显著低于前一阶段。主要原因包括以下几个方面。

（一）城市经济体制改革使农业发展获得的支持力度减弱

1985年国家开始城市经济体制改革后，发展战略有所调整，经济决策又回归到加速推进工业发展的轨道上，国家收入分配政策朝着有利于城市和工业发展的方向倾斜。1985—1989年，国家财政中用于农业的份额没有随财政支出的增长而显著增加，5年中仅上升1.76个百分点。甚至20世纪80年代末期农业支出比重还比80年代初期下降了3.61个百分点，而同期整个国家的财政支出增长了40.8%。

（二）国家调整了农业收购政策，农产品收购价格提高幅度有所降低

国家为了减轻日益加重的财政负担，对农村进行结构变革，激发农民发展多种经营的积极性，为增加农民收入来源渠道创造条件，采取了包括改农产品统购为合同收购制度在内的相关政策，并降低了主要农产品收购价格的提价幅度，其中，粮食产品的收购价格1985年仅比上年提高1.8%，1985—1989年，国家粮食收购价格提高75.7%，比1978—1984年的提价幅度低22.4个百分点。这并没有削弱农民发展农业增产粮食的积极性，也没有改变农民收入主要还是依靠发展农业、发展粮食获得的格局，却带来了两个变化：一是农民收入总量中，来自家庭经营的

收入份额减少；二是种植业收入的比重降低，由 1984 年的 72.9% 锐减到 1989 年的 55.2%，减少 17.7 个百分点，减幅高达 24.3%。

（三）农村经济结构调整，农民收入构成发生变化

农业发展和粮食大增产，为在广大农村进行农村经济结构调整奠定了基础，使得广大农民有条件发展多种经营和以乡镇企业为主的非农产业。在这个时期，农村经济结构调整深入展开，乡镇企业不断发展，多种经营蓬勃兴起，由此引发农民收入来源的较大变化，主要是农业收入减少，非农产业收入增加，农民收入渠道逐步拓展。进入 1988 年，国民经济开始调整，增长速度有所回落，乡镇企业平稳发展，农民收入来自非农产业的份额减少。此时，农民来自农业（粮食）收入的份额没有显著增加，收入增量在减少，影响到整体的农民收入水平。

受上述综合因素的影响，这个阶段农民收入增长速度放慢，甚至在 1989 年出现负增长，主要是因为农民收入中来自种植业的收入减少。种植业收入的减少，有很大部分是粮食收入减少造成的，并导致其在家庭经营收入中比重的过快下降（见表 10－2）。

表 10－2　　　　1985—1989 年粮食生产与农民收入变化

年份	粮食产量		农民收入		家庭经营纯收入		种植业纯收入	
	总量（万吨）	增长（%）	总量（元/人）	增长（%）	总量（元/人）	增长（%）	总量（元/人）	增长（%）
1985	37911	－6.9	397.6	4.58	296.0	74.4	191.5	64.7
1986	39151	3.3	423.8	3.23	313.3	74.1	205.3	65.5
1987	40473	3.4	462.6	5.19	345.5	74.7	207.8	60.1
1988	39408	－2.6	544.9	6.40	403.2	73.9	222.2	55.1
1989	40755	3.4	601.5	－1.61	434.6	72.2	240.2	55.2

第十章 农民增收与粮食安全

由于农村经济结构调整，改变了农民收入构成，原来的单一生产收入格局被打破，多重因素逐步介入，在一定程度上削弱了粮食生产与农民收入之间的对应关系。在纯农户中，这种对应关系比较强烈，而在乡镇企业发达的地区，这种对应关系明显弱化一些。

三、1990—1995 年是粮食低速发展与农民收入徘徊增长期，农民收入受粮食产量的影响力在减少，两者既有正向也有反向变动

进入 20 世纪 90 年代，中国粮食生产转入比较慢的发展期，从 1990 年的 44624 万吨，增加到 1995 年的 46661 万吨，6 年共增产 2037 万吨，平均每年增产的粮食总量，不及整个 80 年代平均每年增产总量的一半。这个时候，农民收入也出现了起伏变化。

如果从粮食生产与农民收入的关系上分析，最为明显的变化是，尽管粮食增长速度回落，但农民收入依然在波动中增长。据统计资料，1990—1995 年我国粮食增长总水平仅为 4.57%，年平均增长 0.89%，同期农民人均纯收入却增长 25.47%，平均每年增长 3.85%（见表 10-3）。

表 10-3　　　　1990—1995 年粮食生产与农民收入变化

年份	粮食总产量		农民收入	
	总量（万吨）	增长率（%）	总量（元/人）	增长率（%）
1990	44624	9.49	686.3	1.8
1991	43529	-2.45	708.6	2.0
1992	44266	1.69	784	5.9
1993	45648	3.12	924.6	3.2
1994	44510	-2.49	1221.0	5.0
1995	46662	4.83	1577.7	5.3

这说明，农民家庭经营收入中的非粮食因素在增加，粮食因素在减弱。市场收入来源多元化等，成为影响农民收入的主导性因素。此阶段的粮食生产与农民收入关系，受到以下因素的影响。

（一）国民经济快速增长，但国家支持农业发展的力度弱化

进入20世纪90年代后，国民经济调整期基本结束。1992年全国掀起了以房地产开发、建设经济开发区加速城市经济发展的高潮。国家财政、社会资金基本流向非农产业，加重了社会资源倾斜配置于非农产业的局面，大大降低了国家财政中用于农业的比重。据资料统计，这个时期国家财政支出中的农业份额，曾由1990年的9.98%提升到1991年的10.26%，然后直线下降，从1992年的10.05%回落到1995年的8.43%。但国家收入分配政策有所调整，主要是国家农产品收购价格有所提高，特别是粮食收购价格恢复性调整，提升幅度较大。1990—1995年，全国主要农产品收购价格提高86.53%，其中粮食收购价格提高103.16%。国家的这一举措，实际上带有给农业和农民的补偿性质以及刺激粮食生产的作用。因为20世纪90年代头两年，粮食价格均低于上年，这才有后来1994年高于上年46.6%提价幅度的政策出台。

（二）农村非农产业发展，弥补了种植业（粮食）收入的减少

进入20世纪90年代，借助国家宏观政策的调整，乡镇企业获得了宽松的发展环境，企业在原有基础上规模迅速扩大，取得并保持了较高的增长速度，最高时曾达到65.1%。乡镇企业的发展，安置和吸纳了大量农业劳动力，拓展了农民增收空间，提高了农民收入总水平。

（三）粮食市场价格开始下滑，农民收入不减反增

为了进一步刺激农民发展粮食生产，我国在1994年提高了粮食等农

产品的收购价格，幅度高达46.6%，拉动市场上粮食价格的上涨。1994年、1995年粮食零售价格分别增长34.4%和48.7%。强烈的市场价格信号，刺激了农民发展粮食和通过销售粮食增加收入的积极性。这一举措提高了生产性收入中的农业收入比重。1995年，国家采取宏观措施抑制通货膨胀，通胀率从上年的21.7%下降到14.8%，受此影响，10月开始，处于高位的粮食价格开始逐步回落，拉开了长达60个月的粮食价格低迷的序幕。同时，国家放慢了粮食收购价格的提升幅度，仅比上年提高29%。但是，农民收入并没有因为价格回落而有所减少，1995年还比上年增长5.3%。

四、1996—2000年粮食在波动中发展，农民收入增长幅度连续下降，粮食因素在影响农民收入中的作用恢复性加大

"九五"期间，我国国民经济继续稳步发展，政府采取各种措施消除通货膨胀因素，推动了经济发展。粮食受大环境影响，发展呈现一定的波动，出现了五年三减产。加之自1995年10月以来，受粮食市场价格长期低迷的影响，农民收入中农业的增幅连续4年下降，来自种植业的部分连续3年绝对量减少，由此引发种植业收入减少的结构性特征和粮食生产区农民收入低幅增长的地区特征（见表10-4）。

"九五"期间，我国粮食生产出现"两增三减"局面时，农民收入还能够保持总量水平的提高，主要在于农民收入构成的多样化，分散了农民增收的不利因素。

从统计数字可以看到，我国粮食减产似乎没有影响到农民收入的增加。但深入分析就会发现，我国农民收入总体水平在"九五"期间虽然没有下降，由1926元提高到2252元，增加326元，但增长幅度却是5年连续直线下降的，从"九五"初的9%，下降到"九五"末的2.1%，增

表10-4　　　　　　1996—2000年粮食生产与农民收入变化

年份	粮食产量		农民收入		家庭经营纯收入（元/人）	种植业纯收入	
	总量（万吨）	增长（%）	总量（元/人）	增长（%）		总量（元/人）	比重（%）
1996	50454	8.1	1926	9.0	1362.5	924.4	67.8
1997	49417	-2.1	2090	4.6	1472.7	943.0	64.1
1998	51229	3.7	2162	4.3	1466.0	927.3	63.2
1999	50838	-0.8	2210	3.8	1448.4	882.1	60.9
2000	46251	-9.0	2253	2.1	1429.0	784.0	54.9

幅减少近7个百分点。这种状况，显示出"九五"期间粮食与农民收入的关系，从松散状态逐步转为密切，相互之间的影响力度在加大加强。我国农民收入呈多样性，但在构成中，家庭经营收入中的农业收入占据主体地位。种植业收入依然是决定农业收入并进而决定农民收入增长与否的关键，而粮食收入又是决定种植业收入的重要因素。据统计资料，1998年农民收入中来自农业的部分减少了28元，1999年减少了53元，2000年又减少了48元，3年合计减少农业收入129元。农民从农业中得到的收入连续3年下降，分别下降了4.5%、2.3%和4.3%。而农业收入的连续减少，又主要是因为种植业收入大幅度下降引起的。1998年农民收入中来自种植业的部分减少16元，1999年减少45元，2000年更是减少98元，3年农民减少种植业收入共计159元；相应的农民人均纯收入年增长幅度分别为4.3%、3.8%和2.1%。

种植业收入减少的主要原因有：一是粮食减产。1997年、1999年和2000年，3年共计减少近6015万吨。按当时综合平均收购价格计算，仅此一项农民收入就减收330亿元，人均减收38元。二是价格下跌。1995年，我国粮食市场价格开始了幅度大、时间长、范围广的下跌，到2000年，已经累计下降了56.7%。如果粮食产量保持不变，仅价格下跌就使农民收入损失一半以上。据调查，粮食作物价格下跌使农民损失占种植业纯收入减少的 90% 以上。

而在粮食主产区，粮食影响因素几乎占全部，是决定性的，远远大于非粮食主产区。据统计资料，2000 年我国 11 个粮食主产区的农民人均纯收入为 2150 元，仅增长 1.2%，比全国增长速度低近 1 个百分点。

五、2004—2019 年粮食增产对农民增收的贡献率明显下降

（一）粮食恢复性增长与农民持续增收

为遏制粮食生产下滑、加强和巩固农业基础性地位，2004 年以后中央政府实施以保障粮食增产为主、兼顾农民增收，以粮食最低收购价格与农民收入补贴为主要手段的粮食政策。国家开始重视农民在国民收入分配中的劣势地位，调整国民收入分配结构，加大对农业财政投入的倾斜力度，初步建立稳定粮食生产的投入增长机制。中央财政调整对各省区粮食风险基金的补助比例，加大对粮食主产区的转移支付力度，实施对产粮大县的奖励措施。国家先后公布实施《土地管理法》《农村土地承包法》和《基本农田保护条例》，建立了最严格的耕地保护制度。同时，国家取消农业税、除烟叶外的农业特产税、牧业税和屠宰税，实行粮食直补、良种补贴、农机具购置补贴和农资综合直补，对稻谷、小麦实施最低收购价，初步建立粮食生产专项补贴机制和对农民收入补贴机制。

1991—2015 年，有 10 年出现了增产增收，即粮食产量和单位面积或单位产量净利润都增加的情况，有 7 年出现了增产减收，即"增产不增收"，还有 5 年出现了减产减收，有 2 年出现了减产增收（见表10-5）。

中国人的饭碗

表 10-5　1991—2015 年中国粮食产量和净利润增长情况

类型	年份	粮食产量（%）	每亩净利润（元）	每 50 公斤主产品净利润（元）	类型	年份	粮食产量（%）	每亩净利润（元）	每 50 公斤主产品净利润（元）
增产增收	1992	1.23	28.17	26.47	增产减收	1996	8.44	-30.48	-32.93
	1993	0.89	109.84	102.66		1998	3.05	-24.78	-23.93
	1995	6.65	17.40	16.92		2002	0.15	-87.67	-87.72
	2004	10.57	474.39	399.57		2005	4.00	-37.62	-35.78
	2006	5.84	26.42	23.28		2012	3.85	-32.84	-34.23
	2007	1.32	19.50	17.86		2013	2.48	-56.69	-55.99
	2009	0.83	3.20	6.59		2015	2.68	-84.33	-84.24
	2010	2.95	18.10	18.23	减产减收	1991	-1.52	-38.98	-37.29
	2011	4.71	10.38	6.03		1997	-1.11	-32.29	-32.46
	2014	0.80	71.07	61.82		1999	-0.21	-67.74	-67.80
减产增收	1994	-3.13	106.57	116.07		2000	-10.65	-112.59	-112.87
	2003	-6.00	603.91	634.38		2001	-2.03	-1324.53	-1284.09
其他	2008	5.06	0.65	-5.11		—	—	—	—

数据来源：根据《中国统计年鉴 2016》和《全国农产品成本收益资料汇编》（1992—2016 年，历年）计算。

2004—2019 年，粮食生产实现恢复性增长，粮食总产量从 46947 万吨增长到 66384 万吨，年均粮食增长率 2.27%。在资源、气候和市场约束不断增强的情形下，粮食连续 16 年稳定增产，农业科技发挥了重要作用。粮食增产正在由过去单纯依靠提高土地单产，转向依靠提高土地单产与稳定粮食播种面积。粮食土地单产的提高，主要得益于农业科技进步和良种良法的推广与应用。农业科技对粮食增产的贡献率不断提高，2008 年达到 48%，良种覆盖率超过 95%。2004 年以后，为抑制耕地资源的急剧流失，中央政府采取严格的耕地保护制度，坚守 18 亿亩耕地的红线，确保粮食耕地面积不减少、质量不下降，对稳定粮食播种面积和促进粮食增产起到了积极作用。

农民收入实现持续性增长，连续 16 年增幅超过 6.2%，2018 年农民人均纯收入14600元，比上年实际增长8.7%。2014—2015年，经营净收入和财产净收入对农民增收的贡献率仅有31.4%，其中，农林牧渔业净收入的贡献率仅有15.8%。目前，农民增收越来越依靠农业和农村之外，即越来越依靠工资性收入尤其是外出打工的工资性收入，而过去占支配地位的家庭经营收入所占比重和增长贡献率都在急剧下降。据调查，2007年农村劳动力外出就业月平均工资为1060元，2008年、2009年外出农民工月平均收入为1340元、1417元。农民工工资水平的提高，使工资收入成为农民收入增长最快的来源。转移性收入成为农民收入新的增长点。2004年以来，国家先后实施四项补贴，带动农民转移性收入的增长。2004—2008年，农民人均转移性收入由116元增加到323元，年均增长22.9%，占农民人均纯收入的比重由3.9%上升到6.8%。2013年，中央财政已累计投入145亿元，逐步在全国实施了支持农业生产社会化服务政策，即对接受农业生产社会化服务的农户按亩给予补助，在尊重农户独立经营主体地位的前提下，集中连片推进粮、棉、油、糖等重要农产品的规模化生产。据对辽宁、江苏、浙江、山东4省数据测算，目前财政每亩补助不足100元，实现农户亩均增收485.3元，户均增收2911.8元。

目前，农民收入持续增长面临多重困难，家庭经营性收入增长越来越困难，工资收入持续性增长面临重重壁垒。作为一个传统的农业国家，我国资源禀赋是耕地少，农村劳动力多，农民人均耕地面积狭小，2019年不足1.35亩。在以家庭承包经营为基础的小农户生产经营模式下，农民通过种地实现增收的潜力不大，这是由基本国情决定的。实际情况是粮食比较收益确实太低，依靠提高粮食价格来促进农民增收，会遭遇国际粮食价格的天花板，而且农民农业收入增长仅靠转移性支付难以为继。在财政转移资金相当有限、农业人口规模很大的情形下，政策性增收强度和潜力具有很大的不确定性。虽然农民工资收入不断增加，暂时支撑着农民增收，但是工资性收入增长却面临着严重的体制性束缚。受传统城乡隔离政策的影响，农民进城务工面临办理各种证件、缴纳各种费用、用工不规范、工资水平偏低、子女入学难、就医困难、缺乏社会保障、居住和生活条件恶劣等因素的制约。如果不能打破重重壁垒，推进城乡就业一体化，疏通农业劳动力进城务工的通道和提高农民工工资待遇，农民工资收入增长也将难以持续。

（二）粮食增产对农民增收的贡献率下降

2004年以后，在一系列强农惠农政策的激励下，粮食产量与农民收入出现持续增长的态势（见图10-1、图10-2），国家加大对农民收入补贴和粮食最低收购价格支持力度，一定程度上提高了种粮收益。种粮收益增加，有利于稳定粮食播种面积，有利于促进粮食增产与农民增收。从农民收入构成看，农业收入所占比重从36%降至30%，对农民增收的贡献率由54%降到19.9%。在促进农民农业收入稳定增长的因素中，除粮食等农产品产量稳定增长外，更重要的原因是农产品价格恢复性上涨。据统计，2008年农产品生产价格指数比2003年增长了56.9%，其中谷物、生猪、油料分别增长58.7%、90.3%和63.3%；2010年粮食等主要

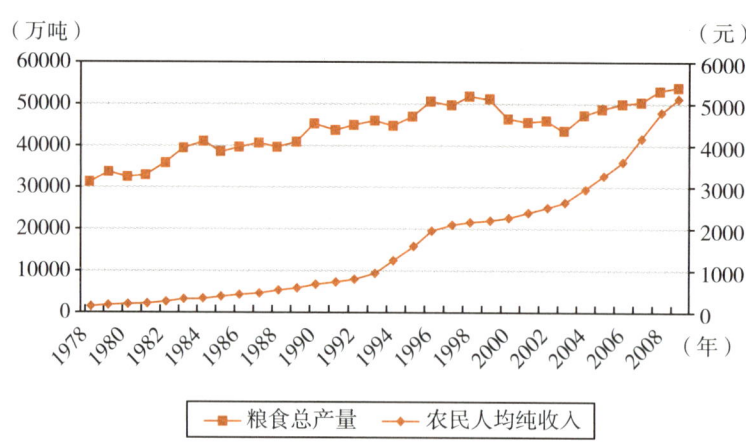

图10-1　1978—2009年粮食产量与农民收入变动情况

数据来源：1984年、2000年、2009年《中国统计年鉴》，北京：中国统计出版社，1985年、2001年、2010年。

农产品价格持续上涨，涨幅超过10%。2011年，以大米为例，国内外稻米价格出现了严重的倒挂现象（见图10-3），之后进口量持续走高，一方面源于居民粮食消费结构变化，口粮消费量逐渐下降，由吃得饱转而吃得好，另一方面供过于求导致大量粮食堆积，农民粮食真实收购情况并不乐观，粮食增产对农民增收的贡献率下降。

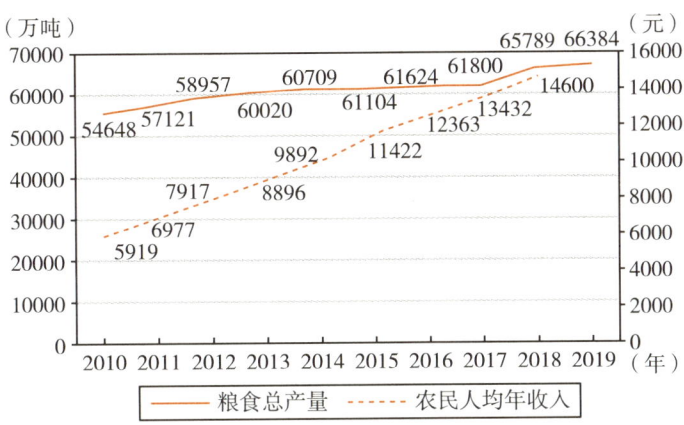

图 10-2 2010—2019 年粮食总产量与农民收入变动情况

数据来源：国家统计局与农业农村部。

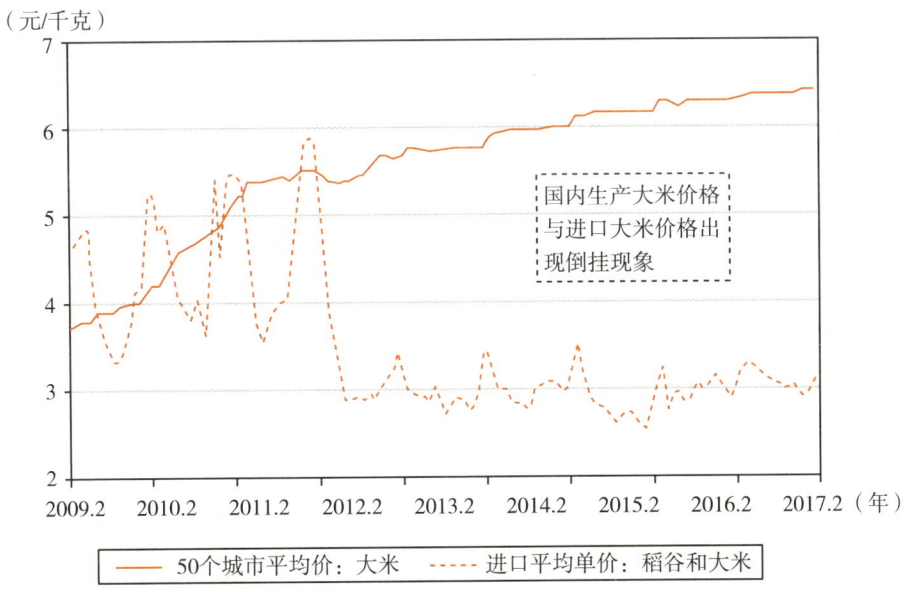

图 10-3 2009—2017 年国内生产大米和进口稻米价格

粮食生产与农民收入关系不同阶段的变化，基于背景各自不同。双方关系经历了从正向到松散甚至从异向再到正向的变化走势，实际上是宏观大环境与经济政策变化的结果，是市场经济体制初步建立与经济政策变化的结果，是市场经济体制初步建立以及商品供求关系变化的结果。通过我国农民收入与粮食发展间的关系演变可以看出，改革初期的农民收入与粮食发展呈现出比较一致的同向变动，农民收入的增长幅度超过了粮食生产的增长幅度。到了20世纪80年代中期至90年代中期，农民收入出现了徘徊和低速增长，与粮食发展比较呈现异向变动。90年代后期，农民收入总量不断增加，但增长幅度持续回落。21世纪初，粮食增产对农民增收的贡献率明显下降。这种回落与粮食生产不无关系，在不同的发展阶段和供求状态中，会出现不同的相互影响力。在短缺经济状况下，发展粮食生产与提高农民收入很容易达成一致，但供求不平衡或供大于求时，协调一致难度增大。一是农民收入构成变化是决定粮食生产与农民收入关系的重要因素。农民收入多样化，则依靠粮食增加收入的依存度小。当农民收入渠道狭窄时，对粮食生产的依存度就会提高。二是根据我国实际情况推论，绝大部分农民收入中来自粮食的份额不会彻底消失，尤其是粮食主产区更是如此，只是份额的高低而已。但是会有部分农民完全摆脱农业，放弃粮食生产，成为非农业户或非粮食生产户。

所以，在经济发展进入新阶段、短缺状况结束以后，保障粮食安全与提高农民收入，与经济发展全局密切相关，而不是简单的产量与收入之间的对应关系，两者关系对国民经济全局的影响是很大的。

第二节 粮食安全与农民增收双向协同推进的思路

解决中国工业化、城镇化进程中的"三农"问题，最根本的是要增加农民收入。增加农民收入涉及经济发展战略、宏观经济政策和经济体制改革的全局。这里仅就粮食安全与农民增收的关系提出两者协同推进

第十章　农民增收与粮食安全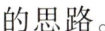

的思路。

一、要充分认识协调粮食安全与农民增收矛盾的现实性与紧迫性

我国经济发展已进入新的阶段，商品短缺状况已基本结束，市场供求关系已发生重大变化，粮食等主要农产品供给已由长期短缺到总量基本平衡、丰年有余。与此同时，经济发展也出现新问题：一是粮食市场价格连续下跌等多重因素，导致农民人均收入增长幅度连续下降，部分粮食主产区农民收入甚至是连续9年负增长。二是加入WTO后，粮食进口增加，对国内粮食和农民收入影响进一步增大。尤其是粮食主产区，生产与收入受到的冲击最大。如果按照义务要求进口粮食，从品种看主要是玉米和大豆。这两种粮食作物主要产于东北地区，而东北地区农民收入的60%来自粮食生产。三是粮食主销区的许多农民，已经放弃比较利益低的粮食生产，转向比较优势突出、市场竞争力强、能够创造更多收入的非粮食品种生产，导致部分地区农民"弃粮"现象严重。四是国内粮食生产越来越受到需求的约束。目前，东北粮食中玉米的70%左右销往南方，但近年来乌克兰玉米、美国高粱、澳大利亚大麦等因为价格优势明显较大，使得南方对东北粮食的需求受到抑制。

面对变化，决策管理层发出"农民收入事关大局稳定""农民增收困难已成为制约农村经济和整个国民经济发展的突出问题"和"我国粮食安全不容置疑"的呼声。强调要"千方百计增加农民收入"，同时要"建立符合我国国情和社会主义市场经济要求的粮食安全体系"。经济界及社会各界普遍认为，不断提高农民收入具有稳定大局的现实意义，加快建立保障国家利益的粮食安全体系具有深远的宏观战略意义。在任何时候，我们都不能放松提高农民收入和保障粮食安全这两件关系国民经济发展的大事。

同时一些迹象表明，在我国进入新的发展阶段后，实现粮食安全与

提高农民收入,出现了较强烈的"二律背反"的"不兼容"现象:发展粮食生产,农民收入难以稳定提高,增长幅度趋缓甚至下降,增产不一定增收;提高农民收入,就要放弃比较利益低的粮食生产,影响国家粮食安全。这种"不兼容"现象,已经影响到国民经济正常发展和农村稳定。深入开展保障粮食安全与提高农民收入的关系研究,寻求在新形势下协调处理好两者关系的途径,保障国家粮食安全与提高农民收入"双赢"目标的实现,已迫在眉睫。

二、要辩证把握粮食安全与农民增收的关系

关于保障粮食安全与提高农民收入,理论界和实践部门有两种观点。一种观点认为,我国发展粮食的基础并不牢固,粮食生产没有过关,现在只是阶段性、结构性过剩,应该继续重视粮食问题,不断提高国内粮食自给率,保障国家粮食安全。在粮食问题没有得到根本性解决之前,难以顾及农民收入。另一种观点认为,鉴于农民收入增长幅度连续下降,已经影响到扩大内需和农村稳定,因而要把提高农民收入作为首要工作抓好,粮食安全应该让位于提高农民收入。

无疑发展粮食生产与提高农民收入在客观上存在着对立与矛盾,理论界和实践部门从不同角度和侧面,阐述保障粮食安全或提高农民收入的重要性,提出了许多有益的见解和相应的解决之道,为解决好相关问题作了较好的基础性准备。但是在分析中,保障国家粮食安全与提高农民收入是被置于两个范畴内的。研究者较少将两者直接联系起来,把它们视为一个整体的两个方面,因而未能触及问题的深层次;保障粮食安全与提高农民收入之间是否可以建立一种协调统一的关系问题以及如何建立的问题也较少涉及;甚至有人提出了在一个时期内,只能以单一目标为主的观点。

由于我国特殊的国情,不可能将保障粮食安全与提高农民收入两大问题割裂开来,更不应该也不可能将两者对立起来。深入分析表明,在市场经济中,保障国家粮食安全与提高农民收入,实际是一种既对立又

统一的辩证关系，是统一大于对立、对立服从统一的关系。在未来发展中，我国粮食供需失衡依然存在，但粮食安全是有保证的。因为单产水平的提高、消费结构的多元化、替代食品的多样化、粮食获取渠道的拓展等，都将大大减轻和分散我国粮食安全压力。在此基础上，通过实施有效的应对措施，可以在实现粮食安全的同时提高农民收入，在两者的矛盾对立中寻求统一，在统一中化解对立与矛盾，从而实现粮食安全与增加农民收入关系的协调与共存，建立一种协同推进的"双赢"关系。

过去我们将保障粮食安全与提高农民收入放在不同的层次、视以不同的角度、分别研究分析，难免存在片面性、局限性、短期性，今后应该放弃这种做法，重新选择。

上述问题表明：第一，我国农民收入一度较高增长的环境不复存在，农民收入正在进入一个缓慢增长期。第二，我国粮食生产正处于一个重要转折点。一个时期以来，粮食供求形势好转（平衡）的局面，很可能因连续减产而发生逆转。这种局面如果出现并持续，势必威胁国内经济发展，动摇社会公众信心，并在国际上和政治上产生负面影响。第三，国内粮食形势、粮食供需区域间分工和农民收入的增减变动，越来越显现出国际化倾向。

三、粮食安全与农民增收协同推进的具体思路

（一）保障粮食安全与提高农民收入的关系，是经济发展进入新阶段，农产品供求关系由不平衡到平衡，农民收入多元化后无法回避的问题

在欧美等农业发达国家，农业生产高度专业化、规模化，生产结构、种植结构比较单一，基本上是纯农业、畜牧养殖、园艺花卉等专业农产。家庭基本的和唯一的收入，主要来自所从事的产业（农业），很少有兼业或外出打工的劳务收入。绝大多数农户没有调整农业生产结构和同时发

展非农产业的要求,甚至没有种植品种结构调整的要求,只有种植同一农作物不断采用优良品种的要求,体现了高度专业化、区域化分工的特征。而我国的实际情况是,农村经济结构必须不断优化以增加非农产业收入,农业结构必须不断调整以增加非种植业收入,生产品种必须不断更新以增加市场收入,农民需要外出打工以增加劳务收入。这些现象导致原有的粮食双重功能(食物供给与收入来源),逐步演化为粮食收入与其他产业和经济收入的多元化问题、协调粮食安全与提高农民收入的多元化问题。协调粮食安全与提高农民收入,已不能停留在粮食的双重功能上,而是要从内部逐渐拓展到外部,甚至是农业的外部。

(二)国家粮食安全与提高农民收入应是政府的宏观决策,协调两者的关系应是政府的重要职责

粮食安全与提高农民收入涉及方方面面,决策正确与否,事关国家经济社会发展大局。过去单独分别考虑粮食安全和农民收入问题,已经不能很好地适应经济发展和社会稳定的需要,必须把两者很好地结合起来,纳入政府的统一政策中。目前,各国都无一例外地从国家的稳定安危,从国家的根本利益、长远利益、现实利益,从国家的发展战略来对待粮食安全与农民问题,在财政政策、税收政策、贸易政策等方面给予农业和农民较大的扶持力度。各国都认为,国家粮食安全与农民收入无小事。我国亦应如此,要把树立国家粮食安全与提高农民收入的全局意识,融合于国家的宏观经济发展政策之中,使之成为政府部门的一项重要职责。

(三)粮食安全与农民收入问题的定位日益明确突出,重要性显著上升

在经济全球化背景下,国家环境发生了很大变化,各国都重视以经济为基础的综合国力的竞争,其中以粮食为主的农产品贸易出口竞争能

力尤为重要。越来越多的国家开始重视粮食安全问题，有的国家把粮食安全问题作为国家经济安全问题，有的国家把粮食安全作为国家经济安全的重要组成部分。我国摆脱粮食短缺困扰之后，同样应把粮食安全放到足够重要的位置，给予高度关注，采取必要的政策措施，保证经济发展不受粮食问题影响。当然，农民收入问题肯定是一个焦点。

（四）协调粮食安全与提高农民收入，不能只看到对立的一面，更要看到一致与和谐的一面

目前，我国发展粮食生产、保障粮食安全，需要集中必要的资源，因此客观上存在着影响农民收入尽快增长的负作用。但我们不能就此得出放弃发展粮食生产、牺牲国家粮食安全换取农民收入的结论，因为我国农民收入中的相当一部分，还必须靠发展粮食生产获得。在实现粮食安全过程中，同样可以提高农民收入。两者间相互依存、相互交织的密切关系，将长期存在下去。所以，发展粮食生产与提高农民收入之间出现的背离、不和谐，应该而且可以通过寻求两者利益共同点，增加"双赢"的机会来解决。

（五）保障粮食安全与提高农民收入必须从内外两条线上着手，基点应该放在国内

粮食不安全是国家经济发展最大的障碍之一，农民收入增长缓慢是社会不稳定的主要因素之一。只有实现国家粮食安全与农民收入的提高，才能把经济建设搞上去，有效维护国内已有的良好经济发展环境，最大限度地维护国家利益。在国际上，中国要发挥大国的重要作用，逐步增强参与国际竞争的适应与应变能力，通过建立良好的经济合作关系，为国内实现资源的有效配置与资源节约战略和必要的替代战略营造有利的外部环境，这样才能以较低的代价获得最大的经济利益。

第四篇

改革创新力：粮食安全与市场改革协调一致

改革创新力是"五力模型"的内在引擎，是保障粮食安全的核心驱动力。

"藏粮于市"。市场是资源配置的决定性力量，是确保粮食安全的基础。更好地发挥市场在粮食资源配置中的决定性作用，要不断完善中国粮食市场化改革的政策环境，深化国有粮食企业的改革，培育粮食市场主体，完善粮食市场体系。

"藏粮于技"。科技是第一生产力。实践证明，改革开放后，科技在我国农业和粮食发展中的作用非常显著，科技贡献率越来越高。从长远看，科技在保障粮食安全中的地位和作用将更加凸显。

本篇主要从市场是粮食安全的基础、粮食流通体制改革、粮食补贴方式改革、粮食科技创新、节约粮食五个方面，探讨粮食安全与市场改革如何协调一致，特别是介绍了中储粮、中粮集团、中化农业、隆平高科、大北农集团、益海嘉里、光明米业、吉林大米产业联盟、克明面业、安佑集团、内蒙古谷语科技、常州胜杰科技等具有标杆性的中国粮食创新改革案例，为保障粮食安全提供动力和源泉。

第十一章 市场是粮食安全的基础

党的十八届三中全会提出，使市场在资源配置中起决定性作用和更好发挥政府作用，建立社会主义市场经济体制，就是要发挥市场在资源配置中的决定性作用。以市场为基础来保障国家粮食安全，是在新的世界形势下和在新的国内体制框架中明智的正确选择。

第一节 市场价格信号是粮食安全的"调节器"

一、农产品供需与农产品价格的形成

（一）农产品需求

消费者对一种商品的需求，是指在一个特定时期内消费者在各种可能的价格下愿意而且能够购买的该商品的数量。这一需求必须具备购买意愿和购买能力两个特征。在特定的价格下，具备这两个特征的数量被称为消费者的需求量。需求表达式为：

$Q_{px} = f(P_x, I, P_r, P_1, P_2, \cdots, P_0)$

式中：Q_{px} 是商品 x 的需求量；P_x 是商品 x 的价格；I 是消费者收入（或收入预期）；P_r 是消费者偏好；P_1，P_2 … 是相关商品（替代商品、互补商品）的价格；P_0 是消费人口数。

对于一般商品，需求量与价格水平呈反方向变动。在以这两个变量为坐标轴的直角坐标系中，需求函数表现为一条向右下方倾斜的曲线。

对于吉芬商品（贫穷社会的赤贫人口消费的低档农产品、生活必需品等），价格上升需求量反而可能也上升，曲线会向右上方倾斜。这反映了赤贫人口在收入下降时，被迫放弃相对享受性消费，将收入的更大部分用于最必需的生存消费，即使这种消费品的价格有所上升。

农产品需求的影响因素，包括农产品价格，居民收入（消费结构、饮食结构变动的恩格尔定律），消费者偏好变化，相关产品价格和人口数量五个方面。农产品消费的特殊性导致了农产品需求的特殊性。

1. 人口数量与农产品需求量。农产品作为食品和饲料，能够直接或间接地成为人维持生理需要的重要物品。当每人每日需要一定营养量时，人口数量的增减就会对农产品的需求量变化起决定性影响。人口数量对农产品需求量的影响不但表现在人口增加对农产品需求量的增加上，也表现在人口数量相对稳定或下降（生育率下降、人口老龄化）对农产品需求量变化的消极影响上。当需求饱和时，就必须对农产品生产进行限制。

2. 消费者收入与农产品需求量。一方面，消费者所拥有的购买能力的变动，对不同的农产品需求产生不同的影响。德国统计学家恩格尔首先证明，在收入绝对增加的情况下，尽管人们对食品支出的绝对量在增加，但对食品支出的相对数在减少，即食品在消费支出的结构中所占的比重在下降。人们对农产品的需求越接近饱和，农产品需求的收入弹性就越小。当需求饱和时，其收入弹性将等于零。随后，收入增加，某些产品收入弹性可能会变为负值。另一方面，随着消费者收入的提高，必然会出现动物性营养代替植物性营养的历史过程。畜产品生产必须耗费饲料，饲料与畜产品转换率一般为4∶1，因而饲料粮需求量会随着发展中国家经济水平的提高、人均国民生产总值的提高而有显著的增加。综合上述两个方面的因素可知，收入水平的变化影响不同农产品的需求变化，高值农产品需求随收入增加而增加，低档农产品需求则随收入提高而保持稳定甚至下降。在中国，尤其要注意到食用粮与饲料粮的结构变化。

3. 消费者偏好与农产品需求量。由消费者的年龄、性别、工作和受教育程度等方面的差异导致的不同偏好，会对农产品的需求造成影响。

4. 农产品价格与农产品需求量。与其他商品相似，一般农产品的需求会随着价格的上升而减少，随着价格的下降而增加。但是，当人们收入提高时，多数农产品，或者说越来越多的农产品被列入生活必需品之列，与收入提高不再相应增加农产品需求一样，价格提高也不再相应减少农产品消费，价格下降也不再相应增加农产品消费，即农产品需求的价格弹性与收入弹性一样，都十分低。当一个国家从贫困、温饱跨入小康和富裕时，农产品销售金额的上升将不能弥补农产品销售价格的下跌，农产品的过剩和农民收入的停滞不前十分普遍。

5. 相关产品价格与农产品需求量。相互替代的农产品之间通常存在着需求的正的交叉价格弹性，互补农产品之间通常存在着需求的负的交叉价格弹性。在存在消费"示范效应"的社会，享受型的耐用消费品与基本农产品之间也会存在类似替代的关系。这意味着，一部分低收入者会将增加的收入用于需用消费品而不是更急需的基本消费品。所谓的"超前消费倾向"，一定程度上更降低了农产品的需求弹性。

(二) 农产品供给

生产者对一种商品的供给，是指生产者在一定时期内在一系列可能的价格下愿意而且能够提供出售的该种商品的数量。在特定的价格下生产者愿意生产且能够供给的数量被称为供给量。供给函数一般表示为：

$$Q_{sx} = f(P_x, T, P_{In1}, P_{In2}, \cdots, P_1, P_2, \cdots)$$

式中：Q_{sx}是商品 X 的供给量；P_x是商品 X 的价格；T 是技术水平；P_{In1}，P_{In2}…是生产该商品所用的各种投入物的价格；P_1，P_2…是与该商品相关的其他商品的价格。

一般来看，供给量与商品价格呈同方向变动，供给曲线向右上方倾斜。所有生产者供给曲线横向相加得到市场供给曲线。

农产品供给的影响因素包括生产成本和产品价格两大方面。具体来说，生产成本因素包括生产技术状况、生产要素价格、经营规模和技术装备容量；产品价格因素包括该种农产品的价格和可替代商品的价格。

1. 生产要素价格与农产品供给量。一般来说，生产要素价格提高，尤其是那些可替代性较差的要素价格提高，农产品生产成本就会增加，供给就会在其他因素保持相对稳定的情况下减少。

2. 技术进步、生产率变化与农产品供给量。大部分的技术进步不仅可以引起农业生产成本的降低，而且也能够提高农业的生产潜力，使农产品供给增加。

3. 经营规模和技术装备容量与农产品供给量。扩大经营规模和改善技术装备，通常可以降低生产成本和提高投入要素的生产率，增加农产品供应。

4. 农产品价格与农产品供给量。在市场经济条件下，生产者追求利润的最大化。在生产成本等因素不变的条件下，价格上升，具有较高利润期望的农产品的供给量会相应增加。此外，农产品的供给还受经济体制、政府法律和政策、市场竞争环境和类型的影响。

（三）农产品供求的市场均衡

需求曲线和供给曲线说明了消费者和生产者在每一个价格下愿意和能够支付或提供的需求量和供给量。在经济学中，我们说一经济量处于均衡状态，是指该经济量在其他经济量的相互作用下达到一种相对静止的状态。据此，某一种商品的市场价格就是该市场上供求双方相互作用的结果。当供求达到平衡时，所决定的市场价格称为均衡价格，供求相等的数量称为均衡数量。当市场需求曲线和市场供给曲线相交时，供给量等于需求量，这就意味着在此时的价格下，消费者和生产者的愿望都得到了满足，没有进一步改变现有状态达到更优的可能。均衡价格是市场上总供给与总需求相等的结果和标志。

第二节　市场价格信号调节粮食供需均衡的原理

一、价格反映粮食供求关系的变动

（一）需求变动对均衡价格和均衡数量的影响

人口数量、人均收入、消费结构、替代商品价格等因素发生变化，都会引起需求量的增加或减少，它将通过需求曲线向左或向右的平移和需求曲线发生转动两种运动表现出来（见图 11-1）。

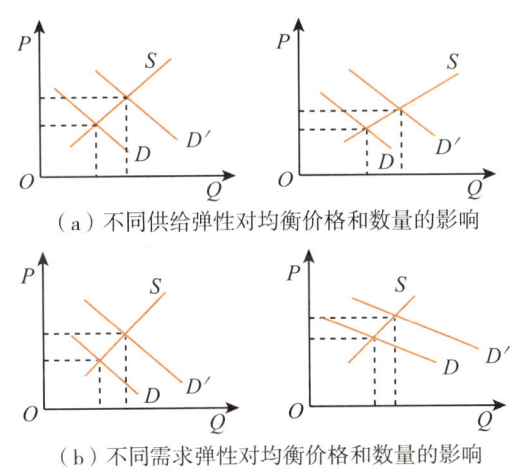

（a）不同供给弹性对均衡价格和数量的影响

（b）不同需求弹性对均衡价格和数量的影响

图 11-1　需求变动对均衡价格和均衡数量的影响

一般来说，当需求增加时，需求曲线向右移动，引起均衡价格和数量同时增加。供给的价格弹性越大，均衡价格提高幅度越不明显，而均衡数量增加的幅度却会逐渐加大（见图 11-2）。

供给价格弹性为零的极端情况——需求增加、曲线右移，均衡价格提高而均衡数量保持不变。这是因为粮食生产有一定的周期性，在较短时间内供给无弹性。如突发性自然灾害、商人囤积居奇谋求暴利、遭受

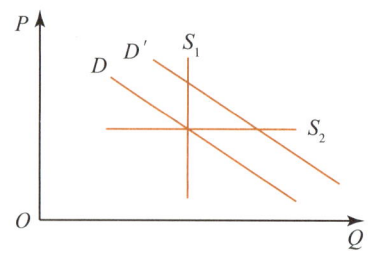

（a）供给的极端情况：价格弹性为零或无穷大

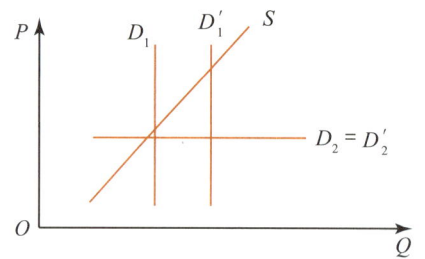

（b）需求的极端情况：价格弹性为零或无穷大

图 11 - 2　四种极端情况

外敌封锁等，就可能出现这种情况［见图 11 - 2（a）中的 S_1］。

供给价格弹性无穷大的极端情况——需求增加、曲线右移，均衡价格可能不变，而只出现均衡数量的增加。如农产品供给旺季，贮存加工能力较弱时，就会出现不用提高价格而增加供给市场的情况（见图 11 - 2（a）中的 S_2）。

需求价格弹性为零的极端情况——需求量对价格变化不作任何反应，仅当需求增加时，曲线右移，价格和数量才都会增加。如低档农产品需求接近饱和时的情况［见图 11 - 2（b）中 D_1 和 D_1'］。

需求价格弹性无穷大的极端情况——价格的微小变化会导致需求量发生无穷大的变化。这种情况仅仅可能发生在完全无谓的物品上［见图 11 - 2（b）中的 D_2 和 D_2'］。

随着需求价格弹性的增加，均衡价格提高幅度和均衡数量增加幅度是更大还是更小，视需求曲线与供给曲线的相对位置而定（见图 11 - 3）。需求减少时，曲线左移，结论同理可得。对于农产品，可能还有四种较为极端的情况。

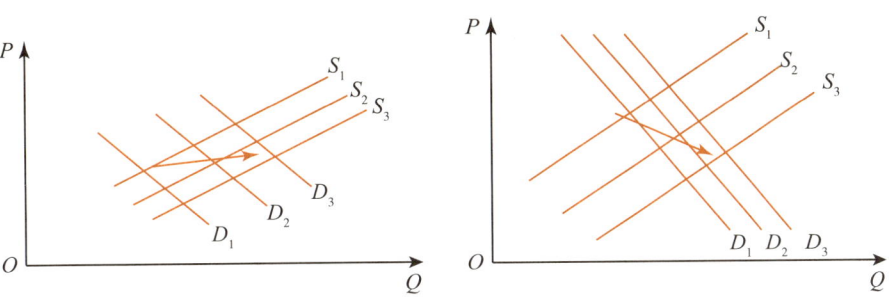

图 11-3 供给曲线和需求曲线同时移动的作用

(二) 供给变动对均衡价格和均衡数量的影响

技术进步、气候条件、要素价格的变化会使供给量增加或减少，表现为供给曲线的右移或左移。与上述分析相似，可得出如下结论。

供给的增加，一般会引起均衡价格的降低和均衡数量的提高。

随着需求价格弹性的增大，均衡价格降低的幅度逐渐变小，而均衡数量增加的幅度逐渐扩大。

随着供给价格弹性的增大、供给曲线右移时，均衡价格降低的幅度和均衡数量增加的幅度是更大还是更小，视需求曲线与供给曲线的相对位置而定。

(三) 需求和供给同时变动对均衡价格的影响

人类社会的发展必然带来生活水平的提高，就全部农产品来说，需求量是要增加的；同时由于技术的进步，人类素质的提高，粮食的供给量也是会增加的。用图形表示即需求曲线和供给曲线都将会向右移动。由于需求曲线、供给曲线移动的程度不同，大体会有三种结果，即随着供求两方面的变化，均衡数量增加时，价格可以上升、保持不变甚至下降。

二、价格对粮食供给和需求的影响

(一) 农产品价格对供给的调节作用

在商品经济条件下,生产者追求利润的最大化是一条普遍的规律,粮食生产者也不例外。生产者会以销售收入与成本的差额预期来决定每一阶段的生产计划,相应地扩大或缩小生产规模和生产投入,改变生产方向。

农产品价格提高,在成本不变或相对变化幅度较小时,必然会使农业生产者的利润期望增大,供给量就会相应增加;而农产品价格降低,供给量将相应减少。为实现产品价值,生产者会以消费者需求为出发点,选择生产的数量、品种和品质。由于农业生产是经济再生产与自然再生产相结合的生产形式,因而价格对供给的调整具有时滞特点。本生产周期内产品价格的变化将会引起下一个生产周期该种农产品供给量的增加或减少。粮食的生产周期为数月至一年。一般地,粮食供给的价格弹性为正值。

(二) 农产品价格对需求的影响比较复杂

农产品价格对需求的影响因产品品种、档次不同会有三种情况。第一种情况是,一般地,当农产品价格提高时,消费者就会减少购买量,而使总的需求量减少,即需求与价格之间的关系呈负相关关系,如粮食产品中的饲料粮、优质口粮等,需求的价格弹性为负,绝对值相对较大。这种情况是世界各国,特别是中国现实生活中较多存在的。第二种情况是,在一定的幅度内,价格无论如何变化,需求量也不会变化。在一些发达国家,日常生活所需农产品确实也有这种现象。第三种情况是,即使价格提高,消费者也不得不增加购买,导致价格提高反而需求增加的现象,这种情况就一个国家来讲极为少见。

（三）价格对粮食品种、品质的调节作用

生产者生产的最终目的是满足消费者的需求，只有适销对路的产品才能够实现其价值。随着人类社会的发展，人们的消费水平必然不断提高，对农产品的消费需求也会不断增加，要由"吃得饱"向"吃得好"转变，对粮食产品的品种、品质提出更高的要求。而各种农产品之间往往有较大的替代性，价格就成为消费者消费选择和生产者生产选择的指示器。一般地，优良品种、高品质的农产品对应高价格，通过市场机制的作用，最终在各产品品种和品质间达成均衡。另外，优良品种、高品质农产品往往具有比低品质农产品更高的价格弹性，因而，价格对优质品种、高品质的粮食产品调节作用更大，消费者、生产者对它的反应更加敏感。

第十二章　粮食流通体制改革

粮食安全主要包括粮食生产和粮食流通两个方面。党的十八大报告指出，要确保国家粮食安全和重要农产品的有效供给，这更凸显了农产品流通环节的重要性。改革开放以来，粮食流通体制曾经"几收几放"。"收"和"放"是政府力量和市场力量博弈的结果。粮食流通体制的转变过程实质上是制度的变迁过程。改革开放40多年来，粮食流通体制改革始终按照党中央、国务院的决策部署，坚定不移地向前推进，实现了国家宏观调控下的粮食购销市场化和市场主体多元化。

第一节　中国粮食流通体制发展历程

1978年，党的十一届三中全会决定大幅度提高粮食收购价格，揭开了我国粮食流通体制改革的序幕。回顾40多年来的粮食流通体制改革，其大体经过了以下几个阶段[①]。

一、第一阶段：1978—1984年，探索改革粮食收购制度，粮食流通由计划调节向计划与市场调节相结合转变

这一阶段，主要采取缩小农产品统购派购品种范围，大幅度提高农

---

① 王双正：《粮食流通体制改革40年：从怎么看到怎么干》，《经济研究参考》，2018年第17期。

副产品收购价格，实行"粮食征购、销售、调拨包干"，适当放宽粮食集市贸易等措施，加之实行家庭联产承包责任制，极大地调动了农民种粮积极性。1984年粮食产量突破4亿吨，比1978年增长33.6%。

二、第二阶段：1985—1990年，取消粮食统购派购，合同定购和市场收购并存

1985年1月，国家要求从当年起取消粮食统购派购，实行合同定购。受当时粮食大幅度减产、市场粮价迅速回升的影响，1985年年底重新赋予合同定购以"国家任务"的性质；1990年正式改为国家定购，对定购粮食实行奖售平价化肥、柴油和发放预购定金"三挂钩"政策。

三、第三阶段：1991—1993年，取消粮食市场双轨制，粮价开始由市场供求关系决定

1991年10月，为进一步搞活农产品流通、完善农产品放管结合的购销政策，国务院要求在保证完成国家定购任务的情况下，对粮食实行长年放开经营政策。1993年10月，国家决定从1994年起对国家定购的粮食全部实行"保量放价"，即政府向农民收购5000万吨合同定购粮数量不变，但收购价格随行就市。

截至1993年年末，全国98%以上的县（市）基本放开了粮食购销和价格，实行了长达几十年之久的粮食统销制度彻底取消。

四、第四阶段：1994—1997年，回归粮食市场双轨制，实行"米袋子"省长负责制

受1993—1994年粮价大幅上涨16.7%、46.6%的影响，原计划于

1994年实行的"保量放价"政策并没有落实。在这种情况下,国家要求继续坚持政府定购并适当增加收购数量,粮食从收购到批发恢复由国有粮食部门统一经营,粮食销售价格实行最高限价,这实际上又恢复了粮食价格双轨运行。1994年6月、1996年新粮上市时,国家两次较大幅度提高粮食定购价格,分别比上年提高40%、22.4%。1995年2月,实行"米袋子"省长负责制,强化地方政府责任,确保粮食供需平衡、市场供应和价格稳定。

五、第五阶段：1998—2000年，实行"四分开、一完善"和"三项政策、一项改革"

1998年5月,国务院提出"政企分开,中央与地方责任分开,储备与经营分开,新老财务挂账分开,完善粮食价格机制"。1998年6月,全国粮食购销工作电视电话会议强调,深化粮食流通体制改革的重点是"国有粮食购销企业按保护价敞开收购农民余粮,粮食收储企业实行顺价销售,农业发展银行收购资金封闭运行,加快国有粮食企业自身改革"。

此外,国家还于1998年6月发布《粮食收购条例》,对粮食收购实行保护价制度。于2000年1月成立中国储备粮管理总公司,对中央储备粮实行垂直管理,增强政府对粮食市场的调控能力。

六、第六阶段：2001—2013年，放开粮食收购市场，实施最低收购价和临储政策

2001年7月,国务院要求粮食主销区要加快粮食购销市场化改革,放开粮食收购,粮食价格由市场供求形成。2004年5月,《粮食流通管理条例》正式出台,并从2004年全面放开粮食收购市场,实现粮食购销市场化和市场主体多元化。

从2004年起，国家实行最低收购价政策，逐步取消"农业四税"，实行"农业四补贴"等，多次提高粮食最低收购价水平；2016年以后，受市场形势、政策取向变化影响，最低收购价有所下调。

七、第七阶段：2014年至今，探索推进农产品价格形成机制与政府补贴脱钩

按照"分品种施策、渐进式推进"的原则，继续坚持和完善小麦、稻谷最低收购价政策，逐步下调最低收购价水平。2015—2018年，3个品种小麦均累计下调0.03元/500克，早籼稻、中晚籼稻、粳稻分别累计下调0.15元/500克、0.12元/500克、0.25元/500克。2014年取消实行多年的大豆临储政策，启动东北和内蒙古大豆目标价格改革试点，2014—2016年大豆目标价格均为4800元/吨。玉米、大豆先后于2016年、2017年实行"市场定价、价补分离""市场化收购+生产者补贴"新机制，推进收购价格完全市场化。

40多年来，我国粮食流通领域发生了深刻变革，取得了巨大成就。

一是粮食产量成倍增长。改革开放前的1977年，粮食产量为28273万吨，人均占有297.7公斤。到2017年粮食总产量达到66160.72万吨，产量翻了一番多。40年人口增加4.4亿，但人均占有粮食达到444公斤，增加49%。粮食产量的增加，主要是由于推行家庭联产承包责任制、增加农业生产投入、减轻农业负担、增加农民收入，调动了农民生产积极性，对促进粮食生产稳定发展起到了重要作用。

二是粮食供给由长期短缺到总量基本平衡，做到"谷物基本自给，口粮绝对安全"。进行供给侧结构性改革，向总量扩张与质量不断提升加速发展。

三是群众吃粮从温饱不足型向讲究营养、安全、风味、方便跃升。

四是粮食宏观调控能力不断增强。近年来，粮食库存总量处于高位，中央储备粮规模保持稳定，地方储备粮增储任务全部落实到位。粮食市

场运行保持平稳态势。粮食供应充足,价格总体稳定,确保国家粮食安全不断巩固和提高。

五是粮食流通管理进入依法治粮的新时代。粮食流通政策法规监督保障体系正在逐步健全。

六是粮食流通产业得到了长足发展,现代粮食物流体系逐渐形成。

第二节 深化粮食流通体制改革

2017年7月31日,全国粮食行业"深化改革、转型发展"大讨论活动动员部署会议在北京召开。粮食流通改革发展进入了攻坚期,在这个重要节点,就如何落实习近平总书记关于粮食安全的重要讲话精神和国务院决策部署,国家粮食和物资储备系统组织开展了"深化改革、转型发展"大讨论,各地明确了工作重点及任务,并制订了实施方案。以下是各地在大讨论后采取的行动及所取得的成效[①]。

一、铸白金名片、树健康品牌——吉林省

近年来,吉林省粮食局按照吉林省委省政府统一部署,提前谋划粮食市场变化趋势,立足吉林实际,瞄准消费需求,整合省内资源,加快推进吉林大米品牌建设,着力实施吉林大米"五个一工程":集中打造一个核心品牌——吉林大米;组建一个产业联盟——吉林大米产业联盟;搭建一个电商平台——吉林大米网;制定一套标准体系——吉林大米系列质量标准;建立一个营销网络——吉林大米直营网络。经过近5年的艰苦努力,吉林大米品牌建设取得显著成效。

---

① 国家粮食和物资储备局:《深化改革转型发展》,中国财富出版社,2018年版。

1. 多措并举，吉林大米核心品牌影响力日渐凸显。针对吉林水稻种植环境优、生产标准高、内在品质好的特点，结合吉林大米中高端市场定位，吉林省粮食局在充分调研国内众多品牌策划创意的基础上，制定了《吉林大米品牌建设发展规划》，对吉林大米品牌宣传方式、载体、内容进行了细致筹划。主要思路为：一是通过对目标市场精准分析，突出品牌内在价值，彰显品牌整体形象，实现科学精准传播；二是通过科学系统的顶层设计，综合运用各种媒介，实施线上线下组合推广，最大限度地覆盖目标群体，实现品牌影响力的快速提升；三是通过对品牌成长特性的科学分析，精准选取不同阶段宣传推广重点，实现品牌认知度、美誉度、客户忠诚度持续提升；四是通过实施"四大工程"（媒体传播、品牌"行走"、文化挖掘、主题公关），让吉林大米"电视有影、广播有声、报纸有字、站场有牌、网络有事"，实现品牌推广自主、持续、可控的发展目标。

2. 整合资源，吉林大米产业联盟主体地位愈加突出。为有效解决吉林大米品牌落地问题，吉林省粮食局以品牌为引领，优选省内部分大米加工龙头企业，组成"吉林大米产业联盟"，以大联盟带动区域联盟，以区域联盟带动企业经营，联盟企业统一使用"吉林大米"商标，用"吉林大米"的大品牌统领区域品牌，以区域品牌聚合企业品牌。联盟企业作为品牌建设的重要载体，在承担吉林大米品牌建设任务的同时，还依托其影响力，承担了区域品牌整合重任，其中松粮集团以"查干湖"大米品牌为核心，对松原市周边30家企业进行了整合，组建了"查干湖大米"区域联盟，种植基地面积由30万亩扩大到50万亩，稻谷加工能力由12万吨扩大到50万吨，年销售收入由1.5亿元增长到10亿元。目前，吉林大米产业联盟企业已由最初的7家发展到33家，包括27家在当地具有一定影响力的核心企业、5家大米经销商及1家品牌服务机构。

3. 完善标准，吉林大米质量管理体系初步形成。为维护吉林大米品牌形象，吉林省粮食局有意识地加大了吉林大米品质管控等基础工作的投入，组织修订了高于国家标准的《吉林大米地方标准》，编制了高于地方标准的"吉林稻花香""吉林长粒香""吉林圆粒香""吉林小町"4个市场热销品种的团体标准，并于2016年9月颁布实施。

围绕"夯基础、壮实力、稳质量、保安全"这条主线，开发了吉林大米质量追溯平台软件系统，对省内大米加工企业和水稻专业合作社相关信息进行采集、整理、汇总分析，为吉林大米"来源可查明、流向可追踪、信息可查询、责任可追究"提供科技支撑。目前，该平台已通过验收并上线试运行，首批60家省内大米加工企业已完成业务培训、软件安装、终端调试等工作，并正式开通投入使用。

4. 搭建平台，开启电商营销新渠道。为了有效锁定中高端消费人群，我们打破传统的经营方式，引入"互联网+吉林大米"模式，搭建"吉林大米网"电商平台，开展网上信息查询、线上宣传销售、网络结算业务活动，探索"线上注册会员，线下体验配送"O2O营销模式，线上导入会员140余万人，线下开设大米体验店220家。2017年11月，吉林省粮食局与阿里巴巴签署了战略合作协议，开通设在延边、舒兰、九台等地的产地仓，统一标准、统一备货、统一包装、统一发送、统一结算，并在天猫设立吉林大米官方旗舰店，开启了吉林大米在全球最大电商平台流通的新纪元。为配合线上销售，阿里巴巴还开放盒马鲜生、三江、联华、天猫小店、零售通便利店等线下资源。首批22家吉林大米企业的66款大米已驻店销售，产品全部定位于中高端，售价最低6元/斤。上线半年，吉林大米在淘宝天猫旗舰店销售19.5万单，成交967吨。吉林大米在线上的良好表现，吸引了京东等国内电商纷纷前来洽谈、谋求合作。

5. 延伸链条，创新产销衔接新模式。为了突出吉林大米生产环境、品质特征优势，吉林省粮食局依托联盟核心企业，向上延伸基地建设，向下延伸直营体系，以品牌为纽带，将生产与销售紧密地连接起来，有效地促进了三大产业融合。与品牌建设之初相比，企业自有基地面积由原来的不足130万亩增加到240多万亩；中高端大米产销量由原来的9亿斤增加到18亿斤；以"吉林大米"商标为统一标识的直营店130家、商超专区（专柜）500多个，遍布京、沪、浙、闽、滇等主销区。2018年4月，吉林省粮食局组织省内61户大米企业及农村合作社，4.5万公顷约120万份订单，在浙江开展了"吉田认购 我在吉林有亩田"推介活动，现场及网上意向认购3.45万亩，成交额超过2亿元。种植基地与消费者直接挂钩的"私人订制"模式在省内优势水稻产区悄然兴起，形成吉林大米新营销的创新之举，得到省主要领导的高度认可。

二、推动企业从传统业务向全产业链经营模式转变——内蒙古谷语现代农业科技有限公司

内蒙古谷语现代农业科技有限公司（以下简称"公司"）位于内蒙古扎赉特旗，是全区放心粮油进农村进社区示范加工企业、兴安盟农业产业化重点龙头企业、内蒙古自治区先进民营企业。通过"深化改革、转型发展"大讨论，公司深入思考，全面统筹，依托基地、规模和品牌三大优势，强力推进种子工程优化、绿色有机水稻种植、集约化生产、终端化营销等战略，推动企业经营模式变革，完成了从单一的粮食仓储贸易向全产业链经营的华丽转型。目前，公司已经成为一家集种子研发、水稻种植、大米加工和销售、粮食收储、农业科学研究及技术推广等服务为一体的现代化龙头企业。

（一）大力实施种子工程

公司以"从源头抓品质，好品质树品牌"的经营思路着重加强农业基础建设，每年投入近200万元进行种子研发。目前，优质水稻育种技术取得突破，在内蒙古同行业中处于领先地位。"太祖金勾""大漠小町""蒙谷大稻"等高优品系，在内在品质、外形等级、生长期覆盖率、产品出成率等方面都达到了一流标准，有的单项达到了超一流

的标准。水稻新品种的成功审定，增加了农户种植水稻的选择，保障了稻谷品质。

（二）建设标准化水稻实验和生产基地

以订单生产为手段，培育扶持水稻种植合作社，形成"企业＋合作社＋农户"的产业化经营格局。在生产管理上推行"五统一"模式，即统一提供优良品种、统一技术操作规程、统一投入品使用标准、统一田间管理指导、统一产品质量标准。

公司现有国家认证有机水稻种植基地 3000 亩、绿色水稻种植基地 20000 亩、种子繁育基地 4000 亩、富硒大米种植基地 2000 亩、水稻科研基地 300 亩、水稻育秧基地 200 亩、水稻订单基地 30000 亩，被评为"全国绿色食品示范企业"。农民通过与企业预先签订农产品订单，使农产品获得销售渠道，让本来不确定的盈利变得十分明确，降低了生产风险。订单式农业对增加农民收入、稳定农产品价格，作用十分明显。

三、深入实施"互联网＋粮食"战略，推动企业创新发展——深圳市

通过"深化改革、转型发展"大讨论，深圳市粮食集团有限公司（以下简称"深粮集团"）进一步坚定了"互联网＋粮食"融合发展理念，加快信息技术创新应用，依托信息技术提高粮油储备、贸易、加工、电子商务、物流配送一体化运作水平，全面提升粮油加工产品的有效供给能力和企业盈利能力，带动企业成功跻身"百亿"粮企行列。

（一）以信息化推动企业管理模式创新

一是实现货位管理和粮情监控的信息化。深粮集团在行业内率先推

进仓储管理的"标准化、机械化、信息化、无害化"(即"四化")建设,应用射频识别技术、滑托盘设备,引进智能机械手,构建粮食物流机械化、智能化、信息化"三化一体"模式,革新粮食物流和仓储模式,实现货位管理和粮情监控的信息化管理。

二是实现物流组织和应急保供的信息化。在深化供给侧改革探索、推动企业转型升级中,深粮集团以信息化建设为总抓手和驱动力,整合仓储、物流、质检、金融等服务资源,瞄准价值链高端开发互联网移动平台构建"电子商务+物流配送"的粮食营销新模式,逐步形成了细分市场、技术和服务创新等先发优势,实现了粮油购销网络的多层次、广覆盖。自主研发的"粮食物流信息系统"(深粮GLS),获得国家发展改革委和财政部"国家物联网重大应用示范工程"授牌,确保了应急储备粮油的供应。

(二) 以信息化推动企业商业模式创新

深粮集团瞄准不断增长和细分的粮食市场需求,以电子商务为手段,构建"三位一体"粮油供应服务网络,抢占价值链高端,加速企业转型升级。

1. 多喜米网。"线上+线下"融合,移动互联开拓终端市场。深粮集团于2009年创建国内首家粮油网络直销平台——多喜米网,走精品粮油路线,主打销售深粮集团的优质粮油产品,家庭用户已突破20万。为顺应移动互联时代的发展,近年陆续开发了微信商城、手机App商城、WAP(无线应用协议)商城,并积极探索"线上+线下"融合方式,着力推动以粮油自动售卖机为核心的社区粮站的发展。2015年起,"多喜米"模式在广州市场逐步打开发展局面,实现了盈利模式的异地复制,提升了品牌知名度及美誉度。

2. 贝格厨房。专业粮油配送,打造专业厨房管家。深粮贝格厨房以"您厨房的贴心管家"为经营理念,优化客户,精准定位,通过信息技术、金融与业务的深度融合,开发了中国厨房食品网及微信商城,建立快速响应物流配送中心,为多家大型企事业单位、学校、医疗卫生机构、餐饮连锁企业提供高品质粮油及厨房食品一站式供应服务,服务对象从深圳及周边的广州、惠州、东莞等地拓展至西南、华中地区。深粮贝格厨房还与金融机构签订战略合作协议,支持贝格厨房合作企业的融资发展,打造共生互荣的粮食产业发展生态圈。

3. 中国粮食交易网。让粮油大宗贸易简单 e 点。中国粮食交易网主要发展粮油大宗贸易购销对接业务,为采购商与供应商搭建起合作沟通的平台,提供交易、交收、物流、金融结算、信息资讯以及保障等服务,并以仓单管理平台为突破口打造粮油大宗贸易的公共服务平台,帮助客户有效减少交易环节、降低贸易成本、提高经济效益。

(三) 以信息化推动企业品牌创新

深粮集团依托互联网、大数据等技术手段加强对粮食产业运行数据的分析和研判,根据市场需求研发、生产、推广粮油产品,引导企业在生产、流通、销售方式上进行变革,打造特色品牌和产品,扩大市场份额。以粮食产地为源头,以深粮检测为控制关口,结合创新绿色保粮技术,建设粮食质量安全管控体系,确保粮油质量安全。同时根据市场需求,积极调整产品结构,着力提升产品研发能力,面向市场陆续推出了稻花香大米、面粉专用粉、茶籽油等优质粮油产品。"深粮多喜""多喜米""谷之香""向日葵""君子兰""深粮福喜"等品牌深受消费者喜爱。深粮多喜常香稻稻花香大米入选首批"中国好粮油"产品,深粮集团粮油产品多次被中国粮食行业协会和广东省粮食行业协会授予"放心粮油"称号。

第十三章 粮食补贴方式改革

粮食补贴方式改革是粮食市场取向改革的重点、难点和各方面关注的焦点。

第一节 中国粮食补贴方式的演变过程

我国粮食补贴方式与粮食流通体制紧密相关。因此,考察我国改革开放以来粮食补贴方式的演进,必须将其放在整个粮食流通体制变革的大背景之下。粮食流通体制改革作为农产品流通体制改革最重要的内容,始终坚持市场导向、循序渐进的改革方向和原则,大体上经历了7个阶段,与之相应的粮食补贴方式也经历了这7个阶段。

第一阶段从1978年到1984年,粮食流通体制改革并没有触及统购统销体制,主要是调整粮食收购数量和价格。与之相应,粮食补贴主要是补贴粮食企业经营费用和购销差价,并以后者为主,实际上重点是补贴城市居民,农民间接得到补贴利益。1953年,为解决当时的粮食供需矛盾,加速工业化、城镇化进程,集聚工业化、城镇化所需的大量资金,我国开始实行粮食统销政策。1978年,党的十一届三中全会决定调整这一政策,以改变农产品匮乏和农民贫困的状况。1979年3月,国务院决定从当年夏粮上市起,粮食统购价格提高20%,超购加价幅度由原来按统购价加30%,提高到按新统购价加50%。这样,全国6种粮食价格平均每50公斤由10.64元提高到12.68元,结束了自1966年调价以后粮食统购价格12年未动的局面。同时,国家还采取调减粮食征购指标、恢复粮食集贸市场、开展粮食议购议销等措施。

虽然提高了收购价格，但粮食销售仍维持低价，购销之间存在的差价和粮食购销企业经营费用由国家补贴。1978年国家财政应补金额为38.4亿元，1984年增加到234.1亿元，增长5倍，占当年财政收入的比例也由3.4%上升到15.6%。这一时期的粮食补贴主要是由于提高收购价格的同时又维持原来的销售价格而产生的，可以说既补贴了农民，也补贴了城市居民，还补贴了粮食购销企业，但重点是补贴城市居民。

第二阶段从1985年到1990年，粮食流通体制改革开始触及统购统销体制，统购制度解体，粮食价格双轨制形成。与之相应，粮食补贴方式仍然主要是补贴粮食企业经营费用和购销差价，以后者为主，重点是补贴城市居民。同时，对农民交售定购粮采取"三挂钩"的补贴措施。1985年1月，中共中央、国务院发布《关于进一步活跃农村经济的十项政策》，其中规定，粮食取消统购，改为合同定购。定购以外的粮食可以自由上市。如果市场粮价低于原统购价，国家仍按原统购价敞开收购。从此，粮食流通开始了"双轨"运行。由于市场粮价的攀升，一些地方只得采取强制性行政手段落实定购合同，真正的合同定购并未实现。1990年，国务院正式决定改合同定购为国家定购，并规定完成定购任务是农民应尽的义务。这一时期，国家调减了定购数量，提高了定购价格。定购数量由1985年的790亿斤调减到1986年的500亿斤，并保持稳定。1986—1989年，国家对定购价格采取分品种逐步提高的办法。销售方面，国家供应农村的各种用粮都调整到购销同价，但对城镇人口仍按原销价不变。1990年对粮食实行最低保护价制度和粮食专项储备制度，是这一时期粮食流通体制的一项重大改革。由于粮食统销体制未被打破，这一阶段粮食补贴方式仍然主要是补贴粮食企业经营费用和购销差价，以后者为主，而且更加向城市居民倾斜。不过，这一时期开始实行定购与平价化肥、柴油和预购定金"三挂钩"的政策，是一种生产性补贴方式。1987年，每百公斤贸易粮挂钩平价优质标准肥12公斤、柴油6公斤。粮食部门按统购价款的20%预付定金，利息由国家财政负担。1990年，国家财政在粮食方面应补贴金额上升到477亿元,是1984年的2倍多,占当年财政收入的14.4%。

第三阶段从1991年到1993年,粮食统销体制解体,"保量放价"政策出台。与之相应,粮食补贴由补贴粮食企业经营费用和购销差价且以后者为主的方式开始转向补贴粮食企业等流通环节。由于长期购销价格倒挂,国家财政不堪重负。1991年5月,国务院决定较大幅度提高对城镇居民的粮食销售价格,综合平均每50公斤提价10元,提价幅度达67%。1991年年底,国务院作出了粮食购销体制改革采取"分区决策、分省推进"的决定。1992年,国家再次提高粮食统销价格,平均提价幅度为43%。到1993年年底,全国宣布放开粮价的县(市)超过总数的95%,城镇居民粮食统销政策被打破,粮食统购统销制度彻底退出了历史舞台。此外,国家决定在实行保护价制度的同时,相应建立粮食风险基金和储备体系,规定中央和地方财政减下来的粮食加价、补贴款要全部用于建立粮食风险基金。此外,这一时期仍保留了对农民完成定购"三挂钩"的政策,但改革了"三挂钩"的方式,将挂钩的实物折成现金,在农民向国家交售定购粮时一次性支付给农民。

第四阶段从1994年到1997年,粮食生产流通体制实行"米袋子"省长负责制,提高粮食定购价格。粮食补贴仍然采取补贴粮食企业等流通环节的办法。1994年起,国家决定再次提高粮食价格,将四种粮食(小麦、稻谷、玉米、大豆)定购价格平均每50公斤提高到52元,平均提高幅度为40%。这一时期的粮食部门改革也开始加快。1994年5月,国务院在《关于深化粮食购销体制改革的通知》中要求,在粮食行政管理部门的统一领导下,粮食经营实行政策性业务和商业性经营两条线运行机制,业务、机构、人员彻底分开。1995年开始实行"米袋子"省长负责制,主要目的是确保本省粮食供求平衡和粮食市场的相对稳定。1997年,国家出台了按保护价敞开收购农民余粮的措施。由于这一时期流通体制没有大的变化,粮食补贴方式也基本维持原有办法。

第五阶段从1998年到2000年,粮食流通体制实行"四分开、一完善""三项政策、一项改革"和"放开销区、保护产区、省长负责、加强调控"。粮食补贴主要采取国家储备粮补贴和粮食风险基金的方式。随着我国粮食连年丰收，农产品供给基本告别了绝对短缺，农业和农村经济发展进入新的阶段。在这种背景下，国家决定适时推进粮食流通体制改革。1998年5月，国务院下发了《关于进一步深化粮食流通体制改革的决定》，提出实行"四分开、一完善"，即实行政企分开、储备与经营分开、中央与地方责任分开、新老财务账目分开，完善粮食价格机制。1998年6月，全国粮食购销工作电视电话会议提出，当前粮食购销工作重点是"贯彻三项政策、加快自身改革"，即坚决贯彻按保护价敞开收购农民余粮、粮食收储企业实行顺价销售、农业发展银行收购资金封闭运行三项政策，加快国有粮食企业自身改革。1998年，《国务院办公厅转发财政部、中国农业发展银行关于完善粮食风险基金管理办法的通知》中，对粮食风险基金的用途进行了调整。粮食风险基金专项用于：第一，支付省级储备粮油的利息、费用补贴；第二，粮食企业执行敞开收购农民余粮的政策，致使经营周转库存增加、流转费用提高，而又不能顺价销售予以弥补的超正常库存粮食利息、费用补贴。这一用途又在后来的《粮食收购条例》中加以明确。同时，中央专项储备粮的利息、费用等项支出由中央财政予以补贴。

第六阶段从2001到2013年，国家放开粮食收购市场，实施最低收购价和临储政策。2001年7月，国务院《关于进一步深化粮食流通体制改革的意见》中进一步提出"放开销区、保护产区、省长负责、加强调控"的改革思路。由于上述措施的出台，粮食补贴也形成了以国家储备粮补贴和粮食风险基金为主的方式。2002年国家选择安徽省滁州市下辖的天长市、来安县，吉林省的东丰县进行粮食直接补贴的试点，全国粮食补贴方式改革的序幕由此拉开。从2004年起，国家全面放开粮食收购市场，同时全面推行对种粮农民的直接补贴，同年还开始实施粮食最低收购价政策。2004年5月，《粮食流通管理条例》正式出台，并从2004年全面放开粮食收购市场，实现粮食购销市场化和市场主体多元化。从2004年起实行最低收购价政策，逐步取消"农业四税"，实行"农业四补贴"等，多次提高粮食最低收购价水平。2006年针对化肥、柴油等主要农资价格的上涨情况，国家又增加了农资综合补贴。至此，粮食财政直接补贴（即粮食直接补贴、良种补贴、农机具购置补贴和农资综合补贴）直接发放到种粮农民手中，而非通过其他载体或途径间接补贴农民，即粮食补贴与流通环节脱钩，补贴转入生产过程，由"暗补"转变为"明补"。2008年，国家还适时出台了临时收储措施。

第七阶段是从2014年至今，探索推进农产品价格形成机制与政府补贴脱钩。2014年中央一号文件在保障粮食安全上提出完善农产品价格形成机制和充分利用国外市场的新措施，继续坚持市场定价原则，探索推进农产品价格形成机制与政府补贴脱钩的改革，逐步建立农产品目标价格制度，在市场价格过高时补贴低收入消费者，在市场价格低于目标价格时按差价补贴生产者，切实保证农民收益。2014年，启动东北和内蒙古大豆、新疆棉花目标价格补贴试点，探索粮食、生猪等农产品目标价格保险试点，开展粮食生产规模经营主体营销贷款试点。继续执行稻谷、小麦最低收购价政策和玉米、油菜籽、食糖临时收储政策。但是，随着工业化、城镇化进程的加快，农业比较效益低下、竞争力减退、生态环境恶化、农产品品质与安全始终难以有效提高、农业发展风险因素增多等问题日趋显现，粮食财政直接补贴的边际效应也逐渐递减。2020年，全面贯彻落实中央农村工作会议、中央一号文件、国务院政府工作报告精神。围绕实施乡村振兴战略，打赢脱贫攻坚战，如期实现全面小康目标，应对新冠肺炎疫情新形势，扎实做好"六稳"工作、落实"六保"任务，国家将继续加大农业投入，强化项目统筹整合，加快推进农业农村现代化。农业农村部和财政部发布2020年重点强农、惠农政策，内容涉及农业生产发展与流通、农业绿色生产与农业资源保护利用、农田建设、新型经营主体培育、农业防灾减灾、乡村建设共六大项36条。其中，将继续实行对玉米、大豆生产者补贴和稻谷补贴的政策。中央财政对有关省（区）玉米补贴不超过2014年基期播种面积，大豆补贴面积不超过2019年基期播种面积，2020—2022年保持不变。为支持深化稻谷收储制度和价格形成机制改革，国家在有关稻谷主产省份继续实施稻谷补贴政策。中央财政对稻谷补贴数量上限为基期（2016—2018年）稻谷年平均产量的85%。

第二节 国外农业补贴的主要做法及比较分析

一、国外农业补贴的主要方式

（一）美国的生产灵活性合同补贴

这种直接补贴是最典型的脱钩补贴方式。其特点是采用这种办法后，生产者无论生产什么、生产多少，其所享受到的补贴数量都不受影响，具有充分的生产决策灵活性。具体做法是：对于种植小麦、玉米、高粱、大麦、燕麦、水稻和棉花的农民，按1991—1995年平均生产量（单位×面积）的85%，再乘以政府规定的单位数量补贴金额，获得补贴。这种补贴的计算以农户为单位，并且每个农民所获得的直接补贴数额每年最多不超过4万美元。例如，按这种方法，2000年小麦的补贴额为45.20美元/吨，玉米的补贴额为27.56美元/吨。2002年5月出台的《2002年农业安全与农村投资法案》中，以不挂钩的直接补贴替代了生产灵活性合同补贴，并进一步扩大了补贴范围，将大豆、油料和花生也纳入了补贴计划。同时，提高了大宗农产品的补贴率。2014年《食物、农场及就业法案》生效，主要在价格支持和收入补贴、农业保险补贴和资源环保补贴政策等多个方面进行了改革。虽然2014年《食物、农场及就业法案》表面上取消了直接补贴，但采取了更加隐蔽的方式保障农民的收入（如设立价格损失保障和农业风险保障，生物能源项目鼓励措施的扩大等）。

（二）欧盟的按种植面积补贴

这种补贴方式比较复杂。可以享受这种补贴的作物是各种谷物、油料作物、豌豆、蚕豆等蛋白作物和麻类等纤维作物。享受补贴的土地面积是按基础面积计算的。基础面积是 1989 年、1990 年和 1991 年的平均值。如果现在一个地区的实际面积大于基础面积，则单位面积实际补贴额按超过的比例减少。享受补贴的最小地块面积应为 0.3 公顷，并且宽度至少在 20 米以上。每公顷面积的补贴数额，各种作物之间有所不同，不同地区也存在差别。补贴标准是按照每吨补贴数额与平均单产确定的。不同产品每吨补贴数额不同，而且每年还会变动。在计算单产时，是以地区为单位计算的。此外，还有一些详细的操作上的规定。

(三) 日本的直接补贴政策

日本的补贴对象是处于根据有关法规划定的山区和半山区中的农田，并要求：至少 1 公顷以上毗连成块，坡度大（水田 1/20 坡度，旱地 8 度以上），地块小且比较规整（大多数地块不足 0.3 公顷，同时地块平均面积小于 0.2 公顷），草的比例高（70%）的草地，有坡度的草地等。同时还对其土地上的生产活动有一些特殊要求，如：生产活动有助于减少或者避免撂荒；其农业生产活动要促进农村的综合发展，包括防治水土流失、保护生物等。政府落实补贴的方式是按村落签订协议，以村为单位，全体村民参加。对达不成村落协议的地方，与单个农户签订协议。补贴的标准是山区、半山区与平原地区生产成本差别的 80%，并且分水田、旱地、草地和人工草地分别制定。每个农户每年可享受的补贴上限为 100 万日元。

二、国外实行直接补贴的原因

国外实行对农业的直接补贴，除了间接补贴效率低下以外，还有如下几个原因。

(一) 世贸组织规则的基本要求

世贸组织谈判要求在农业中采取更加自由化和市场化的政策。一方面，要减少国内支持政策对生产和贸易的扭曲影响作用；另一方面，又不能使农民的利益受到损失。因此，有必要改变对农民的补贴方法。

（二）农业支持政策目标的多元化

直接补贴的产生还有一个重要原因，就是对农村社会和环境目标的重视程度日益增强，对农村其他非经济问题，包括就业和农村发展的重视程度日益加强。为了让农民不过度使用农业资源，或者为了使农村土地不因农民的过度外流而荒置，采用各种各样特殊的自主补贴措施，主要是通过地区援助与发展计划、资源使用和环境保护计划等。

（三）在市场基础上维持有效率的农业的需要

直接补贴已经成为最重要的农业政策之一。美国和欧盟对直接补贴政策的重视程度和强调程度均非常高。从具体实施的时间和力度上看，都是美国在先，欧盟次之，日本居后。美国的改革是全面的，力度最强，直接补贴措施与当前生产彻底脱钩；欧盟的改革也是全面的，但是尚未与当前的生产完全脱钩，尽管有一些约束条件，农民现在能够享受到的直接补贴额，还与目前的生产有联系；日本的直接补贴仅仅是地区性的、局部的。美国的农产品市场和市场价格是完全开放的，与世界市场一体化；欧盟的农产品市场和市场价格与世界市场仍然有一定的隔离，尽管程度已经大大减弱；而日本的农产品市场与世界市场的隔离仍然很强。

（四）有利于降低补贴运作的成本

从具体操作实施上看，美国的脱钩补贴在美国的具体情况下相当简单，在核实基期产量之后，现在每年的补贴过程几乎无须任何操作成本，农民不需要申报，政府不需要核实，只要按照每年联邦政府确定的单位标准向农民转账发钱就行了。而欧盟按照单一的农场进行补贴的情况也很简单，政府核实工作量大大减少，管理便捷，操作成本低。欧盟、美国和日本在环境保护和地区发展计划方面的政策实施过程，更为复杂一些。尤其是美国的土地休耕保护，实际上是按个案处理的，需要对农户的申请逐个审查比较（因为每个农户的要价都可能不同，地块条件也不同），并确定是否补贴以及补贴多少。

三、几点启示

总结美国、欧盟和日本对农民的直接补贴做法，可以得出三点结论。

第一，从间接补贴到直接补贴虽然是一个必然趋势，但过去的间接补贴也是一个合理存在的历史过程。只有有了过去间接补贴的经验和教训，才有今天对直接补贴的认识和实践。国外是这样，我国也一样。特别是在我国改革开放过程中，在计划经济向市场经济体制的过渡中，对于流通环节的间接补贴是一个难以回避的过程，也是一个不可逾越的阶段。

第二，最终补贴的落实都要以农民的土地面积为依据。从美国、欧盟和日本的补贴政策中可以看出，无论采取什么方法计算农民应得的补贴数额，最终落实都要以农民的土地面积为依据。不同之处在于：美国基期土地面积确定以后就不再变动，而欧盟作为补贴依据的土地面积每年要发生变动。

第三，并非种植所有作物与所有地区都能得到直接补贴。如：美国享受补贴的作物为小麦、玉米、高粱、大麦、燕麦、水稻、棉花、大豆、油料和花生；欧盟的补贴限于各种谷物、油料作物、豌豆、蚕豆等蛋白作物和麻类等纤维作物；日本则将补贴控制在有客观不利条件的山区、半山区。这表明，直接补贴的发放要与国家对农业的扶持相统一，主要扶持那些具有劣势的作物和地区，以提升农业竞争力，推进不同地区的协调发展。

第十四章　粮食科技创新

第一节　科技自主集成创新

我国科技发展的方向就是创新、再创新、自主创新。粮食科技发展的方向也不能例外，因为创新是科技的生命。著名地质学家李四光说过："科学的存在全靠它的新发现，如果没有新发现，科学便死了。"科技创新，对于维护我国粮食安全和国家稳定具有重大意义。

一、科技自主集成创新的内涵

在改革创新成为最突出的时代主题和时代精神的今天，科技创新能力日益成为经济社会持续发展的决定性力量，成为加强综合国力的基础性因素。就一个行业或一个产业而言，科技自主创新也是其持续发展的强大推动力和综合实力的标志，农业和粮食产业亦然。早在1995年，国家就确立了"科教兴国"的战略，决定了国家发展的基本方向。10年后的2005年，国家又确立了"自主创新"战略，提出建设创新型国家的战略使命。我国粮食部门也相应制定和实施"科技兴粮""人才兴粮"的战略举措。这是适应新形势、迎接新挑战、打破新壁垒、实现新发展的正确策略。

要提高粮食科技自主集成创新能力，既需要把握"自主"和"创新"的内涵，又需要把握科学技术的本质与时代特征。所谓"自主集成创新"，是指创新主体为了实现既定目标，依照自己的意志开展的、具有

第十四章 粮食科技创新

突破意义的科技活动的过程。科学是人类文明进步的动力，是技术创新和经济发展的源泉，是培养和造就优秀人才的摇篮；而技术是人类生存与发展的方式，特别是方兴未艾的高新技术的创造能力，已经成为产业、行业和企业竞争的核心要素和社会经济发展的强大动力。基于科学和技术的上述本质，两者是既紧密联系又相互不同的两大领域。从两者的关系看，科学是开发未知领域的，提供精神财富；技术是满足人类现实需要的，提供物质财富。两者是相互依存、相互促进的。综上所述，科技创新应该包括：科学创新或科学革命，技术创新或技术革命。前者的含义是指人类对客观世界认识的实质性飞跃，其中包括对社会经济发展规律认识的突破性新理论、新方法和新飞跃，对自然演变规律认识的突破性新发现、新知识和新飞跃。后者的含义是指人类对改造客观世界手段的实质性新发明和新创造。至于科技创新或科技革命，则是综合科学创新与技术创新，产生推动整个社会物质资料生产体系新变迁、新飞跃的巨大正能量。

二、科技创新推动了农业粮食产业的大发展

在悠久的农业发展文明史上，中华民族的先人无论在科学理论还是在创造发明方面，都取得了数不胜数的农业粮食先进科学技术成果，谱写出光辉灿烂的篇章，为促进这一古老产业不断发展、不断新生乃至为人类的发展都奠定了重要的物质和技术基础，具有里程碑意义。

（一）中国历史上农业粮食科技创新发明树起巍巍丰碑

在中国历史上，农业粮食科技创新成果不胜枚举，生产工具、良种、良法、储藏、施肥以及水利灌溉等技术层出不穷，丰富了世界农业粮食科技的宝库。早在远古时代，中国劳动人民从实践中创造出来的二十四节气，迄今对农业粮食生产依然具有广泛的指导意义。汉初的《淮南子·

天文训》中对二十四节气都有详细记载。在商代，中国已经开始栽培大豆，到了西周，大豆已经普遍出现，在洛阳汉墓中发掘的距今 2000 多年的陶仓，上写"大豆万石"的字样，可见中国种植大豆的悠久历史。西周时期，哲人贤士提出"井田制"的理论并实施。春秋战国时代，中国在世界上最早发明生铁铸造技术。战国中晚期，生铁铸造技术已经用于农具、手工业工具的制造上，比欧洲至少早了两千多年。中国发明和广泛使用铁犁，一举改变了耕地方式，提高了土地利用方式的集约化。至于水利建设，更创造了一系列举世闻名的伟大工程。公元前 256 年是中国的战国时期，那时已在四川建造了工程规模巨大、水平高超、效益显著的都江堰工程，至今仍在发挥效用，是农业粮食产业发展的驱动力。

中国在农业粮食作物品种的培育、栽培以及粮食储藏技术方面，对人类的贡献更是不可磨灭的。早在新石器时代，中国就掌握了栽培稻谷、大豆、大麻等重要农作物的技术，随后逐步传入其他国家。在商周时期，中国已经掌握了多种水果的栽培技术，后来逐渐传入东亚和欧美。到秦汉时期，中国最早开始了油菜的栽培技术，对世界油料作物发展作出了重大贡献。特别是发明了楼车，18 世纪传入欧洲，对其农业革命产生了重要促进作用。随后，魏晋南北朝时期的绿肥轮作、宋元时期棉花种植技术的改进与甘蔗制糖技术的成熟、明清时期水稻种植的北移等，都为中国乃至世界农业粮食产业的发展谱写出闪烁永恒光辉的篇章。在粮食储藏方面，中国的地下储粮技术更是历史悠久、技术水平先进，最早可以追溯到六七千年前的新石器时期。到隋唐时期，我国地下粮仓达到高峰。建于公元 605 年的"洛阳含嘉仓"，拥有地下仓库 400 个，曾储粮 590 余万石，折合 12.5 万吨。到北宋时期的淳化三年（公元 992 年），就设立了平准粮食价格的粮食常平仓，首建在京畿，后在全国普遍建立。在粮仓建设和管理方面都达到很高的水平，特别是地下储粮技术，在世界上是绝无仅有的。在明代洪武四年九月（公元 1371 年），明朝廷下令设立"州县粮长制"，规定浙江、江苏、安徽、江西、湖广和福建等地纳粮在 1 万石上下的地方为一个粮区，区内指派"粮长和副粮长"各一人。这是中国历史上粮食行政管理的一大改革,具有粮食制度创新的意义。

(二) 中国当代农业粮食科技创新成果造福海内外

当代,我国农业粮食科技创新的杰出成果谱写在广袤的大地上,不仅为全国粮食"十六连增"和整个农业、林业、牧业和渔业的全面发展提供了有力支撑,而且还应用到世界多个国家和地区,造福海内外。这里,仅以育种科技创新为例,阐述我国农业粮食科技创新产生的巨大效应。2014年5月15日,中国评选出"中国种业十大功勋人物":袁隆平、李振声、李登海、郭三堆、张海银、傅廷栋、方智远、谢华安、程相文、程顺和。他们被誉为"大地之子"。这10位功勋人物具有广泛的行业代表性,分别是水稻、小麦、玉米、棉花、油菜籽、蔬菜等方面的育种专家,对大宗谷物和油料品种的育、繁、推三大领域贡献突出,事迹感人,知名度高,是我国具有首创精神的种业界杰出典型。在这些种业功臣中,既有袁隆平、李振声等蜚声国内外的院士育种家,也有程相文、程顺和等扎根基层科研院所的"草根"育种家,还包括李登海、张海银等民族种业产业化的先行者。他们弘扬中国种业人"执着梦想、合作创新、奉献种业、强国富民"的精神,激励和引领更多的有志之士为实现民族种业发展贡献出智慧和力量,在世界种业的广阔天地里占有一席之地。

闻名遐迩的水稻专家、中国工程院院士和共和国勋章获得者袁隆平培育的超级稻优良品种,兼有农业科学理论创新和农业实用技术革新的特性。袁隆平院士突破经典遗传理论的禁区,提出水稻杂交新理论,实现了水稻育种的历史性突破。现在我国杂交水稻的优良品种已占全国水稻种植面积的50%,平均增产幅度达20%,对保障国家乃至世界粮食安全作出了突出贡献。世界著名科学家、诺贝尔化学奖获得者、美国科学院院长西瑟罗纳先生在新当选的美国科学院外籍院士就职典礼上介绍袁隆平院士的当选理由时说:袁隆平先生发明的杂交水稻技术,为世界粮食安全作出了杰出贡献，增产的粮食每年为世界解决了3500万人的吃饭问题。

著名小麦专家李振声院士，被誉为当代"后稷"。他树艺五谷，教民稼穑，献身小麦育种事业。他和他的团队整整用了20年的时间攻克了杂交品种后代的多项难题，最终培育出持久抗病而且高产优质的"小偃"系列品种，还在世界上首创了染色体快速选育的方法，使小麦育种速度提高了数倍。他选育的能够利用土壤营养元素的优质小麦"小偃54"，大大减少了化肥施用量，并由此引发了资源节约型农业的变革。他提出的黄淮海中低产田治理的建议，最终成功展开了"黄淮海战役"，为我国粮食产量走出低位立了新功。

（三）中国绿色储粮的创新技术取得"三低三高"的效果

中国是粮食储藏大国，储粮历史之悠久、储粮方式之多样、储粮数量之巨大，在世界上都是罕见的。储粮理念的现代或传统、储粮科技的先进或落后，直接关系到储备粮食损失的多少及储备粮食质量的优劣。我国始终高度重视储粮科技的革新和创新，粮食科技专业工作者紧紧抓住绿色储粮和生态储粮、推进科学储粮的课题奋力攻坚，既研究各项仓储技术的创新，又研究经营好粮食市场的问题，还探索粮食仓储技术与管理的发展方向，积极实施绿色储粮工程，向"装备现代化、管理科学化、经营集约化"方向发展。其中，绿色生态低碳储粮新技术堪称一流创新成果，荣获新中国成立以来粮食部门首个"国家科技进步一等奖"。这项重大创新成果是我国粮食科技专业工作者经过大量、长期、深入的探索、研究和实践而取得的。所谓绿色生态低碳储粮新技术，是指以可持续发展理论为指导，以储粮生态学为理论基础，研究粮食与生态因子之间的关系，采用多项新技术手段，包括绿色生态低碳储粮新技术、低温储粮技术、气调储粮技术、生物防治和综合治理技术等，尽量少用或不用化学药剂，有效地利用和控制对储粮品种有利的生态条件，使所储的粮食达到安全、优质、营养、低能耗、少排放、无污染的目的。绿色生态低碳储粮是有效保护环境、避免粮食污染、确保储粮安全，使人民群众吃到新鲜、营养、可口"放心粮"的新技术。

绿色生态低碳储粮新技术是完全拥有自主知识产权的新成果，在全国31个省、自治区、直辖市的1000多个中央储备粮库和地方粮库得到广泛应用，大幅度减少了储粮损耗，逐步消除了陈化粮，使储粮药剂施用量降低了3/4以上，有效改善了出库粮的品质，体现储备粮新鲜程度的宜存率指标从70%提高到99%以上。这些科技创新大大提高了科学保粮水平，使储粮达到了"二符、四无"（指账账、账实相符；无虫害、无变质、无鼠雀、无事故），对保障国家粮食安全发挥了重要作用。

第二节 粮食科技创新的应用领域

人类的科技革命不断为农业粮食产业的发展和突破奠定坚实的理论基础。例如，19世纪30年代产生的植物光合作用理论和杂交优势理论、19世纪40年代的植物矿物质营养学说、19世纪60年代的遗传学、20世纪40年代的有机合成农药及农药工业等，都为现代农业科技革命的技术进展作出了贡献。在这些新的科学理论指导下，现代农业经过大量的科学与技术的实践，在20世纪中叶产生了重大突破，获得了标志现代农业科技革命的重大成果，在粮食作物方面出现了杂交高产高粱等。特别是在现代农业科技革命成果的应用中，推广采用了高产优良品种和化肥、农药、农膜及生物技术，对粮食作物增产发挥了巨大作用，同时又进一步有力地推动了新的农业粮食科技，保障了粮食安全。得益于重粮惠农政策、农业科技应用、农业基础设施建设等多方合力，我国粮食生产连续5年稳定在1.3万亿斤以上，端牢"中国人自己的饭碗"的底气更足。

大数据、区块链技术的应用，将使粮食库存监管、库存大清查、粮食质量追溯更加智能化、精准化，使我国粮食物流流量、流向、物流方式、资金流、信息流更加清晰,加上绿色生态低碳储粮技术的突破,将使传统的粮食储藏成为高新技术领域。这有利于打造食品安全从田间到餐桌的全产业供应链,有利于大型粮商有效整合资源,从而形成更具效率的供应链,有利于粮食产、供、销上下游利益实现"帕累托最优"。

粮食产业链包括粮食生产、粮食储运、粮食加工、粮食消费等环节,下文遴选各环节代表企业来举例说明我国在粮食安全方面的科技成果转化应用情况。

一、中国种业科技创新应用

要保证我国的粮食安全,必须保证我国的种业安全,特别是要将主要种植的粮食品种掌握在自己手上。种业是国家战略性、基础性核心产业。我国种子行业发展起步较晚,种子市场直到新中国成立之后才得以初步建立,但发展缓慢。自20世纪90年代我国一系列种子行业改革政策出台以来,我国种子行业逐步走上了产业化、市场化的道路。

2013年国务院办公厅印发关于深化种业体制改革、提高创新能力的国办发〔2013〕109号文件,开启了我国传统种业迈向现代种业的新跨越。党的十八大以来,为落实习近平总书记提出的"要下决心把民族种业搞上去"的指示和中央决策部署,我国种业现代化与科技创新取得了显著成效。主要表现在以下几个方面:一是种业安全保障能力显著增强。目前,我国在水稻、小麦、大豆、油菜等大宗作物用种上已全部实现自主选育,玉米自主品种的面积占比也由85%增长到90%以上,做到了"中国粮"主要用"中国种"。二是种业自主创新能力显著提升。通过推进种业科研成果权益改革,释放人才创新活力,探索形成了成果权益分享、转移转化和科研人员分类管理的制度性成果。三是企业竞争力显著提高。市场集中度明显提高,随着企业兼并重组加快,企业数量大幅减少,前50强的市场份额占到35%以上,比5年前提高5个百分点;企业研发投入明显增多,前50强企业每年研发投入超过15亿元,占销售收入的7.5%左右；企业创新能力明显增强，种子企业每年申请的新品种保护数量比过去5年翻了一番，在申请总量中的比重超过50%。四是种业发展环境显著改善。以国务院出台的三个种业工作文件、全国人大修订的《种子法》为主要标志，构建了我国现代种业的顶层设计，形成了种业发展的"四梁八柱"。目前，种业支持政策体系不断完善，法律法规制度体系更加健全，行政管理体系和部门协调机制有效确立，创造了现代种业发展的良好环境。

（一）隆平高科

"我有两个梦想，一个是'禾下乘凉梦'，梦里水稻长得有高粱那么高；一个是'杂交水稻覆盖全球梦'。"袁隆平，这位已是耄耋之年的"杂交水稻之父"，不止一次在公开场合谈及自己的两个梦想。如今，杂交水稻在国外的种植面积已突破700万公顷，普遍比当地水稻增产20%以上。由于杂交水稻获得的巨大成功，袁隆平获得迄今为止唯一的国家特等发明奖和联合国教科文组织的"科学奖"等八项国际奖，在国际上被誉为"杂交水稻之父"。联合国粮农组织已将杂交水稻列为发展中国家解决粮食短缺问题的首选技术。作为中国农业高科技育种技术，杂交水稻正在悄然改变着世界。

隆平高科由著名杂交水稻之父袁隆平发起，1999年成立，2000年上市，中信集团为第一大股东。隆平高科自设立以来一直以现代种业产业化为发展方向，利用现代生物技术，主要从事农作物高科技种子及种苗的研发、繁育、推广及服务。从高产到优质，以科研创新推进杂交水稻提质增效，隆平高科农业供给侧改革创新实践取得了优异的成绩。

作为国内种业龙头，隆平高科已在中国、巴西、美国等国开展了玉米育种研发和市场布局。在巴西，转基因玉米已经商业化种植多年；在中国，转基因棉花带给产业链各个环节的益处已在过去20年得到高度认可。隆平生物研发团队在转基因产品的研发、设计、商业化载体应用和法规批准等多方面拥有丰富的经验，转基因性状研发能力在同行业中处于第一梯队水平，现已开发出抗性表现优良的转基因性状。同时，隆平高科在转基因品种研发领域配备了一支经验丰富的回交转育团队，助力公司筛选出优秀的转基因品种。

强大的研发能力是支撑公司持续发展的核心竞争力。经过十多年努力，隆平高科已构建了国内领先的商业化育种体系，培育出一大批具有自主知识产权的农作物品种。目前，"晶两优534""晶两优华占""隆两优534""隆两优华占"等位列全国杂交水稻推广面积前十大品种。"隆两优""晶两优"系列杂交水稻品种是隆平高科2015年以来陆续推出的杂交水稻新品种，也是公司近年主推的市场换代的系列品种。2016年"隆两优"系列共推出国审品种10个，"晶两优"系列共推出国审品种4个，近年还将陆续有新品种推出。其中，代表品种"隆两优华占"于2015年和2016年两次获得国家审定通过（国审稻2015026、国审稻2016045，分别适宜于不同稻区），并于2017年3月获得农业部超级稻认定（农办科〔2017〕11号）；"晶两优华占"则在2016年获得国家审定通过（国审稻2016022、国审稻2016602，分别适宜不同稻区）。值得一提的是，两大系列的母本"隆科638S""晶4155S"均属于隆平高科独家选育，市场无同质化产品，核心竞争力十分明显。传统观念认为杂交水稻的主要贡献在于高产，不能兼顾优质。"隆两优""晶两优"系列杂交水稻品种破解了"优质"魔咒，二级米质品种独揽全国66.7%的份额。随着育种技术的进步和育种方向的转型，以隆平高科选育成果为代表的杂交水稻品种，在高产和优质两个方面已能做到兼顾平衡，"隆两优""晶两优"系列则是这种转变的典型代表。"隆两优""晶两优"系列品种普遍表现为抗病、高产、稳产、广适，而在广适性方面，新品种表现出耐高温、耐低温，尤其具有中低肥、少打药的特征，产量稳定；同时，公司利用分子辅助育种技术将杂交水稻的抗稻瘟病能力迅速提高，部分优质杂交稻的稻瘟病抗性等级达到1级，为农户种植水稻大大减轻了病害风险和用药量。

（二）大北农集团

大北农集团坚持以技术创新驱动发展为导向，聚焦包括金色农华种业的杂交水稻、杂交玉米种子，大北农生物技术公司的转基因玉米、转基因大豆等种子产品的创新研发和服务推广。拥有"农业部作物基因资源与生物技术育种重点实验室""作物生物育种国家地方联合工程实验室""国家农业科技创新与集成示范基地"等国家级创新平台，建立了从前沿技术研究、技术集成转化到成果示范推广的快速、高效、精确的工程化创新体系。

金色农华种业是大北农集团于2001年10月成立的育繁推一体化种业公司，该公司坚持"精确研发、精益生产、精准营销、精细管理"的四精战略，使公司发展走上科学化、规范化、制度化和信息化的运行轨道。截至2020年6月底，金色农华种业自主选育国审品种110个（水稻72个，玉米38个），其中2018年国审23个（水稻14个，玉米9个）；已累计申请植物新品种权651件（水稻310件，玉米341件），已授权213件（水稻102件，玉米111件）；申请发明专利113件，已授权7件。公司自主选育推广的"C两优华占"在2016年、2017年的推广面积分别达到326万亩、396万亩，连续两年成为全国杂交水稻第一大品种（2018年为344万亩，第四大品种）。

大北农生物技术公司于2010年10月成立，是国际监管创优正式成员（2015年），通过ISO9000认证。公司以创建世界级农业生物技术企业为目标，制定了"玉米聚焦中国市场，大豆面向中国和南美市场"的产品战略。公司的耐除草剂大豆DBN-09004-6于2020年6月23日获得中国农业转基因生物安全证书（进口），该性状产品已于2019年2月27日获得阿根廷政府的种植许可。第一代转基因抗虫耐除草剂玉米产品DBN9936（丰脉®玉米性状产品保抗）于2020年1月21日获得中国农业转基因生物安全证书。2020年7月15日，公司的DBN9858玉米品种获得中国农业转基因生物安全证书(生产应用),主要作为前期获批玉米性状产品 DBN9936 及后续升级产品的配套庇护所,为抗性昆虫治理提供有效的解决方案,保障农业生物技术产业健康与可持续发展。

大北农集团充分发挥各板块在各自领域的强劲优势,多措并举、多箭齐发,致力于为中国农业和食品的安全生产提供更为卓越、安全、环保的创新解决方案,围绕"种、肥、药"和优质农产品的品牌化及标准化种植,为亿万农民提供全产业链一体化的种植科技服务。

二、粮食储藏科技创新应用

"积蓄贮粮,国家命脉",中国自古就是粮食储藏大国,随着信息技术特别是"互联网+""智能+"在农业领域的不断渗透,在促进传统农耕加速向现代"智慧农业"转变的同时,提升了科技储粮安全的战略实力。

(一) 中储粮

作为国家储备粮棉油的主要负责企业,中国储备粮管理集团有限公司(以下简称"中储粮")是经国务院批准组建的涉及国家安全和国民经济命脉的国有大型重要骨干企业,是目前国内最大的粮食仓储企业。组建中储粮集团公司,对中央储备粮实行垂直管理、政企分开、企业运作,是党中央、国务院深化粮食流通体制改革的重大举措。中储粮集团公司的职责和使命就是"确保中央储备粮数量真实、质量良好,确保国家急需时调得动、用得上",服务国家宏观调控,努力践行"维护国家利益,服务宏观调控,严守安全、稳定、廉政底线"的中储粮核心价值理念。

中储粮以中央储备粮油的经营管理、当好政策性粮食收储执行主体、落实国家下达的重点专项调控任务为三大主业,发挥保障粮食安全"压舱石"、服务调控"主力军"和调节市场"稳定器"的作用，确保把中国人的饭碗牢牢端在自己手中。中储粮在全国布局980多个直属库和分库储存中央储备粮，实现了产销区全覆盖，保障了老百姓饭碗中的粮食；中储粮打造北粮南运的现代化粮食物流体系，最高峰时年调运量达1321万吨，保障国家急需时调得动、用得上；中储粮积极运用绿色储粮技术、信息化技术、智能化技术，实现中央储备粮管理方式的根本变革，推进企业治理体系和治理能力现代化；打通了从预约到收购直至结算的全链条，让农民真正交上了"明白粮""放心粮""舒心粮"。

1. 储粮技术。中储粮利用绿色、高效、安全、节能的储粮技术，围绕影响储粮生态系统的温度、湿度、气体成分、杂质和微生物等因素不断探索应用各项新型储粮措施，确保粮油质量良好，为消费者提供绿色粮源。目前，中储粮公司系统已经建立起分生态区域、分储粮品种的粮油储藏技术体系，中央储备粮科技储粮覆盖率近90%。

（1）"四合一"储粮技术。包括能够随时监测粮堆温度变化的"粮情检测"系统，能够对粮堆有效通风以调节温度湿度的"机械通风"技术，能够高效、安全杀灭储粮害虫的"环流熏蒸"技术，以及能够及时降低粮堆温度的"谷物冷却"技术。中储粮系统"四合一"技术荣获"国家科技进步一等奖"，综合应用率达100%。

（2）氮气储粮技术。中储粮具有自主知识产权的氮气气调储粮技术通过营造低氧环境，不仅可以有效保持储粮的新鲜，而且可以替代化学药剂来抑制虫害霉菌，实现了粮食储藏环节的绿色无污染，被誉为"粮食储藏的一次技术革命"。目前，中储粮系统氮气气调储粮技术应用规模已达1500万吨。

（3）内环流控温技术。中储粮研发的内环流控温技术，是指冬季在粮堆内的蓄积冷源，在高温季节时利用仓内安装的配套环流设备，通过仓内管道、粮堆和通风笼运行来循环均粮温的一种储粮技术，在北方地区推广应用。

（4）空调控温技术。空调控温储粮技术就是把空调制冷器产生的冷源补充在仓内,按照需要降低仓温或粮温设定的目标,来控制和调节仓温、粮温和仓湿的一种储粮技术。此项技术在我国南方高温、高湿地区应用较为广泛。

2. 仓储标准化。中储粮大力推进仓储标准化建设,不断提升仓储管理水平,为实现储存粮油的数量真实、质量良好、储存安全提供坚实保障。通过人员、设施设备和制度流程的标准化,实现仓储日常管理的标准化;通过"四单"管理实现过程可追溯;通过包仓制实现责任的落实。

(二) 胜杰科技——创新绿色储粮新技术

常州胜杰生命科技股份有限公司(以下简称"胜杰科技")在国内率先开发出具有自主知识产权的绿色储粮新产品:S-烯虫酯。它是在天然昆虫保幼激素JH-Ⅲ的基础上,人工合成类天然化合物生化农药产品。它保持化合物十二碳二烯酸酯的主体结构框架,与天然昆虫生长调节剂结构类似(同属倍半萜烯类),且功能一致。可干扰昆虫正常的成熟过程,使其不能完成变态,从而大大减少环境中有害昆虫的数量,属于高效、无毒、无残留科技创新生物化学新农药。实践证明,在粮食仓储方面它是磷化铝的有效替代产品。

胜杰科技于2000年4月27日成立,是具有欧美留学和工作经历的苏衡博士创办的高新技术企业,经过20年的努力,公司已经拥有年产300—1000吨的S-烯虫酯生产线一条,并成立了"常州胜杰生命科学研究院",以加快新型制剂产品的研发。胜杰科技的S-烯虫酯生产技术已获得国家产品发明专利,获得国家科技部、环保部、商务部和国家质监总局四部委联合颁发的"2014国家重点新产品"证书,获得农业农村部首个定向合成生物农药登记证,2020年4月获得美国EPA登记证书。该产品是联合国WHO、FAO等机构的推荐产品,FAO推荐其为绿色储粮保护剂。到目前为止,S-烯虫酯已经在美、加、日、欧盟、澳、新等国家和经济体登记获准使用52年,且无负面报道。其中,在美国已登记1386

个各类制剂产品，广泛用于农、林、城市、公共卫生等领域，是唯一可用于任何粮食作物且免除残留检测的 IGR（昆虫生长调节剂）产品。

S-烯虫酯是一种可有效替代磷化铝的自主创新的害虫防控技术产品，具有绿色环保、无公害、安全卫生等优点，对于粮油食品安全、节约粮食资源和卫生健康等具有重要意义。我国粮食产后损失巨大，其中储粮害虫造成的损失较为严重。在粮食收储、贸易、运输、加工和销售等环节，防控储粮害虫始终是一个长期困扰粮食仓储企业的难题，粮食企业长期以来主要采用剧毒农药磷化铝熏蒸进行防治。中共中央、国务院《关于深化改革加强食品安全工作的意见》和农业农村部等国家有关部委发文要求在2023年前淘汰剧毒农药磷化铝，因而迫切需要替代磷化铝的有效技术和产品，胜杰科技开发研制的S-烯虫酯系列产品，可以有效解决这个难题。

胜杰科技生产的S-烯虫酯原液出口已经超过10年，积累了一定的批量生产和研发经验，并取得了较好的经济效益。2014年以来，胜杰科技与国家疾控中心、江苏和上海疾控中心（CDC）、中储粮成都粮食储藏研究院、广东省粮食科研所等单位合作开发新剂型并开展产品实验检测。2018年8月，S-烯虫酯获得农业农村部的原药和剂型登记证书后，2019年开始在常州城北库、无锡国储库等建立了20多个防治储粮害虫示范库（基地），覆盖江苏、四川、安徽、福建、广东等省，应用试验初步结果显示，防治各种储粮害虫效果良好。

我国已经进入高质量发展的新时代，在疫情防控常态化、经济内循环和国家大力提倡节约粮食的新形势下，胜杰科技在华东师范大学校长钱旭红院士、国家粮食与物资储备局曹阳研究员、广东省粮科所主任曾伶、东南大学博士生导师帅立国教授以及美国加州西谷虫媒控制中心苏天运博士等专家指导下，正在加紧与国内相关科研院所、大学、粮食仓储加工等企业紧密合作，着力推进基于S-烯虫酯的结构改进型分子研究和储粮害虫防控应用示范研究等科技项目，逐步建立标准、规范的技术转移体系和S-烯虫酯系列产品在粮食全供应链上的创新应用新模式。

三、粮食生产科技创新应用

阿里养猪、腾讯养鹅、京东养鸡、美团种菜，还有华为、百度用数据和 AI 技术服务农业企业，智慧农业已经成为互联网巨头的必争之地。这种集互联网、移动互联网、云计算和物联网技术为一体的全新农业生产方式背后是一个正高速增长的潜力市场。但互联网巨头想从中分一杯羹并非易事。据万得数据显示，A 股智慧农业板块总市值超过 1700 亿元，共包括 20 家上市公司。根据 2018 年年报统计，板块内的 20 家公司中，共有 8 家实现归母净利润同比增长。从 2019 年开始，板块出现两次明显拉升，累计上涨超过 21%，其中部分个股表现十分抢眼，而这类农业企业向智慧农业转型有着先天优势，能够最先引进智慧农业相关技术的企业，有望在行业内领跑。

（一）中化农业

中化集团旗下全资公司中化现代农业有限公司（以下简称"中化农业"），就是率先布局智慧农业的农业企业之一，其中，智慧农业是中化农业推出的"MAP（现代农业管理服务平台）"战略的重要一环。目前，中化农业已经推出 MAP 智农、MAP 慧农两款 APP，搭建以精准种植、精细管理为核心的现代农业管理服务平台。

中化农业以助力农业主体实现持续稳定盈利的"农业生产服务"为切入点，通过"种植技术+农业金融+农产品销售"三位一体的综合解决方案助力规模农业主体可持续发展，依托现代农业科技集成落地、农业闭环系统和模式创新解决农业转型瓶颈，致力于成为领先的现代农业全程解决方案提供商。公司重点以从事主粮生产及特色经济作物生产的家庭农场、专业大户、农民合作社及农业产业化龙头企业为服务对象，同时建设规模化现代农业标准示范园区，开展本地化农业技术研发、推广与全程综合服务，并与海内外产业伙伴开展广泛合作，为"稳粮增收调结构、提质增效转方式"贡献央企力量，在农业现代化转型进程中进一步发挥央企的龙头作用，助推中国现代农业实现可持续发展和多方共赢。

其MAP智慧农业堪称粮食生产科技创新应用的典范。MAP是一种O2O模式，其逻辑为以下几点。

1. 收集市场订单对农产品的需求与要求，并与专业的食品评级机构（熊猫指南）制定评级与生产标准。

2. 根据这些市场需求和标准，中化农业在全国甄选作物的主产区，在当地建立线下MAP技术服务中心。这些线下网点会给当地种植户提供农资、农技、农机、金融、回购销售等配套农业服务，并配有专业的农艺师，满足种植企业或者种植户在生产种植过程中的需求。目前中化农业已经有百余个这样的线下网点——这是发展智慧农业不可缺少的环节，却是大多数智慧农业领域的创业公司不具备的实力。

3. 智慧农业技术想要落地，就必须要有地可施，这些线下技术服务中心就给MAP智慧农业提供了有利的平台。MAP智慧农业将中化农业长期积累的种植经验形成数字化的种植管理经验，最终向种植企业、种植户输出精准种植管理方案。将以往基于人工经验和人工管理的种植管理方式，转变为基于科学、精准的种植方案。利用精准气象、遥感监测技术和信息化方式管理农田，从而提升生产种植管理的精准性和效率，降低成本。

（二）光明米业集团

光明米业集团践行绿色生态高效理念、加快种植技术的研制和推广、全面推进科技产业园建设，以新业态打造稻米生产、收购、储存、加工、销售等一体化的生态全产业链，以高标准、科技创新实现稻米产业高质量发展。

1. 践行绿色生态高效理念。光明米业集团坚持以绿色可持续发展为理念，以水稻健康栽培、病虫害绿色防控为手段，通过冬种绿肥、休耕改善土壤理化性状，提高土壤肥力，肥料投入以有机替代无机，改善稻米品质及口感，严格落实投入品绿色认证制度，加强农田周边生物多样性保护，采取生态调控、生物防治、性诱控虫等绿色防控技术，有效减少农业面源污染，实现水稻病虫的可持续治理，保障水稻生产、生态环境和稻米质量安全。

光明米业集团以优质食味品质稻谷品种为主导，选择"银香38""南粳9108"等优质品种作为稻米产业化开发的主导品种，将品种的生育期长短特性与产地的温光资源紧密结合，建立国庆稻—早熟晚粳—中熟中粳—晚熟中粳的茬口布局模式。同时，大力推进水稻种植的结构优化，因地制宜开展"稻—鸭""稻—虾"等稻田综合模式，以鸭控草、以虾促稻，种养结合，资源循环利用，取得了较好的经济效益。

2. 探索机械化生产新模式。光明米业集团不断推进稻谷生产机械化、精细化、标准化作业，极大程度地解放劳动力，肥料、农药施用量大大降低，有力促进了田间平衡生长、减少农业污染。2019年，以"全过程机械化+绿色种植"为主的示范区，水稻亩产较上年增产5.2%，节约人工成本75.8元/亩，病虫草防治次数减少2次，农药成本降低5.3%。

光明米业集团所属上海光明长江现代农业有限公司（以下简称"长江农业"），是一家集现代农业科研、组织、生产经营为一体的全国资粮食生产企业，以水稻种植为主，整个生产过程紧紧围绕"绿色、优质、高效"，持续对水稻机械化生产薄弱环节开展攻关，探索水稻绿色生产新模式，实现水稻生产的高质量发展。光明米业集团所属海丰农业公司成功研制出幅宽8米的宽幅折叠式直播机，宽幅机械直播种植技术在上海崇明、上海农场、川东农场以及江苏大中农场、淮海农场等大面积推广，减少了化肥用量，节约了大量人力、机力成本，取得了良好的经济、生态和社会效益。

长江农业建立了有特色的水稻全程机械化生产模式，构建了"机抛基肥→犁地灭茬、重耙灭茬、旋打或轻耙碎土→上水泡田→大刮板平整"

田块整地作业流程。在播种方面，主要选择宽幅机条播（8米播幅）种植方式；在肥料施用方面，以窄轮抛肥机（可调节抛幅，最大为24米）为主体，抛洒均匀、用量准确；在杂草防治方面，全面推广无人机作业，构建自动化、精准化、全天候式作业技术模式；在病虫防治方面，根据防治对象、防治时期和防治要求，选择自走式植保机械和无人机作业，提高病虫害防治质量；在田间丰产沟系构建方面，根据无人机直播种植方式对沟系的要求，选用挤压式开沟机（每小时作业面积40—50亩），有力保障水稻整个生育过程的灌排通畅；在收割方面，采用大马力收割机，切碎秸秆、均匀抛洒；在晒场管理方面，以翻晒、堆场机械为主体，提高作业工效。实现耕种、田管、收割、晒场全程农事操作机械化作业，逐步形成有特色的水稻全程机械化种植模式。

3. 打造全产业链综合园区。光明米业集团突出科学战略规划，聚焦产业园区建设。重点调整园区布局功能规划，实现了园区整体布局、功能定位、产业取向、环境优化的科学协调统一；陆续建成了35万吨现代化仓库、3000吨烘干装机能力、粮油检测中心、一站式服务大厅、产品体验中心等项目，已经形成具有较强竞争力的文化区、服务区、生产区。

突出主业发展，着力加强产业协同。光明米业集团以"智慧粮库"保粮安，以严控过程保品质，以软课题研究促品牌建设，以人为本和谐发展。同时，不断将产业链向两头延伸，实现稻米产业循环发展，增加产品的附加值。通过发展电子商务，拓宽营销渠道、营销网络和加强与大型客户的合作方式，打造一种以体验、智领为核心，以预售、众筹、消费者当股东等现代业态新型经营方式为基本内容，从种源到餐桌的全程产业链一体化运作模式，探索异业联盟、强强联合。近年来，光明米业集团深耕成都、南京、海南等市场，新增终端3600余家。

四、粮食加工科技创新应用

中国是世界粮食生产和粮食加工大国，米面加工能力和产量均居世界之首。米面产品结构不断优化，总体质量水平明显提升，加工企业规模和生产集中度显著提高，工业化生产和加工装备水平提升。但在产业规模化、产业链建设、粮食资源高效利用及科技自主创新能力方面与发达国家尚有一定差距。

（一）益海嘉里

益海嘉里，是以益海嘉里金龙鱼粮油食品股份有限公司为核心的企业集团的简称，目前在中国26个省、自治区、直辖市建成和在建生产基地70多个，生产型实体企业100多家，主要涉足食用油精炼、油籽压榨、食品原辅料、专用油脂、玉米深加工、大豆精深加工、水稻循环经济、小麦深加工、食品饮料、粮油科技研发等产业。

其研发中心围绕粮油技术与产品研发、新产品及技术咨询、产品技术服务、科技合作与交流、粮油食品专业人才培育的五项中心工作，在烹饪油脂、专用油脂、谷物、食品、油脂科技等领域进行创新研发，致力于改善当前的粮油食品加工技术和产品质量，努力开发绿色和白色生物技术，引领先进消费理念，支持更健康的生活。同时，研发中心也专注于为粮油企业提供转型升级的解决方案，以达到不断优化资源、减少能源消耗、环境友好的可持续发展目标。

研发中心还与政府科研院所，如中国疾病预防控制中心、中国农业科学院、国家粮食和物资储备局科学研究院等及行业协会，如美国油脂化学家协会、中国粮油学会、中国营养学会等，以及国内外几十所知名高校保持着密切合作和交流，通过设立食品营养创新平台、营养创新基金等一系列举措，推动中国粮油行业的发展和进步。

（二）克明面业

多年来，克明面业股份有限公司（以下简称"克明面业"）以市场为导向、以科技为依托、以市场研发和产品质量为重点,开发生产了诸多新产品,奠定了在挂面生产行业中的领先地位。克明面业一直以来非常重视面制食品方面的新技术、新工艺的研究开发,在面制食品科研上投入了大量的研发经费,其中,2015—2017年总共投入研发经费10129.62万元,占高新技术产品销售收入的3%以上。

2013年,克明面业累计投入研发经费达2500多万元,购买了多台套大型研发检验设备及中试生产线。克明面业还先后承担各级各类科研攻关项目7项。其中,承担国家级科研项目2项,省部级科研项目5项;有2项科技成果通过了国家级、省部级科技成果鉴定,2项获省部级以上科技进步奖。

2013年,克明面业全额投资成立湖南省克明食品研究院,为申请第三方检测资质,于2015年8月正式更名为湖南省振华食品检测研究院,2015年12月17日取得第三方检测机构资质。2016年3月成立湘菜产研中心,专门从事与面条相关的调料酱包的研究开发工作。2016年6月通过长沙雨花检测与研发公共服务平台的申请,为更好地服务食品行业,尤其是面制食品行业奠定了基础。2016年7月,获得国家科技部下达的"薯类主食化加工关键新技术装备研发及示范"课题(项目编号2016YFNC010104),承担的子课题名称为"马铃薯非发酵主食新产品加工工艺技术研究与示范"。2018年6月,获得国家重点研发计划"现代食品加工及粮食收储运技术与装备"重点专项立项(项目编号2018YFD0401000),项目名称为"大宗面制品适度加工关键技术装备研发与示范"。

在30多年的面制食品技术研发中,克明面业已经成功自主设计、开发出"陈克明"牌营养、强力、绿色、高筋、礼品、儿童六大系列300多个挂面规格品种并推向市场,以其"柔韧、细腻、口感好,易熟、耐煮、不糊汤"的独特品质,赢得了广大消费者的好评。挂面加工技术的优化研究和营养强化挂面生产技术的研究与开发,分别通过了湖南省粮食局和湖南省科学技术厅省级科技成果鉴定,鉴定结果认为产品的制造工艺和技术已达到国内领先、国际先进的水平。

2011年以来，克明面业着力开发新技术、新工艺，发明了国际领先的挂面干蒸工艺技术，经过5年的技术研究、中试试验、工厂化生产和干蒸机理研究，已成功上市高端产品——华夏一面。该产品具有如下特点：

1. 感官品质超常：更加柔韧、顺滑、耐嚼。硬度提升了50%，面体表面黏附性降低了65%。

2. 蒸煮品质更强：更加耐煮耐泡，且面汤清澈。煮面时间为普通面条的2倍以上时也不糊汤、不断条。

3. 健康品质优良：缓慢消化淀粉含量是普通面条的2.5倍，即热量显著降低、膳食纤维增加，特别适合中老年人群食用。

4. 储存品质优异：不生虫、不油哈、耐储藏。

5. 安全品质优秀：不产生任何有害身体健康的物质。

此产品及研究成果于2015年4月1日通过中国食品科学技术学会的专家鉴评，专家一致认为该研究对传统挂面生产具有创新性，其研究总体上达到国际先进水平。

近两年来，为了夯实挂面行业的主导地位、积极拓展面类相关业务，克明面业陆续增加了面粉、热干面、生鲜面、冷冻面、乌冬面等品类的研发与生产业务。2014年实现了生鲜面的生产，并由此申请了5个发明专利、1个实用新型专利。生鲜面目前生产状态良好，生产的面条口感弹韧、爽滑，深受面店老板的喜爱。2015年实现了热干面的生产，目前热干面实现全自动化高效运转，人工成本由原来的40元降低至10元。技术中心主持研发的高膳食纤维杂粮面于2016年度荣获中国方便食品创新奖，"大宽波浪挂面""金麦厨速拌面"分别于2017年度荣获中国方便食品创新大奖和中国方便食品创新奖。

为克服汤面的缺点，克明面业技术中心特聘请烹饪专家，成立了湘菜产研中心，主要研发适合挂面、半干面、方便湿面、热干面等面制品搭配使用的调味料包，满足市场和消费者日益增长的各类需求。如适合方便湿面的味噌、咖喱、酱油、鲜虾以及红烧牛肉汤、香辣芝麻酱、西红柿酱等调味包，适合挂面的猪肉味、牛肉味、排骨味等酱包，适合半干面的泡菜牛肉酱味、卤香牛肉酱味，适合热干面的芝麻酱包等。部分调味料包产品已投入生产应用，市场反馈良好。

五、粮食消费科技创新应用

当前我国已进入消费需求持续增长、消费结构加快升级、消费拉动经济作用明显增强的阶段。我国有着近14亿人口的规模庞大的消费市场，收入增长提升了居民的消费能力，促进了消费结构升级，粮食消费已经从生活消费向品牌消费转变。然而，粮食供给能力和水平与不断扩张和升级的消费需求不匹配，导致需求潜力和消费潜力得不到完全释放。为了更好地满足人民群众日益增长的美好生活需要，粮食增产的同时实现农民增收，保证从田间到餐桌食品的优质与绿色，必须进行科技创新。科技创新改变以往的粮食消费模式，开启"互联网+"模式。

作为中国最大的粮油食品企业，中粮集团有限公司（以下简称"中粮集团"）也是中国领先的农产品、食品领域多元化产品和服务供应商，致力于打造从田间到餐桌的全产业链粮油食品企业，利用不断再生的自然资源为人类提供营养健康的食品、高品质的生活空间及生活服务，贡献于民众生活的富足和社会的繁荣稳定。通过日益完善的产业链条，中粮集团形成了诸多品牌产品与服务组合：福临门食用油、长城葡萄酒、金帝巧克力、屯河番茄制品、家佳康肉制品、香雪面粉、五谷道场方便面、悦活果汁、蒙牛乳制品、大悦城Shopping Mall、亚龙湾度假区、雪莲羊绒、中茶茶叶、金融保险等。2018年，中粮集团凭借697亿美元的营业收入排名《财富》世界500强企业第122名，是全球排名最高的农业企业。

作为全产业链的农粮企业，中粮集团依托所在农业产业和行业优势，结合贫困地区资源禀赋，发挥中粮产业链优势，通过培育产业端、深挖消费端、做强电商端、集成供应端等，多措并举，精准发力，以消费扶贫带动脱贫攻坚，积极探索消费扶贫新模式。

（一）订单农业，促进消费扶贫长远发展

中粮集团充分发挥在农产品产业上下游的影响力、带动力，打通线上线下农产品销售渠道，通过在贫困地区建立农业种植养殖基地、农产品加工厂等，积极探索可持续的订单农业消费扶贫新模式，带动当地农业产业发展，促进了消费扶贫的长远发展。

（二）连接供需，破解消费扶贫对接难题

供需对接是消费扶贫的难点。中粮集团开展消费扶贫时，聚焦消费的供需两侧，利用一头连接上游农产品生产基地、一头服务下游消费者的产业链优势，打通上下游，破解消费扶贫对接难题。

（三）电商辐射，放大消费扶贫惠民成效

拓展消费扶贫必须善于借力网络电商和科技力量。中粮集团的"我买网"是专门从事食品销售业务的电商平台，自2013年起深入开展电商扶贫，扶贫足迹已覆盖全国27个省、53个国家级贫困县，近年来累计销售国家级贫困县农特产品6000余万元，架起了"千家万户小商品"与"千变万化大市场"之间的桥梁。

六、粮食饲料科技创新应用

安佑集团自成立以来即坚持企业自主创新，建有国家企业技术中心、国家高新技术企业、江苏省饲料资源开发与高效利用工程技术研究中心、江苏省博士后创新实践基地等研发平台；每年研发投入超过3000万元，开展自主研发项目近100项；还先后承担国家级和省级项目7项，其中

国家星火计划项目3项、江苏省科技项目4项。

在安佑技术创新领域最突出的是无抗技术方案的创新，这也凝聚了安佑集团研究院十多年的心血。安佑集团在产品研发上坚持少用药，采取提升消化率、改善肠道健康、增强动物自身免疫力的技术路线。安佑研究院已开展与抗生素替代相关的研发试验400余项，包括动物试验256项、体外试验159项；开发出植物精油、核酸素、酵母水解物、月桂酸单甘酯产品、脱毒亚麻籽、肠肽、中链油粉、纯卵磷脂等新产品，这些原料和添加剂在无抗饲料中的作用举足轻重，不仅提供给内部使用，还通过山川生物公司（安佑子公司）对外推广应用，促进全行业无抗饲料配制技术的进步。

2014年，安佑母猪料及环保肉猪料已实现无抗。无抗饲料最困难的部分是无抗教槽料，安佑于2013年已开始未雨绸缪，正式立项研究早期断奶仔猪高免疫无抗生素饲料配制技术。面对这样一个高难度的课题，从抗病毒营养、消炎营养、免疫营养、整肠营养、替抗营养、精准配方6个方向逐个探索突破，最终集成6A级的无抗饲料配方技术。

2018年，安佑与南京农业大学联合参与"十三五"国家重点研发计划项目，题目为"优质高效绿色饲料配制及无抗饲养技术集成与示范（2018YFD0501101）"；2018年，集成了一整套6A级无抗饲料配方技术，经安佑研究院多次验证，在教槽、保育、仔猪后期均达到良好效果。

2019年，首个6A级无抗饲料猪场全程试验在江苏盱眙完成，获得圆满成功。

2019年7月自主研发"智能乳猪喂料器"，在多项养殖技术上取得突破性成果，获国家专利。

2019年10月起至2020年上半年，在6个不同地区、不同规模的猪场进行了500余次试验，取得了较为理想的效果。2020年6月16日宣布6A级无抗饲料研究成功。

第十五章　高度重视节约粮食

自古以来，我们中华民族就以勤俭节约为荣、奢侈浪费为耻。勤俭节约是中华民族的传统美德，是中国人民世代相传的宝贵精神财富。随着经济的发展和社会的进步，人民生活越来越富足，随之而来的铺张浪费现象越发严重。联合国粮农组织统计显示，全球每年有约 1/3 的粮食被损耗和浪费，总量约每年 13 亿吨。然而，世界 76.33 亿人口中至少还有 8.2 亿人面临饥饿，相当于每 9 人中就有 1 人挨饿。

习近平总书记对制止餐饮浪费行为作出重要指示。他指出，餐饮浪费现象，触目惊心、令人痛心！尽管我国粮食生产连年丰收，但是对粮食安全还是始终要有危机意识，2020 年全球新冠肺炎疫情所带来的影响更是给我们敲响了警钟。

第一节　世界粮食日的由来

在人类居住的地球上，不仅动植物而且农作物的品种也在日益减少。古代先农们种植过多达数千种的农作物，而如今只有大约 150 种被广泛种植，成为人们主要的食物来源。其中，玉米、小麦、水稻约占 60%，大多数其他农作物品种已处于灭绝的边缘。随着农作物品种日趋单一和世界人口爆炸性增长，耕地面积减少，全世界粮食供应正变得日益脆弱。珍惜粮食、保护农作物无疑是人类和谐发展需要重视的主题。

一、世界粮食日

"民以食为天"，粮食在整个国民经济中始终具有不可替代的基础地位。1972年，由于连续两年气候异常造成的世界性粮食歉收，加上苏联大量抢购谷物，出现了世界性粮食危机。联合国粮农组织于1973年和1974年相继召开了第一次和第二次粮食会议，以唤起世界，特别是第三世界注意粮食及农业生产问题，敦促各国政府和人民采取行动，增加粮食生产，更合理地进行粮食分配，与饥饿和营养不良作斗争。但是，问题并没有得到解决，世界粮食形势更趋严重。关于"世界粮食日"的决议正是在这种背景下作出的。

1979年11月，第二十届联合国粮农组织大会决议确定，1981年10月16日是首届世界粮食日，选定10月16日作为世界粮食日是因为粮农组织创建于1945年的这一天，此后每年的这一天都作为"世界粮食日"，其宗旨在于唤起全世界对发展粮食和农业生产的高度重视。故世界粮食日（World Food Day，WFD），是世界各国政府每年在10月16日围绕发展粮食和农业生产举行纪念活动的日子，来自全球粮食系统不同部门的参与者利用世界粮食日的机会，共同反思粮食在我们生活中的巨大作用，并探讨如何可以做得更好。

二、设立宗旨

促进人们重视农业粮食生产，为此激励国家、双边、多边及非政府各方作出努力；鼓励发展中国家开展经济和技术合作；鼓励农村人民，尤其是妇女和最不利群体参与影响其生活条件的决定和活动；增强公众对于世界饥饿问题的意识；促进向发展中国家转让技术；加强国际和国家对战胜饥饿、营养不良和贫困的声援，关注粮食和农业发展方面的成就。

三、产生原因

世界上究竟有多少人在挨饿？

▶▶▶ 中国人的饭碗

联合国粮农组织自创立以来，不定期地进行了 5 次世界粮食调查。从这些调查的数据得出的结论是：饥饿不但没有消除，反而在不断扩大。

（一）1946 年，第一次世界粮食调查

以第二次世界大战前的 1935—1939 年的 70 个国家（占世界总人口的 90%）为对象，按每日平均摄取热量低于 2250 卡界定营养不良。FAO 调查得出的结论是：世界人口的大约半数处于营养不良状态。

（二）1952 年，第二次世界粮食调查

以第二次世界大战结束后的 1946—1948 年的 70 个国家为对象，按每日平均摄取热量低于 2250 卡界定营养不良。联合国粮农组织调查得出的结论是：总的营养水平比战前降低，除北美、欧洲、大洋洲外的所有地区均未达到基准水平。

（三）1963 年，第三次世界粮食调查

以 1957—1959 年的 80 个国家为对象，按每日平均摄取热量低于 2250 卡界定营养不良。联合国粮农组织调查得出的结论是：发展中国家 60% 的人口处于营养不良状态。

（四）1977 年，第四次世界粮食调查

联合国粮农组织分析了 1972—1974 年的数据，调查范围扩大到 162 个国家，按每日平均摄取热量低于 2250 卡界定营养不良。联合国粮农组织调查得出的结论是：全世界有 4.55 亿人处于营养不良状态，发展中国家人口的 1/4 都属于这个范围，尤其是儿童和妇女的营养不良状况更加严重。

(五) 1986年,第五次世界粮食调查

联合国粮农组织以112个发展中国家(中国等社会主义国家除外)为对象,按每日平均摄取热量低于2250卡界定营养不良。调查分析后得出的结论是:1979—1981年有3.35亿—4.49亿人口处于营养不良状态。

联合国粮农组织把1996年世界粮食日的主题确定为"同饥饿与营养不良作斗争",1997年则定为"投资粮食安全"(见表15-1),目的是动员世界力量,增加农业投入,增强粮食有效供给能力。许多国家政府对于举办"世界粮食日"的活动都很重视。有的国家首脑在这一天发表演讲,有的国家举行纪念会和发表纪念文章,有的国家科研机构发表粮食和农业科研成果,以提高人们对粮食和农业重要性的认识,从而促进粮食及林业、牧业和渔业的发展。

表15-1　　　历年世界粮食日主题(1981—2019年)

时间		主题	侧重
20世纪80年代	1981年	粮食第一	此段时期主要注重农业、农村的发展
	1982年	粮食第一	
	1983年	粮食安全	
	1984年	妇女参与农业	
	1985年	乡村贫困	
	1986年	渔民和渔业社区	
	1987年	小农	
	1988年	乡村青年	
	1989年	粮食与环境	

▶▶▶ 中国人的饭碗

续表

时间		主题	侧重
20世纪90年代	1990年	为未来备粮	此段时期主要注重粮食生产与环境发展的关系
	1991年	生命之树	
	1992年	粮食与营养	
	1993年	收获自然多样性	
	1994年	生命之水	
	1995年	人皆有食	
	1996年	同饥饿与营养不良作斗争	
	1997年	投资粮食安全	
	1998年	妇女养供世界	
	1999年	青年消除饥饿	
21世纪	2000年	没有饥饿的千年	此段时期注重在保护环境、减少粮食产量背景下的粮食供给与食品安全
	2001年	消除饥饿，减少贫困	
	2002年	水：粮食安全之源	
	2003年	关注我们未来的气候	
	2004年	生物多样性促进粮食安全	
	2005年	农业与跨文化对话	
	2006年	投资农业促进粮食安全以惠及全世界	
	2007年	食物权	
	2008年	世界粮食安全：气候变化和生物能源的挑战	
	2009年	应对危机，实现粮食安全	
	2010年	团结起来，战胜饥饿	
	2011年	粮食价格——走出危机走向稳定	
	2012年	办好农业合作社，粮食安全添保障	
	2013年	发展可持续粮食系统，保障粮食安全和营养	
	2014年	家庭农业：供养世界，关爱地球	
	2015年	社会保护与农业：打破农村贫困恶性循环	
	2016年	气候在变化，粮食和农业也在变化	
	2017年	改变移民未来——投资粮食安全，促进农村发展	
	2018年	努力实现零饥饿	
	2019年	扛稳粮食安全重任，建设粮食产业强国	

第二节 我国粮食日的行动

我国是一个人口众多的农业大国，2008年粮食总量已经超过了10000亿斤，人均粮食占有水平超过了380公斤，高于世界人均水平；2013年全国粮食总产量60193.5万吨（12038.7亿斤），并首次突破了12000亿斤大关，实现了新中国成立以来的首次连续10年增产。但粮食问题仍然是国民经济发展中的突出问题。因此，开展爱粮节粮、反对浪费宣传教育活动，是事关国计民生、社会稳定的大事。艰苦奋斗、勤俭节约，是中华民族的传统美德，为推动建设节约型社会，2016年国家粮食和物资储备局确定"爱粮节粮宣传周"活动的主题为"粮食与建设节约型社会"。每一位公民都要树立"节约粮食光荣，浪费粮食可耻"的观念，自觉从现在做起、从自身做起，节约每一粒粮食，抵制和反对浪费粮食的行为，养成勤俭节约的良好风尚。

一、爱粮节粮和粮食安全宣传教育

（一）组织开展全国"粮安之星"评选发布活动

国家粮食和物资储备局、农业农村部、教育部、科技部、全国妇联以及联合国粮农组织驻华代表处，在全国范围内组织开展"粮安之星"评选发布活动。活动分为国家级和省级开展。省级由各省级粮食、农业、教育、科技、妇联等部门组织在本地区评选发布；国家级由国家粮食和物资储备局会同农业农村部、教育部、科技部、全国妇联从各地推荐的先进典型中择优评选。2018年10月16日，在杭州主会场活动现场推选了包括石元春、盖钧镒两位院士在内的10位国家级"粮安之星"，交流宣讲了他们在各自领域默默奉献、辛勤耕耘，助力国家粮食安全的先进事迹，发出"人人重视粮食安全、人人保障粮食安全"的倡议。10位主题人物结合自身实际，从土壤治理、遗传育种、科学种植、人才培养、质量检验检测等方面，畅谈爱粮节粮、助力国家粮食安全的经验体会；活动现场还播放了主题人物公益视频，向全社会发出"人人重视粮食安全、人人保障粮食安全"的呼吁、倡议。各地区评选发布了300余名省级"粮安之星"，并组织了形式多样的宣传倡议活动。

（二）组织开展粮食安全大走访大调研系列活动

2018年10月16日，在世界粮食日主会场活动现场，主办者举行了大走访、大调研系列活动启动仪式。组织机关干部、农业科技专家和涉农院校师生等，走进村庄、走进田野、走进农户，以专家宣讲、座谈交流、互动解答、现场指导等多种形式宣讲粮食政策、普及粮食知识、倾听农户心声，受到了广大种粮农民的欢迎和好评。据统计，各级粮食、农业、教育、科技、妇联等部门组织6000余名粮食政策和技术等方面的专家，组成1000余个工作小组，发放主题宣传册、宣传品20多万套，宣传讲解粮食安全政策和爱粮节粮知识。

（三）组织开展系列主题宣传教育活动

紧扣粮食和物资储备中心工作，围绕优质粮食工程、粮食产业经济、粮食收购、粮食质量安全等主题，精心策划选题，持续推出粮食安全、爱粮节粮系列主题宣传报道，推动构建爱粮节粮宣传教育长效机制。2018年全年共制作播发公益视频12个，发布主题图解17篇，发布整版公益广告1次，开展网络直播2次，开设专栏1个，商请中国移动、中国电信、中国联通三大运营商发送主题公益短信1次。各地粮食和物资储备部门结合本地实际，组织开展形式多样的爱粮节粮主题宣传教育活动,在全国范围内形成了很好的联动效应。山西省组织"粮食安全进军营、走访慰问子弟兵"活动,湖北省组织开展"粮油食品质量监督检测中心开放日"活动,新疆生产建设兵团组织开展"节粮巧妇"评选活动,营造了爱粮节粮、助力粮食安全的良好氛围。

二、节粮减损行动

(一) 粮食产后服务体系建设支撑粮食减损增效

2017年"优质粮食工程"启动实施以来,粮食产后服务体系建设紧紧围绕为种粮农户提供"清理、干燥、储存、加工、销售"等服务,帮助农民、合作社、粮食经纪人等解决市场化收购条件下收粮、储粮、卖粮、清理、降水干燥等一系列问题。随着粮食产后服务中心的建成使用,在减少粮食产后损失、促进粮食提质进档、增加种粮农民收入等方面的成效不断显现,受到了地方各级粮食部门和种粮农民的普遍欢迎。

(二) 节粮减损系列科普活动增强公众爱粮节粮意识

自2006年开始,每年全国粮食科技活动期间,多部门集中组织开展节粮减损、科学消费等科普知识进学校、进家庭、进社区活动,通过参观稻米科普文化长廊、体验插秧耕作、观摩稻米加工工厂、重温节粮爱粮古训等宣传方式,弘扬中华民族传统文化,宣传爱粮节粮、营养健康、保障粮食安全的理念和科普知识。部分省份在粮食科技活动周专栏展播优秀科普视频、宣传画、电影等作品。有的单位还邀请院士等高层专家做专题科普讲座等。在科技活动周期间,国家粮食和物资储备局还会同科技部、中宣部、卫生健康委员会等11个部门派遣专家参加"科技列车行"活动,并向当地农户捐赠科学储粮装具;组织粮食科普小分队,深入乡村、港口、企业,开展节粮减损科普知识宣传,已面向基层农户捐赠2000余套科学储粮装具。积极开展世界粮食日和"爱粮节粮宣传周"等活动。全国粮食科技活动周等系列宣传活动取得了明显的成效,产生了较深远的影响。宣传受众约每年200万人,不仅有社区的居民,还有小学生、高校的大学生、企业的职工等,加大了爱粮节粮的宣传力度,促进了节粮减损、安全储粮、科学保粮科学技术的普及,为保障国家粮食安全作出了积极贡献。

(三)国家计划项目聚焦节粮减损有效降低粮食损耗

粮食公益性行业科研项目"规模化农户储粮技术及装备研究""粮油储藏品质保持减损新技术研究""粮食产后损失浪费调查及评估技术研究"等取得阶段性成果并已发挥减少粮食损失、提升粮食品质的重要作用。其中"规模化农户储粮技术及装备研究"重点研究了大农户农村粮食物流及综合技术,农村粮食物流和节点关键设备,物流信息平台及技术模式和技术标准,为我国农户安全储粮提供了有效的技术支撑。"粮油储藏品质保持减损新技术研究"完成了生态储粮仓的结构分析、设计及施工技术研究,开发了糯稻、糯米、糯米粉在不同温度条件下气调储藏及常规储藏品质变化检测技术,摸清大豆油、菜籽油等食用植物油在储藏期过程中品质的变化规律及不同品质指标之间的影响,确保粮油食品在储藏过程中的质量安全。

第五篇

国家调控力：粮食安全与宏观调控相互支撑

国家调控力是"五力模型"的中流砥柱，是保障粮食安全的"稳定器"与"压舱石"。

"藏粮于国"。粮食安全是具有特殊自然属性的公共物品，保障粮食安全是各国政府的职责和义务。我国自古就有重视粮食安全、粮食储备的传统，并积累了宝贵经验。当前，完善宏观调控、更好地发挥政府在保障粮食安全中的作用，在我国具有特殊的意义。

本篇从政府调控粮食安全、粮食安全储备两个方面，重点阐述国家调控粮食安全的意义、目标与手段，我国粮食储备体系的演变及成就，深度剖析我国粮食安全与宏观调控是如何相互支撑的。

第十六章 政府调控粮食安全

第一节 公共物品理论：政府调控粮食安全的出发点

粮食安全是一种公共物品，亚当·斯密的"看不见的手"掌握不了粮食安全。

公共物品的定义是萨缪尔森1954年在《经济学与统计学评论》上发表的《公共支出的纯理论》一文中给出的。按照他的定义，公共物品是指每个人对这种物品的消费都不会导致其他人对该物品消费的减少。

公共物品是市场不能自发提供的，具有非竞争性（一人利用不妨碍他人利用）和非排他性（权利人很难阻止他人利用）、整体性和不可分割性的物品。公共物品具有外部效应，即投资者不能独占投资收益，非投资者可能分享投资收益。这种外部效应会引发"搭便车"现象——对公共物品的利用大于公共物品的供给，即产生"公共悲剧"。当能够设计出适当的制度框架，使外部效应"内部化"，让投资收益与投资行为相匹配，从而产生私人投资激励，就能够防止"搭便车"现象；否则，公共物品的提供会不敷所需。一国政府或国际社会只能通过公共投资直接提供公共物品，以满足需求。

与公共物品相对应的是私人物品，即市场可以自发提供具有竞争性、排他性的、可分割的、不具有整体性的物品。

介于公共物品与私人物品之间，仅有竞争性，没有排他性的物品，如地下水资源是"公共财富"或曰"公共资源"。

介于公共物品与私人物品之间,仅有排他性,没有竞争性的物品,如收费高速公路是"俱乐部物品"。

纯粹的私人物品与纯粹的公共物品的区别可以从下述定义中看出:对于一种私人物品来说,商品 X 的总量等于每一个消费者 i 所拥有或消费的该商品数量(X_{ij})的总和,这意味着私人物品是能在消费者之间分割的。即:

$$X_j = \sum_{i=1}^{n} X_j^i$$

但对一种公共物品来说,任何一个消费者 i,他为了消费而实际可以支配的公共物品的数量 X_{ij},就是该公共物品总量 X_j,这意味着公共物品在这一组消费中是不可分割的。

$$X = X_1 = X_2 = \cdots = X_i (i = 1, 2, \cdots, n)$$

$$X_{n+j} = X_{n+j}^i$$

最普通的公共物品如国防、治安、消防,以及明智的政府所提供的经济合理的制度。基础教育和基本医疗保健也因具有重要的外部性,且社会收益大于私人收益,而被认为是公共物品。知识,尤其是基础科学知识,也是如此。

粮食同时具有私人物品和公共物品的特点。市场上出售的粮食是一种私人物品,完全具有私人物品的"可分割"特征。私人购买的粮食之和等于市场上出售的粮食总量。但是,对于粮食安全而言,构成这种安全物质基础的国家粮食生产能力和流通能力、粮食储备能力,具有公共物品"不可分割"的特点。每一位公民在受到饥荒威胁的时候,都能够分享到国家的粮食安全保障。

粮食安全的公共物品属性来自粮食特殊的自然属性。

粮食是人类历史上历时悠久的一种产品,无论在什么社会、什么制度下,粮食生产都是居于第一位的。这说明粮食的公共安全需求超越了一切社会制度。人类要生存,就必须占有足够的粮食。任何可能危及粮食安全的波动、减产都必须得到制止,这与一般商品是完全不同的。一般商品的有无、多少通常不会威胁到人的生存，因此是可以承受的。但是粮食不同，必须由唯一能够代表全民利益的政府来保障粮食的安全。

粮食的私人物品属性是显而易见的。但它与粮食的安全属性是完全一致的吗？或者说，粮食的安全属性是不是可以完全通过粮食的商品属性来保证？对于这个问题，可以通过一个简单的逻辑来判断：若粮食的商品属性与安全属性完全一致，与其他商品一样，则政府不需要以公共支出的方式一直对粮食的生产和流通进行干预。几乎所有的政府，无论是发达国家还是发展中国家，都对粮食的生产和流通进行干预，所以可以肯定市场是不能自动保障粮食安全的。

市场不能保障公民在重大的自然灾害时期、重大的战争时期也能得到足够的粮食，甚至还可能因粮食的"公共悲剧"而威胁粮食保障。因此，政府必须出面干预粮食的生产和流通，这是政府的基本职责之一。亚当·斯密在《国富论》中清晰地提出了国家理论和公共财政理论。他认为政府的功能应该有以下三项内容：（1）保护社会免受外敌侵犯；（2）保护社会成员免受另一个社会成员的侮辱和侵犯；（3）从事某些公共工作，设立某些公共设施。亚当·斯密是自由市场经济理论的始祖，但对于公共工作，他仍然要求政府担负起责任，他并没有绝对地主张政府不干预经济。今天，人们容易对市场经济"看不见的手"产生误解，进而反对一切政府行为，即便是必要的"公共工作"，这是违背亚当·斯密本意的。粮食安全正是属于亚当·斯密所讲的政府的第三项职能。因此，那种认为粮食安全可以像一般商品一样完全由市场提供的观点是错误的。政府不承担保护粮食安全的责任，必然会发生粮食安全的"公共悲剧"。国家或政府必须对所有公民的粮食供给予以保障，这种保障超越了市场行为，是政府重要的职能之一。

作为公共物品的粮食安全，又有别于一般的公共物品。无疑，它具有非排他性，实现了粮食安全的国家不能排斥它的任何一个公民享有这种安全，经受着饥荒的国家的每一个普通公民也都很难不受影响。但是，粮食安全的非竞争性是有条件的，只有当一国的粮食安全有充足保障时，即当粮食安全资源充足的时候,每追加一个享受这种安全的公民的边际成本才是零;而当粮食安全资源紧缺时,享受安全的公民之间无疑是有竞争的。这就如水资源紧缺国家的地下水资源,虽然没有排他性,没有现成的市场确定和行使地下水资源的所有权,但是每多一个使用地下水资源的个人,就减少了其他使用者的可用量。

粮食安全的这种特性,是国家为保障粮食安全实施宏观调控时必须加以考虑的。如解决贫困人口的粮食安全问题,就是一个现实而又紧迫的问题。

第二节 市场缺陷:政府调控粮食安全的必然要求

除了粮食是人类的基本生存资料、粮食安全事关大局这一原因外,政府干预粮食生产和流通,还因为同大多数农产品一样,粮食生产的季节性、长周期性和环境的不确定性导致粮食市场存在先天缺陷。

一、农产品市场价格的滞后调节与"蛛网理论"

众所周知,农业生产的一个先天弱质性表现为农产品生产周期长,对市场信号的反应严重滞后,导致市场的被动调节。也就是说,现实的市场信息传递需要一个农业生产周期才会体现出来。这种滞后调节,形成了农产品普遍存在的市场供需循环的特征,即"蛛网现象"及相应的"蛛网理论"。

如图16-1所示,蛛网的形状因特定农产品需求的价格弹性与供给的价格弹性的相对大小,呈现三种不同趋势:需求弹性大于供给弹性,蛛网收敛,即最终趋于均衡点〔见图16-1(a)〕;反之,蛛网发散,即越来越远离均衡点〔见图16-1(c)〕;需求弹性等于供给弹性,蛛网呈规则振荡,始终与均衡点保持一定距离〔见图16-1(b)〕。当上述直角坐标系以横轴表示自变量价格，以纵轴表明因变量数量时，仅当需求曲线的斜率（绝对值）大于供应曲线的斜率，这种波动才能收敛。

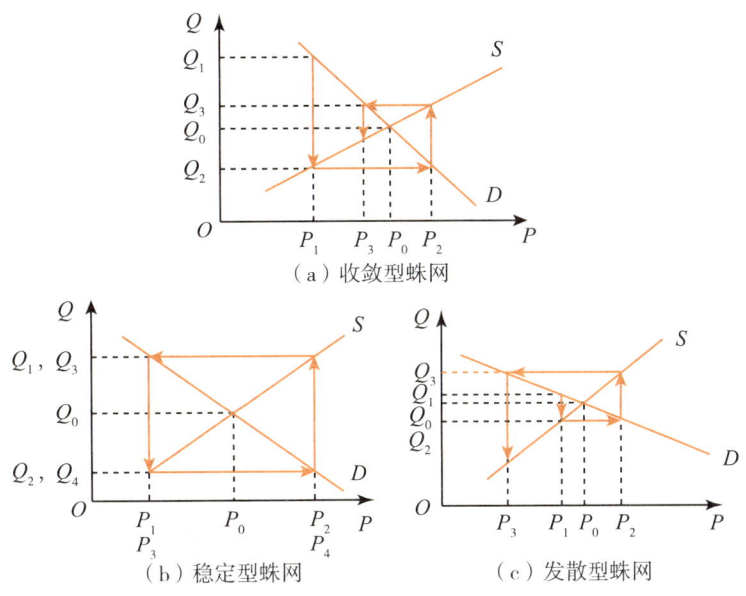

图 16-1　蛛网理论示意图

二、粮食市场的先天缺陷

粮食作物的生产周期普遍长于农作物的平均生产周期。因此，这种滞后调节的状况在粮食的市场关系中表现得更为明显；而且，粮食作为最基础的生存性消费品，可替代性很小，存在着一个明显的需求临界点：当供应不能达到需求临界点时，粮食供应短缺，需求极度旺盛；而一旦达到了需求临界点，对过剩供应的追加需求又会迅速下降。粮食的这种极低的需求弹性更加剧了粮食市场的波动。所以，粮食市场的蛛网往往呈发散状，剧烈振荡，距市场均衡点越来越远。

当粮食供应小于需求临界点、粮食短缺时，尽管根据蛛网理论，突然高涨的市场价格会刺激农民极大地增加供应、消除短缺。但是，这个自发过程有两点因素要求政府去调节：（1）粮食供应小于需求临界点，意味着粮食安全已经受到了挑战，任何政府都有责任调整这种市场状况，保障粮食安全;(2)粮食的生产周期长,滞后调节的时间必然也长,如果依靠市场自然地恢复、增加供应,必然耗费大量时间,延长社会的动荡时间,故必然要求政府尽早预测和干预,加速这一调节过程。

而当粮食供应大于需求临界点、追加的粮食需求迅速下降时,过低的市场价格会导致生产者的收入严重受损,甚至危及长远的粮食生产能力。在这种情况下,政府调控粮食市场也成为一种必然。

总之,粮食市场具有先天缺陷,市场上的粮食,真所谓"多不得,少不得,不多不少最难得"。政府对粮食生产和流通的干预,是促进市场均衡、保障粮食安全的必然要求。

第三节　政府调控粮食安全的目标和手段

作为一种义不容辞的责任,任何一个政府都需要从本国的实际条件和状况出发,寻求保障粮食安全的最佳政策手段。

一、实现粮食安全的三种基本模式

粮食安全尽管反映的是粮食供需关系,但是粮食需求在某一国家的一定时期是一个客观量,所以粮食安全保障可以更多地理解为粮食供给能力的提高。

粮食供给可由下式表示:

$GQ = Q_1 + Q_C$

式中:GQ 为粮食总供给量;Q_1 为粮食进口量;Q_C 为本国粮食生产数量。从该公式中可以看出,若要增加 GQ 基本的模式不外乎三种:(1)增加国内粮食生产能力 Q_C,粮食进口能力 Q_1 不变;(2)增加粮食进口能力 Q_1,国内粮食生产能力 Q_C 下降;(3)粮食进口能力 Q_1 与国内粮食生产能力 Q_C 同时提高(见图 16-2)。

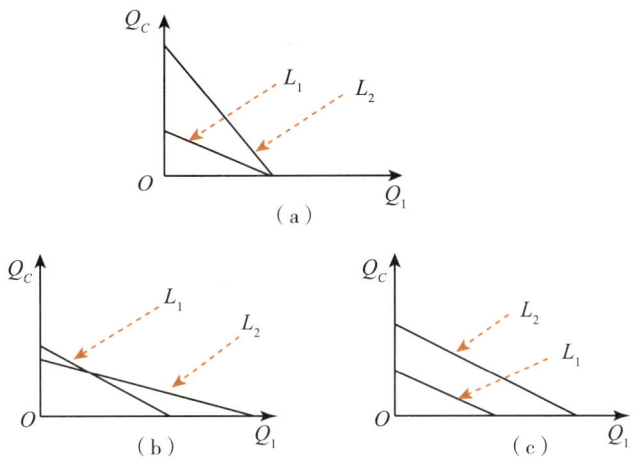

图 16-2　实现粮食安全的三种基本模式

图 16-2 中，L_1 为过去的粮食安全构成，L_2 为新的粮食安全构成。

模式一：增加国内粮食生产能力，进口能力不变，如图 16-2（a）所示。其含义是：进口量不变，国内粮食生产潜力和产量不断提高。这一般是在对国际粮食市场的供给能力比较担心的背景下作出的选择。对耕地资源比较稀缺的国家来说，它的弊端在于：不顾本国的资源禀赋和成本的特殊性，牺牲农村经济增长的机会。

模式二：增加粮食进口能力和加大进口量，国内粮食生产能力下降，如图 16-2（b）所示。其含义是：新增加的粮食消费完全依赖进口，国内粮食生产能力由于耕地被大量占用等原因，有所下降。同时，进口能力和进口量都随着经济增长而扩大。这种选择一般发生在工业化过程中耕地资源较稀缺的国家或地区。例如，亚洲的日本、韩国和我国的台湾地区，都选择了这种模式。它的弊端在于粮食安全可能由于国际市场的风险而下降。

模式三：同时增加国内粮食生产能力和粮食进口能力，如图 16-2（c）所示。其含义是：粮食生产潜力和产量随着工业化、城镇化进程逐渐巩固。国家能够利用工业化的成果来推动农业现代化，从而不断提高粮食生产的潜力。美国的农业现代化就是采用这样的模式，当然，美国有得天独厚的耕地资源作为基础。

二、政府粮食政策的调控目标

任何一个政府的粮食政策都将保障国家粮食安全作为目标,粮食政策置于整个国家的经济政策框架中,往往其目标同整体发展目标、许多其他方面的考虑结合在一起,成为一体化的政策。一般来讲,政府粮食政策主要考虑四个方面:(1)保证粮食安全,尤其是满足低收入者的基本食品需求;(2)保护消费者的利益,政府若不干预粮食购销,只靠市场的作用不能对生产者形成足够的刺激;(3)粮食是经济的主要部门,政府控制了粮食,便可以保证财政收入;(4)为降低政府干预所花费的代价,需要考虑国际粮食市场行情、国内粮食市场行情、运储成本和国内消费情况。

三、政府干预粮食安全的政策手段

世界各国在对待粮食问题上有着共同的特点。任何国家的粮食购销都不是在完全市场条件下进行的,各国都在以不同手段影响粮食购销、调控粮食市场。

根据干预重点的不同,干预的方式可以包括:政府垄断国内市场,规定生产者粮食出售价,并控制粮食进出口;实行两种价格制度,政府部分参与经营,主要目的是保护城市消费者利益;政府规定保护价,通过粮食吞吐稳定市场粮价,通过控制国际贸易保证国内市场的稳定。

这些具体方式可以归纳为:(1)直接干预,通过直接决定购销价,掌握绝大部分粮食,以主导粮食市场、把持购销活动;(2)间接干预,通过确定保护价、粮食储备吞吐和进出口等干预市场的方式,来调节市场供需,实现粮食安全保障。

第四节 建立粮食安全预警系统

一、粮食安全预警系统

经济预警思想产生于19世纪末20世纪初。1888年,法国学者在巴黎统计学年会上对经济进行气象式研究,用不同的颜色表示经济运行状态。其后,法国政府在1911年常设了经济恐慌委员会。在美国,哈佛大学的珀森斯教授领导的小组进行了经济景气监测研究,编制了"美国商情指数"(即"哈佛指数"),并定期发表。这是西方早期的经济预警研究。更严格和规范的经济预警研究在20世纪20年代末、30年代初经济大萧条后展开,因为这个时期西方经济学家才普遍认识到资本主义经济警情的重要性。从这个时期起,经济监测预警系统得到了改进、发展并进入实际应用时期。例如,美国全国经济研究所(NBER)研制的经济监测系统的输出信息在美国商务部刊物《经济循环发展》上逐日发表,用数据和图表两种形式提供宏观经济景气动向信号。法国在1965年也研制了"景气政策信号制度",借助不同颜色信号灯,对宏观经济状态作出简明、直观的评价。1968年,日本经济企划厅在其经济白皮书中发布了"日本景气警告指数",对日本经济分别以不同颜色描绘。

经济预警方法虽得到很大发展和实际应用,但尚未有统一成熟的理论。一般来讲,它包括以下几个阶段。

(一)明确警义(或确定警情)

明确警义就是要明确监测预警的对象。警义包括警素和警度。警素,即构成警情的指标;警度,即警情的程度。例如,水灾的警素是降雨,地震的警素是震波。经济预警必须考虑各种因素,从不同方面进行刻画。

至于警度,可以分为若干等级进行描绘,如无警警度、轻警警度、中警警度、重警警度、巨警警度等,警限是警度确定的关键。有了警素和警度,就可以对经济形势进行警情监测,为经济预警提供参照。

(二)寻找警源

警源是警情产生的根源,是"火种"。依据不同的产生机制,可以分为三种。一是自然警源。例如,气象、地质等自然因子若发生异常变化就会造成严重的自然灾害。二是外生警源,包括对外经济贸易关系及非经济关系的恶化。它们往往会对国内经济运行产生严重影响。三是内生警源。例如,产业结构、资金投入、市场变化、技术力量、利益分配格局等,会直接对经济系统产生影响。内生警源还应包括制度因素,但其不好量化,故不作考虑。

(三)分析警兆并预报警度

分析警兆是预警过程中的关键环节。警兆也叫先导指标,不同的警素对应着不同警兆。当警素发生异常变化并导致警情发生时,总有一定的先兆,这种先兆与警源有关。警兆的确定可以从警源入手,也可依经验分析。在确定警兆后,需要进一步分析警兆与警素的数量关系,找出与警素的警限对应的警兆区间,然后借助于警兆区间进行警情的警度预报。粮食与食物安全预警就是对未来粮食安全状况作出评估和预测,并提前发布预报,以便有关部门采取相应的长期和短期对策,防范和化解粮食不安全风险。粮食安全预警是宏观经济预警的一个组成部分。联合国粮农组织1975年即开发了粮食与农业的全球信息及预警系统,定期或不定期地提前发布有关粮食方面的信息。我国人口众多,粮食产量居世界首位,粮食生产是国民经济基础,粮食生产出了大问题会产生非常严重的后果。因此,加强对粮食安全预警的研究具有重要意义。

二、建立中国粮食预警系统的必要性

（一）粮食生产和供应的波动客观存在

从1952—2000年的我国粮食生产统计资料中可以看出，我国粮食生产年际差异明显，波动较大，平均波动幅度为4.87%。同上一年粮食产量相比，减幅最大的是1960年，减幅高达15.22%；增幅最大的是1970年，增幅高达13.74%。波动幅度过大，无论是减产过多还是增产过多，都会给经济的正常运行造成不必要的干扰。例如，1959—1961年连续三年粮食大幅度减产，导致全国性的粮食恐慌，人民的基本口粮得不到保证，发生比较严重的非正常死亡现象。粮食的歉收也会影响到工业特别是食品工业的发展。粮食的大幅增产也不一定是好事：一则"谷贱伤农"，农民增产不增收，国家需耗费大量资金用于收购、储备余粮，农民手中的粮食也难以出售；二则还可能造成之后几年粮食生产的滑坡，例如，1984年我国粮食大丰收后，接连几年粮食生产回落。

导致粮食生产和供应波动的原因很多，归纳起来主要是自然因素和人为社会因素。自然因素如灾害天气等是难以控制的因素；影响粮食生产和供应更重要的因素是人为社会因素，可以通过正确的调控手段稳定粮食生产供应，如粮食收购价格、农业生产资料的供应及价格、粮食贸易手段、农业财政支出等。要实现这种调控必须有超前的信息作指导。因此，建立我国粮食生产预警系统十分必要。

（二）缺乏相关的超前信息，我国粮食生产供应的波动不能被有效控制和减缓

首先，从粮食生产计划来看，粮食生产计划是我国调控粮食生产的一个主要手段，粮食播种面积和粮食产量是其主要内容。但是，这种粮

食生产计划在执行时却往往不如人意。因为计划根据上年情况制订，上年人均粮食拥有量上升，则减少本年粮食计划播种面积；反之，则增加。这种计划有时会加剧粮食生产波动。例如，因为1984年粮食大丰收，1985年国家调低了粮食计划播种面积，结果却因受灾面积大量增加和农民种粮积极性下降，粮食总产量比上一年大为减少。

其次，从粮食进出口计划来看，粮食对外贸易是根据粮食生产量确定贸易量，它对稳定本国粮食供给起到重要作用。但考察自新中国成立初期至20世纪90年代的许多年份，粮食对外贸易却起不到这种作用。1959—1960年是我国粮食生产大幅度下降的时期，但我国却是粮食净出口国，而且1959年的粮食净出口量占当年总产量的2.445%，为该期间最高值。又比如1992—1994年，国内经济明显升温，对包括粮食在内的农产品需求十分强烈，粮价持续上涨，然而此时却出口粮食达4059万吨，进口只有2847万吨；与此相反，在1995年和1996年，国内经济开始降温，粮食连续两年大丰收，按理此时应减少进口、增加出口，但这两年我国却从国际市场上进口了3164万吨粮食，仅出口300余万吨，导致了我国粮食供给的相对过剩，加剧了粮食波动，没有起到应有的稳定粮食供给的作用。由此可见，当时我国粮食进出口计划的制订滞后于粮食供给周期，在制订粮食进出口计划时，缺乏有关当年粮食产量和需要量的超前信息，只能依据近几年粮食的产销情况确定。这样，粮食进出口计划只能是粮食供需的事后被动调控，没有起到应有的作用。

三、粮食紧急调整的基础

粮食生产和市场供应的紧急调整，应着眼于平常有充分的准备，如较高的国内粮食和农业生产能力、灵活有效的国内粮食储备制度、反应迅速的粮食贸易体系等。这样，在粮食生产和市场供应出现警情时，国家才能有效地实施紧急调整。具体应具备以下五个基本条件。

1. 建立和完善粮食生产、市场供应的宏观预警机制，获得粮食生产的超前信息。

2. 稳定耕地面积，加强农业基本建设，增加农业投入和增强农业科研能力，提高农业和粮食综合生产能力。

3. 建立完善的粮食储备体系。建立国家粮食专项储备制度的目的有：保护粮食生产、调节粮食供求、平抑粮价、救灾济贫。国家要根据粮食生产成本、经营费用和合理利润，划定粮食价格安全区，掌握最低和最高警戒价格。在粮价低于最低警戒价格时，国家以保护价敞开收购粮食，转为储备；当粮食价格高于最高警戒价格时，国家以低于最高警戒价格一定幅度的价格抛售储备粮，增加市场供应，稳定粮食价格。国家建立的粮食专项储备制度，对平抑粮价、调控市场、保护农民种粮利益和稳定粮食生产，均发挥了积极作用。但粮食储备作为粮食流通的核心，仍未能发挥其应有作用，有待进一步完善。

4. 建立粮食国际贸易多元化体系。改革开放以来，我国从粮食贸易总量上看是粮食净进口国，对国际粮食市场的依存度明显上升。据有关研究，在保证粮食供求平衡方面，以贸易补充缓冲储备明显优于封闭型经济。在储备为零时，进行贸易的国家粮食安全的概率保持在94%的水平上，基本上符合粮食安全的允许水平；而不进行贸易的国家只能达到82.2%的水平。即使储备量占常年生产量的15%这样较高的水平时，封闭型经济也只能使粮食安全概率达到92.2%[①]。根据我国粮食生产的特点和我国所处的国际环境，利用国际市场，建立我国粮食国际贸易的多元化体系和参加国际贸易的期货体系，可以保证我国粮食来源渠道多、供应稳定、风险分散。同时，粮食进出口应控制规模，避免大幅度波动。

5. 建立和完善国家对粮食市场价格宏观调控制度，建立粮食价格支持制度。政府应根据粮食生产成本、市场供求、居民的经济承受能力及其他因素确定价格的最低线和最高线，在两者之间形成一个稳定带，并

---

① 朱希刚：《中国粮食问题研究》，中国农业出版社，1997年版。

以此作为调控目标。在一般情况下,政府对粮食市场价格不干预,只监测粮食生产及市场供求状况。当市场价格跌到底线时,政府要用保护价收购粮食,防止粮食生产大幅滑坡、维护农民种粮利益;当市场价格涨幅过度、超出粮食消费者承受能力时,释放粮食储备,平抑粮价,防止粮食市场过大波动。这是世界主要产粮国的普遍做法。

四、粮食紧急调整的方法

粮食紧急调整的方法主要包括农业产业结构调整和种植业结构调整、粮食储备调整、粮食进出口调节和政策调整四个方面。

(一) 农业产业结构调整和种植业结构调整

根据我国农业生产比较利益和居民食品消费需求的变化,调整农业产业结构和种植业结构,如增加动物性食品供应、增加优质粮食品种的供应。另外,由于我国山区多、平原少,山区可以大力发展板栗之类的木本粮食。这样,农业产业结构和种植业结构的调整不但不会弱化农业和粮食综合生产能力,反而提高了这种生产能力。即使出现粮食短缺,也会由于食品来源渠道多、生产能力强,而更容易得到解决。农业特别是种植业的生产周期一般短于一年,粮食和其他食品的供应能力会很快得到增加。

(二) 粮食储备调整

我国1990年决定建立国家主要粮食品种的储备制度,以"丰吞歉吐""提高粮价""调控市场"为基本功能。此后,国家粮食储备体系不断完善,2003年,国务院颁布了《中央储备粮管理条例》,对中央储备粮的计划、储存和动用等各个环节都作出了全面的规定,是中国第一部规范中央储备粮管理的行政法规，由此建立起中国现代的粮食储备制度。有了国家粮食储备，在粮食生产出现警情时，国家出售储备粮，可以大大缓解市场供求的缺口、稳定粮食供应。再加上我国农民历来都有储粮的习惯，也起到稳定粮食供应的作用。粮食储备调整是缓解粮食警情的第一道保障。

（三）粮食进出口调节

当我国粮食生产遇到诸如特大自然灾害而发生警情时，可以借助国际供应渠道得到弥补。因为全球普遍发生自然灾害的概率肯定要大大小于一国发生特大自然灾害的概率。在国内粮食生产出现短缺、粮价猛涨时，利用进口粮食调节国内市场供应，平抑粮价，满足国内需求；当国内粮食生产出现过剩、粮价低迷、农民卖粮难时，国家除了用储备吸收一部分粮食外，还应组织出口部分粮食，减少国内粮食供应，提高国内粮食价格，对粮农和国家都有利，粮农因粮食价格上升、粮食能及时销售出去而获益，国家也因减轻收购和储备压力而获得好处。

（四）政策调整

政策调整的方式多种多样。在紧急情况下，可以启动非市场机制，即通过国家行政手段，增加粮食种植面积，调整农业产业结构；提高粮食收购价格，对粮食生产提供补贴；增加对农业的投入，包括农业基本设施建设、农业科研投入等，它们能大大提高粮食生产能力；依靠税收手段对粮食生产和农药、化肥、农用机械等农业生产资料行业实行优惠，也能促进粮食生产和供应。

第十七章　粮食安全储备

粮食储备是粮食宏观调控的重要物质基础，是粮食安全体系的一个极其重要的组成部分，是连接生产、流通、消费所不可缺少的环节，是维护粮食市场稳定的"压舱石"。

第一节　粮食储备的一般概念及作用

一、粮食储备的一般概念

粮食储备从本质上说是一个"最低粮食库存"的概念。国际上公认的粮食储备的概念是由联合国粮农组织提出的，其定义为：在新的作物年度开始时，可以从上一年度收获的作物中得到（包括进口）的粮食储备量，也称作"结转储备"或"缓冲储备"。粮食储备包括周转储备和后备储备两个部分。周转储备是保证从产地或从进口地平稳顺利、连续不断地得到供应并周转到加工厂，最后到达消费者手中的储备。在主要依靠本国生产粮食来满足需要的国家里，周转储备通常在收获季节后（即粮食年度开始时）达到高峰，然后逐渐减少，在下一个收获季节开始前（即粮食年度行将结束时）达到最低水平。考虑到新庄稼的收获期以及新粮上市的时间可能推迟，在粮食年度末的周转储备量应至少能保证市场供应的连续性。在主要依靠进口的国家里，其周转储备的变动幅度一般要小些，但在新货到达之前的一段时间里，至少要有足够的粮食储备来保证市场供应的连续性，而且还要考虑到货运可能误期的情况。后备储备是一个国家除了周转储备和完全为了战略目的而进行的储备以外的全部粮食储备，主要用于平抑年际因气候等因素造成的粮食产量波动以及应付其他紧急情况。除结转储备外，一个国家往往还因为战略需要而确立一个专以战略为目的的粮食储备量，即战略储备。由于战略储备超出了粮食储备的经济安全目标，且其数量较为稳定，一般不对粮食总供求产生影响，因此在研究粮食储备问题时，通常将其作为一个常量来对待，而不将其纳入研究范围。

在中国，粮食储备按其主体可分为中央粮食储备（国家专项储备粮、"506"战备粮、"甲字粮"的统称）、地方粮食储备、粮食流通企业储备及农户储备。其中，中央粮食储备和地方粮食储备属后备储备。本章重点阐述中国粮食后备储备，对其他粮食储备不过多论述。

构成粮食储备的不同部分的作用是不同的，周转储备主要是为了克服粮食生产的季节性和地域性与粮食消费的连续性之间的矛盾。在一个市场机制能有效发挥作用的粮食系统中，季节差价和地区差价的存在使周转储备成为一种有利可图的商业行为，因此企业或个人是周转储备的主要承担者。后备储备通常用来补救因作物歉收造成意外的供应不足，或者用来平抑社会所无法承受的粮食市场价格的波动，即人们通常所说的吞吐调节。由于市场调节投入大、风险高且具有外部效益，因此绝非单个的商业企业所能为，这决定了政府是后备储备的唯一承担者，也就是说，后备储备属于政府行为。从粮食储备经营或管理者的目标看，周转储备主要追求的是效率目标，而后备储备主要追求的是安全目标。在市场经济条件下，在政策上严格区分周转储备和后备储备，是确保粮食储备体系有效运行的前提。

二、粮食储备的作用

从国家专项粮食储备制度的建立到国家粮食储备体系的逐步完善，国家专项储备在保护农民利益、确保粮食安全、稳定粮食市场、应对灾难及突发事件等方面起着至关重要的作用，主要体现在以下六个方面。

（一）保护农民的生产积极性

在20世纪90年代初期和中期，有几年粮食生产获得大丰收，出现了农民"卖粮难"。为防止"谷贱伤农"，国家发挥粮食储备吞进功能，以高于当时市场的价格收购储备粮，以保护农民的生产积极性、促进粮食生产的持续稳定发展。

（二）救灾备荒

良好的粮食储备体系、合理的粮食储备规模和结构，能够加强政府和人民抵御自然灾害和市场风险的能力和信心。如1991年部分省受灾减产，8个重灾省共需减购增销粮食80多亿公斤。在过去储备粮食很少的时候，要在短期内筹划调度这么多粮食，是国家的一件头等大事，要牵动社会的各个方面，会造成市场波动、粮价暴涨，甚至引起全国物价上涨，影响经济发展和社会稳定。当时，由于国家掌握了大量的专项储备粮，经国务院批准动用，加上各省采取的其他措施，平稳渡过了难关。此后，每次遭遇较严重的洪涝、干旱灾害，必要时国家都会动用储备粮。实践证明，粮食储备对于救灾备荒、安定灾区人民生活、迅速恢复生产、稳定人心、稳定经济，都发挥了重要作用。

（三）调节粮食市场价格

粮食储备在一定范围内对粮食供给起调节作用。这既可保护生产者的利益，又可维护消费者的利益。当粮食供给量过大、市场粮价低于国家规定的收购价时，各地政府就组织粮食部门按规定的收购价及时收购，转作中央粮食储备或地方粮食储备，从而防止"谷贱伤农"，缓解"卖粮难"问题。储备粮收购重点放在粮食主产区和调出区，以保护产粮区和粮农的利益，有利于粮食生产的健康发展。当市场价格过高时，及时组织抛售储备粮、增加市场供应总量，用以平抑价格、保持市场粮价稳定、保护消费者利益。1993年年底至1994年，我国粮食市场呈现紧张局面，粮价急剧上涨，国家多次动用储备粮以低于市场价格抛出。1995年2月，玉米价格上涨，有的地方每公斤玉米价格已达到或高于小麦的价格，严重影响生猪等饲养业的发展，国务院立即决定分两次抛售储备玉米，使玉米市场价格恢复到正常水平。

(四) 支持贫困地区脱贫

从1991年至1994年，国家每年都动用国家专项储备粮用于以工代赈，包括直接和间接用于农业的中低产田改造，小型水利设施的建设、完善和配套，修复、修建灾毁工程，修桥筑路等项目，帮助贫困地区、灾区发展农业生产和脱贫致富。

(五) 应付突发事件

和平与发展是当今世界的主流，但世界上仍存在许多不稳定因素，局部战争时有发生。粮食供应充足与否就成为战争时期的关键问题。足够的粮食储备不仅具有增加市场供给、保证人民生活的经济作用，而且具有维护国内安定的政治意义。

(六) 开展国际粮食贸易

主要是调节进出口、串换粮食品种，以利于国内粮食总量平衡和品种结构平衡。1991年，我国抓住国际市场玉米价格上涨、小麦价格较低的有利时机，经国务院批准，出口专储玉米换回小麦，取得了较好的经济效益和社会效益。

第二节 中国粮食储备体系的建立和发展

手中有粮，心中不慌，这在任何时候都是真理。从古代开始，人们就认为仓储是"天下之大命"，历朝历代都对粮食仓储给予足够的重视且不遗余力地进行建设。在西安半坡遗址中有很多窖穴，考古发掘发现其中藏有很多已经腐烂的粮食。这表明，最迟在六七千年前，我们的先祖们便开始有意识地储存粮食。甲骨文中曾发现有商王命臣下巡查仓廪的记载，说明当时已经有了国家级别的公共储备。从周朝开始，国家对于粮食储备制度实行中央、地方两级管理。中国的粮食储备制度经历了一个较长时期的建立和发展过程。

一、中国古代粮食储备制度（1840年以前）

中国粮食储备制度历史悠久，最早出现在2000多年前。本书的中国古代粮食储备制度主要是指1840年前的粮食储备制度，此阶段粮食储备分为官办储备和民办储备两种类型。官办储备主要采用常平仓、惠民仓、广惠仓等仓库进行储备；民办储备一般采用义仓、社仓、预备仓等仓库进行储备。

中国从夏朝和周朝开始，历代王朝对粮食储备制度和粮食储备设施都相当重视。在粮食储备设施方面，自周朝开始从中央到地方都兴建了规模不等、层次多样的仓储，仓储制度逐渐趋于成熟，仓储规模不断扩大。据推论，古代从西府（今宝鸡）到东府（今渭南）的渭河两岸，应该到处都是粮仓，关中平原成为中国名副其实的"天府之国"。

（一）粮食储备设施

官办粮仓主要由各级政府机构管理，不同时期有不同的表现形式。限于生产力发展水平，先秦时的粮食产量必须三年丰收，才能积蓄一年的种子和口粮以应对灾荒，而连续三年遭受自然灾害这种事又往往不可避免，故《礼记》认为："国无九年之蓄，曰不足；无六年之蓄，曰急；无三年之蓄，曰国非其国也。"国家的物资储备，不够九年用就是不富足，不够六年用就会告急，不够三年用就不成为国家了。这段名言，成为后来历代政权设计社保体制的经典理论。这些粮食储备制度在古代社会生产力水平低下、靠天吃饭的国情下，对调节国家的粮食供求情况、抵御灾荒、稳定粮食市场、平抑粮价、稳定民心、实现粮食安全发挥了重要作用。

除了官办的常平仓外，还有另外一种具有赈济性质的义仓。义仓可视作地方州县设立的"常平仓"。隋文帝开皇五年（公元585年），工部尚书长孙平上奏建议设立的"义仓"具有明显的民间慈善性质。义仓的本意是"民办"粮仓：仓库设于乡间，仓粮由乡民自愿捐献，富者多出、贫者少出；粮仓由乡民中威望高、声誉好者管理，管理人员定期轮换，有利于仓储透明；遇到灾荒时，义仓可以就近赈济，及时便捷。但这项制度明显带有理想主义的色彩，在现实执行中总是困难重重，所以，历朝历代总是时立时废、时兴时衰。

公元前647年，秦国丰收，而秦国东面的晋国却遭遇饥荒，粮仓十有九空。晋惠公只能向已经结为秦晋之好的秦国买粮食。为了维护两国关系，秦穆公决定向晋国输出万斛粮食。一斛为十斗，一万斛粮食也就是十万斗，大约150万斤。随后，数百只大船首尾相接，浩浩荡荡沿渭水东进，到达黄河之滨时，船运的粮食又被车载马拉，运送到汾河漕运，装船北上直抵晋国都城绛城。正是这些粮仓成就了秦统一六国的基础。灭掉六国后，官府开始建立更大规模的粮仓。从职能上看，已经有了储备库、运转库和供应库的分工，比如，都城附近的咸阳仓就是大型储备库和供应库，而建立在河南省荥阳县东北方向敖山上的"敖仓"就是当时最大的粮食中转库，朝廷将中原地区的漕粮集中在这里，向西输送到关中、陇西等西部地区，向北输送到边塞各地，具有重要的战略意义。在楚汉争霸之时，敖仓便成为双方争夺的目标，刘邦先下手为强，"军荥阳，筑甬道属之河，以取敖仓粟"。但随后"项王数侵夺汉甬道，汉王食乏，恐，请和，割荥阳以西为汉"。可见敖仓在那场战争中的重要性。

（二）粮食储备制度

在中国古代，粮仓不仅能够应对战争、饥荒、旱灾等意外情况的发生，还能对市场供需起到调节作用。正仓是指国家设置于各个州（郡）县的仓库，由州（郡）仓和县仓收纳百姓所交租税，除了部分上缴中央太仓及供军之外，正仓粮储还要用于支付地方官员的禄廪以及驿递丁夫的口粮。而"常平仓"制度则是我国粮食储备制度最大的创举。所谓"常平仓"制度，即政府在丰收之年购进粮食储存，以免粮价过低伤害农民利益，歉收之年卖出所储粮食，以平抑市场的粮价。

最早提出"常平仓"制度构想的是春秋时期齐国的管仲。他从为君主牟利的角度阐释平抑粮价的方法与重要性，提出"轻重之术""以贱泄平"，就是当粮食过剩、粮价暴跌之时，国家以较高价格收购形成储备，引导市场物价回升，当粮食短缺引起粮价飞涨时，国家则开仓发散，低价抛售粮食，促使市场粮价回落至平价水平。到春秋末期，越国的计然第一次提出"平粜论"，战国时期魏国的李悝则最早提出"平籴法"。平粜与平籴两者意思相同，籴是买进粮食，粜就是卖出粮食。平籴就是官府在丰收时用平价买进粮食，以待荒年卖出；平粜则是指官府荒年时用丰收时购进的粮食平价出售。李悝为魏文侯制定了一项以"重农"为主的政策，即"尽地力之教"，他认为"籴甚贵伤民，甚贱伤农"。粮食价格过高和过低，损害都是一样的。

在粮食储备制度方面，从夏朝开始，历代王朝都制定了严格的管理制度，并且仓储制度成为国家重要的财政制度。管理制度的具体内容有：（1）规定中央财政专管粮食储备。如明清时期的户部和东汉的大司农都掌管着全国钱粮。（2）制定粮食储备管理条例和制度。如西汉的粮食会计簿册和秦代的仓律。（3）实行区别化管理，即不同的管理者管理不同类型的仓库。如各级政府机构管理常平仓等官仓，民间自行管理义仓、社仓、预备仓等民间仓房。

二、中国近现代的粮食储备制度（1840—1949 年）

中国近现代的粮食储备制度是指 1840—1949 年时期的粮食储备制度，本节以关键事件点和重要事件为时间节点，将中国近现代的粮食储备制度分为近代时期（1840—1919 年）和现代时期（1919—1949 年）的粮食储备制度。

（一）近代时期的粮食储备制度（1840—1919 年）

近代时期（旧民主主义革命时期）的粮食储备类型较古代增加了官民共储，即官储、民储和官民共储三种形式，储存粮食的仓库也随之被命名为官仓、民仓和官民共办仓。官仓包括常平仓、京仓、漕粮转运仓及营仓等仓库。其中，常平仓设在各直省州县，储粮来源于采买、捐纳与截留，发挥着平抑粮价、灾年赈恤的作用；京仓（共 17 所）主要储存朝廷直接掌管的皇粮；漕粮转运仓（共 7 所）承担着转运各省运京漕粮的任务；营仓是为边防官军提供粮食供应而设的粮仓。民储和官民共储是指采用社仓、义仓等仓库储粮的行为。社仓设于乡村，在一定程度上存在着政府干预与监督，储粮一般来源于民间自行输入。为鼓励民间输入粮食，各地制定了通过免差役、给匾、给顶戴、给花红等方式给予民间捐谷者奖励的办法；义仓为市镇的民办民管粮仓，乾隆年间，在直隶、山西、江苏、江西等省陆续设立。

（二）现代时期的粮食储备制度（1919—1949 年）

现代时期（新民主主义革命时期）为应对频繁的灾荒，政府加强了粮食储备制度的建设。这个时期的粮食储备制度分为以备荒恤贫为目的和以辅助农村生产事业为宗旨的两种储备类型。

1. 以备荒恤贫为目的的粮食储备制度。1928—1935年，南京国民政府一直在为此目的作出努力。一方面是设立仓库，1928年颁布的《义仓管理规则》和1930年制定的《各地方仓储管理规则》都明确指出："规范慈善团体设立的私仓"和"规定以备荒恤贫为目的，以县、市、区、乡、镇和义六个管理层级为依据，设立六种形式的积谷仓。其中必设仓设于县、乡、镇、义等地；市、区仓根据各地实际情况由民政部门决定设立。"另外，鉴于中国自然灾荒频繁，1932年陈果夫提出，"中央择粮食主产区设立总储备仓"。另一方面是制订计划，1933年南京国民政府制定的兴办仓储计划规定："储备仓包括国立、省立、县和区四级储备仓。中央设国立储备仓，省设省立储备仓，县和区储备仓必须普遍设立。市、县、区等仓依据地方财政和实际情况分别设立。"从此，初步形成了国家、省级、地方三级粮食储备管理制度。

2. 以辅助农村生产事业为宗旨的粮食储备制度。直到1935年，南京国民政府才对粮食储备的功能进一步延伸，对奖惩办法进一步完善。重新制定的《各地方建仓积谷办法大纲》中规定："各种积谷仓需以辅助农村生产事业发展为宗旨，对输谷的个人或社会团体给予奖励。"同年，南京国民政府又对积谷、建仓、查验、管理等方面的实施方案作了更具体的规定。此外，南京国民政府还引进了新的仓储制度且加以大力推广，并明确了农业仓的法律地位。1933年的决议指出："各县必须要有由农民银行设立的农业仓库。"同时，实业部依据农仓业的发展状况修改了《农仓法》，并制定了《农仓业法》。

三、中国当代的粮食储备制度（1949年之后）

从1949年新中国成立到20世纪末的50年时间里，我国粮食流通体制经历了从自由购销到高度集中的统购统销体制，再到向市场化逐步过渡的历史变迁。中央粮食储备也大体经历了统购统销时期、粮食流通"双轨制"时期和20世纪90年代建立中央储备粮制度三个时期。这三个时期的探索和实践,为21世纪以来中央储备粮改革发展提供了重要的认识和实践基础。

(一) 中国粮食储备制度建立阶段 (1949—1990年)

新中国成立后,中国政府非常重视建立国家粮食储备问题。1952年、1954年、1958年都曾建立过几十亿公斤的粮食储备,但由于当时粮食极为短缺,大部分刚建立的粮食储备很快就用来应对周转调剂之需,粮食储备制度的建立分别在统购统销体制和自由购销体制的背景下形成,其储备类型有周转储备、"506粮"储备、"甲字粮"储备(国家粮食储备)和农村集体储备四种。经过之后20多年的努力,国家储备粮才达到一定的规模。

1952年,中国粮食生产开始得到发展,中央就确定在国家的粮食库存中,有20亿公斤可以作为粮食储备,但在第二年就用于市场供应和救灾。1954年中央财经委员会批准粮食部的报告,当年安排国家储备11.5亿公斤粮食,但以后随着粮食供应紧张,这些粮食又主要用于国家粮食周转库存铺底和急需的供应。1958年3月,为了适应备战、备荒与保证我国社会主义经济建设的需要,当时的中央粮食部提出,必须按照丰年多储、平年少储的办法,从1956年算起,在12年内国家应储备一定规模的粮食。储备粮源从国家征购的粮食总量中拨出一定数量的优质粮食解决。但由于1958年"大跃进""浮夸风"的盛行,使农业生产遭到严重破坏,粮食产量大幅度下降,粮食又出现销大于购的状况,加上储备粮管理制度不健全,刚积累下来的这部分储备粮为弥补粮食收支缺口,很快就用掉了。

在1959年到1961年的三年经济严重困难时期,粮食生产下降,国内粮食供给严重不足,人们对储备粮的重要意义的认识更为深刻。1960

年2月，在中共中央召开的全国财贸书记会议上，国务院副总理李先念同志针对国家粮食周转库存薄弱、调度困难的局面，提出各级都要搞点粮食储备。同年5月，在中共中央召开的16省、直辖市、自治区财贸书记会议上，与会同志一致认为，在粮食供求上，必须瞻前顾后、以丰补歉，逐步建立粮食储备。要做到国家有储备，公社和基本核算单位的储备每年储一点，逐步增多。当时的中央粮食部贯彻落实财贸书记会议精神，通过加强粮食计划调拨，一点一点地节省粮食开支，逐步建立了国家储备粮。这在粮食十分困难的时期，对保证大城市粮食供应、防止粮食脱销起了极其重要的作用。

1962年9月，中共中央《关于粮食工作的决定》对逐步建立粮食储备、年年储一点、逐年增多作了进一步明确指示。同年，根据当时的政治和军事形势，国务院和中央军委决定，建立"506"战略储备粮油，作为战备的需要。从此，国家储备粮增加了应付可能出现的战争环境的备战用途。

1965年10月，国务院根据粮食产量有所回升、国家粮食收支缺额缩小、全国粮食生产和供给形势好转的情况，决定增加国家储备粮数量。由于当时国家粮食收支总量仍处于紧张平衡中，不可能一下子把备战、备荒储备粮建立起来，只能采取由少到多逐年积累的办法。每年结余的粮食少则亿把斤，多则几亿斤，一点一点积累起来。从60年代初期到80年代中期，经过二十多年的努力，国家储备粮在数量上达到预定的储备规模。储备粮建立以后，对战胜当时的粮食困难，保障人民生活和支持国家经济建设，发挥了积极作用。

在建立国家储备粮的同时，开展社会的粮食储备工作也受到重视。1962年9月，中共中央在《关于粮食工作的决定》中针对建立社队储备粮的问题，明确提出："生产队本身允许保留一定比例的储备粮。以生产大队为基本核算单位的，或者以公社为基本核算单位的，他们也都可以保留一定比例的储备粮。"1963年10月，中共中央《关于粮食工作的指示》进一步强调："应当在合理分配、节约粮食的基础上……逐步做到国

第十七章　粮食安全储备

有余粮，队有余粮，产有余粮。"并明确规定，某些生产队自己保管储备粮有困难的，也可以委托粮食部门代为保管，可以存粮取粮，也可在存粮时由粮食部门按价付款，取粮时再交还价款。

根据中央的指示，从1963年开始在全国范围内普遍开展计划用粮、节约用粮、藏粮于民、备战备荒的宣传教育，推动集体和个人储备粮食。各地粮食部门把帮助生产队集体储备粮食、代生产队保管好储备粮作为为农业服务的一项重要措施，并作出了显著成绩。到1965年年底，大约有60%的生产队有了储备粮，各地粮食部门代生产队保管的储备粮达20多亿公斤。在建立农村集体储备粮的同时，各级政府还提倡社员个人把自己节余下来的粮食储存起来，逐步做到队有储备、户有节余。户的粮食节余，任何人不得侵占，生产队不能因为某些农户储有余粮而减少他们的口粮分配。

1962年至1965年，调整国民经济的工作已见成效，粮食生产得到恢复和发展，国家储备粮、战备粮和国家代生产队保管的储备粮总量在逐年增多，出现了"手里有粮、心里不慌、脚踏实地、喜气洋洋"的景象。1966年5月开始的"十年动乱"，对国民经济造成极为严重的影响，粮食分配又出现收不抵支的紧张局面。为了渡过难关，国家不得不动用国家储备粮和农村集体储备粮。

1978年党的十一届三中全会后，在农村普遍推行家庭联产承包责任制，农业生产得到迅速恢复和发展，国家储备和农民个人储备的粮食增加较多，这些都为我国粮食储备制度的发展提供了经济和物质条件。

(二) 20世纪90年代粮食储备制度的发展

1990年9月，国务院发布了《关于建立国家专项粮食储备制度的决定》，标志着中国的粮食储备进入了一个新阶段，从此国家粮食储备得到空前的、长足的发展。

1. 建立国家专项粮食储备制度。1990年，粮食生产获得丰收。在

中国人的饭碗

1989年粮食增产的基础上，全国夏粮、早稻和秋粮均获得丰收，粮食总产量达到4350亿公斤，比上年增产270亿公斤，再创历史最高水平，国家粮食周转库存和储备大幅度增长。前几年偏紧的粮食供求关系大为缓和，市场粮价稳中有降，一些粮食主产区出现了农民卖粮难的问题。与此同时，国有粮食部门经营设施特别是仓储设施严重不足，远远不能满足粮食商品生产和流通规模日益扩大的需要，各地普遍发生了粮食部门储粮难的现象。

为了解决农民卖粮难问题、保护农民种粮积极性、促进粮食生产持续稳定发展、保障国家粮食安全，国务院及时发布了《关于建立国家专项粮食储备制度的决定》，提出建立国家专项粮食储备，各省、自治区、直辖市人民政府也要根据实际情况，建立本地的粮食储备，并决定成立国家专项粮食储备领导小组（1994年撤销），负责领导和统筹解决国家专项粮食储备的有关问题；批准成立国家粮食储备局，负责粮食储备的管理工作。

1990年建立国家专项粮食储备制度，是党中央、国务院深刻总结新中国成立以来粮食工作的历史经验，在发展社会主义商品经济的新形势下，为增强国家粮食宏观调控能力，保障人民生活安定，促进国民经济持续、稳定、协调发展而作出的重大决策。国家要加强宏观调控，仅靠行政手段和法律手段是不够的，应主要靠经济手段，要掌握一定数量的用于宏观调控的粮食，才能达到预期目的，否则，宏观调控无从谈起。

国家专项储备粮食收购计划经国务院批准，起初定为175亿公斤，后又追加到250亿公斤。各级党委、政府和粮食部门认真贯彻落实，超额完成了专储收购计划。经过几年的努力，国家专项储备库存达到并超过了中央确定的总规模。国家粮食储备制度的建立和发展，进一步保护了农民的种粮积极性，促进了粮食生产的稳定发展，大大提高了我国的综合国力，增强了国家宏观调控能力，为粮食流通体制改革顺利推进以及社会安定奠定了物质基础。

此外，根据国务院建立国家油脂储备制度的决定，1995年8—12月，由国家粮食储备局等5部门联合发文,分两批下达了1995年食油专项储备计划。从此,国家专项储备食油制度正式建立。

2. 初步形成了中央、省级、地县三级储备体系。在国家专项粮食储备制度确立的同时,国务院一再提出要建立地方储备。1995年国务院在《关于粮食部门深化改革实行两条线运行的通知》(以下简称《通知》)中,把建立地方粮食储备作为实行"米袋子"省长负责制的一项重要内容。《通知》提出:"为实现地区粮食平衡,调控地区粮食市场,粮食产区要建立3个月以上粮食销售量的地方储备,销区要建立6个月的粮食销售量的地方储备,以丰补歉,确保供应。"经过几年的实践,各省级政府根据中央的指示,建立了一定的储备,少则几亿公斤,多则十几亿公斤不等;不少地、县级也都相继建立了储备粮,一些地方的粮食部门根据当地农民的要求,搞了一定规模的"国代民储"。从数量上看,国家储备粮在正常状况下一般能维持4—5个月销量;地方储备粮一般维持2—3个月销量,有不少农民的余粮储备也能维持储粮者5—6个月的口粮。从储备品种看,有稻谷(或大米)、玉米、小麦和食油;从质量上看,都符合国家中等以上粮食质量标准。

四、中央粮食储备的垂直管理体系建设

中央储备粮垂直管理体系的建立,经历了比较漫长的探索和实践过程。1990年,国务院决定建立国家专项粮食储备制度,标志着我国开启了以经济手段为主管理和调控粮食市场的新机制。专项储备粮和原来的"506粮""甲字粮"合并组成中央储备粮,对市场经济条件下我国的粮食安全和市场稳定发挥了不可替代的作用。但由于粮食管理体制一直没有理顺,中央储备粮管理也出现了一些矛盾和问题。到20世纪90年代末期,一些地区出现储备粮数量不实、质量下降、亏损挂账严重,甚至国家急需时调不动、用不上的情况,给粮食工作造成了极大困难。旧体制已到了不改不行、非改不可的程度。储备粮管理出现的这些问题,归

根到底是我国计划经济体制向市场经济体制转轨的历史进程中，储备粮管理仍然沿袭过去的计划管理体制和运行机制，已不适应改革大势的要求，到了非改不可、不改不行的时候。随着社会主义市场经济改革深化和粮食流通形势变化，对中央储备粮管理体制进行"脱胎换骨"式的改革，建立垂直管理、政企分开的中央储备粮管理体制，已是势在必行。

2000年，党中央、国务院决定组建中国储备粮管理总公司（以下简称"中储粮"），对中央储备粮进行垂直管理。垂直体系的建立，彻底解决了长期困扰中央储备粮管理的诸多顽疾，确保了粮食数量真实、质量良好，确保在国家急需时调得动、用得上，使中央储备粮管理走上了良性循环的轨道。

（一）中央储备粮垂直体系建设的主要特征

党中央、国务院关于建立中央储备粮垂直管理体系的制度设计，核心内涵是通过实现"两个分开、一个结合"，彻底解决中央储备粮长期存在的数量不实、质量下降，关键时候调不动、用不上及粮食财务挂账急剧增加等问题，主要内容是："中央与地方事权分开，实行垂直管理；政府与企业分开，明确权利和责任；实行企业化运营，把履行政策性职能与利用市场机制有效结合。"

为了支持中央储备粮垂直体系建设，中储粮根据中央储备粮经营管理的需要，设立若干分公司并划转上收一定规模的中央直属粮食储备库，中储粮对中央储备粮经营管理体系的人、财、物实行垂直管理。按照这一要求，中储粮开展了紧张的组建工作，从2000年中储粮成立到2004年，是中央储备粮垂直管理体系的初创期。在这一阶段，垂直管理体系在新人、新库、新机制的基础上逐步建立健全，并经受住了组建期的一系列艰巨任务考验，使新生的中储粮公司日益展现出服务调控的坚强执行力和旺盛的生命力，为后续的不断探索实践和发展打下了良好基础。

1. 新人：组建执行有力的垂直管理架构。根据中央储备粮管理的实际需要，中储粮组建初期设计搭建了"三级架构、两级法人"的企业组织架构，作为中央储备粮垂直管理的组织载体。总公司作为一级法人，负责中央储备粮全面经营管理工作；分公司作为总公司的派出机构，不具有独立企业法人资格，根据总公司授权负责管理辖区内的中央储备粮和直属库；直属库作为二级法人，负责本企业存储中央储备粮的经营管理以及代储企业存放的中央储备粮监管。中储粮建立之初实行总经理负责制和法人授权委托管理制度，明确各层级授权事项和职权范围，实施一级聘一级、一级管一级、一级对一级负责的层级管理制度，保证公司政令畅通、运作规范。

2. 新库：建立国家直接掌握的粮食收储体系。直属库是维护国家粮食安全、调控粮食市场的基本支点，是垂直管理体系的基础支柱。中储粮组建伊始，就着手开展粮库上收划转工作。初步形成了布局合理、资产优良、人员精干的粮食收储管理体系，为构建完善的粮食安全储备调控网络奠定了基础。

在积极划转接收国债建库资产的同时，中储粮着手开展新库的建设工作，从粮食供给平衡、战略区位、调运灵活等角度，规划确定了垂直体系的初期整体建设布局。

3. 新机制：推进现代化垂直管理体系建设。建立政企分开、权责清晰、运转高效的经营管理机制是中央储备粮管理体制改革的核心内容。

（1）建立垂直的计划财务管理机制。按照国务院关于中储粮在国家计划和财政中单列的要求，在国家有关部门的支持下，中储粮很快建立了垂直的计划和财务管理体系。在储备粮计划管理方面，将原来的储备粮仓储及购销计划由中央、省、地、县粮食行政主管部门层层下达，最后落实给基层粮库的方式，改变为国家粮食行政主管部门直接下达给中储粮，由中储粮直接组织落实。在粮食财务及资金计划方面，也由原来的国家、省、地市财政部门层层下达落实到县级粮食主管部门，再分解到各粮库的方式，改为中央财政直接下达给中储粮总公司，由中储粮在系统内按规定调配使用。

（2）实行定额包干，建立激励约束机制。在合理确定单吨粮食补贴标准的前提下，中央财政对中储粮实行"费用包干、超支不补、结余留用"政策。同时，国家允许中储粮公司在包干总额内，根据不同储存条件和实际费用水平，适当调整不同地区、不同品种的补贴标准，使补贴更趋合理。

（3）自主经营，建立市场化轮换机制。公司组建一年内，即完成了中央储备粮新陈轮换，到2004年，实现了中央储备粮全部轮换一遍，全面提高了储备粮库存质量。多年来，中储粮始终坚持企业化、市场化轮换经营机制，高质完成了国家下达的轮换经营任务，中央储备粮年度轮换计划完成率始终保持在90%以上。

（二）中储粮垂直管理体系取得的成绩

中储粮垂直管理体系的建立，理顺了中央储备粮管理的体制机制，为解决中央储备粮数量不实、质量下降、亏损挂账、调不动、用不上等历史顽疾创造了有力条件。中央储备粮"两个确保"（即确保粮食数量真实、质量良好、储存安全，确保国家急需时调得动、供得上）能力持续夯实，服务国家粮食宏观调控的主力军作用充分发挥，国家财政补贴负担切实减轻，探索出符合国情粮情、适应社会主义市场经济发展要求、具有较强服务调控能力、能够较好处理安全与效率目标的中央储备粮管理模式和道路。

1. 确保中央储备粮数量真实、质量良好。垂直体系建立前，没有建立正常的轮换机制，大量库存粮食长期未经轮换，中储粮成立后，全面摸查中央储备粮油（包括"甲字粮"、"506粮"）的质量情况，彻底搞清陈化粮的数量、品种、价位、陈化程度、库点分布，通过直接销售、拍卖和出口等集中轮换方式，加大库存"老粮"的轮换力度，迅速减少陈化粮规模。

2000年，通过新库装粮和指标划转，实现了储备粮的新陈轮换。2001年，在郑州、大连粮食批发市场组织公开竞价销售陈化中央储备粮，组织辽宁、吉林、黑龙江地区完成"甲字粮""506粮"的销售处理。在陈化粮处理的工作中，严格执行国家相关政策，对中央储备陈化粮销售、加工实行封闭运行，集中用于生产酒精、饲料等，防止非法加工后流入口粮消费市场。经过艰苦努力，长期存在的储备粮油超期储存和陈化严重的状况得到根本扭转。

在全力消化陈化粮的同时，中储粮积极探索建立杜绝陈化粮的长效机制。2001年出台了中央储备粮油轮换管理办法，明确了中央储备粮油轮换的职责权限、购销形式、财务处理及奖励处罚机制，促进中央储备粮轮换管理制度化、科学化、规范化。办法对不同地区、不同品种分别制定不同的轮换参考年限和质量标准，对不宜存粮油必须进行轮换；对虽然宜存但品质控制指标已接近不宜存标准的，也要积极进行轮换。通过定期轮换机制，避免了粮食长期存放出现的质量问题，有效保证了中央储备粮的库存安全。同时，按照"三个严格"的要求，大力推进中央储备粮管理制度化、精细化、规范化、标准化。加强仓储专业化队伍体系的建设，加大仓储设施建设和老旧仓房的维护、维修力度，引进现代化粮情在线监测系统，实时远程监控粮食品质，中央储备粮的数量、质量安全得到有效保障。

2. 确保中央储备粮调得动、用得好。调粮难是粮食宏观调控中长期存在的历史顽疾。调粮难的根源在于利益主体多元，难以协调多方利益关系；中央与地方之间、地方各级政府之间权责不清，不能做到令行禁止，难以"一盘棋"保障全国粮食余缺调剂和应急调用。

中储粮成立后，中央储备粮由原来二十多个省、几百个市、两千多个县分别管理，调整为由中储粮统一管理，落实了单一责任主体；管理模式由分级管理变为垂直管理，大幅度压缩了粮食调运执行层级，解决了多主体、分层级管理体制下中央储备粮管理权限过于分散导致的执行难。中储粮内部三个管理层次同属一个利益主体，目标一致、步调一致，调控指令可直接落实到最基层。通过三级架构协调运转、协同发力，在产区与销区之间架起桥梁，大大提升了跨省调运的执行效率。在国际政治、经济环境趋于复杂，粮食资源逐步趋紧的形势下，中储粮坚定执行中央调控指令，高效完成粮食调运任务，为稳定国内粮价、抑制通胀、应急救灾、保障国民经济健康发展作出了卓越贡献。

3. 压缩费用开支，消灭财务挂账。中储粮在全力消化历史挂账的同时，积极探索遏制新增挂账的长效机制，切实增强搞好储备粮经营管理的内生动力，抓好提质增效，彻底扭转了之前储备粮运行效率低下、财政负担加重的被动局面。按照中央储备粮保管和轮换由中央财政对中储粮实行费用包干的制度设计，中储粮在确保库存粮食数量真实、质量良好的同时，持续提升经营管理效率，努力推进降本增效、降损增效、降险增效。20年来，在综合物价水平和各项成本持续增长而中央储备粮各项补贴标准基本没有调整的情况下，中储粮经营管理各项业务年度统算账没有出现过亏损，切实减轻了国家财政负担。企业逐步发展壮大，服务调控能力不断增强。

垂直管理体系的建立，在新中国粮食储备改革发展史上具有里程碑式的意义，中央储备粮管理和服务调控面貌从此发生了巨大改变。以前在粮食储备管理中想解决但没能解决的历史顽疾彻底得以消除，以前在粮食调控中想做到但没做到的事情更多地做了起来，垂直管理体系作为保障粮食安全"压舱石"、服务宏观调控"主力军"和调节市场"稳定器"的作用不断巩固和发展。

我国粮食总产量连续5年稳定在6.5亿吨以上，近年来粮食储备体制机制不断完善，粮食储备充足，小麦、稻谷等口粮品种库存处于历史最高水平。在中央储备规模保持稳定的同时，从2014年开始，国家按照"产区保持3个月，销区保持6个月，产销平衡区保持4个半月"的市场供应量要求，重新核定并增加了地方粮食储备规模，各地已全部落实到位，而且大、中城市还建立了满足市场供应10—15天的成品粮油储备。同时，在中央和地方政府储备品种结构中，小麦和稻谷等口粮品种比例超过70%。

除上述政府储备外,2004年以来,我国对稻谷、小麦实行最低收购价政策,根据市场情况每年收购一定数量的最低收购价粮食。2007—2015年我国对玉米实行临时收储政策,由于连续多年玉米产大于销,临储库存持续增加。这部分粮食主要通过国家粮食交易平台向市场投放,有效满足了市场供应、稳定了市场价格。多元市场主体也建立了用于正常生产经营的商业库存。我国粮食库存充裕,完全能够满足市场供应和应急保供需要。

第六篇

国际竞争力：粮食安全与国际话语权共同提升

国际竞争力是"五力模型"的外部支撑，是增强国际话语权的利器。

立足国内、面向国际是保障粮食安全的必然选择。为此，中国必须深入融合参与全球粮食产业链的构建与全球粮食安全治理，必须加强多边关系维护，维护世界粮食安全并展示大国形象，努力争取国际话语权。

面对不稳定性、不确定性日益突出的国际形势，提高国际竞争力是中国粮食主动求变的有效手段，更是保障中国粮食安全的重要途径。尤其是随着新冠肺炎疫情在全球蔓延，俄罗斯、埃及、越南、印度、哈萨克斯坦、塞尔维亚等多个国家宣布或启动了部分粮食出口限制的举措。中国粮食必须对内夯实内功、提高核心竞争力、优化粮食全产业链，对外加大开放力度、加快中国粮食企业"走出去"的步伐，建立全方位、宽领域、高水平的新型粮食经贸合作关系，牢牢掌握国家粮食安全的主动权。

本篇主要从世界粮食安全形势、建立大宗商品期货市场以增强话语权、"一带一路"走出去、中国粮食竞争力研究四个方面，重点讲述在当前世界粮食安全形势的大背景下，中国增强粮食国际话语权的方向、路径与具体策略，以促进我国粮食安全与国际话语权共同提升。

第十八章 世界粮食安全形势

第一节 全球农业资源和粮食生产及贸易概况

在世界经济全球化的背景下讨论中国粮食安全、选择粮食战略，必须对世界农业资源分布、主要粮食生产和出口国的资源条件以及世界粮食贸易格局有准确的把握。

一、世界农业资源概况

农业资源有土地资源、气候资源、水资源和生物资源等，鉴于以下两点原因，这里主要讨论世界土地资源：其一，本书讨论的是粮食问题，粮食是土地密集型产品，耕地对粮食生产的影响很大；其二，各国的气候资源、水资源和生物资源在很长时期内基本固定，人为的供给调整可能性很小。据联合国粮农组织（FAO）的统计，2010年，世界上土地总面积约为149亿公顷，其中，耕地15.75亿公顷，占10.57%；牧场34.85亿公顷，占23.39%。全球五大洲中，亚洲土地面积最大，为30.85亿公顷，非洲次之，为29.78亿公顷，欧洲22.60亿公顷，北美和中美洲为21.37亿公顷，南美洲17.55亿公顷，大洋洲为8.49亿公顷。

世界耕地资源地区分布很不均衡，主要体现在以下两个方面：一是耕地面积在各洲及各种类型国家的分布不平衡。发展中国家拥有耕地约占世界耕地的52.9%；发达国家约占47.1%。二是各地区、各种类型国家的耕地面积占该国家（地区）土地总面积的比例不平衡。发展中国家的耕地占其土地总面积的 9.5%；发达国家的耕地占其土地总面积的 11.7%，比例较高，说明该国家（地区）农业较为发达。

二、世界粮食生产概况

近年来，世界粮食生产取得了较快发展。联合国粮农组织整理分析了 2017—2019 年世界谷物生产及分布格局情况（见表 18-1）。2017—2019 年，世界谷物产量先下降后上升，2019 年世界谷物产量为 2719.4 百万吨，比 2018 年增加 61.9 百万吨，增长率为 2.3%；世界谷物产量大部分集中在亚洲、南北美洲和欧洲，其中，亚洲为 1214.4 百万吨，南北美洲为 708.2 百万吨，欧洲为 540.1 百万吨，这三大洲谷物产量总和占世界总产量的 90% 以上。2019 年南美洲谷物增长迅速，增幅高达 15.3%。

表 18-1　　2017—2019 年世界谷物生产及分布　　单位：百万吨

谷物生产及分布	2017 年	2018 年	2019 年	2018—2019 年增长率（%）
亚洲	**1201.2**	**1198.5**	**1214.4**	**1.3**
远东	1097.7	1099.7	1107.1	0.7
近东	68.8	65.1	73.1	12.2
亚洲独联体国家	34.7	33.7	34.2	1.7
非洲	**191.4**	**196.7**	**187.6**	**-4.6**
北非	37.8	38.0	36.2	-4.7
西非	59.5	65.5	65.9	0.6
中非	5.1	4.8	4.9	2.3
东非	50.8	56.6	52.0	-8.2
南部非洲	38.4	31.8	28.7	-9.9
中美洲及加勒比地区	**44.1**	**42.4**	**41.0**	**-3.3**
南美	215.9	197.4	227.6	15.3
北美	494.6	495.2	480.6	-2.9
欧洲	523.7	497.4	540.1	8.6

第十八章 世界粮食安全形势

续表

谷物生产及分布	2017 年	2018 年	2019 年	2018—2019 年增长率（%）
欧盟	309.7	294.4	322.3	9.5
欧洲独联体国家	202.6	188.0	203.3	8.1
大洋洲	34.6	29.9	28.0	-6.5
世界	2705.5	2657.5	2719.4	2.3
发展中国家	1643.8	1626.4	1661.9	2.2
发达国家	1061.7	1031.1	1057.5	2.6
小麦	761.4	732.4	763.1	4.2
粗粮	1436.4	1410.4	1444.1	2.4
大米（碾磨过的）	507.6	514.7	512.2	-0.5

数据来源：FAO。

从世界及主要国家三大粮食作物产量及种植面积来看（见表 18-2），中国、美国、法国和澳大利亚是谷物大国。另外，印度、印度尼西亚、菲律宾、泰国、土耳其、尼日利亚、南非、加拿大、墨西哥、德国、意大利、俄罗斯和西班牙等也是谷物产量很高的国家。

表 18-2　世界及主要国家和经济体三大粮食作物（大米、玉米、小麦）产量及种植面积

世界及主要国家	大米		玉米		小麦	
	总产量（百万吨）	总面积（百万公顷）	总产量（百万吨）	总面积（百万公顷）	总产量（百万吨）	总面积（百万公顷）
世界	499.07	162.57	1123.65	191.72	731.46	215.48
美国	7.11	1.18	364.26	32.89	51.31	16.03
中国	148.49	30.19	257.33	42.13	131.43	24.27
欧盟	1.98	0.41	64.36	8.28	136.86	25.58
印度	116.48	43.80	11.42	2.37	99.87	29.65
俄罗斯			27.72	9.28	71.69	26.34
澳大利亚					17.30	10.16
埃及	2.80	0.46	6.80	0.85	8.45	1.32

数据来源：USDA，2018/2019 年度世界主要国家主要品种产量情况。

337

在世界粮食总产量中，小麦产量约占1/3，其消费量也占世界粮食总消费量的1/3。在世界小麦生产国中，年产小麦1000万吨以上的国家和地区有：中国、美国、加拿大、欧盟、澳大利亚、阿根廷、印度、俄罗斯、乌克兰等。水稻也是世界主要粮食品种，产量略低于小麦，面积相当于小麦面积的2/3。除美国外，世界的水稻生产国主要集中在亚洲，产量约占全球的90%。在亚洲，年产稻谷2000万吨以上国家有：中国、印度、印度尼西亚、孟加拉国、越南、泰国。世界玉米产量有超过小麦的趋势，面积略低于水稻。美国是世界上第一大玉米生产国，玉米产量占全世界玉米总产量的40%以上。

三、世界粮食贸易概况

世界谷物贸易总量约为产量的15%。谷物出口国家和地区主要有美国、加拿大、阿根廷、欧盟、澳大利亚、黑海地区等，谷物进口国主要是发展中国家。FAO曾经预测2019/2020年度世界谷物贸易量4.2亿吨，比上年度增加950万吨，为历史第二高水平。

世界三大谷物小麦、玉米、大米从20世纪60年代以来的贸易量和贸易值基本上是一直处于波动上升状态，这符合国际贸易全球化不断加强的趋势和人口不断增长以及工业发展不断发展对粮食需求不断增加的事实。以小麦（含面粉）为例，1961年，进口量为46057216吨，进口额为3291780千美元，出口量为46269287吨，出口额为2948046千美元；1981年，进口量为102689095吨，进口额为22061015千美元，出口量为105751670吨，出口额为20125707千美元；到了2001年，进口量为123718212吨，进口额为18053894千美元，出口量为125359818吨，出口额为16337593千美元；2017年，进口量为211746469吨，进口额为49765019千美元，出口量为217772659吨，出口额为44077607千美元。从1961年到2017年，小麦进口量增加165689253吨，出口量增加171503372吨，进口额增加46473239千美元，出口额增加42129596千美元，年均进口量增长率为2.76%，出口量增长率为2.80%，进口额增长率为4.96%，出口额增长率为4.94%。

世界谷物贸易总量中，小麦贸易量约占40%。小麦输出国（地区）主要有（2018/2019年度）：美国2939万吨、加拿大2440万吨、欧盟2331万吨、澳大利亚901万吨、俄罗斯3584万吨、乌克兰1600万吨。大米的产量虽然很大，但用于贸易的数量却不多，每年大约为4300万吨，仅占谷物贸易总量的12%。大米出口最多的国家是印度，2018/2019年度为1042万吨，其后是泰国756万吨、越南658万吨、中国270万吨。我国水稻产量远远高于其他国家和地区，但我国在世界大米出口市场上的份额极低，世界上进口大米的国家较多，但进口量都不大。2018/2019年度进口量超过100万吨的国家和地区有：中国300万吨、欧盟215万吨、菲律宾360万吨、尼日利亚190万吨、中东383万吨。2018/2019年度，世界粗粮贸易量为2.04亿吨，其中玉米为1.7亿吨。玉米出口国（地区）主要有美国、巴西、阿根廷、欧盟、乌克兰、南非、俄罗斯、巴拉圭、缅甸等。玉米进口国有日本、韩国、印度、埃及、阿尔及利亚、中国、墨西哥等。美国占世界玉米出口份额的28%左右，巴西、阿根廷、乌克兰等玉米出口增长迅速。

联合国粮农组织曾经预测，2020年年末世界谷物结转库存量为8.66亿吨，相当于全球年消费量的31.8%，世界粮食安全保持在最低安全范围之内，世界谷物库存使用比保持在30.9%的合理水平。

第二节　世界粮食安全形势不容乐观

一、世界粮食安全形势现状

在世界经济一体化的发展过程中，各地区发展不平衡的问题显得格外突出，与此相对应，关系到亿万人民的基本生活的粮食安全问题仍在困扰着许多国家特别是发展中国家，阻碍了经济的增长，加速了环境的退化，加剧了世界政治经济形势的不稳定。

在1996年举行的首次世界粮食首脑会议上，与会各国首脑曾经提出"人人享有获得安全而富有营养的粮食的权利"的口号，并确立了2015年将世界饥饿人口减少一半的目标。为实现目标，饥饿人口每年必须减少2200万。然而，事态的发展却不尽如人意。在2002年6月10日举行的第二次世界粮食首脑会议开幕前夕，联合国粮农组织统计数据表明，过去的5年里全球饥饿人口每年只平均减少600万，还不到预定目标的28%。截至2019年，世界仍有6.9亿饥饿人口，世界粮食安全形势依然严峻。

当前世界粮食安全问题主要表现在以下几个方面。

（一）粮食和农业总产量的增长率在放慢

20世纪60年代年增长3%，70年代年增长2.3%，80年代年增长2.1%，进入90年代以后，呈下降趋势。世界人均谷物产量从1980—1985年的每年335公斤下降到2000—2005年的每年310公斤。中国、印度、印度尼西亚等11个主要发展中国家的谷物产量占世界的40%；而1991—2004年，11国的谷物产量每年平均增长率只有1.1%，远远低于每年将近2%的人口增长率。

（二）粮食总量基本平衡而消费结构不平衡

从世界范围看，近几年，粮食生产和利用基本平衡，贸易量和库存变化不大。以2019年为例，世界谷物产量2722.2百万吨，消费量2722.4百万吨，贸易量413.2百万吨，库存847.2百万吨，与上年度相比，上述各项增长率分别为2.7%、0.5%、1.5%、-0.7%。

然而，消费结构不平衡的现象相比以前却表现得突出。在20世纪80

年代，发展中国家人均粮食产量增加13%，其中整个东亚和中国分别增长22%和35%，但是撒哈拉以南非洲地区和西亚的人均粮食产量却在下降，有的减少超过20%。进入90年代以后，世界谷物年消费量为17.5亿—22.4亿吨。按国家类别分，约占世界人口75%的发展中国家的谷物消费量为10.4亿吨左右，占消费总量的42%。2019年，世界人均粮食（谷物）年消费量为147.9公斤，其中，低收入的国家人均消费为150.3公斤，略高于世界平均水平，这是发达国家食物结构调整恩格尔系数发生变化所导致的，并非真正意义上的平衡。

（三）世界粮食库存量减少

1988年全球粮食储备曾达4.9亿吨，相当于全球90天的消费量。1973年发生世界粮食危机时，粮食储备只相当于全球55天的消费量。而1995年世界谷物库存量降到2.66亿吨，为近20年来的最低水平，占消费需求量的14%—15%，大大低于安全线，只够全球消费48天，比世界粮食危机时还低。但近年来随着各国对本国粮食生产扶持力度的加大，粮食供应能力不断提升，库存消费比也明显提高。

联合国粮农组织整理分析了主要谷物（小麦、大米、粗粮）2009—2019年的生产、消费与库存的基本情况。2009—2019年，主要谷物的生产与消费基本持平，生产消费与库存的变化趋势基本一致。就小麦而言，2013年前，此起彼涨，2013—2019年，生产高于消费；就大米而言，2015年前，生产一直大于消费，2015—2019年，生产消费基本相当；就粗粮而言，2013年前，生产消费基本相当，2014—2016年，生产大于消费，以后生产、消费基本相当。

（四）发展中国家膳食结构差

世界上许多发展中国家膳食总热能淀粉食物所占的比例在60%以上，

微量元素和蛋白质量不足,膳食营养质量差,其粮食安全形势依然严峻。

从营养不良的人口发生率来看,低收入和粮食缺乏的国家的情况还很不乐观,特别是非洲的一些地区形势十分严峻。世界上大部分地区营养不良发生率总体呈下降趋势,中间也有小幅波动。2005年为14.5%,2015年为10.6%,2018年为10.8%;同期非洲则分别是21.2%、18.3%、19.9%;同期亚洲分别是17.4%、11.7%、11.3%;同期拉丁美洲及加勒比地区则分别是9.1%、6.2%、6.5%;然而大洋洲则总体呈现上升趋势,2005年、2015年、2018年分别是5.5%、5.9%、6.2%;北美洲和欧洲则总体趋势保持基本不变,2005—2018年,一直维持在2.5%以下。

从营养不良的人口绝对数量看,世界粮食安全形势也不可掉以轻心,特别是发展中国家粮食安全形势令人忧心。营养不良总人数的世界总体变化呈波动趋势,部分地区有所上升,部分地区有所下降。2005年是947.2百万人,2015年是785.4百万人,2018年是821.6百万人;非洲和大洋洲则呈不断上升趋势,2005年是196百万人,2015年是217.9百万人,2017年是256.1百万人。同期,大洋洲分别是1.8百万人、2.3百万人、2.6百万人;亚洲和拉丁美洲及加勒比地区基本是呈逐渐下降趋势,2005年是688.6百万人,2015年是518.7百万人,2018年是513.9百万人;拉丁美洲及加勒比地区同期则分别是51.1百万人,39.1百万人,42.5百万人。

另据联合国2019年发布的《世界粮食安全和营养状况》年度报告显示,2018年世界饥饿人口数量为8.2亿,饥饿人口连续三年未出现减少,世界平均每9人当中就有1人挨饿。照此形势发展,联合国在2030年要实现全球"零饥饿"的目标很困难。按地域划分,非洲大陆仍然是食物问题的"重灾区",饥饿人口比例高达20%,这一比率在亚洲地区约为12%,在拉丁美洲及加勒比海地区约为7%。令人尤为担忧的是,全球至今仍有约1.49亿儿童因营养不足而出现各种发育不良症状。上述数据表明,世界绝大部分营养不足人口生活在南亚、东亚和非洲。

还值得注意的是，世界粮食安全形势严峻的另一个重要表现是，发展中国家 5 岁以下营养不良儿童多，新生婴儿死亡率高。世界粮食安全委员会认为，儿童营养水平是衡量世界粮食安全的重要标志之一，因为这个人群的营养状况既关系自身又关系母体的营养水平。儿童营养不足，是导致他们身体和智力发育不良和对疾病抵抗力差的主要根源，并导致他们的体重与年龄不相称。1996—1998 年，发展中国家 5 岁以下营养不良儿童约有 1.74 亿人，其中，有 2/3 在亚洲尤其是南亚，其次是非洲和拉丁美洲。据世界卫生组织估计，南亚儿童超过一半以上属于蛋白质和热能不足，是西半球的 5 倍、中东的 3 倍、东亚的 2 倍以上。另外，新生婴儿死亡率是衡量母亲营养状况的重要指标。1990—1998 年，世界所有地区婴儿死亡率都有所下降，但降幅不大，在过去 8 年内发展中国家幼儿死亡率仅下降 10%。按照所定的国际目标，发展中国家 5 岁以下儿童死亡率、营养不足发生率到 2015 年都要降低 2/3，到 20 世纪 90 年代应下降 30%，但实际只降低 14%。特别是有 14 个国家 5 岁以下儿童死亡率还有增加。在整个发展中国家死亡的 5 岁以下的 1220 万幼童中，有 600 万，即 54% 的幼童是死于营养不良。

在低收入缺粮国中，由于饥饿和营养不足，致使发展中的贫困国家大量人口寿命缩短。在 1998 年，发展中国家人均寿命 65 岁，其中撒哈拉以南非洲地区只有 50 岁。与此相反，经济合作与发展组织国家人均寿命 78 岁，比前者分别长 13 岁和 28 岁。从 1990 年以后，甚至有 32 个国家人口的平均寿命反而缩短了，其中有部分国家是因为流行艾滋病所致。人口平均缩短 3 岁以上的有 9 个国家：博茨瓦纳为 10.7 岁，赞比亚为 6.6 岁，肯尼亚为 6.1 岁，津巴布韦为 5.2 岁，乌干达为 4.3 岁，哈萨克斯坦为 3.7 岁，科特迪瓦为 3.7 岁，中非共和国为 3.2 岁，纳米比亚为 3.1 岁。

（五）重点缺粮地区形势严峻

上述形势对发展中国家，特别是那些低收入缺粮国家的粮食安全构成了新的威胁。据FAO统计，目前全世界有51个低收入缺粮国，其中非洲国家37个，亚太国家11个，拉美和加勒比国家2个，大洋洲1个。在发展中国家中，长期处于饥饿状态的人数近8亿人，占人口总数的20%，比20世纪80年代中期增加2.5亿人。有近2亿5岁以下的儿童缺乏蛋白质和热能，还有大量人口不时遭受天灾人祸，面临饥饿的威胁。

鉴于上述发展中国家粮食安全的严峻形势，FAO强调指出，必须对世界饥饿重点地区提供紧急援助。目前，有35个国家的0.6亿人面临粮食紧急状况，其中有16个国家因自然灾害和内战、冲突致使粮食紧急形势更为严重。在亚洲共有11个国家粮食供求紧张。像亚美尼亚、格鲁吉亚、塔吉克斯坦、蒙古国、朝鲜、约旦等国都面临着粮食短缺问题。在东非由于严重干旱，埃塞俄比亚、厄立特里亚、肯尼亚、苏丹和坦桑尼亚等国都受到缺粮的威胁。

二、影响世界粮食安全的主要因素

导致发展中国家粮食安全形势严峻的原因是多方面的，包括政治、经济、社会、资源、气候及不测事件等等。

（一）经济全球化加大了竞争力弱小国家的风险

随着经济全球化的加剧，粮食等农产品贸易自由化也加深了。这种"加剧"和"加深"的过程，既给世界粮食安全带来机遇，又带来风险。特别是对广大贫穷的发展中国家会带来很大的危机。世界农业和粮食专家一致认为，鉴于农业和粮食仍然是大多数发展中国家的主导经济部门和主要出口来源，通过贸易自由化减少壁垒可为提高收入增加机遇。但是，在1996年世界粮食首脑会议后的几年中，风险也明显加大了。因为在不平等的国际贸易和粮食产销分布结构不均衡的条件下，经济全球化对发展中国家更多意味着风险。换句话说，不断加深的贸易自由化更有利于占优势地位的工业化国家。这些国家一方面千方百计地运用贸易自由化的"武器"占领广大发展中国家的国内市场，另一方面又不断地加强国内农业保护和提高技术壁垒，从而严重限制了发展中国家对发达国家的市场进入。由这两方面决定，经济全球化和贸易自由化增加了因资源天赋、地理环境、技术较低及基础设施等无竞争力的国家的经济和粮食风险，同时对严重依赖外贸和外来投资的国家也产生了冲击，特别是给农业人口和粮食安全带来严重冲击。此外，在过去几年中，虽然实施了乌拉圭回合的一系列协定，将粮食等农产品贸易首次纳入关贸总协定/世界贸易组织的框架，但正面、负面影响参半。进口体制和获得关税配额的复杂性，以及遵守卫生、植物检疫标准和贸易技术壁垒协定等，特别成为竞争力弱的小农经济难以逾越的障碍。总之，经济全球化和贸易自由化确实促使农产品贸易效益进一步向主要农业大国倾斜，成为影响世界粮食安全的一种因素。发展中国家能够利用经济全球化带来的市场机遇的程度最终取决于自身竞争力的强弱和增加适销对路产品生产能力的大小，关键在于怎样引导经济全球化和贸易自由化有利于低收入的发展中国家及低收入阶层的居民，特别是要考虑消除经济全球化对他们粮食安全的不利影响。

（二）持续增加的人口对粮食需求的压力

当前，我们面临的一项巨大挑战是供养世界不断增长的人口，据联合国粮农组织的研究报告显示：1960年世界人口30亿，1999年60亿，2014年72亿，预计到2050年将突破90亿，若在2050年养活新增的20亿人口，粮食产量必须提高60%。造成饥饿和营养不良的主要原因是发展中国家的爆炸性人口增长。由于卫生状况、医疗条件的改善，也由于粮食供给增加促成的人口抚养能力的提高，发展中国家的人口死亡率在逐渐下降，而出生率仍在增长。发展中国家自20世纪50年代以来就一直保持很高的人口增长率。

中国人的饭碗

而且，世界人口的70%以上都生活在发展中国家，发达国家的人口增长在1970年达到最高值后一直处于下降状况，而发展中国家的人口20世纪50年代以来一直保持2%的高年增长率。根据联合国的预测，到2025年全世界人口将增加到85亿左右，比1990年要多出30亿，且增加的人口主要在粮食一直不足的发展中国家。人口增长带来了同比例的粮食需求增长，如何为新增人口提供必要的粮食，是发展中国家农业面临的巨大挑战。

除人口增加以外，决定粮食需求量高低的另一因素是人均粮食需求量的大小。人均粮食需求量是一个动态指标，它决定于人均收入水平的提高和粮食需求收入弹性的变化。人均收入增加粮食需求的影响，将因收入弹性的差异而产生不同的结果。按照恩格尔定律，在收入低下的贫穷阶段，人们将增加的收入更多地用于购买食物，随着收入水平的提高，用于食物支出的比例将逐渐减少。对于大多数发展中国家来说，收入水平低下，满足生存的食物需求仍然是消费的主要内容，即恩格尔系数很高，粮食需求的收入弹性也就很大，收入增加会导致相对多的食物需求。发达国家正好与此相反，食物消费已经接近饱和，收入增加对食物需要量的影响甚小。

在发展中国家中，各国的经济发展水平和人均收入水平参差不齐。20世纪70年代石油危机以后曾经的部分发展中国家，如韩国、泰国、马来西亚、新加坡和巴西等，都经历了快速发展的过程，收入水平增长很快。这些取得快速发展国家被称为新兴工业国（NICS）。在这些国家中，收入增加导致了粮食需求的大幅度增加。

收入水平的提高也将改变食物的消费结构，人们将更多地消费以畜产品为主的高蛋白质食品。特别是发展中国家，消费更多的肉类产品意味着生活水平的提高。发达国家动物蛋白和油脂品的消费已接近饱和，即使收入增加，也不可能再增加这类消费。与发达国家相比，发展中国家从动物性食品中摄取的热量是很低的。随着经济发展水平的提高，可以预想发展中国家将会消费更多的动物性食品。为了满足不断增加的动物性食品需求，必须将更多的谷物转化为饲料，用于生产以畜产品为主

的动物性食品。这种食物结构的变化也会引起对粮食需求的进一步增加。

(三) 自然资源退化，水源短缺严重

包括耕地、水源、光、热等在内的自然资源，是制约粮食安全的基础因素。然而，目前广大发展中国家自然资源退化严重，土地沙化面积迅速扩大、水源污染日益严重、持续干旱等自然灾害频频发生。自然灾害导致自然资源的退化，加剧了发展中国家的贫困化，而贫困化的加深又促使自然资源退化更加严重。特别是世界性水危机成为制约粮食生产发展的重要因素，令人担忧。

世界可持续发展委员会和第二届世界水资源论坛等一系列会议阐明，"水资源促进粮食和乡村发展"与"水资源促进自然保护"之间的矛盾日益加剧。许多研究者认为，解决这种矛盾是 21 世纪社会面临的挑战之一。世界水资源委员会的预测表明，如果不采取行动，在 21 世纪初期对水资源的争夺，将会加剧许多国家国内水资源供应的紧张和水污染的加重，对这一危机处理不当，将会导致大量居民无法得到安全的水源，以及导致粮食安全和卫生标准降低。

世界上现在有许多地区地下水的抽取已超过补充率，而这些地区（如我国北方、印度的一些地区和近东的许多国家）又严重依赖灌溉。也就是说，水利灌溉对确保这些地区的粮食安全性极为重要。世界各地区灌溉农业的面积相差很大：南亚可耕地中有 42% 为灌溉用地，近东和北非为 31%，拉丁美洲为 14%，非洲撒哈拉以南地区仅为 4%，整个发展中国家平均为 27%。此外，在一些水资源跨越国际边界的地方，争夺水资源往往成为酿成冲突的导火线。

国际上不断出现国家之间和区域之间的水资源纠纷。一些国家严重依赖来自其他国家的河水流量。例如，保加利亚、匈牙利、卢森堡、荷兰、罗马尼亚、博茨瓦纳、刚果、埃及、赞比亚、毛里塔尼亚、苏丹、

叙利亚、柬埔寨等各国能够得到的水供应量中75%以上来自上游邻国的河流流量。全球有40%以上的人口居住在以上国家共同拥有的流域之中。水与土地和能源资源一样,成为争端的焦点。如印度和巴基斯坦曾对印度河及其支流用水量的划分就是一个例子。其他国际河流包括尼罗河、幼发拉底河、恒河、湄公河、约旦河等都将面临复杂的水源政治纠纷。

当今世界淡水的主要用途包括:人饮用水占9%,工业用水占20%,农业用水占71%。世界农业灌溉面积虽然仅占农田的17%,但却提供了约40%的世界粮食产量。联合国粮农组织的一些机构预测,目前为保证世界和各国的粮食安全,农业灌溉用水量需要增加15%—20%。值得注意的是,尽管世界水资源短缺,但水利用效率很低,只有25%—40%。水资源的浪费还导致土地退化,全球已约有4.5亿亩土地出现不同程度的盐碱化,导致农业产量的巨大损失。水资源的严重短缺和浪费,已成为许多国家和地区未来最紧迫的问题和导致粮食不安全的因素。

(四) 集约化农作制产生的负面效应

联合国粮农组织在《迈向2015/30年的农业》(2000年)一文中指出,21世纪头十年所有的农业产量预测都表明,农作物集约化在满足粮食需求的预期增长方面将发挥越来越依赖集约化农作制……这不仅可以满足从1960年的30亿人口到目前的60亿人口的需求,而且还能使人均日摄取热量从2250卡增加到2800卡。然而,环境学家和消费者却对农作物集约化生产方式的可持续性及生产食品的安全性提出了质疑。环境和公共卫生管理部门特别关注过量使用化肥(西欧最高,为230公斤/公顷,东亚较高,为100公斤/公顷;非洲化肥使用量很低,仅为19公斤/公顷)和农药对人体健康、生态系统和生物多样性的影响,以及对水资源污染和使主要作物、牲畜品种遗传多样性减少的风险性。

在集约化农作制的发展过程中,经济发达国家和贫穷国家之间农业粮食技术差距拉大。特别是在高新技术领域，如农业信息技术、生物工程、遗传科学等领域，发达国家和发展中国家的技术差距在拉大，发展中国家更加陷入竞争力薄弱的落后地位。这就是说，伴随着技术的变化和进步，若没有相应的政策和制度的转变和保证，世界因贫困而不得温饱的人群将会被进一步抛在后面。随着生态环境的恶化和疯牛病的发生，人们越来越质疑集约化农作制所依赖的技术的可持续性。例如，掠夺性经营造成生态系统和生物多样性的减退，过量使用农药和化肥给人体健康和环境带来的负面影响，土地盐碱化和沙化对粮食减产和粮食安全的消极影响等都日益受到社会的关注。

(五) 劳动力健康状况恶化，生产能力丧失

人力是农业和粮食生产的要素。但目前在广大发展中国家，近8亿人营养不良，还有大量人口患有地方病、传染病等，这会导致众多人口健康恶化、生产能力减弱甚至丧失。联合国粮农组织重点评估了人体免疫缺损病毒（艾滋病，HIV/AIDS）对农业、粮食安全和乡村发展的影响，特别是评估了对非洲东部和南部一些国家农场组织、农场经营和畜牧系统的影响，认为对世界粮食安全的影响愈来愈严重。HIV/AIDS在第一个成人患病后导致一个家庭生活与福利呈螺旋式恶化：卫生医疗费开支激增、生产能力猛降、收入骤减、出卖资产、儿童辍学，甚至产生断代、强壮劳力严重减少。现在全世界有超过3600万人受HIV/AIDS的感染，100万人死于艾滋病，其中非洲是艾滋病的重灾区，撒哈拉以南非洲地区的人口只占全球人口的10%左右，但这一地区却集中了全球60%以上的HIV/AIDS感染者。发展中国家众多贫困人口的健康恶化，导致生产能力和生产机会的萎缩与丧失，是对世界粮食安全的严峻挑战。

(六) 城市化迅速增加，贫困人口膨胀

贫困和粮食不安全是一对孪生的难兄难弟。前者的一个重要表现形

式是粮食不安全，要与饥饿进行斗争；而后者则是贫困的必然特征之一，是贫困产生的恶果。世界粮食安全委员会在《为与饥饿做斗争而筹集资源》（2001年）一文中提出：必须可持续地增加粮食生产，以满足日益增加的人口对粮食愈来愈多的需求。而未来增加的人口将几乎全部集中在发展中国家，因而在一些重负债国家减轻极度贫困和饥饿的行动尤为必要。在人口剧增的过程中，城市化率迅速提高，城市人口比重膨胀，但就业不足，导致贫困人口迅增。据世界银行的统计数据，1998年发展中国家生活费每日少于1美元的人口数大约有12亿。到2000年，世界城市人口占总人口的比重提高到46.1%，比1990年提高了2.5个百分点，比1980年提高了6.4个百分点。目前，城市化的发展趋势还在不断加强，越来越多的人将移居城市，这就必然增加城市中贫困而不得温饱阶层人群所占的比例，从而加大了世界粮食的不安全因素。

（七）农业结构不断转化，小规模生产者越来越陷入困境

不断调整农业和粮食结构，是世界农业发展的重要趋势。在欧美粮食主产国，农产经营面积不断扩大。美国是世界大农业的代表国家，2012—2017年，美国中等规模农场数量不断减少，特大和小微农场数量有所增长，五年中，农场总数减少约7万家，达204万家。其中，年销售额超过500万美元的特大型农场数量占总数的1%，销售额占35%。而年销售额不到5万美元的小微农户数量占总数的76%，销售额仅占3%。与此相对照，发展中国家小规模农业生产者在未来越来越不稳定，导致小规模的农业生产者愈益贫困且更加不得温饱。目前，广大发展中国家的农业和粮食生产多数为小生产者，他们处于重重困境中，是世界粮食风险的主要来源之一。

（八）冲突和纷争频繁，人为危害严重

联合国粮农组织在《冲突：农业和粮食》（2000年）一文中指出，

冲突是人为灾难的主要根源。在世界许多地区，国与国的战争转为国内冲突。如今，世界上各种冲突和纷争，包括地区冲突、民族冲突、宗教冲突、国家冲突以及贸易冲突等，连绵不断。受到人为灾难（冲突）的国家急剧增多，从20世纪80年代的平均5个国家增加到2000年的22个，且灾难的次数和规模骤然升级。20世纪末有30—40个国家处于冲突之中，受害人口达数亿之众，特别是对低收入发展中国家造成巨大损失。综合提供资料的23个国家的数据可知，各种冲突对这些国家1990—1997年农业造成的直接损失接近550亿美元。其中，对1997年的影响值占这些国家国民生产总值约为40%。这里特别指出，非洲、中东及东南欧各种冲突使大批人口沦为难民，涌向西欧、北美等安全的地区。旷日持久的冲突、纷争和战乱及由此产生的大批难民成为世界粮食安全的破坏因素。

（九）气候变化无常和自然灾害是严重的破坏因素

自然灾害和人为灾害不仅是人类死亡、伤残和流离逃难的最重要原因，而且是影响人类，特别是农民生活福利、粮食安全的破坏性因素。这种灾害造成农业绝收和粮食严重短缺，甚至发生粮荒。尽管人类在预测和防治各种灾害方面已经获得许多新技术、新方法，但是自1996年世界粮食首脑会议以来每年发生的自然灾害还是令人吃惊。从1996年到2000年的几年间，遭受严重自然灾害的国家从28个增加到48个，且自然灾害的破坏规模扩大，特别是生态环境恶化、温室效应加剧等造成了全球气候的无常和骤变。影响全球气候的厄尔尼诺、拉尼娜现象接踵发生，严重旱灾使非洲赤地千里，洪水肆虐侵吞无数良田，风暴席卷摧毁无数家园，甚至数万人缺乏清洁饮用水，损失极为惨重。1990—1999年，风暴和水灾造成的损失约占自然灾害造成的经济损失总量的60%。1998年，因厄尔尼诺和拉尼娜现象造成的灾害破坏严重，3.2万人丧失生命，3亿人失去家园和生计条件，总损失890亿美元。2000年，非洲之角在水灾之后又发生严重干旱，造成严重粮食短缺。近年来，因气候无常造成的洪水、风暴、旱灾等严重袭击了中国、孟加拉国、越南、柬埔寨、印度、委内瑞拉等国以及非洲南部、中美洲及加勒比等地区。

（十）政府管理存在缺陷，对农业投资下降

在当今世界上，特别是许多发展中国家的农业和粮食生产、销售、管理存在缺陷，流通效率不高，宏观调控不善。有的国家在农业和粮食发展战略上出现失误，粮食发展缓慢。更值得注意的是，在过去的结构改革过程中，世界上大多数国家的政府对经济活动，特别是农业经济活动的支持程度通常都下降了，对农业和粮食研究、技术推广、基础设施、预防灾害等领域的投资减少了。据联合国粮农组织提供的资料，目前各国用于农业和粮食的投资占政府总投资的比例差别很大，在提供数据的国家中约有90%的国家的比例数低于10%。此外，许多国家的市场组织和粮食市场功能不健全，资源配置不合理，市场供应不及时，有的发展中国家腐败和舞弊严重，导致粮食和食物分配不公平。加之，发展中国家的社会化服务组织不发达，致使大批贫困阶层居民无粮食安全保障。

第三节 如何保障发展中国家的粮食安全

世界粮食安全的严峻形势已引起国际社会的普遍关注和各国政府的高度重视。对如何保障发展中国家的粮食安全，有关专家提出以下对策。

一、注重人力资源

对于作为农业和粮食生产要素的人，要确保其健康，以不断增强其劳动能力；同时，还要对农业生产者进行必要的教育，普及农业和粮食

科技知识，提高其素质。

二、创造就业机会

目前，世界上发展中国家有70%的贫困人口生活在农村地区，绝大多数人口依赖农业提供就业机会。在这种情况下，优化生产资源、扩大农村就业具有重大、迫切的意义。这包括农业生产和非农业经济活动与服务，如农具修理、产品加工、技术与生活服务等，通过这些措施，促进农业及农村的全面发展。另外，因城市人口增加迅速，农村还可以为安全的城市生活提供多种服务。

三、改进市场和加强基础设施建设

发展中国家能够利用经济全球化带来的市场机遇的程度最终取决于市场竞争力，这需要改进市场、技术、通信、仓储、运输等基础设施建设。自由竞争市场的发展连同公共机构和基础设施，对发展中国家尤其是农村地区有效地消除贫困、保证食物安全并全面提高生活质量可发挥重要作用。

四、加强研究和推广适用技术

加强研究和推广适用技术对满足未来粮食需求将发挥日益重大的作用。除了常规适用技术之外，现代生物科学、能源、信息及通信技术的发展能为贫困阶层提供新的机会，提高他们的粮食安全水平。但是，这只有在政策的引导下才能实现。政府应给予小农业经营者和贫困者选择的机会。此外，还要增加对扶贫性农业技术研究的投资，促进建立生态农业，挖掘传统农业的潜力。

五、优化自然资源管理

优化自然资源管理的重点是：保护和改善农业生态环境，减少酸雨，防治沙化，减轻"三废"污染；保护和节约用水，克服水资源的紧张；加强施肥管理，使之既能增加农业生产又能为后代保护好环境；促进自然条件劣势地区的持续发展，使投资获得较高报酬率。此外，还要注意两点：一要确保财产的权益；二要对某些措施采取集体行动。由于对自然环境的投入需若干年后才能得到回报，因此要保护农民在这方面的投入能得到相应的权益。

六、提高政府管理效率

粮食安全政策和计划的实施离不开高效的政府管理，这包括法规健全、公共管理务实、尊重和保护每个人的权利等。政府和各社会团体间的紧密合作是解决问题的有效办法之一。当前，阻止和解决冲突、消除自然灾害、消除腐败是政府为保证粮食安全必须采取的重大紧急措施。

七、健全国内和国际贸易及宏观经济政策

在考虑当今全球贸易系统、合作发展、债务和宏观经济政策时，要促使发展中国家有效地参与全球性的农业贸易，使其更好地进入发达国家的市场。要增加发展性援助，特别是对农业和教育的扶持，同时，要减轻贫困阶层的债务。

八、加大农业投入

从长期来看，需要进一步加大投资以提高发展中国家的农业生产率，

这是推动经济增长、减少贫困和饥饿的重要因素,尤其要在关键领域进行投资,包括水利、农村道路、农业科研、清洁水供给和教育等。2008年全球谷类产量达到了22.45亿吨的历史新高,但主要是由于发达国家增产率大幅提高11%,而发展中国家仅提高1.1%。实际上,如果不考虑中国、印度、巴西等农业大国,其他发展中国家的谷类产量反而降低了0.8%。根本原因在于其农业投入不够、科技含量偏低。据估计,发展中国家每年至少需要300亿美元的农业投入,才能达到1996年世界粮食首脑会议制定的"到2015年饥饿人口减半"的目标,而这些投入需要各国政府、国际援助组织及私人投资的共同努力。

迄今为止,全球为粮食安全进行了不懈的奋斗,已经给人类创造了较高的生活质量和较大的经济效果。但是,在当今的世界上,特别是在发展中国家,粮食安全问题依然严峻,民众营养不良问题未解决,减少饥饿人口的目标仍需要各国政府和国际社会的共同努力。

第十九章　建立全球粮食及大宗商品期货市场

期货贸易是市场经济较发达的产物。期货市场作为市场发展的高级形式，具有规避风险和发现价格的特殊功能，在我国市场体系的发育完善过程中具有不可替代的作用。研究和探讨粮食期货交易的内在规律，加强对粮食期货市场的监管和调控，建立健全粮食期货市场，对于我国粮食市场体系的发育和完善、推进粮食市场化改革，具有极其重要的意义。

第一节　粮食期货市场的形成和功能

19世纪中叶，芝加哥以其优越的地理位置成为全美最大的谷物集散中心。每逢收获季节，大量谷物集中到芝加哥造成了供过于求，价格大幅下跌；收获季节过后，谷物供不应求，价格上扬，致使很多农户与谷商破产。为了避免价格波动的风险，1848年美国的82名谷商自发组建了芝加哥期货交易所（CBOT），由此产生了原始的谷物期货交易——谷物的远期合约交易。1865年芝加哥交易所推出了标准化协议，同时实行保证金制度，远期交易随之变成期货交易，现代期货市场由此形成。期货市场是一项重大的制度创新，具有以下几种功能。

一、分散风险

粮食商品的价格由于受多种因素的影响容易发生波动，这种波动可

第十九章 建立全球粮食及大宗商品期货市场

以给交易中的一方带来好处，同时给另一方造成损失。因此，人们总是想方设法转移、规避和分散粮食价格风险。而粮食期货市场最突出的功能就是为粮食生产者、经营者提供规避风险的手段，即粮食生产者、经营者通过在粮食期货市场上进行套期保值和投机为未来规避粮食价格波动的风险。

转移、规避粮食价格风险并不是说粮食期货交易本身无粮食价格风险。粮食期货交易同粮食现货交易一样，都存在粮食价格风险。套期保值是以转移粮食价格风险为目的的粮食期货合约买卖的交易形式，指交易者在粮食现货市场和粮食期货市场同时进行两个数量相同、方向相反的买卖，即在粮食现货市场买进或卖出一定数量的某种粮食商品的同时，在粮食期货市场卖出或买进同样数量的同种粮食商品的期货全合约。在一般情况下，粮食现货价格和粮食期货价格的变动方向和幅度基本一致，一旦粮食现货买卖出现亏损，可以用粮食期货交易的盈利来补偿；反之，粮食现货市场交易的盈利也可以弥补粮食期货市场的亏损。

粮食期货市场上交易者对粮食价格走势的预测总是有两种完全相反的结论，有的看跌，有的看涨。那些将来拥有粮食商品要出售者，为防止粮食价格下跌受损而卖出粮食期货；那些将来要买进粮食商品者，为防止粮食价格上涨而买进粮食期货。按照套期保值者在粮食交易中是买还是卖，可把套期保值的类型分为两大类：卖出套期保值和买进套期保值。

卖出套期保值是粮食商品需求者在粮食现货市场买进粮食商品的同时，在粮食期货市场卖出同一数量的粮食期货，以防止买进粮食商品后因粮食价格下跌受到损失。

买进套期保值是粮食商品供应者在粮食现货市场卖出粮食商品的同时，在粮食期货市场上买入同等数量的粮食期货，以防止在卖出后因粮食价格上涨所带来的风险。

因此，套期保值交易对于粮食生产者、经营者来说，可把粮食现货市场上可能出现的粮食价格波动风险降低到最低限度。同时，粮食期货市场通过为套期保值者提供抵消粮食价格风险的手段而显出其特有的重要经济功能。

套期保值分散粮食价格波动风险的原理在于，某一特定粮食商品的期货价格和粮食现货价格受相同的经济因素的影响和制约。此外，粮食市场走势的趋合性，也使得套期保值交易行之有效，即当粮食期货合约临近交割时，粮食现货价格与粮食期货价格走势趋合，两者的基差接近于零。这是因为粮食期货合约将近交割期时，自然与粮食现货价格趋于一致，若出现不一致时，将会产生套利交易，从而缩小两者的价差。

一般来说，粮食生产者、经营者参与粮食期货交易的目的，并不是单一追求粮食价格上的利益，而是为了控制粮食生产成本，以利于粮食生产的稳定发展。

二、风险投资

这种功能主要是针对粮食期货投机商来讲的。粮食期货交易中如果只有套期保值者，而没有投机者，那么套期保值者转移、规避粮食价格风险就成了一句空话。只有当投机者以交易者身份出现在粮食期货市场上的时候，他们才成为套期保值转移、规避风险和承受者。

投机是以盈利为目的的投机性交易，指交易者利用粮食期货价格的频繁变化买空卖空，从中获利。与套期保值者不同，投机者对所拥有的粮食期货合约项下的实际现货粮食商品并不感兴趣，他们总是在合约到期前通过做一个相反的交易，对冲在手的合约，以免去交割实际粮食商品的责任。

投机有利于确保粮食市场的稳定、减少粮食价格波动的幅度。投机者在粮食价格处于低水平时买进期货，使需求增加，这会导致粮食价格上涨，在粮食价格处于较高水平时卖出期货，使需求减少，这又抑制了粮食价格上涨，使可能出现的大幅度的粮食价格波动趋于平稳。另外，投机者一般都对粮食市场价格有着较高的观测能力，他们的行动，大多对稳定粮食价格有利。

风险与收益并存，获取风险收益是投机者进行风险投资的根本目的。投机者愿意承担粮食生产者或其他商人想要规避的风险和损失，主要原因是能以少量的本钱做数倍于本钱的生意，有较多的获得高额利润的机会。在粮食期货市场上，一般只需5%左右的保证金就能做一笔价值为保证金20倍左右的生意。这种瞬间就可能获利几十倍的机遇，强烈刺激着众多的人甘冒风险跻身于投机者的行列。这样，在投机者为了风险收益而进行风险投资的同时，套期保值者转移、规避粮食价格风险就有了真正的承担者。但是，对其副作用要加以限制。

从经济学角度看，粮食期货投机与赌博截然不同。赌博者是风险的制造者，风险因赌局的设立而产生。粮食期货投机的风险是经济活动中客观存在的风险，投机者只是承担了这种风险，而不是把风险强加于经济活动。赌博仅仅是已有财富的转移，它不创造任何新价值，而粮食期货投机则是通过其分散粮食价格风险、加速资金流转、稳定粮食市场价格等经济功能对社会经济生活作出贡献。

三、发现价格

公正的粮食市场价格的发现需要一定的条件：粮食供求的集中、粮食市场的秩序化、公平的竞争等，以使粮食信息集中、粮食市场透明、粮食价格能真实地反映粮食供求，从而使竞争形成公正的粮食市场价格。粮食期货市场能满足这些条件，粮食期货市场集中了大量的粮食商品生产者、经营者、投机者，确保了粮食市场的流动性；同时，它还提供了严格的规则和法律保障，如禁止垄断操纵粮食市场、鼓励平等竞争、场内公开化交易等，以使粮食市场价格的形成有良好的条件，使形成的粮食价格能真实地反映供求双方的意向和预测。粮食期货市场有一系列体制性保障，如会员制、保证金制、公开叫价制、层层分担风险制等，来保证公平竞争原则的贯彻。这样，在粮食期货市场中通过竞争形成的粮食价格，不是个别交易的结果，而是在一个集约化程度较高的市场上形成的粮食价格。因此，这个粮食价格能够比较真实地反映社会供求状况，对于粮食生产和经营有较强的指导性，从而作为粮食基准价格。对于粮食期货市场来讲，投入的是粮食信息，产生的是粮食价格。

粮食价格发现功能是粮食交易所集中交易的一种内在功能。粮食期货市场所表现出来的是现在粮食市场对未来粮食价格的预期，它集中了即期的与未来不同的时点的供求情况，计算的基础就是现货价格加上各种利息、仓储、管理费用，再让场内交易双方各自以自己的风险预测经验和知识来决定一个平衡的粮食价格。通常，粮食现货价格与粮食期货价格之间总是存在一个差额，这个差额被称为基差，交割期越近，基差越小。

集中交易形成的粮食期货价格具有很强的导向作用。粮食期货交易所形成的粮食期货价格为一定范围内的粮食现货交易提供了重要参数；同时，它也为粮食生产和经营单位发展生产、开展经营活动提供了依据。粮食期货交易的价格发现功能还有助于稳定粮食价格。粮食供求变化引起粮食价格的变化，粮食价格反过来影响粮食供求，粮食价格在涨落中趋于稳定。

第二节　粮食期货市场价格构成

一、期货价格构成理论

期货价格在一个严格规范的期货市场上有时会高于现货价格，有时会低于现货价格。前者被称为期货溢价，后者被称为期货市场倒挂。期货溢价和期货市场倒挂的出现，使套购者有利可图，同时也使套期保值成为必要。

在一个确定的市场里，一种商品的期货和现货价格会因供需变化而在不同时段上自动趋于相同。在除去交易成本的假设下，假设 $P_0(t)$ 是在 t 时刻即时交割货物（即现货）的价格，P(t) 是未来某个 t 时刻交割的期货的价格，$P_2(t) \cdots P_n(t)$ 是未来 $2 \cdots n$ 时刻交割的期货价格；如果知道在 n 时刻的现货价格为 $P_0(n)$，那么就会发现，在 t 时刻标价，在 n 时刻交割的期货价格和 t + n 时刻的现货市场价格之间的某种平衡关系：

$$P_n(t) = P_0(t+n) \qquad 公式 19-1$$

显然，只要这一平衡未能建立起来，套利交易活动就会进行下去。实际上，即使在一个各种价格因素可以确定的环境里，这种平衡也只是瞬间而已。在一个价格因素不确定的环境中，未来某个时期的现货市场价格和与此相关联的 t 时刻的期货价格并不能完全确定，因此在实际市场中自然形成了不同的期货价格。

解释同一种期货产品的不同价格间的关系有多种理论。最有影响的是仓储成本理论、市场分割理论、价格预期理论和风险金理论。这些理论对期货价格与现货价格存在某种关系的解释具有十分重要的意义。

（一）仓储成本理论

1930 年，凯恩斯在其著作中用仓储成本理论解释商品期货市场的期货溢价现象。仓储成本包括仓储费用、维护保管费用、资金支出、数量和质量损耗以及财产货币值的变化风险。这些因素的实际影响因时间、资金和所储货物的数量而异。

仓储费用包括保险金费用、仓储设施折旧、土地摊款以及装卸费用，这一费用与仓储商品量成正比。维护保管费用包括仓储的固定成本及与商品量成正比的、维护保存该种商品的日常费用。资金支出费用往往是全部仓储成本的大头，常采用机会成本的估算方法来计算。数量损耗包括偷盗、损失和废品。质量损耗因不同商品和仓储条件而异，原因可能是多种多样的，但时间和气候条件是最主要的。质量陈旧和变化是某些商品仓储成本增加的根本因素。根据国外的统计,这些因素有时占全部仓储成本的40%。仓储产品的货币值变化是最后一个仓储成本因素。由于仓储量大,这一因素所占比重很大。据凯恩斯测算,企业家或者投机者在价格发生很大变化时,也会要求10%的年利润率。这是他们的最低目标,而实际上要比这高得多。

据西方经济学家计算,仅以易于存储的初级原料为例,即使忽略最后一个因素,其他不同因素构成的仓储成本也要占产品价值的6%—10%。据估计,一般仓储成本要占货物平均价值的15%—20%,有时可达到10%—40%。另外再加上10%的价格风险利润,那么,除非现货价格突然下跌30%,否则仓储者不会将大量产品储存2年以上。

因此,在仓储这一条件下,期货价格必然会比现货价格高,期货溢价部分与实际货物的仓储成本相等。但是,这一期货溢价理论运用到季节产品时还必须具体分析。当收获为正常年景,而且仓储在新的收获年度前正常地减少时,现货价格与本季节内不同期货价格间的差价就总会是正数。这一正数正好与仓储成本相同,同时仓储成本也就是期货溢价的极限。但是,在下一季节开始的时候,这一数字可能是负数,即市场倒挂,这一现象不能用仓储成本来解释。

(二) 市场分割理论

1946年,万斯提出了市场分割理论,这一理论有一定的合理成分。

从狭义上说,市场分割理论认为期货与现货价格不同的原因是:第一,商品质量不同。期货市场的商品是标准化的商品,而现货市场的每种商品的质量都是特别的。第二,商品的所在地不同。期货商品交易的所在地在合约中有明确的规定,而现货则不一定。第三,货物交割的日期不同。期货买卖者没有多大的自由,而现货交易者不同。

从广义上说,市场分割理论认为市场倒挂的原因是由于"在两个市场上行动的不同交易者的观点不同"(沃尔肯,1948)。只有当决定价格的关键因素完全不同时，交易者才不会去作任何套利交易。

市场分离最终导致市场的分割。价格最终反映了每个市场上特定的供求条件，但两个市场之间并没有任何关系。这一推论导致很多人的反驳。

沃尔肯认为，市场的分割也能解释市场溢价和市场倒挂。在某些情况下，这些因素会增加或者减少期货与现货市场之间的价格差，但它不可能促成这一价格差。交割日期也不能解释价格差，因为只有很少一部分的期货实现实物交割，其数量及其对价格形成的影响完全可以忽略不计。

价格差是由于不同交易者的不同看法形成的论点，也缺乏坚实的论据，至少它没有考虑套利交易和套期保值这两个因素。这两种交易经常进行，尽管有些因素使这两种交易的效率受到了很大的影响。考虑到这两个因素以后，就会理解现货和期货市场的价格实际是在同一个市场上确定的。因此，期货溢价和市场倒挂不能用市场的二元化即市场的分离和分割来解释。

（三）市场一般倒挂理论

凯恩斯认为，企业进入一个期货市场的条件是：期货交易必须能够规避其经营活动中的部分固有风险。企业提供多少商品取决于先前某个时刻的决定，生产决定作出后，企业便无法改变。如果企业在生产计划确定时便已出售其产品的期货合约，那么届时找不到买主的风险就得以规避。反之，对购买商品的企业来说也是一样的。不过，相对而言，采购原料的生产企业较少采取期货交易的方式。这些企业常常通过技术革新使生产过程较少受到原料的影响，这一原因使期货市场的供求不能平衡，从而造成期货价格低于现货价格，即造成市场倒挂，而这种经常性的市场倒挂使投机者成为市场的必要参与者。

市场倒挂的程度越严重，投机者就越想进入期货市场。他们的目标就是以尽可能低的价格购进，然后在期货到期时以尽可能高的价格出售。因此，可以用以下公式表示这种关系：

设 CP 是现价，EP 是预期价格，FP 是期货价格，r 是价格差，则有：

EP - FP = r　　　　　　　　　　　　　　　　　　　　　　公式 19-2

由公式 19-2 可得：

FP = EP - r　　　　　　　　　　　　　　　　　　　　　　公式 19-3

投机者只有在能获得一定收益的情况下，才会去购买期货合约。因此，当期货价格比现货价格低到预期的程度时他就会购买期货合约。

1930 年，凯恩斯将这种在期货价格与预期价格之间的差称作市场的"一般的倒挂"。

根据外国期货市场的测算，在一年内，期货市场出现 10% 的价格差是市场一般倒挂的最低限度。而对一些组织得不好的期货市场来说，价格差可达到 30%—40%，甚至使一些生产者和企业家甘愿冒价格波动风险而放弃去期货市场进行套期保值。

如果供求平衡，对下一时间段的预期价格便会与现价相等：

EP = CP　　　　　　　　　　　　　　　　　　　　　　　公式 19-4

以公式 19-4 中的值替换公式 19-3，得：

FP = CP - r　　　　　　　　　　　　　　　　　　　　　公式 19-5

市场倒挂会出现在供求平衡的情况下，但更会出现在供求不平衡的情况下。当供给低于需求时，便无法改变这一状况，现货价格可能会大大地高于期货价格。唯一可能的限制是购买者拒绝支付如此高的价格。

市场一般倒挂理论成立的条件是：假设不存在仓储问题。否则，期货价格便会高于现货价格，其高出部分正好等于仓储成本。

（四）价格预期理论

根据价格预期理论，期货市场倒挂反映了供应过量。价格预期会对期货价格造成压力，但对现货价格并无多大的影响；反之亦然。预期 t +

n时刻供应的减少也会促使期货价格的上升，而对现货价格并无多少影响。对未来收成以及需求变化的预测都会影响期货的价格，因此，人们认为可以用价格预期理论来解释期货溢价和市场倒挂现象。

这一理论曾于第二次世界大战前在利物浦的小麦市场经过验证，后来在芝加哥市场也得到证实。

但是，它无法解释为什么价格预期不仅对期货价格有影响，而且也会对现货价格有影响。实际上不是价格预期，而是现在的供应量和库存量决定期货溢价和期货市场倒挂。按沃尔肯1948年的观点，只有当前的供应量对未来的价格关系造成影响，并且决定着期货溢价和市场倒挂。

（五）仓储价格理论

沃尔肯认为，期货溢价是由仓储量的供求需要决定的。仓储量越大，现货价格就越需保持低水平。仓储、交货或者货物使用日期的不确定、需求水平和不能保持仓储的连续性是促使经营者掌握一些现货商品的三大因素。当仓储商之间的竞争十分激烈时，仓储价格下跌至仓储成本以下，此时，期货价格也就会低于现货价格，即出现市场倒挂。

由此来看期货溢价和市场倒挂，就可以发现t+n时刻的价格通过仓储价格的中介作用而与t时刻的价格直接联系起来。仓储价格包括三个组成部分：仓储成本、风险金、机会收益。一个意欲提高仓储利润的经营者储存商品的数量会达到这样一个水平，最后增加的1储存单位的收益至少要等于仓储边际成本。仓储边际成本的构成是：仓储支出＋风险金－机会边际收益，机会边际收益等于单位时间预期价格变化量。

（六）风险金理论

对风险金的看法有三种。一种认为，实际上在每一个定量的仓储水平上,期货溢价和市场倒挂之间的差价就是风险金。以凯恩斯为代表的经济学家认为:期货价格不包括风险金在内,预期价格与期货价格之间的差等于风险金的一个组成部分,因为期货价格与预期价格是相同的。沃尔肯则认为,期货价格与预期价格相等,而期货价格与现货价格之差应该由风险金、仓储费用和机会收益来构成。

二、粮食期货市场价格构成

西方期货价格构成理论是在高度健全、完善、发达的市场上探索形成的。在中国,粮食期货市场有其特殊性,因此,在探讨中国粮食期货市场价格构成时,不能照搬西方期货理论,应当具体分析中国粮食期货市场的价格构成。中国的粮食商品期货价格是由粮食商品的生产成本、粮食期货交易成本、粮食期货商品流通费用、预期收益以及国际粮食期货价格变动影响等部分组成。

(一)粮食商品的生产成本

该成本由生产某种进入粮食期货市场交易的粮食商品所耗费的物质资料价值和劳动报酬两部分构成。由于粮食期货交易进行的是未来的粮食商品买卖,当这种买卖成交时,可能这些粮食商品尚未形成或刚进入生产阶段。因而,生产这些未来粮食商品的实际成本结构组成是完全相同的,这并不妨碍对它的预测和推断。在粮食期货交易中,粮食商品的生产成本往往是形成粮食商品期货价格的最低界限。如果价格低于其生产成本,生产者根本就不会生产这种粮食商品,而粮食期货商品是以未来的现货粮食商品为基础的,因而在这种情况下,粮食商品期货交易就会失去它的现实依托而无法进行。可见,粮食商品生产成本是粮食商品期货价格的重要组成部分。粮食期货交易买卖的虽然是粮食期货合约,但它还是以实际的粮食商品生产为基础。一般来讲,粮食商品生产成本

第十九章 建立全球粮食及大宗商品期货市场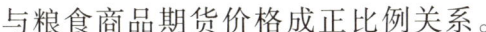

与粮食商品期货价格成正比例关系。

(二) 粮食期货交易成本

粮食期货交易成本，是指粮食期货交易的过程中所发生和形成的各种开支，它构成粮食商品期货价格的一部分。主要包括保证金利息、佣金、交易所管理费、结算费等。

1. 保证金利息。进行粮食期货交易时，交易者不需支付粮食期货合约的全部款项，只是向粮食商品交易所交付一定的保证金，一般为粮食期货合约总余额的5%—15%，并随时准备足额的追加保证金，以弥补粮食期货交易中出现的亏损。因此，保证金是粮食期货交易必不可少的经营性投资。保证金的多少是由粮食商品期货价格决定的，无论保证金怎样变化，都不会对已经确定的粮食期货合约价格起作用。

保证金利息是指在粮食交易过程中，从开始到结束的时间内为粮食期货交易者所缴付的保证金应该支付的银行利息。这里可以看出，保证金随粮食商品期货交易的总金额及粮食期货合约持有时间的长短而成正比例变化。保证金利息是粮食期货交易者为粮食交易而支付的成本，因而构成粮食商品期货价格的一部分。

2. 佣金。它是粮食期货交易者支付给粮食期货经纪人的报酬。经纪人代理客户在粮食期货市场上进行交易，提供各种服务并承担一定的责任，向粮食期货交易者收取佣金。无论粮食期货交易者最终盈利或是亏损，都必须按一定的标准交付佣金。

3. 交易所管理费。它是粮食期货交易者通过经纪人向粮食商品交易所缴纳的交易手续费。粮食商品期货交易所为粮食期货交易者的交易提供场所以及交易需要的各种设备，这种费用是维持粮食商品交易所日常经营业务的主要来源。成交后由粮食商品交易所直接提取。

4. 结算费。粮食期货交易者每次必须按一定标准向交易所交付结算费。

(三) 粮食期货商品流通费用

该费用是指粮食期货交易者将粮食商品从生产或存放地运至粮食期货商品交易所指定地点,并保存至交割日期间所发生的一切费用。实际上,绝大部分的粮食期货交易都是通过平仓对冲方式结束的,只有2%的交易量进行实物交割。但是,粮食交易所明确规定,如果合约到期而未平仓对冲就必须进行粮食实物交割。这里包括两种情况,一是既然有实物交割,就必然存在粮食商品流通费用;二是即使不进行实物交割,交易者在确定粮食期货价格时就已经包括粮食商品流通费用。粮食期货商品流通费用包括粮食商品运杂费和粮食商品保管费。

1. 粮食商品运杂费。是指粮食期货卖方把粮食商品运至粮食商品交易所指定地点过程中,所发生的运输费用、装卸搬运费、保险费以及各种杂费的和。不同地区粮食商品交易所的同种粮食期货价格存在的差价,就包含着粮食商品运杂费。

2. 粮食商品保管费。是指粮食从期货交易开始到实物交割的这段时间内,发生的仓库租赁费用、挑选整理费用、检验管理费用、有形损耗费用、保险费用等。所以,这也是粮食商品的远期期货价格常常高于近期期货价格的主要原因。

(四) 预期收益

粮食期货交易者的目的就在于获取期望的收益。预期收益,是指粮食期货合约成交价格与实物交割时粮食现货市场的价格差额,或是交易者在粮食期货市场通过反向买卖以抵消原持合约经济责任时的平仓价格之间的差额。粮食商品期货价格是通过买卖双方在粮食期货市场上公开竞争而确立的,因此成交的粮食价格就是均衡粮食价格,它本身就包含着正常的预期收益。粮食期货交易中交易者有盈有亏,但从整个的连续交易过程来看，盈亏是可以互相抵补的，最终只能实现正常预期收益值。

除了这些构成因素之外，中国粮食期货市场价格还受利率、经济周期、国际市场价格及政治等因素的影响。

三、粮食现货价格与期货价格的关系

粮食生产是以粮食植物的生命过程作为自己的生产过程，粮食的再生产是自然的再生产与经济的再生产过程的统一，因此，它承受着自然与市场的双重风险。粮食再生产的这些特点，决定了粮食现货价格构成的特点：

1. 通常粮食现货价格构成的基础是劣等土地条件下的较高劳动耗费的个别价值，还应包含绝对地租、级差地租，而不是社会平均必要劳动时间决定的社会价值。中国的粮食现货价格基本是由政府制定，其现货价格构成是以中等偏上土地的平均劳动耗费决定的社会平均价值为基础，并适当参考历史比价水平制定的。因而粮食现货价格中没有包含绝对地租和级差地租因素。粮食现货价格水平明显偏低。

2. 粮食现货价格波动具有季节性。由于粮食的供给弹性、需求弹性相对较小，且不一致，需要较大幅度的价格调节才能起作用。因此，粮食价格具有明显的"蛛网"现象。

3. 粮食现货价格呈上升趋势。这是由经济发展过程中土地报酬递减、粮食需求的不可替代等多种因素决定的，粮食再生产的特征形成了粮食现货价格运动波动性的特点。粮食现货价格的波动使粮食生产者、经营者承受了很大的损失，为了维护粮食生产者、经营者的利益，人们寻找转移风险、减少损失的交易方式，这是美国芝加哥期货交易所产生的原因，也是期货交易最先从粮食开始的原因。

粮食现货价格波动的特点对粮食期货价格的构成有很大的影响。表现在以下几个方面。

1. 粮食现货价格的波动是粮食期货价格存在的条件。粮食现货价格波动，一般是指现货价格的大起大落，它往往会使粮食现货价格偏离粮食商品价值，使粮食市场透明度减弱、交易风险加大。为了发现合理的粮食价格、减少风险损失，粮食期货市场出现了，于是就形成了粮食期货价格。因此，粮食期货价格的产生与粮食现货价格的波动就有一种必然的联系。粮食现货价格波动是粮食期货价格存在的基本条件，是套期保值者参与粮食期货交易的内在动因，是投机者获取价差的必备条件。

2. 粮食现货价格与期货价格呈上升趋势。在一定时期内，中国粮食成本与价格都呈上升趋势，从粮食现货价格与期货价格的关系分析，这一趋势决定着粮食期货价格的基本方向，形成"利多"大局，即使在短期内可能出现逆转市场或者粮食期货、现货价格偏离过大的现象，但是支配大势的内在因素却难以消失。

3. 粮食现货和期货价格波动的不规则变化。中国在特殊的历史条件下，粮食商品现货价格波动的成因十分复杂，粮食现货价格波动状态极不规则，有的并不反映粮食价值规律和供求规律的要求。粮食现货价格波动状态的扭曲，使粮食期货交易失去可靠的依据，出现粮食的现货、期货价格的双重扭曲。

第三节 中国粮食期货市场的问题与对策

一、我国粮食期货市场的发展历程

根据我国农产品价格波动日益加剧、亟需通过发展期货交易回避价格风险的要求，1988年2月国务院指示有关部门研究国外期货制度，解决农产品价格波动问题；1988年8月第七届全国人大第一次会议审议通过的《政府工作报告》中再次指出："加快商业体制改革，积极发展各类批发市场，探索期货交易。"从此开创了我国研究、建设粮食期货市场的新时期。

第十九章　建立全球粮食及大宗商品期货市场

我国粮食期货市场是在引进期货机制的规范化批发市场和远期合约交易的基础上发展起来的。1990年10月12日，由商业部和河南省政府合办的中国郑州粮食批发市场正式成立，这是我国第一个以期货市场为目标的商业交易市场，主要经营小麦、玉米等农产品的远期和现货批发交易。1993年5月28日，该市场在经过充分准备的基础上，更名为郑州商品交易所（CZCE），正式推出了大豆、绿豆、小麦（白麦）、玉米、芝麻5个商品的标准化期货合约，制定了符合国际惯例的交易规则和经纪公司代理章程，同银行联办结算中心，执行每日结算；与路透社、美联社等国际信息系统联网，并租用了卫星同步报价系统，加入了全球信息网络。标准化合约上市以来，交易量逐渐增加，1993年11月以后日平均2万手，实际交割率已降至1%左右，提高了市场的流动性，从而成为名副其实的期货交易所。

继郑州商品交易所推出期货交易后，上海粮油交易所于1993年6月30日开始推出小麦（花麦）、大米、大豆和豆油、菜籽和菜籽油等农产品期货交易，大连和北京商品交易所也进行粮食期货交易。同期，各地还相继成立了一批粮食批发市场如芜湖大米批发市场、吉林玉米批发市场等等，它们虽然都是批发市场，但都不同程度地引进了期货机制，进行粮食期货交易。随着交易所的建立，全国涌现出一大批专业的期货经纪公司代理客户进行粮食期货交易，保证了粮食期货交易的正常进行。

粮食期货市场初期的发展方式相对比较粗放，各类交易风波更是层出不穷。期货交易市场缺乏统一规划，交易与监管制度不健全，交易所盲目发展，其数量远超任何一个国家。许多上市品种出现了一系列不规范的事件，如"粳米风波""广联所豆粕事件""郑州小麦黑胚粒事件"等。随着《国务院关于进一步整顿和规范期货市场的通知》（国发〔1998〕27号文）的发布，中国粮食期货市场开始走向整治与规范发展阶段。在此后数年的整顿、规范过程中，期货市场规模逐年缩小。2000年成立了中国期货业协会，建立"三级监管模式"。同时，不断完善相关条例和办法，相继出台《期货管理暂行条例》和4个管理办法。主要交易所在市场定位上，以现货流通企业服务为目标,对商品期货的交易、交割等细则进行了逐个更新调整,以吸引保值者加入。2001年起,粮食期货市场实现恢复性增长,正式进入规范发展新阶段,且机制不断完善。2003年,最高人民法院通过了《最高人民法院关于审理期货纠纷案件若干问题的规定》。2007年,为进一步规范我国期货市场发展,国务院颁布了一系列期货交易法规,例如《期货交易所管理办法》《期货交易管理条例》《期货公司管理办法》《期货公司董事、监事和高级管理人员任职资格管理办法》《期货从业人员管理办法》《期货投资者保障基金管理暂行办法》等。这些法规的出台规范了粮食期货交易所、粮食期货公司、粮食期货经纪公司以及粮食期货投资者的行为,为粮食期货市场的持续性规范发展奠定了制度基础。

在经济全球化的影响下,国内的交易所之间出现了多次的合并和重组。如今最有影响力的期货交易所主要包括:上海期货交易所、郑州商品交易所、大连商品交易所、中国金融期货交易所。我国粮食期货主要在郑州商品交易所、大连商品交易所交易。郑州商品交易所成立于1990年10月12日,是我国第一家期货交易所,也是中国中西部地区唯一一家期货交易所,现有农产品期货品种有:强麦、普麦、棉花期货、棉花期权(2019)、白糖期货、白糖期权、菜籽油、早籼稻、油菜籽、油菜粕、粳稻、晚籼、棉纱、鲜苹果品种,上市合约数量在全国4个期货交易所中居首。大连商品交易所成立于1993年2月28日,是中国东北地区唯一一家期货交易所,现有农产品期货品种有:玉米、玉米淀粉、黄豆一号、黄豆二号、豆粕、豆油、棕榈油、胶合板、纤维板、鸡蛋品种、豆粕期权、玉米期权(2019)。上海期货交易所成立于1990年11月26日,现有农产品期货品种有:天然橡胶期货、天然橡胶期权(2019)品种。2018年,我国郑州、大连、上海三个期货市场农产品期货交易达到9.28亿手,交易额达到47.37万亿元。改革开放以来,中国恢复的期货交易与传统的交易方式不同,也与其他国家存在一定的区别,没有交易池打手势的交易方式,均采取电子撮合交易的方式。近几年来,中国期货市场先上市了鸡蛋(2013年)、鲜苹果(2017年)两个生鲜农产品,其中,鸡蛋期货是中国首个畜牧期货品种和鲜活农产品，一上市就吸引了大批产业资金及投机资金的参与，而鲜苹果期货是世界首个鲜果品种期货，其上市开创了我国乃至全球首个鲜果类期货合约交易，有利于增强我国苹果国际话语权，进而形成全球范围的苹果定价中心，在全球具有较大的影响力。

二、我国粮食期货市场存在的主要问题

（一）交易所的发展缺乏统一规划

从 1993 年开始，全国出现了一股"期货市场热"，在没有掌握期货市场基本知识的情况下，一些不具备建立交易所条件的地方也盲目组建期货交易所。一时间，各地共出现了交易所 50 多家，其中进行粮食期货交易的有近 20 家，产生了同一种商品办几家交易所或几家交易所上同一品种的不正常现象。之所以出现这种情况，一是缺乏统一领导和规划，没有建立全国统一的监管机构。二是人们对期货市场和经济规律缺乏正确认识，认识不到期货市场与现货市场不同的功能和特点，它需要交易的相对集中，只有交易量足够大、市场流动性强，才能产生效率。如果各地盲目争办，建立大批交易所，只会造成交易分散、期货市场的作用难以发挥以及财力物力的浪费。三是由于我国期货市场产生的背景不同于国外，国外粮食期货交易所是伴随经济发展的需要由农产品商人自发组建的，是一个非盈利性的服务机构；而我国的交易所是适应改革的需要由政府出面组建的，有着浓厚的行政色彩。各地对建立交易所有很大热情，很重要的一个原因就是可以从中获取很高的收入。

（二）过度投机严重，期货市场的正常功能没有充分发挥

投机与期货市场是相伴而生的，期货市场的套期保值功能和价格发现功能在很大程度上要借助投机活动来实现。然而，投机毕竟不是目的，

过度投机会造成期货交易脱离现货基础，不能形成反映真实供求状况的价格。目前在我国粮食期货市场上，套期保值者少，投机者多，加之许多交易所没有交易量限额和持仓限额等限制投机的规章制度，因此投机者操纵市场的行为很严重。例如，由于投机成分过多，小杂粮价格波动很大，脱离了现货的供求，绿豆期货从每吨4000多元下跌到每吨1600多元，连续的涨停板和跌停板，在没有反映任何供求的情况下，每天涨跌幅度达600多元/吨，这样的价格既不反映近期也不反映远期供求，失去了应有的作用，最后被取缔。

（三）期货经纪公司交易行为不规范

交易所的盲目发展带动期货经纪公司快速发展，使投资者良莠难分，一些公司趁国家期货法规尚未出台、交易所交易规则尚不完善之机兴风作浪，不规范交易行为相当严重。一是搞商业欺诈行为，坑害客户。部分经纪公司在操作中存在程度不同的"对冲""对赌"和"吃点"的商业欺诈行为，甚至为客户提供错误信息，以引诱客户多下单而赚取手续费，严重损害了客户利益。如南京金中富国际期货风波，就是在做日本"红豆"交易中，"金中富"公司对经纪人和客户有明显的误导行为，明明东京行情已跌，却称价格看涨，致使客户纷纷倒下买单，90%以上的投资者亏损，直接损失近4000万元。二是经纪公司自做和代理不分。期货市场规划中允许会员公司提出申请，经批准后实行自做兼代理，但必须按客户优先的原则，账目要分开。但是，由于当前期货法规不健全，客户不成熟，有些会员公司出现了自做和代理不分的情况，或是有利的价位为自己做，伤害了客户利益；或是客户缺乏经验，盲目跟在经纪公司后面，经纪公司做什么，客户就委托做什么。

（四）配套制度和措施严重滞后

期货市场的顺利发展，需要一系列的条件，如较为成熟的市场经济体制、完善的期货法规体系和组织管理制度、强大的物质基础以及一大批期货交易管理人才等。我国发展期货市场中这一系列必备的条件却大为滞后。一是在体制方面，中央、地方之间的管理分工关系没有理顺，条块分割、地区或部门封锁，为期货市场的统一管理、协调发展带来困难；粮食价格改革不彻底，没有真正建立以市场形成价格为基础的粮食价格形成机制；国有粮食企业尚未建立现代企业制度，躺在国家身上吃大锅饭，套期保值、回避风险的内在要求不强烈。二是没有一套切实可行的完善的期货交易法规来规范期货交易行为，即使有了全国统一的期货监管机制，也属审批性质，无法对期货业全面规划、统一管理。三是运力、仓储等物质条件不配套，无法保证到期合约的交割，如发展最好的郑州商品交易所，不仅仓储不够，运力只能满足25.3%。四是缺乏具有期货专业知识的人才。

（五）农民未能分享到粮食期货市场的利益

世界期货市场的产生，实际上就是农民为了避免风险，通过与谷商签订远期合约，进而发展成了期货交易。我国开办期货市场的初衷也正是为了减轻粮食价格波动，转移价格风险，保护农民利益和粮食生产。而从目前实际情况看，在粮食期货市场上参与交易的大多是粮食购销商、粮食加工企业以及各种投机机构和个人，几乎没有农民或代表农民利益的组织直接参与。现有的这些交易者从期货市场中获得的利益，很难说有多少渗透到了农民身上。可见，我国粮食期货市场未能有效地保护农民利益，当然也就不可能有效地保护和稳定粮食生产了。

三、建立健全中国粮食期货市场的对策

（一）减少数量，合理布局

期货市场是一种没有地区界限、部门界限，甚至没有国界的较高层

次的市场组织形式。粮食期货市场的建立应有全国统一的规划,要有利于全国期货市场的合理布局和健康发展,不能按地区、按部门办,也不能盲目多办。根据国外期货业发展的经验,粮食期货市场的发展应具有合理数量和合理布局。所谓合理数量,实际上就是有限数量。美国历史上交易所曾多达65家,日本在20年代初也有100多家,目前都分别减少为10多家。美、日的交易所大多是国家通过经济手段逐步使其合并或消亡的。当前我国应对粮食交易所进行清理整顿,该并的并,该转的转,数量上要大量减少,而且应该办成综合性的,上市品种应坚持多样性。所谓合理布局,即选择最适当的地点建立期货交易所。国际经验证明,地址选择正确与否,关系到期货交易所的成败,而地址的确定,往往要考虑资源、金融、通信、运输等多方面因素。在我国,郑州商品交易所位于小麦生产地,处于京广和陇海铁路干线中心,而且发展态势良好,是粮食期货市场的首选地。上海是我国最大的工商、金融业城市,积聚了大批人才,也是发展期货市场的理想地点。

(二) 提高交易所的规范化程度

这是目前我国粮食期货市场发展的一项重要而艰巨的任务,包括以下几个方面的内容。

1. 建立规范的期货法规制度和相应的监管机构。当务之急是制定和颁布《商品交易所法》和《商品期货交易法》,使期货交易和期货市场的发展有章可循,依法管"市",依法育"市",以法规建设为基本条件,保证期货市场健康发展。并依法完善国务院证券委和证监会的管理职能和管理权限,逐步建立起中央政府统一监管、期货行业协会和期货市场自律的期货三级管理体制。

2. 从严审批上市品种。期货市场上市品种成功与否,事关期货市场的信誉和兴衰,不容忽视。一般说来,粮食期货市场上市品种,应符合六个基本条件:(1)可标准化性,即易分等定级;(2)易储存和保管,不易变质和腐烂；（3）交易量巨大；（4）价格不稳定；（5）价格由公开竞争形成，政府不干预；（6）平等的合约，不偏袒交易的任何一方，有买有卖，从而保证交易正常、顺利进行。从目前粮食期货市场的上市品种看，大米、玉米、小麦、绿豆四个品种已形成规模，还有一些比较活跃的小品种也可以保留。

3. 完善交易所内部管理体系，加强对期货经纪公司的监管，规范交易行为。交易所内部要建立健全统一的符合国际惯例的管理体制和交易规划，以及相应的监督、管理和仲裁机构，规范经纪代理业务，开发结算保障系统，提高通信设施和计算机管理的现代化水平；加强对期货经纪公司的监管，规范其交易行为，严厉打击一批在期货领域兴风作浪的公司和腐败分子，从根本上改变中国期货交易所运行混乱无序的局面。

4. 完善实物交割系统。在粮食期货交易中，期货合约的99%是通过对冲交易进行清偿，只有1%左右发生实物交割。但这1%恰恰是期货交易成功的关键环节之一。因此，高效率的实物交割系统是期货交易正常运行的必备条件，今后应下大力气加快运力、仓储设施的建设，保证实物交割的顺利进行。

5. 培养期货市场的监管和经营人才，当前我国精通期货业务的专门人才奇缺，急需培养一批研究、管理、经纪、结算、法律和计算机软件开发等方面的专业人才。可选派一批业务骨干到国外培训，也可从国外引进期货人才。同时，有关大专院校应尽快设立期货专业，定向培养期货人才。

（三）引导农民利用期货市场

让农民进入期货市场是粮食期货市场发展的重要目的和内在要求。但我国2018年农村人口数量为5.64亿，农户为2.3亿户，户均耕地仅7.8亩，农户的生产经营规模小、收入低、资金短缺，让这样的农户单家独户进入期货市场存在很大的困难，加之我国农民文化水平低、小农意识重,对市场经济的适应能力还有待提高,对期货市场还缺乏认识,更谈不上参与。这就要求把分散的农民组织起来,大力发展农民自己的购销组织,把分散小量的粮食聚合起来,进入期货市场。世界上许多国家采取的就是这种方式。从我国目前情况来看,引导农民进入期货市场有以下几条途径:一是成立社区性农民粮食购销合作组织,发展农村粮仓;二是以大型农场、种粮大户为依托,联合广大农户成立各种农贸公司;三是建立贸工农一体化组织。

第四节 从国内单一粮食期货市场到全球大宗商品期货市场

在经济全球化的大背景下,中国粮食期货市场必然要从国内走向国际,从单一的粮食期货品种演变为大宗商品期货品种。因此,基于国际期货市场以及中国期货市场的发展现状,深入研究全球大宗商品领域,建立全球粮食及大宗商品期货市场,既是时代发展所需,又是维护中国粮食安全的重要举措。

一、国际期货市场的发展历程及趋势

(一) 国际期货市场的发展历程

随着现代商品经济的发展和社会劳动生产力的极大提高,国际贸易普遍开展,世界市场逐步形成,市场供求状况变化更为复杂,仅有一次性地反映市场供求预期变化的远期合约交易价格已经不能适应现代商品经济的发展,而要求有能够连续地反映潜在供求状况变化全过程的价格,以便广大生产经营者能够及时调整商品生产,回避由于价格的不利变动而产生的价格风险,使整个社会生产过程顺利地进行,在这种情况下,

第十九章　建立全球粮食及大宗商品期货市场

期货交易就产生了。

一般认为,现代期货交易最早产生于美国。1848年,美国芝加哥期货交易所的成立,标志着期货交易的开始。自19世纪中叶美国芝加哥期货交易所创办以来,期货市场已有150多年的历史。但期货市场的大发展还是20世纪70年代金融期货出现以后的事情。

期货市场主要由商品期货市场和金融期货市场组成。

1. 商品期货:主要包括农产品期货、金属期货和能源化工期货等。

(1) 农产品期货:以1848年芝加哥期货交易所的诞生以及1865年标准化合约的推出为开始。

(2) 金属期货:最早诞生于英国,1876年成立的伦敦金属交易所(LME),开金属期货交易之先河。LME主要从事铜、锡期货交易。1899年,LME将每天上下午进行两轮交易的做法引入铜、锡交易中;1920年开始铅、锌交易;LME价格是国际有色金属市场的"晴雨表"。美国金属期货的出现晚于英国,1933年成立的纽约商品交易所交易黄金、白银、铜、铝等品种,其中该交易所1974年推出的黄金期货合约在20世纪70—80年代的国际期货市场上有一定影响。

(3) 能源化工期货:20世纪70年代初的石油危机,给世界石油市场带来巨大冲击,油价的剧烈波动直接导致了能源期货的产生。目前,纽约商业交易所(NYMEX)和伦敦洲际交易所(ICE)是世界上最具影响力的能源期货交易所,上市品种有原油、汽油、取暖油、乙醇等。

2. 金融期货。第二次世界大战后布雷顿森林体系解体,20世纪70年代固定汇率制被浮动汇率制所取代,利率管制等金融管制政策逐渐被取消。汇率、利率频繁、剧烈波动,促使人们向期货市场寻求避险工具,金融期货应运而生。

1972年5月,芝加哥商业交易所(CME)设立了国际货币市场分部(IMM),首次推出包括英镑、加元、西德马克、法国法郎、日元和瑞士法郎等在内的外汇期货合约。

1975年10月，CBOT上市的国民抵押协会债券（GNMA）期货合约是世界上第一个利率期货合约。1977年8月，美国长期国债期货合约在芝加哥期货交易所上市，是迄今为止国际期货市场上交易量最大的金融期货合约。

1982年2月，美国堪萨斯期货交易所（KCBT）开发了价值线综合指数期货合约，股票价格指数也成为期货交易的对象。中国香港在1995年开始个股期货的试点，伦敦国际金融期货期权交易所于1997年进行个股期货交易。2002年11月，由芝加哥期权交易所、芝加哥商业交易所和芝加哥期货交易所联合发起的芝加哥单一股票期货交易所也开始交易单个股票期货。

目前，金融期货已经在国际期货市场上占据了主导地位，对世界经济产生了深远影响。

（二）国际期货市场的发展趋势

从20世纪70年代初布雷顿森林体系解体开始，世界经济呈现出货币化、金融化、自由化、一体化的发展趋势。特别是20世纪最后十几年以来，全球化发展进程加速，全球市场逐步形成。在这一进程中，国际期货市场起到了重要作用。

目前，国际期货市场的发展呈现出以下特点。

1. 交易中心日益集中。国际期货交易中心主要集中在芝加哥、纽约、伦敦、法兰克福等地。20世纪90年代以来，新加坡、中国香港、德国、法国、巴西等国家和地区的期货市场发展较快。中国的商品期货市场也发展迅猛，已经成为全球交易量最大的商品期货市场。

2. 改制上市成为潮流。1993年，瑞典斯德哥尔摩证券交易所改制成为全球第一家股份制的交易所。2000年3月，我国的香港联合交易所与香港期货交易所完成股份化改造，并与香港中央结算有限公司合并，成立香港交易及结算所有限公司，于2000年6月以引入方式在我国的香港交易所上市。2000年，芝加哥商业交易所成为美国第一家公司制交易所，并在2002年成功上市。纽约—泛欧交易所集团成为一家完全合并的交易所集团，于2007年4月4日在纽约证券交易所和欧洲交易所同时挂牌上市，交易代码为NYX。

3. 交易所合并愈演愈烈。交易所是一个通过现代化通信手段联结起来的公开市场，因此，市场规模越集中，市场流动性越大，形成的价格越公平、越权威。各国期货交易所进行竞争的重要手段之一是通过合并的方式扩大市场规模，提高竞争能力。例如，日本的商品期货交易所最多时曾达27家，到1990年，通过合并减少到16家，1997年11月减至7家，形成以东京工业品交易所、东京谷物商品交易所为中心的商品期货市场。1992年，伦敦国际金融期货期权交易所兼并了伦敦期权市场，1996年又收购了伦敦商品交易所，其1996年的交易量首次超过历史悠久的芝加哥商业交易所，成为仅次于芝加哥期货交易所的世界第二大期货交易所。1994年，纽约商业交易所与纽约商品交易所实现合并，成为以金属和燃料油为主的期货交易所。2007年，芝加哥商业交易所与芝加哥期货交易所合并组成CME集团；2008年，纽约商业交易所和纽约商品交易所加入。CME集团是全球最大的衍生品交易所集团。2006年6月，纽约证券交易所集团和总部位于巴黎的泛欧交易所达成总价约100亿美元的合并协议，组成全球第一家横跨大西洋的纽交所—泛欧交易所集团。2012年，我国香港交易及结算所有限公司收购英国伦敦金属交易所。

4. 金融期货发展势不可挡。期货市场发展的前一个世纪基本上都是围绕商品期货交易进行的，主要有农产品、金属、能源等大宗商品。20世纪70年代后，随着利率、股票和股票指数、外汇等金融产品期货期权交易的推出，全球期货市场进入了一个崭新的时代。目前，新的金融衍生产品仍不断出现。近20年来，金融期货品种的交易量已远超商品期货，上市品种呈现金融化的趋势。美国商品期货交易量占总交易量的份额呈明显下降趋势，且主导产品逐渐从农产品转变为利率品种。20世纪

90 年代，股指期货和个股期货迅速发展。

5. 科学技术在期货交易中扮演越来越重要的角色。交易所间的联网和异地远程交易，首先需要解决的是技术问题。在 20 世纪 90 年代初，为了满足欧洲及远东地区投资者在本地时间进行芝加哥期货交易所和芝加哥商业交易所上市合约交易的需要，这两家交易所与路透社合作，推出了全球期货电子交易系统。此后，其他交易所纷纷效仿，并开发出各自的电子交易系统，如伦敦国际金融期货期权交易所的 APT 系统、法国国际期货交易所的 NSC 系统等。这些系统不仅具有技术先进、高效快捷、操作方便等特点，而且使全球 24 小时不间断进行期货交易成为现实。

6. 期货交易的全球化越来越明显。进入 20 世纪 80 年代，各期货交易所为了适应日益激烈的国际竞争，相互间联网交易对方的上市品种已成为新潮。联网交易就是期货交易所之间通过电脑撮合主机的联网方式，使交易所会员可以在本交易所直接交易对方交易所上市合约的一种交易形式。联网后，各交易所仍保持独立法人的地位。先后联网的交易所有：新加坡国际金融交易所分别与芝加哥商业交易所、纽约商业交易所、国际石油交易所、伦敦国际金融期货期权交易所和德国期货交易所联网，伦敦国际金融期货期权交易所分别与芝加哥期货交易所和东京期货与期权交易所联网，香港期货交易所分别与纽约商业交易所和费城股票交易所联网，纽约商业交易所与悉尼期货交易所联网等。

7. 加强监管、防范风险成为期货市场的共识。作为一个高风险的市场，各国政府监管部门对期货市场无一例外地进行严格监管。特别是 1995 年具有百年历史的英国巴林银行，因其交易员在新加坡国际金融期货交易所从事日经 225 股票指数期货交易时违规操作，造成数十亿美元的损失，最终导致该银行倒闭的严重事件发生后，从监管部门到交易所以及投资者都对期货市场的风险更加重视，对期货交易中的合约设计、交易、结算、交割等环节进行深刻的反思和检讨，以求控制风险，更好地发挥期货市场的功能。

二、中国期货市场的发展历程及国际影响力

（一）中国期货市场从探索逐步走向成熟

20世纪80年代末至90年代初是中国进行市场化改革的重要时期。1988年，政府工作报告首次提出探索期货交易、期货市场，拉开了中国期货市场研究和建设的序幕。1990年，经国务院批准，中国郑州粮食批发市场引入期货交易机制，标志着我国第一个商品期货市场正式诞生。

面对计划经济向市场经济过渡中的众多矛盾与需求，国内关于探索和主张试办期货市场的呼声渐起。在政策支持下，商品期货交易所及相关经营机构如雨后春笋般纷纷涌现、落地开花。至1993年下半年，全国各类期货交易所达50多家，期货经纪机构近千家。当时，仅在上海地区就有上海金属交易所、上海石油交易所、上海农业生产资料交易所、上海粮油商品交易所、上海化工交易所及上海建筑材料交易所等6家交易所，品种覆盖有色金属、农业生产资料、石油产品、粮油商品、化工产品、建筑材料等领域。

在初期，受制于当时的社会经济条件，以及对国外成熟的资本市场模式缺乏了解，在各地政府积极推动试办商品期货市场的过程中也产生了不少问题。首先是在双轨制运行的环境中，由于市场定价还未得到充分的发挥，也对期货市场价格运行造成了一定的影响，市场过度投机现象突出。同时，由于各地经济水平及社会条件不一，一些地方政府缺乏对期货市场功能的正确认识，也造成了市场管理的复杂性。

期货市场早期发展中的乱象，先后引发两次较大的市场清理整顿。清理整顿的主要措施和成果主要体现在：一是撤并交易所，缩减交易品种，清理整顿经纪机构，最终仅在上海、郑州、大连保留了3家期货交易所；二是对保留的期货交易所实行集中统一管理，将期货市场划归中

国证监会直接管理；三是加快法规建设，加强市场监管，国务院颁布了《期货交易管理暂行条例》，证监会制定了一系列管理法规。直至1999年，期货市场清理整顿基本完成，上海期货市场格局也在这个过程中出现了调整变化。上海金属交易所、上海商品交易所和上海粮油交易所实现"三所合并"，上海期货交易所由此诞生，逐渐步入正轨。同时，经历了两次市场清理整顿后，国内期货市场管理者、监督者及参与者都积累了一定的经验，期货市场整体的管理框架、管理法规基本上得到了完善，为之后的稳步发展奠定了基础。

在2000年之后，国内期货市场进入了规范发展的新阶段，处于除旧革新的重要节点。一方面需要继续规范发展，确保市场走在平稳运行的轨道上；另一方面也要积极创新探索，深入发挥期货市场服务实体经济的功能。

国际成熟期货市场，一般都经历了从现货市场到商品期货市场，再到金融期货市场的探索发展演化过程。市场的发展进度和现货市场、实体经济发展程度相协调。其中，期货是在大宗商品现货市场的规模化、集约化发展到相应程度时自然产生的。而我国期货市场的发展，则利用了后发优势。

2006年9月8日，经国务院同意、中国证监会批准，由上海期货交易所、郑州商品交易所、大连商品交易所、上海证券交易所和深圳证券交易所共同发起，中国金融期货交易所成立，它是中国内地首家采用公司制为组织形式的交易所。

2010年4月16日，首个指数期货——沪深300股指期货由中国金融期货交易所推出。沪深300股指期货上市以来，其双向交易机制平衡了市场上多空力量，有利于不同市场主体套期保值目的的实现。

2016年，国家"十三五"规划纲要和中央一号文件分别提出要"稳步扩大'保险+期货'试点"的内容以后，2017年中央一号文件再次强调要以"保险+期货"为工具服务"三农"，推进精准扶贫。2017年3月31日，首个商品期权合约——豆粕合约在大商所挂牌交易。豆粕期权上市填补了我国商品期权的空白，完善了衍生品市场结构和体系，丰富

第十九章　建立全球粮食及大宗商品期货市场

了风险管理市场的工具和策略，使之更好地与国际接轨。

2018年3月，首个对外开放期货品种——原油期货在上海国际能源交易中心上市交易，这标志着我国期货国际化向前迈出关键的一步。

2019年，中国期货市场再写篇章，全球首个不锈钢期货挂牌交易，期货公司A股陆续上市，给中国期货市场及期货公司发展带来利好，进一步增强了我国在国际商品市场定价的影响力。

（二）中国期货市场在国际上越来越具有吸引力

中国的金融市场正在逐步扩大对外开放的力度，金融机构也将迎来更多的"外国面孔"。不久前，国家外汇管理局广东省分局指导中国银行广州越秀支行为摩根大通期货有限公司办妥外商直接投资股权转让（中方转外方）外汇登记手续，其境外股东持股比例由49%变更为100%。

近两年，随着中国金融市场开放步伐的推进，中国的期货市场在世界上的影响力越来越大，越来越具有吸引力。中国市场卓越的流动性以及越来越多的独有的衍生产品都让全球投资者特别关注，比如，国内特有的PTA等期货品种就有很多境外机构参与交易。

中国期货市场仍处于青年期。在境外成熟的期货市场中，商品期货交易可能只占到5%—20%，股指期货、国债期货等金融衍生品交易占比要超过80%。目前中国境内商品期货是大头，因此未来还有很大的发展空间。国内金融衍生品市场发展空间广阔，比如，互联互通机制推出以来，外资加速布局A股，随着参与度的提升，外资的风险管理需求不断增强。外资期货公司进入会引入更多国际投资者，市场会越来越大，蛋糕越做越大。外资机构的进入会带来竞争，但在竞争中也能使市场更健康地发展。

三、建立全球大宗商品期货市场的思路

大宗商品一般作为基础原材料，事关国计民生。大宗商品贸易是各

国经济发展的核心与命脉,也是各国参与全球化分工与合作的具体体现。大宗商品贸易流向是世界各国政府关注的焦点领域,其商品价格走势也是全球经济界关注的领先指标。

(一) 国内外大宗商品发展历史及现状

大宗商品是指可进入流通领域,但非零售环节,具有商品属性并用于工农业生产与消费使用的大批量买卖的物质商品。在金融投资市场,大宗商品指同质化、可交易、被广泛作为工业基础原材料的商品,如原油、有色金属、钢铁、农产品、铁矿石、煤炭等。大宗商品包括三个类别,即能源商品、基础原材料和大宗农产品。大宗商品可以设计为期货、期权作为金融工具来交易,可以更好地实现期货工具价格发现及规避价格风险的功能。

1. 我国大宗商品发展历史。盐和铁器两种大宗商品在汉朝时是有利可图的商品,庞大的需求产生了巨额的财富。随后,政府规定盐、铁两项商品的经营权收归国有,普通人不能从事这两项商品贸易;到了唐朝,茶叶取代铁成为新的大宗商品,盐依然是国家管制商品。饮茶成瘾及茶的保健功效让茶逐渐变成重要的大宗商品;到了宋代,除了盐和茶以外,粮食也加入了大宗商品的队伍,但当时的交通能力限制了粮食的流通半径,随着宋代水上运输的发展,大宗商品流通范围不断扩大;到了明清时期,大宗商品种类急剧增多,当时的大宗商品除盐、茶、粮食外,还增加了绸缎、布、木材、金属等。在不同历史时期,这些大宗商品中的典型代表也通过古代丝绸之路交易到世界各地。

新中国成立后,我国大宗商品交易市场发展经历了六个阶段:第一阶段(1953—1978年),基于计划经济的国家统购统销阶段;第二阶段(1978—1988年),基于双轨制的大宗市场建设阶段;第三阶段(1988—1993年),盲目发展阶段;第四阶段(1993—1999年),清理整顿期货阶段;第五阶段(1999—2011年),期货市场规范及现货市场快速发展阶

第十九章 建立全球粮食及大宗商品期货市场

段;第六阶段(2011年至今),期货创新及现货、准期货整改阶段。

经济高速发展的中国成为世界大豆、铁矿石、原油等大宗战略商品的重要消费市场,由于我国对几种商品是巨大刚需、短时间无替代产品、进口来源国分散于世界各地、大型垄断组织控制定价权及我国金融市场对国际大宗商品交易市场干预度不足等问题,导致主要大宗商品的定价权不掌握在自己手中。

近年来,我国大宗商品交易逐渐找到了一条适合自己的发展道路。特有期货品种开发的模式发展较快,在国际市场上扮演着越来越重要的角色,成为"中国价格"输出的典型代表。产品包括:PTA期货(对苯二甲酸)、甲醇期货、煤焦钢矿期货、LLDPE(线性低密度聚乙烯)期货、PP(聚丙烯)期货、PVC(聚氯乙烯)期货和苹果期货等。

2018年3月26日,我国原油期货品种在上海期货交易所子公司——上海国际能源交易中心挂牌交易。原油期货交易挂牌不仅仅是中国期货界的一项重大举措,同时也是进一步推动中国金融改革开放的动力。首先,有利于形成亚太地区原油基准价,增强亚太地区原油价格的国际影响力和话语权,增强上海国际金融中心的影响力;其次,以人民币计价和清算,有利于扩大人民币的国际化应用,化解与中国大量交易中的汇率风险,推动人民币国际化发展;最后,从以人民币计价和清算的原油期货运行交易中积累经验,未来还可以将该模式复制、推广到其他大宗商品上。

2. 国外大宗商品的发展历史。纵观国际大宗商品的发展历程,定价权及话语权是各方争夺的核心。近年来,国外大宗商品交易市场呈现出了显著的金融化特征。大宗商品交易场所开始出现并购浪潮。历经百年的发展,国际大宗商品交易所积累了大量的交易经验及市场运行技巧,佣金早已不是主要的盈利模式,通过本国合并及跨境收购等手段,不断壮大自己并形成品牌效应。比较有影响力的并购包括芝加哥交易所集团并购和洲际交易所集团并购。芝加哥商品交易所集团包括:芝加哥期货交易所、纽约金属交易所、纽约商品交易所及芝加哥商品交易所;洲际交易所集团包括:伦敦国际石油交易所、纽约期货交易所、芝加哥气候交易所。目前，国际主要大宗商品的定价中心几乎全部确立。由此，在全球视野的交易所并购浪潮中，国际大宗商品资源不断聚集整合、降低交易成本、推动行业竞争发展，形成具备协同效应和规模效应的大宗商品交易。四大跨国粮商美国的 ADM、邦吉、嘉吉和法国的路易·达孚控制着国际大宗农产品的定价主动权。三大铁矿石国际矿业巨头英国力拓、澳大利亚必和必拓以及巴西淡水河谷控制着国际铁矿石定价权。美国芝加哥商品交易所集团旗下的纽约商业交易所和英国伦敦的洲际交易所掌握着国际原油期货的定价权。

（二）建立大宗商品期货市场的必要性

中国作为农业、工业领域的生产消费大国，在大宗商品期货交易方面的需求及发展前景非常广阔。中国已成为全球最大的进口国和大宗商品在整个国际贸易领域中的最大购买者，但巨大的购买力并未能帮助中国企业改变"价格接受者"的尴尬地位，中国参与国际市场交易的企业在交易价格上的影响力很弱。国际大宗商品的"中国定价权缺失"问题，越来越成为中国经济发展过程中的一个重要课题。

从国内来看，研究大宗商品贸易可以了解我国大宗商品存量与流动情况、合理引导生产、优化结构调整、深化供给侧改革；从国际来看，研究大宗商品贸易可以充分利用国际国内"两个市场、两种资源"，按照"走出去、引进来"的大政方针，与国际社会深度融合，掌握定价主动权，维持国家核心经济利益，促进改革开放，推动区域发展，保障国家战略的顺利实施。顺应潮流，研究大宗商品贸易是时代所需，具有重要的理论和现实意义。

（三）全球大宗商品研究方向

1. 全球大宗商品贸易专项分类研究。分为三个类别，即能源化工商品、基础原材料和农副产品。能源化工商品包括原油、取暖用油、无铅

第十九章 建立全球粮食及大宗商品期货市场

普通汽油、丙烷、天然橡胶等；基础原材料研究包括矿物与金属产品（金、银、铜、铁、铝、铅、锌、镍、钯、铂）、木材等；农副产品研究包括大豆、玉米、小麦、棉花、茶叶、酒、水果、蔬菜、活畜、冷鲜等。

2. 全球大宗商品现货与期货研究。主要是加强与现在国内大型期货与现货交易平台的对接，包括郑州商品交易所、上海期货交易所、大连商品交易所、渤海商品交易所、天津电子材料与产品现货交易平台、上海黄金交易所、大连东银商品交易中心、黄河大宗商品交易所、南宁（中国—东盟）商品交易所和其他大宗商品交易所等。

3. 全球大宗商品价格指数研究。按照国民经济的主要行业和大宗商品主要分类，按照一定的筛选标准选取成分商品，以其表观消费量为权重构建行业商品现货价格指数，然后以行业规模以上工业企业的工业总产值为权重综合行业指数，得到大宗商品现货价格指数，从而实现用平均值的变化来表征和测度大宗商品现货市场价格的综合动态演变的作用。

4. 全球大宗商品贸易机制研究。分析全球大宗商品的贸易流向、来源地、流转地与消费地，开展一般均衡模型研究。重点关注国际知名大宗商品交易公司。例如维多集团、嘉能可国际、托克、佳吉、AMD、冈沃、摩科瑞能源集团、来宝、路易·达孚、邦吉、丰益国际、奥兰国际等。

5. 全球大宗商品贸易政策研究。通过全球大宗商品贸易数据的分析，开展相关政策研究。包括法律、行政和市场的政策研究，财政支持、金融支持的政策研究，补贴与管制的政策研究，区域与产业的政策研究，交易市场的政策研究，贸易标准与定价权的政策研究等。

（四）建立大宗商品期货市场，增加话语权

我们有必要建构中国在世界的话语体系，为中国的正当需求发出自己的声音，发出我国在大宗贸易领域自己的声音，从而建立中国自身在大宗商品定价领域的话语权。必须从国家经济安全高度加强对全球大宗商品领域的研究，研究大宗商品的定价机制和争取国际定价权。

第二十章 "一带一路"助力粮食安全

过去的40多年间,改革开放给中国带来了翻天覆地的变化,而世界经济和全球竞争格局也发生了剧烈的变化。2008年美国次贷危机引发席卷全球的金融风暴,让世界经济进入一个以低增长为典型特征的深度调整期。与此同时,美国近年来执行的"美国优先"政策、英国推动的"脱欧"行动,均反映出以美、英为首的西方国家主导的全球化秩序以及维护全球治理体系的意愿与能力开始明显减弱。显然,世界经济、全球化和全球治理都走到了十字路口。当前,世界各国政府都在瞻望和寻找破局之策。

第一节 "一带一路"倡议的内涵

作为世界第二大经济体、货物贸易第一大国和外资流入第二大国,作为新兴经济体的核心代表,中国的态度和立场无疑成为许多国家的"航向标",对于全球化未来发展至关重要。过去的40多年,中国是全球化的受益者和贡献者之一,也深刻地理解全球化发展的重大作用和重要意义,中国的立场是坚定不移地支持经济全球化发展。而共建"一带一路"倡议正是在此背景下应运而生,为全球经济持续复苏、世界经济再平衡提供新的动力,既是全球经济发展的破局之策,也是中国自身应对不确定的国际环境的破局之道。

一、共建"一带一路"倡议

2013年9—10月,习近平正式提出包含"丝绸之路经济带"和"21

世纪海上丝绸之路"的"一带一路"合作倡议;2013年11月,中国共产党第十八届中央委员会第三次全体会议将"一带一路"上升为国家共识;2015年3月,国家发展改革委、外交部、商务部联合发布了《推动共建丝绸之路经济带和21世纪海上丝绸之路的愿景与行动》——这是"一带一路"首次公布的总体顶层设计和战略规划。

共建"一带一路"倡议践行创新、开放、联动和包容型全球治理新理念,以共商、共建、共享为原则,核心内容是"政策沟通""设施联通""贸易畅通""资金融通""民心相通"。共建"一带一路"倡议以发展战略对接为路径,通过整合资源、优化配置,主动发展与沿线国家的经济合作伙伴关系,携手应对世界经济面临的挑战,开创发展新机遇,谋求发展新动力,拓展发展新空间,实现优势互补、互利共赢,以共赢融通"中国梦"与"世界梦"。共建"一带一路"倡议是"构建新型国际关系"和"构建人类命运共同体"的具体实践。共建"一带一路"倡议顺应了时代要求和各国加快发展的愿望。几年来,倡议得到了100多个国家和国际组织的积极响应和广泛赞誉,中国也已经和80多个国家签署合作谅解备忘录。沿线国家共建"一带一路",共享"五通"成果;与"一带一路"沿线国家贸易将继续成为我国对外贸易的亮点和增长点。可以肯定地说,推进"一带一路"建设有利于中国在更大范围实现资源优化配置、拓展市场空间,为中国经济增长提供新动能。例如,巴基斯坦瓜达尔港、斯里兰卡汉班托塔港、泛亚高铁、亚欧高铁等的建设。

回顾共建"一带一路"倡议提出和推进实施的历程,"一带一路"建设对中国新时期全球化发展具有深远的意义。

(一) 提升中国软实力

共建"一带一路"倡议既蕴含中国文化,又充分展示出特色的"中国智慧""中国方案",对世界上其他发展中国家产生了吸引力。很多发展中国家对西方模式日益失望,对中国模式越来越感兴趣。

(二)融通"中国梦"与"世界梦"

通过倡议将中国的产能、技术、资金和模式优势转化为合作优势,变中国机遇为世界机遇;与此同时,融通"中国梦"与"世界梦",鼓励和带动沿线各国走符合自身国情的发展道路,推进更具包容性的全球化。着眼于欧亚地区的互联互通和陆海联通,提供更强劲动力,推动更具包容性的全球化,向开放、均衡、包容、普惠方向发展。

(三)形成全球治理的新抓手

倡议体现了中国倡导的全球治理新理念:共商、共建、共享。各国平等参与,强调自主发展,成果共享。推动欧亚大陆回归人类文明的中心地带。构建三个欧亚大陆桥(符拉迪沃斯托克—鹿特丹,连云港—鹿特丹,昆明—鹿特丹);已开通35条欧亚快线;推动欧亚大陆复兴,重塑全球地缘政治及全球化版图。

(四)打造文明新秩序

实现国际政治从地缘政治、地缘经济到地缘文明的跨越。

(五)构建人类命运共同体

着眼于人类文明的永续发展,超越狭隘的民族国家视角,站在国家道义的制高点上。

总之,"一带一路"倡议无论是理念还是行动、愿景还是现实,必将有助于破解经济全球化困境,推动世界经济更加均衡、包容和可持续发展。它已经成为中国与世界的互利共赢之路,也是推动新型全球化发展、促进全球共同繁荣、打造人类命运共同体的宏伟构想和"中国方案"。

二、"一带一路"走出去

近年来，全球100多个国家和国际组织积极支持和参与"一带一路"建设。2016年11月，第71届联合国大会通过决议，以共商、共建、共享为原则，以和平合作、开放包容、互学互鉴、互利共赢的丝绸之路精神为指引，以打造命运共同体和利益共同体为合作目标的共建"一带一路"倡议首次被写入，决议得到193个会员国的一致赞同。3个月后，联合国社会发展委员会第五十五届会议协商一致通过决议，首次写入"构建人类命运共同体"理念。"一带一路"就是推动构建人类命运共同体的实践。"一带一路"建设逐渐从理念转化为行动、从愿景转变为现实，建设成果丰硕。

"一带一路"建设给中国企业"走出去"所带来的机遇是全方位的、前所未有的，"一带一路""走出去"的黄金发展期具体体现在以下七个"新"（见图20-1）：一是带来新信心，即提振中国企业"走出去"的信心；二是带来新建设，即更多的基础设施建设成为新的迫切需求；三是带来新市场，即巨大的市场潜力与得天独厚的生产要素资源；四是带来新开放，即协同开放新格局助推企业深度融入世界经济；五是带来

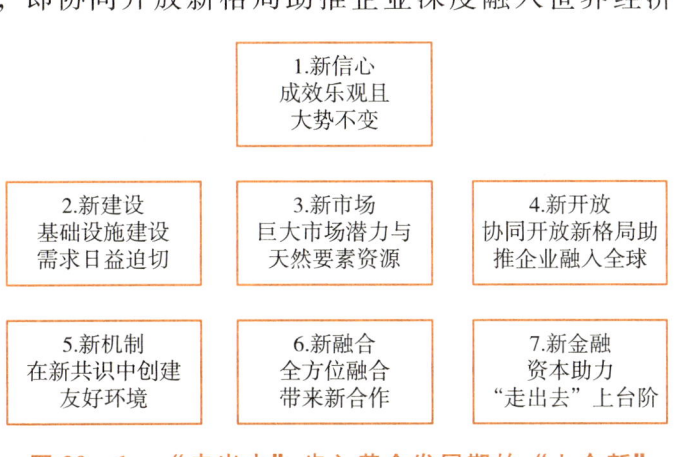

图20-1 "走出去"步入黄金发展期的"七个新"

新机制,即达成国际新共识,为中国企业营造良好的贸易环境;六是带来新融合,即全方位融合给各行业带来发展新机会;七是带来新金融,即以资本促进产业价值链国际化、融资国际化发展。

(一) 新信心:成效乐观且大势不变

共建"一带一路"倡议提出五年来,无论是在合作广度方面,还是合作深度层面,中国企业从无到有、由点及面,在面向"一带一路"沿线国家"走出去"的过程中,积累了丰富的国际化商业沟通、海外投资与运营、属地化经营、国际化企业管理等经验,不仅大幅提升了企业自身的国际话语权,还逐步树立起中国企业在全球的竞争话语权以及良好的中国企业形象。可以说,共建"一带一路"倡议不仅为中国企业"走出去"提供了宽阔的平台,还大大增强了中国企业"走出去"的信心。

(二) 新建设:基础设施建设需求日益迫切

基础设施是居民和企业进行生产经营工作和生活的共同物质基础,是城市主体设施正常运行的保证,更是"一带一路"建设成功推进的根本保障。习近平指出:"一带一路"建设的核心内容是促进基础设施建设和互联互通,对接各国政策和发展战略,深化务实合作,促进协调联动发展,实现共同繁荣。在基础设施联通方面,要推进铁路、公路等陆上大通道建设,加快海上港口建设,完善油气管道、电力输送、通信网络。因此,沿线国家的基础设施建设是因"一带一路"建设而产生的新的迫切需求,我国的铁路、公路、桥梁、港口、机场、电力、石化、通信等基础建设类企业可谓最直接的受惠企业,我国这些基础设施建设类企业在资金、技术、产能等方面具有一定的优势,可以帮助沿线国家解决资金短缺、技术薄弱、基建能力偏弱、能源短缺等问题。

(三) 新市场：巨大市场潜力与天然要素资源

"一带一路"建设横跨亚洲、非洲、欧洲和大洋洲，沿线60多个国家中既有经济发达的欧盟国家，也有经济较为落后的中亚、南亚、东南亚、西亚部分国家。虽然其中大部分发展中国家经济落后，但却具有巨大的市场潜力与得天独厚的生产要素资源优势。"一带一路"沿线国家人口较多，占世界人口的43.4%，不仅为中国企业"走出去"提供了广阔的消费市场，还提供了大量的廉价劳动力资源，适合劳动密集型产业的转移。与"一带一路"沿线国家和地区的庞大市场与生产要素完美结合，形成优势互补，是中国企业进行产能输出、国际产业转移、实现转型升级的大好机遇。而且，为了促进贸易投资合作，中国还积极推动与沿线国家共同建设经贸合作区，积极搭建贸易与投资合作平台，为中国企业开拓"新市场"进一步提供了巨大支持。具体合作形式除了基础设施建设以外，还可以采用投资收购、进出口贸易、技术输出等形式。

(四) 新开放：协同开放新格局助推企业融入全球

党的十九大提出，推动形成全面开放新格局。开放带来进步，封闭必然落后。中国开放的大门不会关闭，只会越开越大。要以"一带一路"建设为重点，坚持"引进来"和"走出去"并重，遵循共商、共建、共享原则，加强创新能力开放合作，形成陆海内外联动、东西双向互济的开放格局。"一带一路"建设作为我国扩大对外开放的重大战略举措和经济外交的顶层设计，重点面向亚欧非大陆，同时向所有国家开放，倡导以"五通"为主要内容的全方位务实合作，有助于我国加快形成面向全球的贸易、投融资、生产、服务网络，打开对外开放的新天地，充实对外开放的新内涵，开创对外开放的新境界。新开放，其主要特征是协同开放，主要表现在两个方面：一是国际层面，"一带一路"强调"引进来"与"走出去"并重;二是国内层面,强调各区域协同开放。

(五)新机制:在新共识中创建友好环境

从2015年《推动共建丝绸之路经济带和21世纪海上丝绸之路的愿景与行动》的提出,到2017年《"一带一路"建设海上合作设想》的发布,"一带一路"地理范围已突破亚非欧,面向全球;合作领域不断扩大,互联互通、产能合作、基础设施建设全面展开;陆、海、天、网丝绸之路建设方案逐步形成,"绿色丝绸之路""健康丝绸之路""数字丝绸之路""冰上丝绸之路"等日益受到重视。这一切都离不开我国对政策沟通的重视与合作机制的不断创新与完善,即加强双边合作,开展多层次、多渠道的沟通与磋商,创新建设合作新机制,推动双边关系全面发展。例如,推动签署合作备忘录或合作规划,建设一批双边合作示范项目。建立完善双边联合工作机制,研究推进"一带一路"建设的实施方案、行动路线图。充分发挥现有联委会、混委会、协委会、指导委员会、管理委员会等双边机制作用,协调推动合作项目实施。推进"一带一路"建设工作领导小组为"一带一路"统筹推进提供了有力支撑。

(六)新融合:全方位融合带来新合作

正如前文所述,"一带一路"倡议所强调的"走出去"与"引进来"并重,必然会促使中国与沿线国家与地区之间贸易更加频繁、要素流动更加多、市场融合更加深,而"五通"则会促使中国与各国家与地区之间的政治、经济、文化各层面的全面融合。

(七)新金融:资本助力"走出去"上台阶

"一带一路"的推动和发展,无论是重大项目的建设,还是各种贸易投资、文化交流活动，都离不开大量的资本支持。早期，中国发起设立了丝路基金和亚投行，分别为"一带一路"的发展提供投资和融资服务，支持亚洲基础设施建设。但这并不能解决中国及"一带一路"沿线国家全部的资金问题，随着"一带一路"建设的不断深化，中国及沿线国家必须共同通过开展各种金融创新来满足金融市场的需求并解决资金短缺问题，创新方式包括新增海外金融机构、开展联合融资合作、发行各种类型的证券、设立各种类型的基金和创新金融机制等。

第二节 "一带一路"背景下粮食安全战略的实现路径

丝绸之路是古代亚欧大陆人民共同开拓的，旨在畅通彼此贸易和人文交流的"大动脉"。千百年来，丝绸之路沿线国家互通有无、各取所需，共同促进了人类文明进步。汉代张骞出使西域，带回了胡麻、芝麻等农作物。据法国学者阿里·马扎海里的考证，中国的谷子、高粱、水稻等农作物借丝绸之路经波斯西传。随着中外贸易的发展，海上丝绸之路不仅向外传布丝绸，同时也把国外的"棉花、龙眼、缅茄、占城稻和从南美引入的玉米、番薯、烟草、花生、向日葵、土豆、西红柿等新品种传到我国"。经由海陆丝绸之路传入我国的域外农作物为我国农业生产提供了重要的原料，丰富了物种资源，促进了农业生产力的发展。发挥"一带一路"沿线国家农业比较优势，建立海外粮食生产基地，帮助周边国家提高农业科技水平、修建农田水利设施，提高当地农业生产能力。形成覆盖"一带一路"区域的粮食供应链、区域一体化农产品市场，缓解国内农业资源的压力，形成农业对外合作新格局。

"一带一路"沿线有65个国家，农业资源分布不均衡。由表20-1可知，排名前十的国家的粮食产量占沿线国家粮食总产量的76.5%。其中，印度是除中国外，"一带一路"沿线产量最多的国家，占比为

29.14%。印度拥有世界 1/10 的可耕地面积,是世界上最大的粮食生产国家之一,同时是世界上最大的大米出口国。但是印度对农业的投入不足,在这方面有着巨大的投资潜力。乌克兰的黑土面积占全球黑土面积的 40%,具有得天独厚的农业生产条件,其粮食出口总量占全球的 1/10。但该国的北部和南部尚有大面积的闲置土地有待开发。泰国享有"东南亚粮仓"的美名,是亚洲唯一的粮食净出口国和世界主要粮食出口国之一。土耳其立足于粮食自给自足,其自给率达 98.8%。通过对沿线农业资源的分析可知,在与"一带一路"沿线的农业国家进行合作时,需要区别对待、突出重点,充分发挥彼此的优势,做到优势互补、扬长避短。这样才能充分有效地利用农业资源,增加粮食产量,给当地农民创造收入,同时有利于粮食的出口,达到互利共赢。

表 20-1 "一带一路"沿线粮食产量排名前十国家的比重

项目	国家	比例(%)
粮食产量	印度	29.14
	印度尼西亚	9.48
	俄罗斯	6.83
	孟加拉国	5.73
	乌克兰	5.69
	越南	5.20
	泰国	4.34
	巴基斯坦	3.8
	缅甸	3.24
	土耳其	3.05
	"一带一路"沿线总量	76.50

数据来源:根据 FAO 统计数据整理。

由于国内外主要粮食价格倒挂、国内补贴政策难以持续,新形势下粮食安全战略应立足口粮国内自给,其他谷物市场调节,建立新型粮食安全战略保障机制。"一带一路"建设将为中国农业全球战略提供支撑,服务于中国保障粮食安全和重要农产品供给的总体战略。

一、完善农业"走出去"政策体系

为确保国内粮食产量的稳定持续增长,应利用"一带一路"沿线农业资源,转移国内农业资源环境压力,适度进口国外粮食,积极构建丝绸之路粮食带。提升区域粮食安全能力,积极推进粮食的互补贸易、投资合作和技术合作,利用沿线各国的比较优势,拓展我国粮食安全的外延空间。构建农业"走出去"的综合金融平台,建立"一带一路"沿线粮食安全基金,创新投资模式。在"重点国家增设驻外使领馆农业人员力量,配备农业参赞或农业秘书,积极跟踪该国农情动态",切实帮助企业"走进去"。加大对沿线国家的战略性支持,与沿线国家签订双、多边农业合作协议,加快农业基础设施互联互通建设,商建边境自由贸易区。对合作所需的国内生产资料、设备等,提供通关便利。

二、制订粮食安全战略规划

"当前我国的人均资源状况决定了我国粮食安全在立足国内基本自给的同时,必须充分利用国际国内两个市场两种资源"。在立足国内实现粮食基本自给的同时,实施基于"一带一路"沿线国家的粮食安全战略规划。国家发展改革委、商务部、农业部等相关部门以及驻外的使领馆经商参处共同配合,结合"一带一路"战略,研究制订重点国家和农产品的投资合作规划,在国家层面签订农业投资保护协定,积极争取受援国的政策支持和优惠条件,培育良好的投资合作环境。中国作为最大的粮食进口国,面临的国际市场风险日益增大,应在现有的商品交易所基础上,以国内市场需求为支点,建立大型粮食商品交易中心,为粮食的生产国和消费国搭建一个价格稳定预期的平台,从而维护国际粮食市场的稳定。完善粮食期货交易中的相关法律，有效应对全球市场波动、规避国际市场风险。

三、创新粮食管理体制

建立统一协调、高效的管理机制，服务"一带一路"倡议下粮食安全战略。加快农业"走出去"战略步伐，应对国际粮食市场的波动与风险。减少行政干预，放宽对外农业投资的限制。主导沿线国家粮食贸易网络的建设，形成制度化、常态化运作机制，保证本国粮食有效供给。"从根本上消除部门分割、管理多头与缺位并存的体制性矛盾，建立健全统筹管理农业对外开放的体制机制"。对于主要的粮食进口国，中国应根据与这些国家关系的密切程度和当地的政治经济状况，进行年度评价，并进行分类管理，建立相应的风险预警机制，做到早预防、早应对。"今后中国应坚持实施农产品多元化进口策略，加快由目前进口品种单一，区域集中，向多渠道、多区域、多品种的进口多元化转型"。对在"一带一路"沿线国家进行农业投资的企业进行扶持，打通境外农业投资的上下游产业链，更好地为我国的粮食进口服务。在战略上加快布局境外农业投资与合作，要采取多种举措，与沿线农业资源富裕的国家建立制度化的农业贸易伙伴关系，保障粮食进口货源有效供给。

四、充分利用现有的粮食国际组织

"为了有效利用国外市场来保障国家粮食安全，我国应该积极参与并改善国际粮食贸易环境和治理机制"。积极参与国际粮农事务，提高中国农业在世界上的话语权和影响力，是加强"一带一路"沿线农业交流合作的重要保障。支持联合国粮农组织等国际组织，开展沿线国家粮食安全和援助工作，积极参与国际粮价形成机制的建设。虽然难以做到对粮价的决定和控制，但作为世界第一大粮食进口国，中国应在国际粮食市场保持自己一定的话语权，"引导和主导规则制定，努力形成符合中国利益的国际粮农治理体系"。价格是粮食供需之间的某种平衡状态，供需之间的信息传递有时失灵，处在一种不对称状态，这种不对称对国际粮价的形成影响巨大。应该积极组建农业对外投资行业协会等组织，并利用既有的国际组织的影响力，积极维护国际粮价的稳定。

五、完善粮食战略储备体系

完善粮食战略储备体系建设，增加粮食专项储备总量，在原粮储备的基础上，适当储备成品粮油。"粮食是重要的公共产品，其生产具有地域性，中央与地方应共同承担粮食安全保障责任"。中央储备与地方储备要合理分工，既保障原粮供应，又满足应急需要，有效应对由于粮食进口带来的脆弱性和敏感性，增强粮食安全保障的整体合力。

"一带一路"沿线国家农业资源丰富，中国周边国家农业有着巨大的增产潜力，但这些国家面临着政治转型，农业水利和交通基础设施落后。在确保粮食安全的过程中，不仅要确保来源地的稳定，同时也要保证粮食从来源地安全到达目的地。陆地通道受沿线的自然条件、非传统安全因素极大限制，如果某段路程出现问题，将会导致整条运输链出现问题；并且，陆路运输成本高、时间长。海上运输成本低，"可以选择性地绕过政治局势动荡的国家"。但也面临着相关国家港口的基础设施建设落后的现状。中国应加强与相关国家在海上运输方面的安全合作，确保中国的运输通道的安全。

六、开发可替代食物

创新农业经营体制机制，实现土地有效流转，利用规模效益，确保粮食产量稳定。为维护粮食安全，应考虑居民食物消费的替代性选择，植物性粮食消费成本提高后,居民可以考虑选择海洋性食物和动物性食物作为替代性选择,从而可以减缓粮食价格上升产生的不利影响。充分利用我国拥有300多万平方公里的海域面积发展海洋性食物,丰富居民饮食结构。在粮食的生产和进口时应建立一套严格有效的粮食质量监控体系,回应民众对食物安全的关切,确保粮食的质量安全。

第二十一章 培育中国粮食全球竞争力

加入世界贸易组织后，中国农业及粮食的发展一方面要遵守入世的承诺、履行有关义务，另一方面，长期以来面对美国、欧盟农业政策调整对农产品国际贸易的影响，2019年又因为突如其来的全球新冠肺炎疫情，诸多粮食出口大国限制部分粮食出口……在此背景下，中国粮食如何参与国际竞争？中国粮食的国际竞争力如何提高？这些问题是研究和制定中国粮食安全战略不能回避的重大问题。国内学者近年来对这些问题进行了大量研究，取得了一些积极成果。本章在介绍、评价现有研究成果的基础上，对中国粮食国际竞争力进行进一步的研究。

第一节 中国粮食国际竞争力评估

"国际竞争力"一词含义非常直观，即竞争主体之间力量大小或强弱的对比。粮食国际竞争力就是在自由和公平的市场条件下，一国以其相对于他国更高的劳动生产率，生产出更多具有竞争优势的粮食产品，并持续地获得盈利的能力。粮食国际竞争力包括粮食价格竞争力、粮食质量竞争力以及信誉竞争力。其中，粮食价格竞争力是指在质量相同的情况下，国际市场上价格较低的粮食具有较强的市场竞争力，反之，则竞争力弱，它是分析竞争力的传统和基础的要素。粮食质量竞争力就是粮食的品种、品质的竞争力，在相同价格的情况下，品质好、品牌多的粮食就具有较强的竞争力。信誉竞争力是建立在粮食质量和价格基础上的产品、品牌、企业的市场信誉，持久的好的质量和相对合理的价格就能带来好的市场信誉。

一、国内学者对中国粮食国际竞争力的评估简介

(一) 国内学者对中国粮食国际竞争力评估的基础理论

比较优势理论源于古典经济学家大卫·李嘉图。李嘉图的比较优势理论又称比较成本学说，认为不同国家生产不同产品存在着劳动生产率的差异，即劳动成本的差异，各个国家应当专门生产并出口其劳动成本相对较低的产品，进口劳动成本相对较高的产品，就能获得比较利益。这个理论的积极意义在于，不论一个国家处于什么发展阶段、经济力量强还是弱，都能确定各自的相对优势，即使处于劣势的也能找到劣势中的优势，从而就能根据相对优势安排生产、进行贸易。

瑞典经济学家赫克歇尔在比较成本学说的基础上，提出资源禀赋学说，之后又被其学生俄林接受并加以发展，形成了赫—俄理论。该理论提出，各国资源禀赋不同，由此决定的要素相对价格也不相同，这样在生产过程中所使用要素的比例也不一样，因此，每个国家应当专门生产使用本国最丰富的生产要素的产品（即相对价格较低的要素密集型产品）、进口稀缺要素密集型的产品，在此基础上，一国通过自由贸易和如此安排的专业化生产，就可使该国福利水平提高并使全世界产出达到最高水平。

1953年，里昂惕夫等又提出了产品生命周期理论，其他经济学家提出收入偏好相似理论等一系列新的比较优势理论。目前，这些理论已经发展到了比较完备的阶段，并被广泛应用于国际贸易领域。

(二) 对中国粮食国际竞争力评估的几种方法

在农产品国际竞争力研究中，常用的方法有计算比较成本优势的国

内资源成本法（Domestic Resource Cost，DRC）、衡量农产品在国际贸易中比较优势地位的显性比较优势法（Revealed Comparative Advantage，RCA）、计算成本最小化的空间均衡模型（Spatial Equilibrium Model，SEM）以及衡量农产品在国际市场上整体竞争力变化趋势和出口增长资源的恒定市场份额模型（Constant Market Share Model，CMS）等（程国强，2001）。其中，国内资源成本法和显性比较优势法是国内学者使用较多，也较能说明问题的评估方法。

（三）国内外学者对中国粮食国际竞争力的评估结果

对于国内学者较多使用的国内资源成本法和显性比较优势法，我们分别了解这两种方法是如何评估的，以及两者对我国粮食国际竞争力的评估结果。

1. 国内资源成本法（DRC）的经济含义。国内资源成本法是考察一国国内资源用于其产品生产时，每一边际资源的投入，可以获得或节省多少单位的外汇量，以衡量本国生产该产品是否具有比较优势。它是从生产成本的角度衡量某产品是否具有比较优势，与其他分析方法比，更具有科学性和准确性。其计算公式为：

DRC =（产品生产耗费的国内资源成本）/（产品外汇收入 - 进口性投资成本）

DRCC = DRC/R，其中，DRCC 为国内资源成本系数，R 为汇率。DRCC > 1，无比较优势；DRCC < 1，有比较优势；DRCC = 1，利益均衡。

DRC 法对我国 1986—1995 年粮食的研究情况是：当时，我国水稻的 DRCC 均小于 1，判定为有比较优势。

2. 显性比较优势法（RCA）的经济含义。显性比较优势指数是指一个国家某种商品的出口值占该国所有出口商品总值的份额与世界该类商品的出口值占世界所有商品出口总值的份额的比例。用公式表示为：$RCM_j = (X_{ij}/X_{it})/(X_{wj}/X_{wt})$。

如果 $RCM_j > 1$，则说明 i 国家第 j 种商品具有显性比较优势，如果 $RCM_j < 1$，则说明 i 国家第 j 种商品没有显性比较优势。

RCA 法对我国 1986—1995 年粮食的研究情况是：由于我国粮食出口政策受政府政策因素影响大，不能完全反映我国粮食生产的比较优势变化的趋势，但成本偏高缺乏国际比较优势是非常明显的。谷物制品的 RCA 值不断下降表明，我国粮食产品的加工技术水平较低，附加值不高，出口贸易条件逐渐恶化，在国际市场上严重缺乏竞争力。

3. 指数比较法。联合国粮农组织制定了一些国家间比较的综合指数，用于对农业（包含谷物）生产要素投入、政府支持、贸易及国际依存度、农业在国民经济中的份额、产量动态变化等方面加以比较。

1997—2017 年，农业支出占政府总支出比，总体呈波动变化：2007 年，世界是 1.8%，中国是 2.7%；2017 年，世界是 1.5%，中国是 2.4%。种植强度，总体呈增加态势：1997 年，世界是 0.8%；中国是 1.2%；2017 年，世界是 0.9%，中国是 1.4%。农业劳动力占比，总体呈下降趋势：1997 年，世界是 40.3%，中国是 49.1%；2017 年，世界是 28.5%，中国是 26.5%。谷物进口依存率，总体上中国的依存度不断增强：2007 年为 0.5%，2017 年为 3.4%。农业增加值占 GDP 的比重，中国呈不断下降趋势：1997 年为 18.1%，2007 年为 10.6%，2017 年为 8.2%。谷物生产指数世界总体上呈上升趋势，中国 2007 年前后有微小下降，但是总体也呈上升趋势：1997 年，世界是 94，中国是 106；2007 年，世界是 104，中国是 105；2017 年，世界是 130，中国是 136。

二、现行粮食国际竞争力评估方法的缺陷与不足

（一）评估理论基础存在缺陷

1. 评估方法存在缺陷和矛盾。国内资源成本法（DRC）评估具有如下缺陷：机会成本和影子汇率难以确定会影响估计结果的准确性；国际

价格作为外生变量处理，对国际价格变动频繁或幅度较大的农产品其适应期较短；生产活动的技术因素和人为因素难以估计会在一定程度上影响评估结果。

显性比较优势法（RCA）评估具有如下缺陷：显性比较优势指数只顾及出口方面，没有将进口与出口联系起来对待；就某一时点考虑，出口很可能受政府政策的影响而发生扭曲；最大的缺陷是无法把一种在一国实际具有比较优势而尚未得到充分开发的产品所具有的比较优势表现出来。

以上两种方法评估粮食国际竞争力的结果存在矛盾。如使用国内资源成本法计算出 1986—1995 年我国水稻的 DRCC 均小于 1，判定为有比较优势。但使用显示比较优势法计算出的 1995 年以前我国粮食的 RCA 指数基本上均小于 1，判定为没有比较优势。

2. 单纯的比较优势原理不完全适应中国粮食生产的具体情况。中国粮食生产的具体特点是：中国人口多，粮食耕地面积少，进出口粮食数量少，粮食生产受国家政策影响程度大。（1）中国人口多、粮食耕地面积少，决定了粮食生产的战略性地位高于任何一个国家，粮食的生产和供给不能完全依靠国际市场；（2）中国进出口粮食数量少，单纯的比较优势原理如 RCA 指数的计算主要是根据一国该产品占出口比例与世界该产品占出口比例的比值，我国因各种因素致使进出口数量少，不能通过单纯的比较优势原理说明我国粮食竞争力；（3）我国粮食生产销售受国内政策影响大，并没有完全按照市场竞争的要求和办法进行生产和销售，单纯的比较优势原理需要建立在完善的自由与公平的机制下才能说明问题。

3. 比较优势原理缺乏统一平台。使用比较优势理论，应当是在完全自由、公开、公平的市场经济条件下进行，生产者、销售者和进出口商不受任何制约，完全按自己的意愿进行贸易，这种贸易的结果计算出的比较优势才会有较强的说服力。但实际情况是，在发达的市场经济国家，存在着种类较多、数额巨大的补贴余额，而我国不但补贴少，而且要上缴繁多的税费，形成国内粮食的负保护。这种补贴和负保护是一种不可比因素，即使要进行比较优势理论的对比分析，也不是在同一平台上的对比，因而使其结果缺乏科学性和准确性。

（二）粮食国际竞争力的评估结果缺乏客观性

1. 从理论上分析，中国粮食在以下方面仍有比较优势。

（1）品种。主要粮食作物有稻谷、小麦、大麦、玉米、大豆、高粱等，虽然在一些主要品种上与国际市场相比缺乏竞争力，但还有部分品种具有一定的竞争力，如我国水稻总产量单位面积产量是世界第一，杂交水稻对我国乃至全世界粮食产量的提高作出了重大贡献。目前，杂交水稻在中国的年种植面积约有2.3亿亩，占水稻种植总面积的50%，产量占稻谷总产的57%。每年全国因此增产的粮食超过200亿公斤，相当于一个中等省全年的粮食总产。

（2）时间。我国粮食的竞争力状况是有时间区别的，20世纪90年代以前，我国粮食的价格水平总体上低于国际市场价格，因而具有某种程度的竞争优势。但近年来，粮食生产成本以年均10%的速度递增，加上税费增长速度更大，导致国内市场价格高于国际市场价格。但近年来，由于国际市场粮食价格上涨，我国粮食价格保持基本稳定，国内粮食又具备了一定的国际竞争能力。

（3）地域。从国内的情况看，我国地域广大，气候南北差异很大，从南到北可以生产各种不同的粮食，满足各种不同的需求。在消费上，国内市场的消费数量大，可消费的选择余地也大。在我国粮食产销面临国际市场压力的背景下，河南省与广东、四川、山西等省建立了长期稳定的粮食购销关系，并在多个销区省市建立粮食销售基地。同时，通过经贸洽谈会与多个省建立长期稳定的粮食购销合作关系，在粮油、食品、饲料加工及粮食贸易、订单农业方面加强省际合作，开展"粮食外交"，为产粮大省经济发展注入活力，有利于增强我国粮食竞争能力。

从国外的情况看，亚洲是我国食品最重要的出口市场。尽管中国人口密度是世界的3倍，人均耕地面积不足1.35亩，仅及世界平均水平的40%，但是在亚洲，我国的人均国土资源略低于平均水平。这样，我国价廉物美的劳动力优势在亚洲完全可以发挥出来。我国运输期短，运输方式灵活。如我国的食用小麦主要是出口到东南亚地区，另外还有少量运往非洲、南美洲。这些国家的优质小麦需求量不是很大，通常只是进口少量的小麦。传统的小麦供应国一般只提供吨位较高的货轮，比如巴拿马级货轮。而我国可以提供小批量货运，并且到亚洲国家的船运时间要短得多，这对一些国家很有吸引力。

（4）消费习惯。我国具有各种不同食物的消费特点，南方人喜爱食用大米，北方人则更喜爱面食，即使在南方，大米消费也有区别，湖广一带居民喜爱食用籼米，江浙一带居民则喜爱食用粳米。这种需求格局和消费特性，只有国内粮食产品才能更好地予以满足，也决定了国内粮食生产者在国内市场上具有较强的市场竞争能力。

（5）大国效应。大国效应可能使我国在不同贸易规模水平上的粮食劣势转化为优势。我国具有广阔的国内市场，一是地域辽阔，无论大米、小麦、玉米、大豆，在祖国的各地都有重要的消费对象和消费群体；二是人口众多，中国是世界上人口最多的国家，国内市场的消费能力就已经非常巨大；三是人均占有粮食相比发达国家还较低，粮食消费还有巨大的上升空间。

（6）传统生产方式。中国的传统耕作方式具有某种优势，这就是不像发达国家那样大量生产转基因食品，世界上部分国家对此种产品进口进行了限制，中国政府也制定了有关政策，对加强国内粮食产品保护起到重要作用。

2. 从加入WTO以后的实际情况来看，中国粮食仍具有比较优势。随着关税降低和进口配额增加，许多人担心我国农业经不起加入WTO之后的冲击。从入世以来的情况看，入世前认为没有优势的土地密集型大宗农产品的出口却快速增长，认为有优势的劳动密集型农产品出口不断遭遇"技术贸易壁垒"和"绿色贸易壁垒"。2002年我国粮食出口1484万吨,比上年增加607万吨,增长69%;进口285万吨,比上年减少59万吨,减幅为17%。从近两年粮食进出口数据来看,我国粮食仍然具有比较优势。从粮食的出口来看,2018年,中国粮食出口量为366万吨,同比增长30.7%,出口额为21.88亿美元,同比增长13.1%。从粮食的进口来看,2018年中国粮食进口量为11555万吨,同比下降11.5%,进口额为458.7亿美元,同比降低4.6%。2019年1—11月,中国粮食进口量为9972万吨,同比下降7.9%,进口金额为257.5亿美元,同比下降8.1%。

三、同一平台上我国粮食国际竞争力的评估结果

(一)粮食国际竞争力对比的同一平台评估原则

1. 统一可比性。在国内粮食价格与国际市场价格对比时,不能简单地对两者进行比较,也不能简单地将中国粮食进出口数量与国外相比,而是谁出口的数量多、比重大,谁就有竞争力。统一可比性讲究的是自由与公平原则,就是要在剔除某些不可比因素的基础上,对粮食的价格、质量进行对比,如国外粮食的补贴与国内的负补贴就是不可比的因素,在评估粮食竞争力时,就要使用扣除国外补贴的价格,将国内粮食的负补贴考虑进来。

2. 前瞻性。我国粮食市场体系是社会主义市场经济的重要组成部分,是粮食流通市场化改革的重要内容。新中国成立之初,受计划经济体制的局限,我国没有真正意义上的粮食市场。直至2004年,以国家全面开放粮食市场和价格为标志,我国粮食市场化才迈开步伐,我国粮食市场体系才开始形成和发展。尤其是加入WTO以后,中国粮食市场体系与国际市场接轨,再加上不可逆转的全球经济一体化大趋势以及近年来中国经济的持续高速增长,中国粮食市场体系必将更加开放、更加完善,而中国粮食的国际竞争力也必然会随之提升。

（二）同一平台的评估结果

1. 发达国家对农业特别是粮食的补贴金额大。发达国家在出口补贴方面，世贸组织中共有25个成员（欧盟为成员之一）可以对某些农产品出口进行一定的补贴。成员包括美国、欧盟、加拿大、澳大利亚、墨西哥等。在实际中使用农产品出口补贴的成员主要是欧盟，2000年超过20亿美元，占世界出口补贴的85%以上。在国内支持方面，共有30个成员使用的黄箱政策支出超出微量允许范围。其中包括所有发达国家（经济体和地区），如美国、欧盟、日本、加拿大、澳大利亚、新西兰、挪威等。根据承诺，欧盟每年可以使用的黄箱政策支出最大，超过600亿美元，日本超过300亿美元，美国为190亿美元。此外，这些国家均有巨额的绿箱政策支出，欧盟还有不受削减限制的蓝箱政策补贴。

虽然美国的农业劳动生产率很高，但使用的先进设备和劳动力费用也大，实际上美国粮食的生产成本比较高。但是，美国大豆出口价格明显优于我国国产大豆，其中的一个重要原因是，美国的农产品拥有数额极高的政府补贴。巴西在世贸组织起诉美国违反世贸组织规则时列举的数据证明，2001年美国对大豆的补贴已经达到了25亿美元，相当于出口价格的30%。更为严重的是，美国的新农业法案将农业补贴提高了80%。

2. 中国对农业特别是粮食的补贴少，曾经收取的税费多。据黑龙江省农垦集团调查，我国大豆直接生产成本并不比发达国家高，在亩产150公斤的条件下，大豆每公斤成本大约为1.50—1.56元，比美国的成本低20%以上，如果再进一步将成本进行分析，直接成本每公斤不足0.9元，也就是说，直接综合成本只占综合成本的55%。在黑龙江省参与"大豆振兴计划"的16万农民，种植高油大豆每亩获得补贴仅仅只有10元钱。

（1）中国粮食价格有一定的国际竞争力。中国在经历了粮食价格有竞争力到国内粮食价格大幅上涨缺少价格竞争力的过程后，2002年以来再次具备了一定的国际竞争力。以几种主要产品的粮食价格为例：2001年，白小麦（一等）国内每吨价格1260元，比国际市场的1143元高117元；大米（标二）国内每吨价格1500元，比国际市场的1294元高206元；玉米（二等）国内每吨价格1139元，比国际市场的746元高393元；大豆（二等）国内每吨价格2190元，比国际市场的1810元高380元。但2002年，由于天气因素，传统的小麦供应国大幅度减产。据统计，澳大利亚2002年减产幅度在50%以上，美国、加拿大减产幅度也相当大。由于世界粮食减产，国际粮食价格大幅上涨20%以上，而国内价格基本保持平稳，使得国内价格与国际市场相比已经变得较具竞争能力。而从2004年国家实行托市、临储收购政策以来，国内粮价在收储价格不断提高的情况下总体水平在较长一段时间内持续提升，与国际粮价的价差不断缩小，近年来大多普通品种的价格已经超过国际价格，从而使得出口竞争优势下降。

（2）剔除补贴因素影响后，我国粮食具有一定的国际竞争力。我国的粮食价格竞争对比是以国外包括了补贴的价格与国内包括了税费的价格进行的对比，如果剔除上面的因素，2001年以前，我国粮食就具有较强的国际竞争力。例如，2000年美国对小麦的补贴约为每吨45美元，折合人民币约370元，不考虑国内小麦的税费因素，如果国内每吨小麦也补贴人民币370元，在农民保持目前收益水平的情况下，国内小麦每吨价格降为890元，比国际市场的1143元还低253元，如果将农民的税费因素也剔除出去，国内小麦每吨价格比890元更低。

（3）扣除税费因素影响后，我国粮食也具有国际竞争力。1978年以来，我国粮食生产成本增长较快，其中主要是税费增长快，特别是近几年税费在成本中所占比重、税费的增长速度都有加快的趋势。1998年开始，我国粮食生产的税费占到全部成本的10%，是1984—1997年平均所占比重的2倍。从1994年开始，我国粮食生产税费的增长速度在两位数以上，1994—1998年粮食生产税费平均增长速度为39%，特别是1998年，在我国粮食生产成本大幅下降的情况下，税费却大幅增长，当年生产成本下降19%，税费却上涨89%。2002年实行税费改革虽然降低了一些费用，但不可否认，农民种植粮食的负担仍然较重。以黑龙江大豆为例，扣除税费因素影响后，每公斤大豆成本约为1.50—1.56元，比美国的成本1.88—2.08元低20%以上。扣除税费因素影响后，我国粮食也具有国际竞争力。

3. 在粮食质量竞争力上，我国存在一定的差距。前面我们分析了在同一平台上我国粮食价格已经具有或开始具有国际竞争力，但在粮食质量竞争力上还存在一定的差距，这表现在我国粮食科技投入少、品种改良少、形成投入产出少。也就是我们已经分析过的影响我国粮食竞争力因素的政策和体制因素、政府公共服务因素、生产结构因素、生产者自身因素、粮食加工因素等各个方面。可以说，我国的小麦、稻谷、大豆、玉米的产品质量在世界市场上都是比较差的，虽然近几年来加快了品质改良，如我国大力发展杂交水稻生产，很大程度上解决了粮食供应问题，黑龙江省推广种植高油大豆，但粮食质量与国际市场比仍有差距，如泰国大米、美国大豆等是世界上品质优良的品种。

4. 现阶段我国粮食国际竞争力总体较弱。新中国成立70多年来，特别是改革开放40多年以来，我国粮食生产取得快速发展，农业科技转化能力、科技创新能力以及技术推广能力不断增强，2018年科技进步贡献率达58.3%。目前，我国有近6亿农民，依靠18亿亩的耕地生产了6亿多吨的粮食，中国粮食安全的基础保障不断得到夯实。但是与美国、加拿大、澳大利亚等国家相比，农业生产的效率差距还是较大。2004年开始出台最低收购价预案以来，粮食价格逐渐形成"只涨不跌"的预期，早籼稻、中晚籼稻、粳稻的收购价格从0.7元/斤、0.72元/斤、0.75元/斤上涨到2020年的1.21元/斤、1.27元/斤、1.3元/斤。近几年来，稻谷、小麦的托市价格已经远远高于国际市场价；玉米市场放开后，价格上涨趋势明显，总体销售价约为1.20元/斤；大豆消费自20世纪90年代以来，供求缺口愈来愈大，80%以上需要通过进口来满足。可见，主要粮食品种价格国际市场竞争力较弱的状况短期内难以改变。

第二节 增强中国粮食全球竞争力的策略

当今世界正经历百年未有之大变局,我国发展的外部环境和内部条件正在发生深刻复杂的变化。新冠肺炎疫情全球暴发和蔓延以来,因部分国家禁止粮食出口、贸易和物流限制制约粮食运输、经济下滑影响民众粮食负担能力,加之沙漠蝗虫、东南亚旱灾等因素影响,不可避免地冲击国际粮食供应链,影响全球粮食供需平衡,加大国际粮价波动幅度,全球粮食安全正在面临多重挑战。当前全球有6.9亿人正处于饥饿状态,共有25个国家面临严重饥饿风险,世界濒临至少50年来最严重的粮食危机。2020年夏季,我国南方肆虐的洪水,使200多万人紧急转移、516千公顷农田绝收,长江一线的粮食生产局势严峻。虽然目前我国粮食储备体系已经趋于完善,且中国的口粮完全自给自足、谷物自给率一直保持在95%以上,但是面对当前严峻的世界粮食形势、面对突发的自然灾害和危机事件,如何确保粮食安全、增强中国粮食国际竞争力,对于正处于实现中华民族伟大复兴关键时期、以"一带一路"建设推动构建人类命运共同体的中国来说,显得尤为重要。

一、借力"一带一路"建设深度"走出去",并推动"一带一路"建设

首先,从战略高度将区域粮食合作作为"一带一路"建设的重要内容之一,使其成为"一带一路"建设的重要支撑。"一带一路"沿线国家的粮食产业存在高度的互补性,具有巨大的合作空间。"一带一路"建设为开展区域粮食合作创造了必要的主客观条件,而且,区域粮食合作是"一带一路"沿线各国构建"命运共同体"的最佳结合点之一,也是全球粮食危机背景下保障中国粮食安全的重要措施之一。因此,应该把

区域粮食合作作为"一带一路"建设的重要内容之一，构建中国与"一带一路"沿线相关国家的战略性粮食合作机制，基于"亲、诚、惠、融"的理念开展区域粮食合作行动，创新区域粮食合作方式，建立相应的支持政策体系。

其次，鼓励到国外建设粮食基地。我国土地资源稀缺，而在国外，租用或购买土地、投资生产粮食是一条可行的途径。可选择地广人稀的国家，如巴西、阿根廷等。在租用或购买的土地上建立农场，以我国廉价的劳动力进行生产，生产的粮食掌握在自己手中，既可用来调节国内市场，也可按比较优势参与国际交换，如生产大米出口换取小麦。用中国自己的劳动力去国外生产粮食，成本应比所在国粮食成本低，从而更有竞争力。

再次，鼓励和支持中国粮食企业"走出去"，与"一带一路"沿线各国和地区开展多方位、多品种、多层次的粮食贸易和产业合作。推动与更多沿线国家和地区建设常态化农业合作机制，加强农业资源、技术、人员往来等多方面合作，实现生产要素的区域互补和良性流动，便于沿线国家和地区对初级农产品进行深加工，延长产业链，提高产品的附加值，促进贸易结构优化升级，建立中国与"一带一路"沿线国家和地区优势粮食农产品的合作大通道，形成全方位、宽领域、高水平的新型粮食经贸合作关系。

最后，加强重大基础设施建设，为粮食现代物流提供优良的基础设施保障。基础设施是一国参与国际竞争的硬实力的体现，完善的交通运输基础设施也是实现与"一带一路"沿线国家和地区贸易畅通的前提和基础。随着我国铁路和高铁技术创新水平的提高，交通运输基础设施建设日益发展成熟。在道路互通倡议的共识下，要抓住当前我国战略结构调整的机遇，以"一带一路"等国家战略为依托，考虑给予资金和技术上的支持，加快推进事关国家粮食安全和粮食贸易流通等重要领域的重大基础设施工程建设，具体包括港口、高铁、铁路、公路、仓储等，为现代粮食物流提供优良的基础设施保障。

二、积极参与国际粮食期货交易，避免国际风险并提高话语权

要积极创造条件，推进国内期货市场与国际期货市场对接。要稳步发展粮食期货市场，增加粮食期货交易品种。要培育具有国际影响力的粮食期货交易中心，尤其是有必要构建全球性的大宗粮食农产品交易中心，增强现货市场与期货市场的联动性，增强期货市场服务粮食宏观调控和实体经济的能力，增强中国在国际粮价上的话语权和国际影响力，加快中国粮食企业走出去步伐，并推动中国人民币国际化。不仅要为相关粮食企业提供规避价格波动风险的工具，而且还应指导和帮助相关企业合理安排生产和经营。

三、培育粮食"航母"企业，提高微观主体的全球竞争力

面对波诡云谲的国际形势，我们要坚持创新驱动，在粮油加工领域培育粮食产业"主力军"，实施"百强工程"，通过财政、信贷、科技等政策支持，在"十四五"期间培育100家粮油加工领域的高新技术企业，使之成为我国粮食产业的主力军。同时，努力培育跨国粮食企业，提升国际粮食物流能力，积极参与全球粮食安全治理，提升我国在国际粮食市场的影响力和话语权。一方面，进一步打造粮食企业"国家队"，培育中国现代农业"航母"；另一方面，为民营粮食企业的国际化发展提供更加优惠的政策支持，积极支持这些企业参与国际粮食产业分工和产业链再造，并遴选2—3家兼具海外粮食基地、海外港口资源和国际航运能力的大型民营粮食企业，通过财政、信贷、配额、外汇支持，将其培育成为有全球竞争力的跨国企业，使之成为确保我国国际粮食供给稳定的主力军。

四、坚持"藏粮于技",增强粮食科技竞争力

农业出路在现代化,农业现代化关键在科技进步。"藏粮于技",不断增强粮食科技竞争力,是培育跨国粮食企业、增强中国粮食国际竞争力的前提。应该将粮食流通产品经营的生产技术的高新化、生产规模的大型化、资源利用的精细化、企业管理的信息网络化、粮食流通的信息化建设和引用、产品质量的标准化作为战略重点,尤其是要注重以专业研究机构前瞻性和基础理论研究为引导,并加强粮食科技持续的研究开发能力,提高生物技术与精细化工技术研究能力并不断开拓粮食科学技术研究新领域。具体包括良种选育、配方施肥、统防统治、绿色防控、地膜覆盖、智能仓储、科技物流等。

五、实施进出口多元化策略,降低国际粮食危机风险

一方面,从进口市场与出口市场两方面,同时采取多元化的灵活策略,降低可能存在的政治风险、粮食危机风险等。从进口市场看,我国传统的进口市场主要是美国、加拿大、澳大利亚,今后要向巴西、阿根廷等新兴市场拓展,以分散粮食进口过度集中可能带来的政治影响;从出口市场看,我国传统的出口市场主要在东南亚和东北亚,而这些市场面临着来自美国和加拿大的巨大压力,今后要逐步向中东和非洲市场拓展,非洲市场缺粮形势严峻,对粮食的质量要求相对不高,进入门槛较低,同时,非洲矿产资源丰富,可以考虑与其实行"以矿产换食品计划",其前景将是非常广阔的。另一方面,签订长期进口合同,弱化粮食市场波动。在推进多元化进口策略的同时,可以考虑同美国、澳大利亚、加拿大等粮食出口大国签订长期进口粮食的合同,并可考虑允许这些国家在我国建设粮库,用以储存拟出口给我国的粮食。这样可以减轻这些国家对我国粮食市场的冲击。

六、优化粮食全产业链,实现高质量发展

粮食产业链涵盖了粮食从产前、产中到产后三个过程,包括粮食种子、种植、贸易、加工到销售等一系列环节,其特点是前后端的种植、销售比较分散,而产中的贸易、加工相对集中。当前,我国粮食综合生产能力显著提高,粮食供求已由总量不足转变为结构性矛盾。在种子培育、种植方面,在以"生物技术+信息化"为特征的第四次科技革命背景下,我国种业与农化、信息、生产服务等领域融合发展程度与国际种业巨头相比尚有差距;在贸易、加工方面,还需要进一步提高粮食生产能力,拓展深加工产品领域,推动粮食产业从增加产量向提高质量导向转变。具体包括城镇化拉动的绿色、营养、健康、多元化的粮食产品加工,大豆产业链,杂粮深加工,大米深加工,面粉深加工,玉米深加工等。销售方面,在扩大市场主体规模化效益的同时,提高粮食出口竞争力。

七、培养高素质、专业化的粮食人才,激发国际竞争活力

人才资源是企业及经济发展的第一资源,也是创新活动中最活跃、最积极的因素。而高素质、专业化的粮食人才在粮食行业发展中能产生乘数效应。尤其是面对百年未有之大变局、严峻的世界粮食形势、突发的自然灾害和危机事件,再加上当前粮食行业正处于深化改革、转型发展的关键期,中国粮食行业如何创新发展、中国粮食如何增强国际竞争力等问题使得今天的粮食行业比以往任何时候都更加渴求高素质、专业化的人才,具体包括粮食行业管理人才、粮食科技创新人才、粮食高技能人才、粮食后备人才等。然而,目前我国粮食行业科技管理机制不够灵活,创新氛围不够浓厚,对高端人才吸引力不强,人才培养的精准性、评价的科学性、激励的有效性和管理服务的主动性都有待改善。因此,

我们必须深化科技和人才体制机制改革，同时努力营造科技兴粮和人才兴粮的良好氛围，健全粮食国际化人才的选拔、培养、评价、激励与发展体系，努力培育既懂中国农业，又具有国际化视野的高素质、专业化粮食人才，为增强中国粮食国际竞争力提供强有力的人才支撑。

八、积极参与国际粮食标准和贸易规则制定，增强我国粮食产业在国际市场上的话语权

首先，中国应积极维护多边贸易体系，并联合人多地少的发展中国家，争取在WTO框架内共同推动"基于粮食安全目标的公共储备支出（包括最低收购价收购支出和储备补贴）"列入免于削减的范围，并得到永久解决。其次，针对WTO《农业协定》中与我国粮食安全政策密切相关的一些相对不公平的规则，应当主动推动WTO总规则的改革，争取更多的国际话语权。例如，在WTO谈判中，积极争取我国"微量允许"的支持在不同品种之间的融通，允许中国等人多地少的发展中国家对小麦和水稻等基本口粮品种实行最低收购价政策。最后，应以构建人类命运共同体为理念，积极参与全球粮食安全治理。要继续积极响应和参与联合国粮农组织、世界粮食计划署等涉粮国际组织的倡议和活动；要积极参与国际食品法典、国际植物保护公约、农药残留国际标准、谷物国际运输标准、国际贸易粮食检疫措施标准、小麦规格、玉米规格等国际标准的制定或修订；要加强多边合作与对话，推动各国在粮食安全治理方面形成共识；要积极承担中国作为世界大国在化解地区粮食危机和援助贫困国家方面的责任和义务，为维护世界粮食安全、促进共同发展作出积极而重要的贡献，展示泱泱大国的担当与作为。

结　语

回顾本书的写作，既是一个不断接受挑战的过程，也是一个不断思考、分析框架和逻辑结构不断清晰的过程。在结束本书的时候，又有许多新的感悟，愈加感受到中国人的饭碗重如泰山，每个中国人肩上的使命和责任也是沉甸甸的。

本书基于五个"协同力"（资源支撑力、农业生产力、改革创新力、国家调控力、国际竞争力）及其具体的相互矛盾、相互影响、相互作用关系为主线，以土地资源优化配置和"三农"问题的解决为重点，找到端好中国人自己饭碗的办法，逐篇阐述中国粮食安全保障的问题。全书共六篇：第一篇"'五力'保障中国粮食安全"，介绍并进一步发展了粮食安全概念，从三个维度，即人们眼中、数字视角下、战略视角下分析粮食安全的不同内涵与意义，具有一定的创新性，提出了中国粮食安全战略调整的思路。第二篇"资源支撑力：粮食安全与土地资源优化配置统筹推进"，阐述粮食安全与土地资源优化配置，率先系统地提出了中国粮食集约化、产业化、区域化经营和可持续发展的观点和思路，对中国农业投入不足问题进行了博弈解析。第三篇"农业生产力：粮食安全与工业化、城镇化相互驱动"，提出了工业化过程中保障粮食安全的对策思路和粮食安全目标与农民增收目标统筹考虑、协同推进的设想。第四篇"改革创新力：粮食安全与市场改革协调一致"，比较全面系统地提出了粮食流通体制改革、粮食补贴制度改革的思路，结合案例讲述了我国粮食科技创新改革的发展与现状。第五篇"国家调控力：粮食安全与宏观调控相互支撑"，介绍和阐述了粮食宏观调控的作用和原理，重点阐述了粮食安全储备制度建设的思路。第六篇"国际竞争力：粮食安全与国际话语权共同提升",分析了世界粮食安全形势,重点研究了中国粮食的国际竞争力,对目前流行的单纯用比较优势原理评估中国粮食国际竞争力的观点提出了质疑,提出了在同一平台上开展国际竞争的观点和对策。

保障粮食安全是一个永恒的主题,任何时候都不能放松。仓廪实,天下安。古今中外,粮食作为一种战略物资受到高度关注,"手中有粮、心中不慌"在任何时候都是真理。习近平总书记最近强调"尽管我国粮食生产连年丰收,对粮食安全还是始终要有危机意识,今年全球新冠肺炎疫情所带来的影响更是给我们敲响了警钟"。因此,即便是当前我国已经克服困难取得秋粮丰收,即便是我国正处在历史上粮食安全形势最好的时期,但是在面临百年未有之大变局、面临新冠肺炎疫情、面临全球粮食危机、面临自然灾害时,我们也绝不能"高枕无忧",而要未雨绸缪、永不松懈。中国人的饭碗任何时候都要牢牢端在自己手上,我们的饭碗应该主要装中国粮。尤其是在经济下行压力加大、外部环境发生深刻变化的复杂形势下,只有发挥好"三农"的"压舱石"作用,依靠自身力量端牢自己的饭碗,才能为应对各种风险挑战赢得主动,为保持经济持续复苏、社会大局稳定奠定基础。

保障粮食安全是一个系统的工程,需要树立全局和战略思维。需要以战略思维谋全局、以辩证思维解矛盾、以底线思维育新机。第一,凡事预则立,不预则废。当前我们正处于全面建成小康社会和"十三五"规划收官、制定"十四五"规划宏伟蓝图的关键时期,而粮食安全是"十四五"规划和中国高质量发展的根基。因此,我们要将粮食安全工作放到党和国家事业的大局中谋划和推动,在做好新一轮《国家粮食安全中长期规划纲要(2021—2030)》和《全国种植业发展"十四五"规划》的同时,将粮食安全纳入各级政府"十四五"专项规划。第二,无矛盾,不发展。中国粮食安全"五力"模型中的资源支撑力、农业生产力、改革创新力、国家调控力、国际竞争力,是中国粮食安全战略调整必备的五种关键力量,其本质就是把握好国民经济发展中与粮食安全相关的五个关键要素,并协调好五对矛盾关系,即五个"协同力"。五个协同力之间也是相互影响、相互作用的。因此,我们既要以系统思维全盘考虑把握五个关键要素,又要统筹协调好五对矛盾关系,更重要的是要驱使五个"协同力"产生叠加效应。也正因为这五个"协同力"的叠加效应,才能在真正意义上实现在确保粮食安全的同时,推动国民经济发展良性循环,促进我国经济高质量发展。第三,守住底线,方能行稳致远。我们时刻要有底线思维、危机意识,懂得居安思危、化危为机,加快建立健全我国粮食安全体系,并积极参与全球粮食安全治理,推动中国成为构建人与自然和谐绿色发展的国际粮食安全治理体系的参与者、贡献者、分享者、引领者,提升中国国际粮油议价权和话语权,牢牢掌握国家粮食安全主动权,于危机中育新机。

实践反哺理论,实现"双循环"理论创新。加快形成以国内大循环为主体、国内国际双循环相互促进的新发展格局,是党中央根据目前我国发展阶段、环境、条件变化作出的战略决策,是事关全局的系统性深层次变革。"国内国际双循环"实际上是一种系统性的辩证统一关系,两者相互影响、相互交融、相互促进、相得益彰,并不是有内无外,也不是有外无内。打造新发展格局,要牢牢把握国内大循环这个"主体",以我为主,同时更好地利用国内国际两个市场、两种资源,不断培育中国参与国际合作和竞争的新优势。粮食安全"五力"本身也是系统性的辩证统一关系,其科学的逻辑与"国内国际双循环"是一致的,而且粮食安全"五力"是立足于国家总体安全观、立足于国民经济发展全局而提出的,粮食安全"五力"也必然要立足于"双循环"新发展格局的形成才能真正发挥其作用与价值。与此同时,粮食安全作为"压舱石"和"稳定器",是"国内大循环为主体、国内国际双循环"的底线,也是新发展格局形成的根本保障,而粮食安全"五力"为其提供坚实的保障力。

理论源于实践,又用于指导实践。粮食安全"五力"模型理论体系,是基于我国70余年粮食安全保障工作的伟大实践而总结的新理论,尤其是对"双循环"理论在粮食安全应用领域的最新概括。其理论源于对中国粮食安全发展历史的回顾、对中国粮食安全实施经验的总结、对中国粮食安全相关理论的梳理，涉及粮食安全历史、粮食安全理念、粮食安全战略、粮食安全政策、粮食安全机制、粮食安全措施以及与粮食安全紧密相关的土地资源优化配置、工业化、城镇化进程、市场改革、宏观调控以及国际竞争力打造等，其总结的基本内涵、基本原则、指导思想、运行特点等体系化内容，具有创新性、科学性、引领性的学术特点，其最大的特色就是打破传统的"就粮食论粮食"的单向思维模式，以独特的研究视角和风格，把粮食安全置于国民经济发展的全局进行观察和分析，可以说是开拓了粮食安全理论的新境界，对老百姓普遍关注的粮食安全形势问题进行了科学全面的答疑解惑，同时对于国家粮食安全理论和政策研究、国家"十四五"规划编制具有重要参考价值与指导意义，对我国新发展格局的形成更是具有极强的现实意义。

当然，理论创新是永无止境的，理论需要在实践中不断地检验和运用，并不断地丰富与发展。粮食安全"五力"模型理论并非静止不前的，而是需要在不断深化的改革开放中、不断深入的实践探索中，经过反复的总结、提炼、升华、再实践、再总结，在理论与实践充分互动的过程中动态调整与完善，逐步形成更为先进、科学的粮食安全理论体系，成为解决粮食安全这一世界性难题的中国智慧、中国方案，同时，也促进我国特色社会主义社会学科的大繁荣、大发展。

总之，"五力"是扎根在中国广袤国土上的源头活水，是鼎起中国粮食安全的生命力量。通过"五力"打造的粮食安全系统工程，也是提升国家现代化治理能力的奠基工程，为实现中华民族伟大复兴的"中国梦"、构造人类命运共同体提供支撑。道路是走出来的，事业是干出来的。我们既要仰望星空，更要脚踏实地。我们要以舍我其谁的使命担当，躬行实践、奋发有为，为粮食安全新战略和夯实粮食安全大厦添砖加瓦、贡献力量！

参 考 文 献

[1] [美] 盖尔克拉默·克拉伦斯·詹森:《农业经济学和农业企业》(中译本),中国社会科学出版社,1994年版。

[2] [德] 海茵茨·笛特·哈德斯等:《市场经济与经济理论》,中国经济出版社,1993年版。

[3] [美] 黄宗智:《中国农村的过密化与现代化:规范认识危机及出路》,上海社会科学院出版社,1992年版。

[4] [美] 霍利斯·钱纳里:《结构变化与发展政策》,经济科学出版社,1991年版。

[5] [美] 霍利斯·钱纳里等:《工业化与经济增长的比较研究》,上海三联书店,1995年版。

[6] [美] 基思·格里芬:《可供选择的经济发展战略》(中译本),经济科学出版社,1992年版。

[7] [澳] 凯姆·安德森:《中国比较优势的变化》,经济科学出版社,1992年版。

[8] [德] 柯武钢,史漫飞:《制度经济学》,商务印书馆,2002年版。

[9] [美] 莱斯特·布朗:《2030年的问题:谁来养活中国?》,《农村经济研究参考》,1994年第6期。

[10] [美] 罗杰·B.迈尔森:《博弈论矛盾冲突分析》,中国经济出版社,2001年版。

[11] [美] 迈耶,西尔斯:《发展经济学的先驱》,经济科学出版社,1990年版。

[12] [美] 马尔科姆·吉利斯等:《发展经济学》,经济科学出版社,1989年版。

[13] [日] 平松宗彦:《"一村一品"运动》,上海翻译出版公司,1985年版。

[14] [美] 皮尔·卡罗森:《全球食物前景长期展望》,《农村经济研究参考》,

1996年第1期。

[15][苏]恰亚诺夫:《农民经济组织》(中译本),中央编译出版社,1996年版。

[16][日]七产长生:《日本农业的经营问题》(中译本),农业出版社,1984年版。

[17][美]R.D.罗德菲尔德:《美国的农业与农村》(中译本),农业出版社,1983年版。

[18][加拿大]塞缪尔,何保山等:《江苏农村非农化研究》,上海人民出版社,1991年版。

[19][印]苏布拉塔·加塔克等:《农业与经济发展》,华夏出版社,1987年版。

[20][印]苏布拉塔·加塔克等,肯·英格森特:《农业与经济发展》(中译本),经济科学出版社,1992年版。

[21][日]速水佑次郎,[美]弗农·拉坦:《农业发展的国际分析》,中国社会科学出版社,2000年版。

[22][美]托达罗:《第三世界的经济发展》,中国人民大学出版社,1991年版。

[23][美]沃尔特·罗斯托:《从起飞进入持续增长的经济学》,四川人民出版社,1988年版。

[24][美]徐新辉:《乌拉圭回合的启示》,《农业信息分析与研究》,1994年第11期。

[25][日]植草益:《产业组织论》,人民出版社,1988年版。

[26]毕宝德,柴强,李铃等:《土地经济学》,中国人民大学出版社,2001年版。

[27]曹宝明:《论我国粮食储备制度的进一步变革》《中国粮食生产与流通体制改革》,经济科学出版社,1998年版。

[28]曹振良,郝寿义等:《土地经济学概论》,南开大学出版社,1989年版。

[29]曹振良,高晓慧:《中国房地产业发展与管理研究》,北京大学出版社,2002年版。

[30]陈芬森:《国际农产品贸易自由化与中国农业市场竞争策略》,中国海关出版社,2001年版。

[31]陈华山:《当代美国农业经济研究》,武汉大学出版社,1996年版。

［32］陈吉元，韩俊等：《人口大国的农业增长》，上海远东出版社，1996年版。

［33］陈吉元，韩俊：《中国农村工业化道路》，中国社会科学出版社，1993年版。

［34］陈吉元：《中国农业劳动力转移》，人民出版社，1993年版。

［35］陈乃醒等：《中国乡镇工业发展的政策导向研究》，经济管理出版社，1994年版。

［36］程国强：《农业贸易政策论》，中国经济出版社，1996年版。

［37］程国强：《WTO农业规则与中国农业发展》，中国经济出版社，2000年版。

［38］程漱兰：《中国农村发展：理论与实践》，中国人民大学出版社，1999年版。

［39］戴园晨，陈东琪：《劳动过剩经济的就业与收入》，上海远东出版社，1994年版。

［40］丁泽雯等：《改造传统农业的国际经验》，中国人民大学出版社，1992年版。

［41］方齐云：《工业化过程中的农业》，华中理工大学出版社，1998年版。

［42］复旦大学研究组：《日本的农业、农民与农村》，上海财经大学出版社，1997年版。

［43］辜胜阻：《非农化及城镇化的理论与实践》，武汉大学出版社，1993年版。

［44］高洪深：《区域经济学》，中国人民大学出版社，2000年版。

［45］邰若素，马国南：《中国粮食研究报告》，北京农业大学出版社，1993年版。

［46］高小蒙，向宁：《中国农业价格政策分析》，浙江人民出版社，1992年版。

［47］郭克莎，王延中：《中国产业结构变革趋势及政策研究》，经济管理出版社，1999年版。

［48］郭熙保：《农业发展论》，武汉大学出版社，1995年版。

［49］国务院发展研究中心土地课题组：《农地规模与农业发展》，南海出版公司，1992年版。

［50］国务院研究室课题组：《沿海地区农业规模经济问题》，人民出版社，1996年版。

［51］何康等：《中国农村改革十年》，中国人民大学出版社，1990年版。

［52］湖北社科院土地制度课题组：《土地制度研究》，武汉大学出版社，1993

年版。

[53] 黄季焜，S. 罗泽尔：《迈向 21 世纪的中国粮食经济》，中国农业出版社，1998 年版。

[54] 江小娟：《世纪之交的工业结构升级》，上海远东出版社，1996 年版。

[55] 柯炳生：《中国粮食市场与政策》，中国农业出版社，1995 年版。

[56] 厉为民，黎淑英等：《世界粮食安全概论》，中国人民大学出版社，1988 年版。

[57] 李泊溪，岳颂东：《社会经济科技协调发展》，新华出版社，1993 年版。

[58] 李宗正等：《西方农业经济思想》，中国物资出版社，1996 年版。

[59] 联合国粮农组织：《农产品价格政策：问题与建议》，中国农业科技出版社，1988 年版。

[60] 联合国人口基金会：《1996 年世界人口报告》，人民教育出版社，1996 年版。

[61] 林善浪：《中国农村土地制度与效率研究》，经济科学出版社，1999 年版。

[62] 林善浪，张国：《中国农业发展问题报告》，中国发展出版社，2003 年版。

[63] 林毅夫等：《中国的奇迹：发展战略与经济改革》，上海三联书店，1994 年版。

[64] 刘从梦等：《各国农业概况》，中国农业出版社，1996 年版。

[65] 刘力，蒙慧：《WTO 与中国农业发展对策》，中共中央党校出版社，2001 年版。

[66] 刘伟：《经济发展与结构转换》，北京大学出版社，1992 年版。

[67] 刘运梓：《资本主义国家农业经济概论》，中国计划出版社，1991 年版。

[68] 刘志澄等：《农村市场经济问题探索》，中国农业出版社，1994 年版。

[69] 马九杰等：《中国粮食安全储备系统分析与政策选择》，中国人民大学农业经济系，2001 年版。

[70] 马九杰，孔祥智：《粮食流通体制改革：解决中国粮食难题的一剂良方》，广东经济出版社，1998 年版。

[71] 苗长虹：《中国农村工业化的若干理论问题》，中国经济出版社，1997 年版。

[72] 牛若峰：《中国农业的变革与发展》，中国统计出版社，1997 年版。

[73] 牛若峰：《农业经济与宏观问题研究——我的学术实践、观点和方法》，中国科学技术出版社，1989年版。

[74] 牛若峰等：《中国经济偏斜循环与农业曲折发展》，中国人民大学出版社，1991年版。

[75] 农业部：《中国农业发展报告》（1996），中国农业出版社，1996年版。

[76] 农业部国外调研组编：《国外农业发展研究》，中国农业科技出版社，1999年版。

[77] 农业部软科学委员会课题组：《中国农业发展新阶段》，中国农业出版社，2000年版。

[78] 彭俊衡，朱国华等：《WTO与中国期货市场》，中国财政经济出版社，2002年版。

[79] 苏东水：《产业经济学》，高等教育出版社，2000年版。

[80] 苏星：《我国农业的社会主义改造》，人民出版社，1989年版。

[81] 谭崇台：《发展经济学》，人民出版社，1985年版。

[82] 陶文达：《发展经济学》，中国财政经济出版社，1988年版。

[83] 陶一桃：《中国古代经济思想》，中国经济出版社，2000年版。

[84] 唐正平等：《入世与农产品市场开放》，中国对外经济贸易出版社，2002年版。

[85] 王广森，吴永祥，冯海发，韩俊：《结构变革与农村发展》，中国财政经济出版社，1990年版。

[86] 王林贵：《完善储备调节制度强化粮食安全体系》，《中国粮食及农业：前景与政策》，经济管理出版社，1997年版。

[87] 王文靖：《世界各国农业经济概论》，农业出版社，1991年版。

[88] 王小波，顾岗等：《经济周期与预警研究——理论、方法、应用》，冶金工业出版社，1994年版。

[89] 汪尧田，周汉民：《关税与贸易总协定总论》，中国对外经济贸易出版社，1993年版。

[90] 魏埙等：《中级西方经济学》（上），山西人民出版社，1991年版。

[91] 夏振坤：《中国改革与农业发展》，武汉大学出版社，1993年版。

[92] 徐更生：《美国农业政策》，中国人民大学出版社，1991年版。

［93］宣杏云等：《西方国家农业现代化透视》，上海远东出版社，1998年版。

［94］严瑞珍，程漱兰：《经济全球化与中国粮食问题》，中国人民大学出版社，2001年版。

［95］杨沐：《产业政策研究》，上海三联书店，1989年版。

［96］杨治：《产业经济学导论》，中国人民大学出版社，1985年版。

［97］叶志华，刘国栋等：《农业资源高效利用新技术应用前景与技术对策》，科学出版社，2002年版。

［98］于同申等：《发展经济学——新世纪经济发展的理论与政策》，中国人民大学出版社，2000年版。

［99］张二震，马野青：《国际贸易政策》，中国青年出版社，1996年版。

［100］张国：《中国城乡结构调整研究》，中国农业出版社，2002年版。

［101］张红宇：《中国农民与农村经济发展》，贵州人民出版社，1994年版。

［102］张培刚：《发展经济学通论》，湖南出版社，1991年版。

［103］张培刚：《新发展经济学》，河南人民出版社，1992年版。

［104］张培刚：《农业国工业化问题》，湖南出版社，1991年版。

［105］张培刚：《农业与工业化》，华中工学院出版社，1984年版。

［106］张培刚，廖丹清：《二十世纪中国粮食经济》，华中科技大学出版社，2002年版。

［107］张曙光：《繁荣的必由之路》，广东经济出版社，1999年版。

［108］赵人伟，基斯·格里芬编：《中国居民收入分配研究》，中国社会科学出版社，2007年版。

［109］赵伟等：《通向市场经济工业国之路——工业化比较研究》，西北大学出版社，1993年版。

［110］中国供求分析研究小组：《开发与节流》，科学出版社，1993年版。

［111］中国科学院国情分析研究小组：《城市与乡村——中国城乡矛盾与协调发展研究》，科学出版社，1994年版。

［112］中国计划学会：《论农业和乡镇企业稳定协调发展》，中国计划出版社，1991年版。

［113］中国社会科学院经济研究所：《中国乡镇企业的发展与经济体制》，中国经济出版社，1987年版。

[114] 中国农村发展问题研究组：《国民经济新成长阶段与农村发展》，浙江人民出版社，1987年版。

[115] 中国农科院：《中国粮食之研究》，中国农业科技出版社，1989年版。

[116] 中国中长期食物发展研究组：《中国食物中长期食物发展战略》，农业出版社，1993年版。

[117] 周诚：《土地经济研究》，中国大地出版社，1996年版。

[118] 周振华：《产业政策的经济理论系统分析》，中国人民大学出版社，1991年版。

[119] 周志祥等：《农村发展经济学》，中国人民大学出版社，1995年版。

[120] 周志祥，曾寅初：《农村产业经济》，中国人民大学出版社，1995年版。

[121] 朱道华，冯海发：《农村工业化问题探索》，中国农业出版社，1995年版。

[122] 朱金仓等：《农业土地经济论》，气象出版社，1989年版。

[123] 朱希刚：《农业科技与农业发展》，中国农业科技出版社，1996年版。

[124] 朱泽：《中国粮食安全问题实证研究与政策选择》，湖北科学技术出版社，1998年版。

[125] 邹德秀主编：《世界农业科学技术史》，中国农业出版社，1995年版。

[126] 蔡昉：《比较优势与农业发展研究》，《经济研究》，1994年第6期。

[127] 陈凡：《中国贫困地区扶贫投资的效率评估》，《经济开发论坛》，1994年第6期。

[128] 陈劲松：《借鉴国外经验实行粮食消费目标补贴》，《农村社会经济学刊》，1995年第6期。

[129] 陈锡文：《当前中国的粮食供求与价格问题》，《中国农村经济》，1995年第1期。

[130] 邓一鸣：《论市场机制下的粮食区域专业化》，《农村社会经济学刊》，1994年第1期。

[131] 冯海发：《世界农产品供求平衡的未来走向》，《世界农业》，1997年第3期。

[132] 郭玮：《宏观调控与粮食区域平衡》，《中国农村经济》，1995年第9期。

[133] 李全根，曹保明，王林贵：《实现我国粮食供求总量平衡的对策措施》，《南京经济学院学报》，1998年第4期。

[134] 李思恒:《世界粮食形势简评和前景展望》,《粮经学会简讯》,1996年第27期。

[135] 李伟克:《"复关"对我国农业的挑战》,《农业信息分析与研究》,1994年第6期。

[136] 李正东等:《乌拉圭回合农业贸易协议对中国农业意味着什么》,《国际农业参考》,1993年第9期。

[137] 刘书楷:《试论比较优势原则及其在农业区域开发与资源利用上的应用》,《中国农村经济》,1994年第8期。

[138] 刘文璞:《中国农村的贫困问题》,《中国农村观察》,1995年第1期。

[139] 卢峰:《比较优势与食物贸易结构——我国食物政策调整的第三种选择》,《经济研究》,1997年第2期。

[140] 卢迈:《农村劳动力流动对粮食供求的影响》,《农村调研》,1996年第15期。

[141] 孙自铎:《中国粮食增产如何走出误区》,《中国农村经济》,1994年第7期。

[142] 唐现杰等:《世界粮食生产价格走势与我国粮食贸易对策》,《中国农村经济》,1997年第2期。

[143] 游宏炳:《粮食安全与储备问题研究》,《农村经济研究参考》,1994年第6期。

[144] 袁永康:《对中国粮食储备制度几个关键问题的思考与建议》,《财贸经济》,1998年第4期。

[145] 钟甫宁:《稳定的政策和统一的市场对我国粮食安全的影响》,《中国农村经济》,1995年第7期。

[146] 中国常驻FAO代表处:《乌拉圭回合农业协议对国际农产品贸易的影响》,《世界农业》,1996年第12期。

[147] 中国农业科学院农业经济研究所:《我国粮食问题的宏观剖析》,《农业经济问题》,1995年第2期。

[148] 朱泽:《中国工业化进程中的粮食安全问题》,《战略与管理》,1996年第4期。

[149] 侯利民:《"一带一路"倡议下我国粮食安全战略及实现路径》,《惠州

学院学报》(社会科学版),2017年第12期。

[150] 陈诗波:《科技创新保障粮食安全的新思考——中美贸易摩擦背景下中国粮食增产增效的路径选择》,《中国农学通报》,2018年版。

[151] 张海鹏:《中国城乡关系演变70年——从分割到融合》,《中国农村经济》,2019年第3期。

[152] 熊小林:《以居民消费升级为导向深化农业供给侧结构性改革》,《宏观经济研究》,2018年第5期。

[153] 靳京:《中国居民食物消费结构变化特点及其国际比较》,《科学与现代化》,2018年第4期。

[154] 魏后凯:《中国农业发展的结构性矛盾及其政策转型》,《中国农村经济》,2017年第5期。

[155] 龚波:《中美贸易摩擦对中国粮食安全的影响》,《求索》,2019年第4期。

[156] 白美清:《中国粮食储备改革与创新》,经济科学出版社,2015年版。

[157] 丁声俊:《中国有能力养活中国》,中国农业出版社,2014年版。

[158] 国家粮食和物资储备局:《深化改革 转型发展》,中国财富出版社,2018年版。

[159] 联合国粮农组织:《粮食安全、发展中国家和多边贸易规则》,中国农业出版社,2018年版。

[160] 国家粮食和物资储备局:《中国粮食和物资储备发展报告》(2019),经济管理出版社,2019年版。

[161] 曹宝明,李光泗,李丰:《中国粮食发展报告》(2016),经济管理出版社,2017年版。

[162] 金鹏辉:《我国粮食安全问题研究——兼论耕地保护、农业现代化》,中国金融出版社,2016年版。

[163] 尹成杰:《粮安天下——全球粮食危机与中国粮食安全》,中国经济出版社,2009年版。

[164] 杨永胜:《全球竞争力培育》,中国人民大学出版社,2019年版。

[165] 上海交通大学:《智慧的钥匙——钱学森论系统科学》,上海交通大学出版社2005年版。

[166] 王双正:"粮食流通体制改革40年:从怎么看到怎么干",《经济研究参

考》，2018年第67期。

［167］汤进华：《农业结构调整与城镇化发展的相互关系分析》，《中国农业信息》，2014年第2期。

［168］王钢，钱龙："新中国成立70年来的粮食安全战略：演变路径和内在逻辑"，《中国农村经济》，2019年第9期。